Septentrional, « La Force Tranquille »

fondé le mardi 27 juillet 1948

Debouts, de la gauche vers la droite : Raymond Pinchinat , Pierre Lochard , Raymond Jean-Louis , Ulrich Pierre-Louis , Gérard Monfiston , Jean Menuau , Alfred Moïse , Rigaud Fidèle , Artémis Dolcé // *Assis* : Arthur François à gauche et Pierre Jacques à droite.

une clef pour l'histoire

« La Boule - de - Feu d'Haïti »

1 ère Rangée, de la gauche vers la droite: Willy Gustave, Rolain Valbrun, Yvenel Etienne, Patrick Noel, John-Herly Métellus, Miratel Joseph.-
2 ère Rangée, de gauche vers la droite: Danilo Andrévil, Marc-Antoine Junior Fleury, Jocelyn Alcé, Kesmi Doréus, Matuel Sinsmyr.-

Septent un jour,
Septent toujours

Order this book online at www.trafford.com
or email orders@trafford.com

Most Trafford titles are also available at major online book retailers.

Author Credits: WILFRID TONY HYPPOLITE

Printed in the United States of America.

ISBN: 978-1-4669-8693-0 (sc)
ISBN: 978-1-4669-8694-7 (e)

Trafford rev. 04/08/2013

 www.trafford.com

North America & international
toll-free: 1 888 232 4444 (USA & Canada)
phone: 250 383 6864 ♦ fax: 812 355 4082

Le Maestro
Hulric PIERRE-LOUIS

1948 - 2003
55 ans de direction en
61 ans de participation

Wilfrid Tony Hyppolite

PROPOS LIMINAIRES

En guise de contribution au processus de célébrations des noces de palissandre de l'orchestre Septentrional avec la musique haïtienne, nous soumettons à l'attention des lecteurs du présent ouvrage une perspective historique sur la vie de cette étonnante institution socioculturelle haïtienne plus que sexagénaire.

Le destin a voulu que nous soyons le rédacteur principal de cet essai analytique sur l'existence de l'orchestre Septentrional; nous en sommes flatté et honoré. Nous ne revendiquons, pour autant, aucun qualificatif de "professionnel de l'écriture". Dès lors cher lecteur, le texte que vous aurez à apprécier n'est peut-être pas celui que vous auriez écrit vous-même sur Septentrional. Nous soulignons d'emblée que ni le goût du lucre, ni le prosélytisme ou nulle autre adhésion dogmatique, n'entrent en jeu dans l'orientation de cette entreprise. Nous ne sommes pas davantage "businessman", dans le sens où on l'entend aujourd'hui dans "le monde des affaires"; c'est ce qui explique que ce livre n'a pas été publié, dans un souci de commercialisation, en amont ou en aval des 27 juillet 1998 ou 2008, entre juin et septembre par exemple, afin de jouer sur l'effet émotionnel des festivités autour des célébrations du cinquantième ou du soixantième anniversaire. Nous estimons qu'il nous fallait du recul par rapport à ces célébrations afin de mieux appréhender le processus.

Du recul, nous en avons pris, et même plus qu'il n'en fallait peut-être. Nous avons ainsi pu mesurer la vraie dimension des choses et des gens, séparer le bon grain de l'ivraie et surtout comprendre que pour réussir une grande opération ou même tout simplement une bonne oeuvre il faut de la connaissance, de la prospérité (hélas. .. oui, de l'argent, il en faut plus souvent que rarement), de l'amour et surtout, bien appréhender la notion du temps. Oui, de la détermination et beaucoup de patience.

13

Par contre, notre adhésion à l'orchestre Septentrional est totale. C'est là une profession de foi et le seul préalable à la présente démarche, pas nécessairement orthodoxe, trop tardive même peut-être.

Fort de ces quelques retenues qui doivent servir de balises, les soixante-cinq ans d'existence et de fonctionnement sans discontinuité de l'orchestre Septentrional constituent pour nous, dès lors, le prétexte qui nous permet d'élaborer sur un environnement musical spécifique, dans un contexte sociopolitique déterminé qui a prévalu à une époque, en Haïti et dans la communauté haïtienne qui vit en dehors d'Haïti. Cette approche permettra de mettre en lumière, à défaut du pourquoi, le comment de certains épisodes de la vie d'un groupe social né d'initiative privée, issu de la province, le Nord d'Haïti en l'occurrence, et qui est aujourd'hui plus que soixantenaire.

> La famille Septent, ce sont des gens bien ordinaires,
> Mais, qui font les choses de manière extraordinaire
>
> Achille Nérée - 1988

La Préface du docteur Nérée

C'est avec plaisir, mais aussi avec respect que je présente aux lecteurs ce livre dont l'importance tient à sa raison d'être. En effet, c'est une œuvre jusque-là inédite, structurée et gigantesque qui raconte l'histoire de Septentrional, un prodigieux orchestre de chez nous (Cap-Haïtien - Haïti), âgé de plus de cinquante ans.

Ce livre est à la fois un bilan lucide et honnête. En l'écrivant, l'auteur utilise toutes les connaissances, de quelque côté qu'elles viennent, et se tient loin du dogmatisme doctrinaire. Par souci d'authenticité, il s'efforce de conduire le lecteur jusque dans les moindres détails des faits et des événements entourant la naissance et l'évolution de l'orchestre.

Cette œuvre mérite, incontestablement, le meilleur accueil et laissera, vraisemblablement, sa marque parmi les admirateurs du grand orchestre Septentrional et les amis de la musique populaire haïtienne.

Gloire et hommage soient rendus à, Wilfrid Tony Hyppolite, son auteur.

Mise en contexte

En l'an deux mille quarante-huit, Septent aura cent ans. Aussi vrai que des musiciens de cet orchestre ont fait leur temps et que d'autres useront le leur sur la scène, l'orchestre Septentrional est une institution édifiée sur du roc, qui est faite pour durer et qui durera longtemps encore, très très longtemps.

« AU-DELA DE LA MUSIQUE-SEPTENTRIONAL, pense notre ami le docteur Yves Saint-Gérard, il existe une image mentale capoise, une image parmi d'autres » ... Beaucoup d'admirateurs nostalgiques du Septentrional d'autrefois prônent une fidélité à la musique traditionnelle des années 60 et 70 et s'opposent farouchement à tous ceux qui plaident en faveur d'un Septent nouvelle vague, un Feeling New Age. En attendant, la symbiose observée autrefois entre l'orchestre et son public s'est

15

progressivement étiolée pendant que d'autres compétiteurs mettaient à profit des contradictions du moment.

Aujourd'hui, les nouveaux musiciens jouent Septent autrement mais avec maestria. Ils respectent la tradition sans pour autant s'enkyster dans une copie conforme et sans trahir leurs propres aspirations musicales dans un monde qui bouge. En ce sens, pour ne pas disparaître, la nouvelle équipe-Septent s'adapte merveilleusement et tisse une nouvelle symbiose avec son public. L'orchestre est enfin sorti de son dilemme en contournant le *statu quo* imposé. Au gré des départs progressifs des anciens musiciens, il a fallu offrir une alternative à l'orchestre en maniant de manière dynamique les traditions et le renouveau.

Ainsi, se sont bouclées, en Haïti même, sans discontinuité ni dépaysement ou changement de localité, les soixante-quatre premières années d'existence et de vie professionnelle intense d'un orchestre haïtien, traversant ainsi tous les courants sociopolitiques, depuis sa fondation le mardi 27 Juillet 1948 à 4h20 du matin. C'est un succès d'entreprise dans un pays qui ne valorise pas toujours la culture et où les entreprises privées n'étalent pas nécessairement leurs succès. Septentrional, c'est une fierté pour Haïti et le symbole d'une réussite; un orchestre dont on peut être fier.

« *L'Orchestre Septentrional d'Haïti a vu le jour en 1948. Or, deux ans auparavant, l'année 1946 a marqué une date charnière dans l'évolution de la société haïtienne : c'est l'année où la lutte d'une génération d'ethnologues, sous le leadership de Jean Price Mars, a réussi à bénéficier de l'attention d'un pouvoir politique.*

Jean Price Mars exerça une influence sur l'idéologie collective de la société haïtienne qui avait gardé jusqu'au XIXème siècle de nombreuses séquelles de la période coloniale. Son influence repose sur plusieurs idées maîtresses, dont la décolonisation du savoir anthropologique. Reniant l'assimilation, Jean Price Mars mit en relief l'apport distinctif des cultures nègres et européennes à la civilisation mondiale. Initiateur du mouvement indigéniste, il publia « Ainsi Parla l'Oncle », ouvrage considéré comme un véritable manifeste invitant les Haïtiens à se plonger dans la culture populaire pour devenir d'authentiques créateurs. En plaçant cette culture au cœur de la communauté nationale, il tenta ainsi de développer un nationalisme culturel, élément mobilisateur devant permettre la construction nationale. Il se révéla un éveilleur de conscience de l'identité noire par la revalorisation des coutumes et des croyances africaines en Haïti. En effet, dans tous les secteurs de l'activité culturelle, touristique ou commerciale, l'accent est alors mis sur nos racines, l'africanité en général. La fièvre indigéniste a permis l'éclosion d'une floraison de talents dans tous les domaines comme, par exemple, les Caracos Bleus de la troupe de Lina Maton Blanchet, qui a été la première musicienne à s'intéresser à l'arrangement choral basé sur le folklore. Il en est de même dans le domaine de la danse, la peinture, la littérature, l'artisanat. Le Trio des Jeunes fondé en 1943, rebaptisé plus tard, Jazz des Jeunes en 1946, a été l'un des pionniers à exploiter les richesses des rythmes ancestraux, tout en continuant à valoriser la méringue nationale. Il s'agissait globalement de revisiter les traditions populaires pour mettre au point la ligne générale des rythmes urbains contemporains.

C'est dans ce contexte que voit le jour en 1948, la formation musicale Septentrional du Cap Haïtien. A ses tout débuts, la formation pionnière (quatuor Septentrional + trio Symphonia) s'inspire de la musique latino-américaine, notamment cubaine, comme toutes les formations musicales de l'époque. Dans son répertoire, on retrouve également la méringue traditionnelle du Nord. Sans renoncer totalement à cette approche initiale, ce Conjunto évolue pour devenir un ''big band'' et parvient à asseoir ses propres compositions en s'inspirant des rythmes du terroir conformément *à la fièvre de l'indigénisme de l'époque.* » Eddy Lubin, janvier 2011, Cap-Haïtien.- ... et depuis lors, -bon an, mal an -l'orchestre a fait son petit bonhomme de chemin ...

Face aux résultats obtenus par le *«Septent-Nouveau»* et à l'engouement que la musique qu'il dispense suscite auprès du public actuel, qui s'en accommode parfaitement d'ailleurs, au grand dam des puristes et des nostalgiques, nous sommes souvent amenés à nous poser les questions suivantes :

L'important aujourd'hui, en matière de musique populaire de danse, est-ce, ce que le musicien joue ou ce que le grand public entend jouer? La perception, souvent, n'est-elle pas plus importante que la réalité?

L'orchestre Septentrional du XXIe siècle, doit-il s'obstiner à imposer sa musique ou doit-il créer en fonction du goût et des exigences du public, tout en essayant de garder son identité ?

Énorme défi qui n'est, en rien une sinécure. Nous pouvons opiner cependant qu'aucune entreprise privée au monde, a fortiori un orchestre haïtien issu de la province, n'entend sonner soixante-cinq fois des carillons d'anniversaire par le simple fait du hasard. Il faut, pour arriver à obtenir pareil résultat, à défaut d'un guide spirituel, la vision d'un leader rompu à la technique de gestion de la ressource humaine, de la détermination, de la foi en un idéal, de l'authenticité, de la compétence et du professionnalisme. Mille fois Bravos Hulric! Mille fois mercis Septent! Nous vous devons de la vénération et du respect pour cela et que cet exemple serve de **«Feu-Vert»** aux générations subséquentes!

Septent a aidé, et aide encore aujourd'hui peut-être, à prioriser les choses de l'esprit et de la culture, à classifier certains facteurs importants de la vie tels: *l'amour, l'argent, la santé, le bonheur.* Septent a aidé, et aide encore aujourd'hui peut-être à la compréhension de l'existence par le traitement des différents thèmes tels que *Dieu, la patrie, la solidarité, le patriotisme, la cité, les saisons, les fêtes traditionnelles, les fous du village, les catastrophes ... la vie.* Enfin l'orchestre Septentrional constitue une référence *pour les écrivains, les amoureux, les pauvres et toutes les autres catégories d'hommes et de femmes.* Voilà pourquoi, au delà de la direction musicale vers laquelle «l'Actuel Septentrional» s'achemine, les supporteurs et admirateurs de l'orchestre, toujours nostalgiques pour la plupart, ne veulent pas passer sous silence la particulière mais si riche contribution de l'orchestre Septentrional à l'enrichissement de la vie musicale universelle et à l'édification de la culture haïtienne pendant les six dernières décennies de notre existence en tant que peuple, en tant que pays, en tant que nation.

<><><><><><><><><><><><><><>

"Poukisa N ap Palé" (1984)

Composition : Alfred "Frédo" Moïse
Vocal : Michel Tassy - Rythme : Bouldefe

<><><><><><><><><><><><><>

Sa gen lontan, byen lontan
Dépi vyé frè-n yo préché
Nou wè sa lè nou nan malè
Dépi zafè zòt bon, zòt pa konpran-n
Yo tout bliyé létèrnèl, tout misyon kaba

Yo pa rélé dòktèr, pou moun ki pa nan soufwans
Gen doktèr sé pou moun malad
Nou pa ka-p korijé pawòl gwanmèt-la
"Tu mangeras à la sueur de ton front"
Épi sè fini

19

«Chœur»

Woy ! nèg pa vlé travay,

Yo vlé : manjé, bwè, fimen

Woy ! nou ta renmen kon-n koté sa a-pralé

Pou ki sa n-ap palé

Lead (enspirasyon)

… Sou latè béni sé konsa sa yé …

… Lumanité sé Granmèt-la kifè-l konsa …

… Si nou tout té byen, lavi ta imposiblé …

… Nou pa ta janm k-ap évolyé vwé …

Refren

N-ap maché nan tout la ri, n-ap di nou sé frè

Époutan yon-n rayi lòt, koté sa-pwalé

Jalouzi k-ap travay nou.

Veni, Vidi, Vici

"La musique est un mode supérieur d'intellection",
« cela veut dire que parmi les manières par lesquelles l'intelligence appréhende le réel, la manière supérieure c'est la musique. »
Monseigneur François Gaillot, 26 juillet 1998

Tout au long de ce cheminement, nous mettrons en exergue certains moments-clefs qui caractérisent des étapes importantes de l'existence de Septentrional :

1948, année de la création ou de la fondation du "Jazz Septentrional", issu de la fusion du «Quatuor Septentrional» (composé de Jean Menuau, Léandre Fidèle son frère, Théodule ou Théodore Pierre leur cousin et Raymond Jean-Louis, un ami-frère commun aux trois autres) et du «Trio Symphonia» (composé de Jacques Mompremier, Ulrich Pierre-Louis, Jacob Germain) auxquels s'adjoignent Rigaud Fidèle en provenance du Jazz Capois (jeune frère de Jean Menuau et de Léandre Fidèle) et Pierre Volonté Jacques, alias Boss Pyèr (musicien indépendant). Il est important de préciser que cette première association était, à l'origine, administrée par Jean Menuau comme président-directeur, assisté de ses deux jeunes frères utérins, Rigaud Fidèle comme premier maestro et Léandre Fidèle comme Secrétaire/Trésorier. Au Cap d'ailleurs, à cette époque, on parlait de Septent en disant: « Jazz a Ti Mésyé Menuau yo ». Au sein de ce Conseil d'Administration d'origine siégeait un seul représentant du Trio Symphonia, Jacob Germain, qui en assumait la vice-présidence.

1950, année où Hulric Pierre-Louis, accéda à la direction de Septentrional, cumulant la double fonction éligible de président-directeur et de maestro de l'orchestre.

1950, est aussi l'année où le co-fondateur, Rigaud Fidèle, introduit dans l'orchestre, Alfred "Frédo" Moïse, comme deuxième trompette.

1955, année où, après une courte absence de cinq mois au cours desquels il a joué du saxophone à Port-au-Prince avec l'Ensemble du Riviera-Hotel de Guy Durosier, le co-Fondateur-Maestro et Président Directeur, Hulric Pierre-Louis, émergea comme leader naturel du groupe; compétence et charisme obligent.

1955, est aussi l'année de recrutement du musicien-compositeur et pluri instrumentiste, Gérard Monfiston, du pianiste au jeu ineffable, Loulou Étienne et du chanteur Roger Colas, l'immortel.

1963 : après plus de quinze années d'existence, l'orchestre Septentrional put enfin soumettre à l'appréciation des mélomanes son premier "Microsillon - 33 tours" (Mono Hi-Fi - 30 cms.). C'est aussi l'époque, entre 1963 et 1967, où l'orchestre traversa une zone de turbulence, en fonction de l'environnement sociopolitique ambiant qui prévalait.

1964 : Conquête de la capitale, et partant de Port-au-Prince, de toute la République. Le public se délecta de TiFi ya levé, de Chofèur Otomobil, de Prézidan Avi et du pot-pourri de boléros~son montuno, Ti Yayi. Énormes succès lors des presptations de Septentrional à Djoumbala, à Dan Petro, au Rex Théâtre ou au Ciné Capitol.

1966, année de la première participation de Septentrional au défilé carnavalesque de Port-au-Prince; « Kanaval Dous de Frédo » contrasta avec « Tou Lumen et Zèpon » des deux "pugilats", Nemours Jean-Baptiste et Webert Sicot. De plus, la « méringue carnavalesque 66 » du maestro Hulric Pierre-Louis imposa l'expression : « anfouyé nan BouldeFe », à travers la République entière.

1966, est aussi l'année de la première tournée triomphale de l'orchestre Septentrional en Amérique du Nord suivie de l'Inauguration de son propre local, le Feu-Vert, premier Club dont un orchestre haïtien pouvait s'enorgueillir de la pleine propriété et de l'autonomie de gestion. C'est à l'occasion de cette tournée nord-américaine également que Marc Duverger et Septentrional créent le label COSEPT en vue de la production des nouveaux albums de l'orchestre.

1968 : Grande Première au Cap-Haïtien où une formation musicale ouvrit le rideau sur une troisième décennie. Ce vingtième anniversaire donna lieu à de grandioses célébrations. L'orchestre était à son apogée avec Mona, Joujou, Gisèle, Ironie, Bonga, Ou Fè Chita'w ou, Bèl Plézir, Juanita ou Sésa Lavi, les "hits" de cet été exceptionnel. De plus, un musicien canadien vivant sur son yacht dans la baie du Cap-Haïtien, Paul Massicot, composa pour l'orchestre, "Septent, tu vois la mer", le tube de la saison qui mit en évidence la voix charmeuse de Thomas David chantant aussi, Mini-Jupe, sur ce disque-souvenir.

1969: deuxième participation de Septentrional au défilé du carnaval à Port-au-Prince; ce fut littéralement un triomphe avec "M'syé Bonga", cette composition de Frédo qui connut un succès colossal.

1969 est aussi l'année de Apollo XI; Septent mit sur le marché un disque sur lequel était enregistré "Ti Yayi", un pot-pourri de boléros~son montuno orchestré par le maestro Hulric Pierre-Louis. Ce fut une première. Aucun groupe musical n'avait encore, jusqu'ici, enregistré sur disque un pot-pourri de boléros; aucun groupe musical également n'a encore, cinquante ans plus tard, imité Septentrional qui est le seul à créer des pots-pourris avec ses propres compositions. Je le souligne à dessein: Septentrional est le seul orchestre qui a réussi cet exercice dans toute l'histoire de la création musicale en Haïti. C'est dommage d'ailleurs que "Ne pleure pas", d'aussi belle étoffe que "Ti Yayi", soit demeuré inconnu du grand public. Mais c'est aussi en 1969 que trois musiciens de gros calibre, Chòchò, TiJak Twonpèt et TiJéra JanBatis vont tirer leur révérence; ils furent remplacés par Chenet Noël et Eddy Leroy comme premier et troisième trompettes tandisque Lycius Saintil (Douze) jouera seul désormais comme saxophone-ténor.

1973: L'année des noces d'argent de l'orchestre Septentrioanl avec la musique de danse populaire urbaine. Célébrations grandioses du 25e anniversaire suivies de l'inauguration, le lendemain 28 juillet, de SEPTENT-THÉÂTRE.-

1978: année des célébrations du trentième anniversaire de l'orchestre Septentrional; des célébrations qui auraient pu avoir une coloration de commémoration. Cette année-là en effet, au mois de février, un accident de la circulation en autobus ramenant chez eux les membres de l'orchestre, causa le deuil et la désolation; événement qui jeta le doute sur la continuité ou l'existence même de l'orchestre Septentrional.

1986: Jean Claude Duvalier abdiqua la présidence d'Haïti le 7 février. Du point de vue sociopolitique, ce fut une année de tous les espoirs (ou de toutes les illusions) pour la nation haïtienne. Mais pour la famille~Septentrional en particulier, ce fut surtout une année de grand deuil. À trois mois d'intervalle et sans même avoir fait le deuil de "Loulou" Étienne décédé en octobre 1985, Roger Colas en septembre, et Alfred "Frédo" Moïse en décembre, firent à leur tour le "grand voyage".

1988: Célébrations, dans l'apothéose, du quarantième anniversaire, avec en point de mire, un livre paru sous la direction du docteur Jean-Mary Georges et la présence du légendaire Guy Durosier chantant en choeur avec le maestro Hulric Pierre-Louis lors de la soirée de gala du 40e au Feu-Vert.

1995: année où, dix ans environ, après la perte du "génial trio": Loulou~Colas~Frédo, un vent de reviviscence souffla sur l'existence de Septentrional grâce aux actions coordonnées de l'orchestre et de ses différents comités de soutien tant d'Haïti que de l'étranger d'une part et d'autre part, à l'inclusion de musiciens et de compositeurs de la «nouvelle génération» qui apportèrent, à Septentrional, du sang neuf. C'est aussi en 1995 que l'orchestre Septentrional effectua son premier voyage en Europe et notamment, en France dans la Ville-Lumière, Paris, au mois de janvier.

1996: Séminaire de Réflexions, les 12 et 13 octobre, réunissant à Montréal-Canada, des supporteurs de l'orchestre venus du monde entier. «Renouveau ou Chant du cygne» fut le thème choisi par les deux organisateurs principaux, Wilfrid Tony Hyppolite, le septentologue, et le docteur Achille Nérée; l'un et l'autre, admirateurs indéfectibles de l'orchestre. Ce séminaire fut organisé à l'approche du cinquantième anniversaire, en vue de réfléchir sur la situation de Septentrional, sur les maux qui l'affligent et sur les mesures à envisager pour aider à son redressement. Des résolutions furent prises, en cette occasion, pour une nouvelle orientation tant musicale que structurelle de Septentrional.

1997: Un vent de renouveau souffle sur l'orchestre Septentrional qui sort un nouvel album et le vidéo-clip qui l'accompagne. Ce CD connut un très grand succès et de nombreux groupes musicaux de la nouvelle génération interprètent «TÉMWANYAJ», la composition-tube.

1998: Plus de deux décennies après le tragique accident du dimanche 12 février 1978, et douze longues années après cette fatale année 1986, bon an mal an, les valeurs intrinsèques de l'orchestre Septentrional, un pur produit provincial haïtien créé sous l'égide d'initiative privée, lui permirent de résister aux assauts répétés de l'évolution, pour célébrer le lundi 27 juillet 1998, ses noces d'or avec la musique haïtienne de danse sociale et populaire. Son Excellence, le président de la République, monsieur René Garcia Préval, à l'occasion d'une cérémonie dans la Salle des Bustes du Palais National, a remis la décoration « Ordre National Honneur et Mérite - Grade de Grand Croix, Plaque Argent » à l'Orchestre Septentrional, pour son Cinquantième Anniversaire. Le président américain, William Jefferson "Bill" Clinton, écrivit pour sa part à monsieur Hulric Pierre-Louis, PDG et co-fondateur de l'orchestre, pour lui présenter, ainsi qu'aux musiciens de Septentrional, ses félicitations.

Aucun antécédent, à ce jour, connu, dans notre pays, Haïti.

O Tempora, O Mores !

En marche vers son centenaire et un peu en amont déjà de la levée de rideau de Septentrional sur son deuxième cinquantenaire l'orchestre intégra de jeunes musiciens et recruta, depuis le printemps 2003, un directeur musical compétent en la personne du maître de musique, monsieur François Nikol Lévy. Ce renouveau se ressent progressivement tant au niveau de la composition que de l'exécution et le *"nouveau musicien"* de Septentrional, pourrait-on dire, est même entrain de se forger un nouvel état de conscience. La page hulriquiste de Septentrional serait-elle en train de se tourner ? Aurions-nous amorcé, sans coup férir, l'ère post-Hulric de l'orchestre Septentrional ? *O tempora, o mores !* Le *Septent-Nouveau*, dans un souci de pérennisation, s'adresse à un public jeune tout en insufflant une nouvelle dynamique aux titres qui ont édifié la gloire passée de Septentrional. En témoignent les participations successives de l'orchestre tant à New York qu'à Montréal au cours de l'été 2006, aux Festivals Internationaux de la Musique Haïtienne, les succès de foule de l'orchestre aux différentes fêtes champêtres en Haïti, ainsi que la brillante participation de Septentrional, à **Musiques en Folie** au Parc Historique de la Canne-à-Sucre à Port-au-Prince en novembre 2007 où le maestro Hulric Pierre-Louis a reçu une plaque d'honneur.

L'année 2007 est aussi celle de nouvelles orientations structurelles de la Nouvelle Société-Septentrional. Cette même année, à l'automne, de concert avec la Mairie de Pétion-Ville, le Comité de Soutien à l'orchestre Septentrional, le CoSoS basé à Port-au-Prince, un vibrant hommage a été rendu à l'illustre disparu, Roger COLAS. Une stèle, pour rappeler sa mémoire, est placée à l'endroit où il tomba sur la route de Frères; elle fut dévoilée, à l'occasion d'émouvantes cérémonies de commémoration, par la mairesse de Pétion-Ville, madame Lydie Parent. C'est aussi au cours de l'automne 2007 que, de concert avec le CoSoS et la Mairie de Port-au-Prince, le Ministère de la Culture et de la Communication a rendu un vibrant hommage public au co-fondateur du grand orchestre Septentrional, le Légendaire Maestro Hulric Pierre-Louis, sur le Champ-de-Mars à Port-au-Prince au kiosque Occide Jeanty. Le Ministre de la culture d'alors, monsieur Eddy Lubin, a choisi ce prétexte éloquent pour créer le PRIX D'EXCELLENCE HULRIC PIERRE-LOUIS qui sera remis chaque 22 novembre, jour de la Sainte-Cécile, ou chaque 2 septembre en commémoration du jour de son décès, à un musicien-instrumentiste chevronné haïtien.

Ainsi, se sont bouclées, en Haïti même, sans discontinuité ni dépaysement ou changement de localité, les soixante premières années d'existence et de vie professionnelle intense d'un orchestre haïtien, traversant ainsi tous les courants sociopolitiques, depuis sa fondation le mardi 27 Juillet 1948 à 4h20 du matin sous la présidence de Dumarsais Estimé jusqu'à ce jour, sans jamais céder, de manière ostensible, aux pressions ou aux compromissions.

BRAVO SEPTENT ! SOYEZ FÉLICITÉ DE TANT DE MÉRITES

<><><><><><><><><><><><><>

Une Démarche Justifiable et Justifiée

Colliger les informations sur le premier soixantenaire de Septentrional et mettre sous les feux des projecteurs le vécu de cet orchestre du Cap-Haïtien, loin d'être une sinécure, représentent une véritable gageure, un défi qui pourrait demeurer une vaine illusion, une chimérique espérance même, si ceux à qui incombent la responsabilité de parler de l'existence de *"La Boule-de-Feu d'Haïti à travers les ans"* n'ont pas le feu sacré. Quelle responsabilité !

Monsieur Raoul Villard, d'abord, en 1963, à l'occasion du quinzième anniversaire de fondation de l'orchestre Septentrional, ensuite le docteur Jean-Mary Georges, dans le cadre des célébrations des fêtes du quarantième en 1988, l'un et l'autre, en leur temps, ont assumé; l'un et l'autre ont gardé au cœur le sentiment du devoir accompli de *"dignes fils de la Cité du Cap-Haïtien"*. À notre tour, et avec cette fierté de fils de cette même cité héroïque nous manifestons ici notre gratitude à l'endroit de **Septentrional**, qui **a sorti,** ou du moins largement contribué à faire sortir, grâce à son parcours de combattant, **la musique de la province du ghetto, de l'exclusion et de l'a priori.** Nous éprouvons de la piété filiale, face au devoir de contribuer à la réalisation du livre racontant les six premières décennies de l'existence, aujourd'hui soixantenaire, de notre orchestre.

Aussi, justifier notre rôle de rédacteur principal du présent ouvrage nous paraît bien aise, et ceci pour, au moins, quatre raisons :

La première raison: parce que capois. Ayant pris naissance au Cap-Haïtien, cinq ans environ, après le mardi 27 juillet 1948, date de la fondation, de fait, de l'orchestre Septentrional, nous appartenons à cette génération que Septent a accompagnée dans l'enfance et dans l'adolescence. Les *"chanceux"*, comme nous, de ladite génération, de l'âge de raison vers 1960 jusqu'à l'âge de la majorité au milieu des années soixante-dix, ont eu le privilège, oui le privilège, d'entendre, de goûter, d'apprécier, de sentir et enfin de «co-naître» Septent, l'une des meilleures formations musicales haïtiennes de tous les temps. Septent anima d'abord nos bals d'enfants, au Cap même, et plus tard, pour ces enfants devenus adultes peut-être précoces, des festivités partout où l'opportunité était offerte (festivals, cocktails et thés dansants, bals, *"koudjay"* ou carnavals).

En tant que capois, appartenant à cette génération que nous venons d'évoquer, cette première raison pourrait, à elle seule déjà, justifier notre rôle de rédacteur principal de ce livre; d'ailleurs, pour parodier Alain Lebon, un ami d'enfance: *«il est évident que "les gens normaux" de notre âge revendiquent leur appartenance à Septentrional; c'est le contraire qui devrait étonner».*

La deuxième raison, réside dans le **_«fait provincial haïtien en soi»._** Septent le déclare, ex cathedra, depuis 1961. Et le défi est relevé; et le pari est gagné :

« *Avèk Sèptantriyonal, tout pwovens yo va rèspèkté* ».

Après l'Association Sportive Capoise (**l'A.S.C.**), fondée le 30 novembre 1930, et qui, moins d'une décennie plus tard, a réussi à imposer le sport de la province en remportant, en 1939, le trophée du Championnat d'Haïti de Foot-Ball "Coupe-Sténio Vincent" face au vieux lion, le Racing Athletic Club, devant un public enthousiasmé des *"Tribunes du Champ-de-Mars"* à Port-au-Prince, l'orchestre Septentrional, dans le domaine musical, est la première formation musicale qui a réussi à imposer *la musique de province* au reste du pays, et à la capitale, Port-au-Prince, en particulier.

.- *en 1952* d'abord, avec la musique instrumentale *"Mambo Bossu"*, la première composition du maestro Hulric Pierre-Louis et de l'orchestre Septentrional qui a immédiatement attiré l'attention de monsieur Charles Paul Ménard de *l'Ensemble Aux Casernes.* De passage au Cap-Haïtien comme invité du *Patricia Night-Club* de madame Anne-Marie Lue-Chun Zéphirin, le maestro de cet *"Ensemble de la Capitale"* a vite fait d'interpréter ce mambo.

.- *en 1955* ensuite, avec l'arrivée du chanteur Roger Colas dans le rang des musiciens de l'orchestre, ainsi que *Loulou* Étienne avec le style ineffable de son jeu au piano dans l'adaptation d'un classique cubain comme *Almendra;* 1955 est aussi l'année de la création de *Batèm rat,* une toute nouvelle composition qu'une autre recrue, Gérard Monfiston, lui aussi chanteur, compositeur, contrebassiste et percussionniste de talent, a offert à l'orchestre Septentrional pour marquer sa venue; *l'Ensemble Aux Calebasses* de Nemours Jean-Baptiste, une fois de plus, n'allait pas tarder à inscrire *Batèm Rat* dans son répertoire et même à enregistrer le morceau sur disque-vinyle longtemps avant Septentrional, son créateur, qui ne l'a fait qu'après plus de dix années, en décembre 1966. Dans la même veine, le boléro *Tu t'en vas,* exécuté pour la première fois par Septentrional, à Port-Margot, dans la nuit du samedi 19 au dimanche 20 Juillet 1952, et chanté par Léandre Fidèle, allait devenir un grand classique que la quasi totalité des groupes musicaux haïtiens des années cinquante se faisait le devoir d'interpréter; *l'Ensemble de Nemours Jean-Baptiste* l'a même enregistré sur disque, au tout début des années soixante, sous le protocole vocal de Louis Lahens. En 1964, le grand public va redécouvrir *"Tu t'en vas"* et se l'approprier, sous forme de *pot-pourri de boléros~son montuno (Tu t'en vas~ Que tu es belle ~ Marie ~ Fidélité et TiYayi)* chanté par Roger Colas et orchestré par le maestro Hulric Pierre-Louis. Le public port-au-princien sera, d'ailleurs, au cours de la même année, 1964, subjugué par le *"Septent de Frédo"* qu'il venait de découvrir avec *Chofèur Otomobil, Président À Vie et TiFi ya.* Comme pour **Batèm Rat** en 1966, Septentrional a du passer non sans heurt et non sans peine, mais avec bonheur tout de même, le test de paternité de **Tu t'en vas** en 1969, tellement le public audiophile attribuait, de bonne foi peut-être, ces deux compositions musicales de l'orchestre Septentrional à l'Ensemble de Nemours Jean-Baptiste.

Désormais, le *Feu-Vert* ouvrait la voie à la circulation du message musical de la province sur une avenue constellée de lumières, déjà tracée et balisée par Septentrional. Dès lors l'archétype était créé. Tout le reste n'était plus qu'une question d'opportunité ou d'opportunisme pour tous les autres groupes musicaux issus de la province; ils n'avaient plus, qu'à marcher dans les sillons des pas laissés par le *"grand frère"*, *"le pionnier"*, aujourd'hui *"le doyen"*: l'orchestre Septentrional du Cap-Haïtien. *À bon entendeur! Salut ! ... à tous ceux qui auraient la mémoire courte. Merci Septent ! Tes dignes fils te le revaudront.*

Rendre hommage à l'orchestre Septentrional, en tant que citoyen haïtien issu de la province, est une deuxième raison qui justifie notre collaboration à la rédaction de ces écrits sur les six premières décennies de son existence.

La troisième raison, et non la moindre, est un gage de fidélité ou un tribut à l'amitié; par amitié spontanée d'abord, et consolidation ensuite, parce qu'**à l'ombre de la Citadelle Laférière** de notre roi bien-aimé, Henry Christophe, on naît ou on grandit, par hasard, dans la même ville, à quelques années d'écart, et l'on se rend compte que l'on supporte la même équipe de foot-ball, **ASC**, que l'on cultive le même *évangile du beau*, **Septentrional**, dans la même Basilique Notre-Dame, **la Cathédrale du Cap**; ce qui nous réfère à la trilogie : *«ASC~Septent~Cathédrale»* dans laquelle se reconnaissent ou, se sont reconnus, ou tout simplement, devraient se reconnaître, tous les capois [1] nés

---

[1]   En dehors des limites du département, tous "Les gens du Nord" sont tous des Capois.

entre 1935 et 1965.

Au sein de cette trilogie, Septentrional est, peut-être, le point de ralliement le plus marqué du sceau de la constance. Longtemps déjà avant le samedi 31 décembre 1966, mais encore plus à partir de cette date à laquelle l'orchestre a animé sa première soirée de gala dans l'enceinte *du Feu-Vert Night-Club,* le local qu'il venait d'ériger, Septent offrait à des jeunes du Cap l'opportunité de consolider leurs expériences amicales au sein de "*comités de soutien*" successifs.

Que ce soit à travers: La version originale de l'*Am.Sa.Tra.* (**A**mbiance **Sa**ine **Tra**dition), de 1967 à 1969, présidée par Fabert Jean-Pierre, avec Maurice Clément Barthélémy, Robert Guillaume-Sam, Nicole Gilles, Gisèle Prosper, François-Marie Michel, Jean Nemorin et Fred Gauthier.

Le Club Septent de Port-au-Prince du dimanche midi, *»1.500.000 auditeurs»,* sur les ondes de la *«MBC»,* à Port-au-Prince, avec Gérard Résil, Fritz Jean et monsieur Gérard Louis pour la collecte des documents sonores.

Le CoSepNY de New-York (1987-1992), créé par Eddy François, avec Alain Lebon, Frantz Maisonneuve, le docteur Harry Prophète, Fritz Newbold, Raymond Menuau, Garry Monestime et Serge Gracia. *Le CoSeptMont* créé, en 1988, en vue de célébrer les festivités du quarantième anniversaire de l'orchestre Septentrional à Montréal, avec Michel Nemours, Mauclair Fatal, le docteur Achille Nérée, Raymond Lecorps, Jacquelin Pierre, François Schutt-Aîné, et un trio de l'ex Am.Sa.Tra.: Robert Guillaume-Sam, Jean Nemorin, et Fabert Jean-Pierre. On peut malheureusement constater l'absence de femmes, tant au sein du *CoSepNY* que du *CoSeptMont des années 80.* ... **Misogynie!** avez-vous dit ? Je vous en laisse l'entière responsabilité. Pour notre part, nous dirions, plus simplement, que cette attitude est fort antagonique à la philosophie de l'orchestre Septentrional qui a toujours laissé, dans ses textes, une place d'honneur à la femme.

À la décharge de ces deux comités nord-américains de soutien à l'orchestre

Septentrional, il faut souligner depuis, à côté de Jacqueline Lévêque et Chantal Dadaille, la présence de: Rose-Lourdes Jean, Kételie Béliard ou de Nancy Fervilon entr'autres, au sein du Comité de New-York que présida Garry Monestime, secondé par une équipe dynamique composée des feus Reynold et René *"Now"* Monestime, d'Éliot Prophète et de Roger Chavannes notamment.

Ce Co.Sep.Ny a bénéficié du support logistique de: Fritz Newbold, Romaric Jules, de Ricot Louis, François-Marie Michel, Alain Lebon, Eddy Mésidor, Harry Leroy, Raymond Menuau et du docteur Harry Prophète **à New-York;** de l'ingénieur Antoine Dubois, de madame Rose Jean-Baptiste ou de messieurs Alix Barthélémy et Léontès Jean-Baptiste, entr'autres, **dans le New Jersey;** de monsieur John Alexis **à Nassau** ainsi que de *"Gogo et Marlène"* **à Boston**; de madame Carmélot Monestime, de messieurs Philopierre Michel, Fritz et Michel Léandre **à Pompano Beach**; de messieurs Marcellus Kitechance, Lucien *"Pépé"* Duroseau, Rémy Célestin *"alias Paladium"*, Eugène Tinopsaint, Daniel Achille, Théonor Duchêne, ainsi que madame et monsieur Erna et Étienne Péan (*doktèur Péyan*), messieurs Adolphe Mesamours, Ervy Grégoire, Ludnel St.-Preux, Paul Ady Calixte, Hervé Jean-Pierre et bien entendu, les deux enfants du *Fondateur PDG* : Mimose et Ulrick *"Rico"* Pierre-Louis, Anna Hernandez et Jude Nandy Pierre-Louis; et surtout du support financier et de l'encadrement technique et professionnel du tandem Rochenel Ménélas // *Pyéwo* Joachim, tous les deux rompus à la technique d'organisation des *"tournées"* de l'orchestre à l'étranger.

Il faut souligner, également, l'existence d'un comité montréalais équilibré composé de neuf membres, cinq hommes et quatre femmes: docteur Christian Lauriston, président; Gabrielle Ledain-Simic, vice-présidente; Marie Lunnie Pierre, secrétaire; docteur Louis-Charles Levros, trésorier; docteur Achille Nérée, conseiller; Myrtha Lafosse-Bélizaire, Fabert Jean-Pierre et Roseline Pradieu, membres; Wilfrid Tony Hyppolite, coordonnateur et porte-parole.

Et ... bien entendu, comment pourrions-nous omettre le ***Club-Septent/25e*** dont les membres étaient scrupuleusement choisis, au départ, par son instigateur, Eddy François, *septentrionaliste de la première heure et de toujours*. Au sein du *Club-Septent/25e*, nous étions douze; cinq hommes et sept femmes; oh ! Mille excuses ! *cinq jeunes gens et sept demoiselles*: Eddy François, Hugues Valbrun, Gessie Pierre-Louis, Marie Thérèse Bélizaire, Yolaine Pierre, Myrtha Briette, Marcelin Jean-Pierre, Suzèle Mompoint, Frantz Jean, Thérèse Leroy, Jackie Nicoleau, et pour présider ce beau monde votre serviteur Wilfrid *"Tony"* Hyppolite qui animait *le credo capois du dimanche après-midi*, ***l'émission "Club Septent-25e" avec Tony et Jackyky*** sur les ondes de la 4VWA-4VWB, la Radio Citadelle, de 16h à 18h tout juste avant la retransmission de la messe du dimanche soir.

Le Club Septent du 25è Anniversaire était, en outre assisté, ponctuellement, de maître François-Marie Michel et de (aujourd'hui regrettés) : Marcelin Lamour, Hervé Anténor, Michel Poly, Emmanuel Maisonneuve, Raymond Lecorps *alias Patchouco* et madame René (Jeannine) Dadaille.

Il est opportun de souligner l'importance que revêt l'appui des supporteurs de tous âges et de tous horizons à l'endroit de Septent. Depuis plus de cinquante-cinq ans, de 1955 à nos jours, des comités de soutien, tant en Haïti qu'à l'étranger se succèdent pour, de concert avec Septent, organiser des fêtes culturelles ou mondaines. Ils ont tous eu pour souci de mieux présenter l'orchestre au public au point que sa présence sur la scène culturelle est toujours liée à celle de ses différents *comités de soutien* qui se donnent la responsabilité d'apporter à Septent l'encadrement et le support logistique nécessaires à son maintien. Tous ces comités de soutien ont rempli leurs missions au mieux de leurs possibilités et aujourd'hui, les « **KoSèptan ou CoSeptent** », des États-Unis, du Canada, d'Europe et d'Haïti ont pris le relais pour les célébrations successives d'événements exceptionnels ponctuant l'existence de l'orchestre : le 55e en juillet 2003, ou mieux encore, toujours avec Septent en 2008, un événement exceptionnel, un événement unique dans l'histoire socioculturelle haïtienne de tous les temps: les soixante ans de fonctionnement, sans discontinuité de l'orchestre Septentrional et le passage du flambeau par son Fondateur-PDG, le maestro Hulric Pierre-Louis après presqu'autant d'années de direction (l'âge de Septent moins dix-sept mois). Pari gagé, promesse tenue; aujourd'hui tant au niveau administratif que musical, ce n'est nullement un hasard si **l'après-Hulric,** que tout un chacun appréhendait, peut s'inscrire dans la perspective d'une réussite. L'avènement de monsieur Nicol Lévy, depuis 2003, comme directeur musical et les choix successifs des jeunes Kesmy ''Arthur'' Doréus et Jocelyn ''Ti Bas'' Alcé, comme maestros se sont révélés judicieux. En parallèle, Ulrich "Rico" Pierre-Louis assume de mieux en mieux son rôle de PDG adjoint délégué aux affaires administratives. Il reste cependant un voeu cher au Fondateur PDG qui n'est pas encore comblé : l'entrée en scène, de manière irréversible, de son fils Jude Nandy Pierre-Louis, l'autre PDG adjoint délégué aux affaires musicales. *Patience et longueur de temps ...*

Souvenez-vous du dynamique comité des fêtes du quarantième en Haïti présidé par le docteur Jean-Marie Georges associé à messieurs Henri-Claude Fils-Aimé et Henri-Claude Manigat, monsieur et madame Yvon Paul, madame née Dieudonne Guillaume-Sam, madame Guylaine Magloire, l'ingénieur-agronome Caroll Calixte, le docteur Rodolphe Barella, monsieur François Léger, etc. Et depuis, ces comités successifs mis sur pieds en vue des célébrations des fêtes d'anniversaire de l'orchestre Septentrional, depuis celles du quarantième, se sont mués progressivement en **C**ommission d'**En**cadrement de l'**O**rchestre **S**eptentrional, le **CEnOS,** initialement dirigé par l'ingénieur Mario Brunache avec des membres dynamiques tels: les docteurs Élie Michel et Rodolphe Barella, madame Marie-Claude Magloire-Gomez, l'ingénieur-agronome Caroll Calixte, messieurs Licius Eugène, Antoine Camille et Henry-Claude Manigat, entr'autres ... Il importe de souligner l'entrée en scène du **C**omité des **S**upporters de l'**O**rchestre **S**eptentrional, le **CoSOS,** mis sur pied grâce au dynamisme et le dévouement de monsieur Paul-Henry Étienne en vue de donner de la visibilité sur Septentrional à Port-au-Prince, cogéré par le docteur Berne Paul, messieurs

Yves Brécéus, Didier Pier Pierre, Islam Louis Étienne, Louis *"Ti Lou"* Mercier, madame Pascale Prophète ainsi que le regretté docteur Philippe D. Charles … etc.

Il est nécessaire de mentionner également le rôle joué à Port-au-Prince par : monsieur Gabriel Raymond qui a rempli, pour Septentrional, le rôle de **manager** de l'orchestre à la capitale et ses environs immédiats, pendant 24 ans, de 1963 à 1987; de monsieur Fériol Louis-Jacques dont le dévouement à Septent tient de la légende; de monsieur Lucnor *"Abitan"* Pierre-Louis, animateur-vedette à Port-au-Prince d'une émission hebdomadaire de Septentrional sur *"Radio Ginen"* d'abord, sur *"Radio Énergie"* ensuite ou n'importe quelle autre station de radio-diffusion où un microphone est disponible. Également la collaboration, jusqu'en 1997, de monsieur Wilfrid Romain Daniel comme *"manager"* de Septentrional à Port-au-Prince, a largement contribué à la réimplantation de l'orchestre à la capitale et dans sa banlieue.

En dépit de l'éloignement géographique, la famille-Septent d'Europe a toujours participé activement au mouvement. Du temps où il vécut en Europe (jusqu'au milieu de l'année 1995), le panégyrique de Wilfrid Tony Hyppolite, l'auteur du livre, vivant aujourd'hui au Canada n'est évidemment pas à faire; mais, comment, par contre, ne pas souligner le dévouement sans bornes de messieurs Justin Charles et Pierre Renaud Darguste *"Dondon-n"*, de mesdames Ginette Doumont et Lyvie Magloire Louis, de messieurs Henry Damus et André Gracien de Bruxelles (Belgique). Nos amis de France, particulièrement le docteur Yves St-Gérard, monsieur et madame Rony et Marlène Lapommeray, feu monsieur Frantz *"Fanfan"* Charles et surtout la famille GUERVIL, le chef du clan en tête, Jackson dont la persévérance a permis à la communauté afro-antillaise de voir évoluer Septentrional à Cergy-Pontoise dans le Val d'Oise et aux «Portes de la Chapelle», à Paris, en janvier 1995 d'abord et de nouveau en février 2000, à Nanterre, dans la banlieue-ouest de Paris dans les Hautes Seines. Nous soulignons également ici la contribution de l'Association Still Groove et le dynamisme de son principal représentant, monsieur Charles Chrisphonte, qui à deux reprises ont contribué à la venue et à la performance de Septent dans la ville-Lumière, Paris. Enfin et non des moindres, des fervents amis de Septentrional vivant à Genève (Suisse): monsieur et madame Sem César, madame née Suzanne Eusèbe ainsi que monsieur et madame Jean-Mary Garçon, madame née Jacqueline Sanchez.

Il apparaît aujourd'hui, de manière indéniable, que l'appui de ces différents comités de soutien à l'orchestre Septentrional constitue le levain de son succès. Sans nul doute, Septent a un avenir assuré à cause du passé qu'il a assumé.

Si aujourd'hui, le lecteur trouve, dans notre démarche, une approche analytique sur l'existence de l'orchestre Septentrional, nous devons un large tribut pour cette vision, d'abord, au maestro Hulric Pierre-Louis, qui a réussi à faire passer Septentrional du stade de groupe de fait en 1948 au rang d'institution, mais aussi à l'un de ses fils spirituels, François-Marie Michel qui nous a également inspiré cette vision de Septentrional. Maître François-Marie Michel nous disait, par exemple, lors d'une séance de préparation de l'émission radiophonique hebdomadaire du **Club Septent - 25e,** en 1973 chez lui *à Mando/Rita-Rita*, au Cap-Haïtien, notre ville natale commune, et pour s'en souvenir, celle de Septentrional: *... tony aprèmidi a n-a pral travay sou kongo : n-ap pran **pasé cheve** kòm kongo "pur" - n-ap pran **ti joujou** kòm kongo de Fe, épi, - n-ap pran **an nou koupé bwa** kòm kongo "inédit"*; c'est avec de telles armes que l'on gagne les grands combats et que l'on reste fidèle à Septentrional. **Septent un jour, Septent toujours.**

La Quatrième raison est, selon nous, la plus évidente.

On n'abdique pas le privilège de prêcher l'évangile du beau, de parler de la musique haïtienne et en l'occurrence, de l'orchestre Septentrional, aussi souvent, aussi longtemps, sous quelque forme que ce soit et où que cette opportunité se présente. C'est surtout, à chacun d'entre vous, qui un jour ou l'autre a eu à apprécier, à sa juste valeur, l'orchestre Septentrional, sans préjuger de ses origines, de ses lieux de fondation ou d'évolution, et ce faisant, a admis l'universalité et l'unicité du message musical. C'est donc, naturellement, pour vous, que nous projetons les feux de la rampe sur l'existence de l'orchestre Septentrional. C'est en ce sens surtout, et par souci d'inclusion, que nous dédions au lecteur ce livre à la rédaction duquel nous collaborons.

"Le Coq & La Perle"
Jean de la Fontaine - Livre 1er, Fable XX

<><><><><><><><><><><><><><><>

Un jour un Coq détourna
Une Perle qu'il donna
Au beau premier Lapidaire.
« Je la crois fine, dit-il;
Mais le moindre grain de mil
Serait bien mieux mon affaire ».

*

Un ignorant hérita
D'un manuscrit qu'il porta
Chez son voisin le Libraire.
« Je crois, dit-il, qu'il est bon;
Mais le moindre ducaton
Serait bien mieux mon affaire ».

Tant qu'un homme a un souffle de vie il est perfectible et, par le fait même,
il mérite d'être aidé dans son effort de promotion de son être et de son agir ".
Monseigneur François Gaillot, 26 juillet 1998

L'Homélie prononcée par Son Excellence
Monseigneur François Gaillot,
Archevêque du Cap-Haïtien,
le dimanche 26 juillet 1998
à l'occasion de la messe d'action de grâces
célébrée dans la basilique Notre-Dame,
la cathédrale du Cap-Haïtien.

~~~~~~~~~~~~~~~~~~~~~~~~~~~

Je veux saluer avec joie la présence des membres fondateurs et des musiciens de cet orchestre, ainsi que tous les personnels d'appui et leurs fidèles admirateurs. Nous leur disons de tout cœur: Bonne Fête et nous nous unissons à eux pour demander au Seigneur de les bénir et de leur accorder toutes les grâces nécessaires au moment où ils s'apprêtent à franchir le seuil des cinquante prochaines années. Pour accueillir ces grâces prenons conscience que nous sommes pécheurs et demandons pardon au Seigneur.

Monsieur le Sénateur de la République, (Renaud Bernardin)
Monsieur le Fondateur-Président Directeur Général et Président du Conseil d'Administration de l'orchestre Septentrional, (Hulric Pierre-Louis)
Monsieur le Président du Comité du Cinquantième, (Macajoux Médard)
Madame et Messieurs les Musiciens de l'orchestre Septentrional,
Messieurs les Membres du Personnel,
Frères et Sœurs dans le Christ,

Vous avez voulu faire du cinquantième (50e) anniversaire de la fondation de l'orchestre Septentrional la fête de la cité capoise, de toute la région du Nord et de notre pays tout entier. En cette occasion solennelle, vous avez désiré que l'Église du Cap vienne apporter, par la voix de son Pasteur, le sceau de sa bénédiction sur vos personnes, votre organisation et vos projets d'avenir. De bien bon cœur, je réponds à ce vœu car j'y vois une manifestation sincère de votre fidélité à vos saines traditions. Elles remontent, ces traditions, au jour même du 27 juillet 1948 où vous avez voulu associer l'Église à la fondation de l'orchestre Septentrional. Depuis lors, tous les ans, à l'occasion de cet anniversaire, vous faites célébrer une messe d'action de grâces soit à la cathédrale, soit à la chapelle St. Joseph.

Toutes les fois que la paroisse de la Cathédrale fait appel à votre collaboration pour l'aider à réaliser un projet caritatif ou social, vous ne marchandez pas votre concours en participant généreusement à ses efforts de promotion humaine. Oui, la profession ouverte de votre foi chrétienne, la dévotion filiale à la Vierge Marie, exprimées publiquement lors des stations de votre orchestre devant cette cathédrale, par le chant *"Fò nou tout ansanm fè yon n"* ou bien *"Notre-Dame du Perpétuel Secours, veillez sur vos enfants toujours"*, tels furent dans le passé et tels seront, toujours dans l'avenir, les fondements solides de la stabilité de votre organisation, les sûrs garants de ses succès et les forces sur lesquelles elle doit s'appuyer pour continuer, sereinement, sa route à travers les vicissitudes du temps et de l'histoire.

Vous célébrez votre jubilé d'or à un an et demi de l'An 2000. Vous aurez, exactement, cinquante-deux ans quand vous franchirez le seuil du XXIe siècle. Vous serez, évidemment, dans la force de l'âge; vous serez doté de la maturité et de la sagesse nécessaires pour faire des choix responsables dans un monde marqué par la globalisation et la modernisation. Dans cette perspective, au nom de l'Église de Jésus-Christ qui est au Cap-Haïtien, au nom de tout le clergé, au nom des laïcs engagés et en mon nom personnel, je vous offre mes vœux les plus sincères de : BONNE ET HEUREUSE FÊTE, DE SUCCÈS CONTINUS POUR LE PRÉSENT ET POUR L'AVENIR.

Ces voeux, beaucoup de personnes vont vous les offrir aujourd'hui, mais une question me hante au moment où je vous parle : **que faire pour que ces vœux**

ne soient pas des vœux pieux ou des vœux creux ?

Je voudrais contribuer à faire de ce jubilé d'or un événement-source, en suscitant une réflexion en profondeur et une recherche constante ***des exigences*** à satisfaire pour assurer le présent et l'avenir de l'orchestre Septentrional, et, parmi ces exigences, il y en a trois (3) que je voudrais souligner ce matin parce qu'elles me paraissent ***prioritaires dans "l'aujourd'hui" et dans "l'avenir" de cet orchestre.***

<u>La première exigence</u>, *c'est de résister à la tentation du repli dans votre coquille.* Pour cela, l'orchestre Septentrional doit se rénover continuellement en renouvelant son répertoire musical au jour le jour. Se rénover veut dire: retourner aux sources et s'ouvrir à l'universel, retourner aux sources de votre identité.

<u>**Vous avez une carte d'identité musicale :**</u>

avec un nom : orchestre Septentrional
avec un lieu de naissance et de domicile : Cap-Haïtien
avec un âge : Cinquante (50) ans
avec une adresse : Feu-Vert Night-Club
avec une profession : Groupe d'instrumentistes organisé en orchestre en vue d'exécuter de la musique de jazz et de danse.

Et cette musique, elle est signée *"Septentrional"* avec un rythme spécial, une harmonie-type, une mélodie propre. Vous devez rester fidèles à cette identité, mais vous devez en même temps vous ouvrir aux autres sous peine de devenir répétitifs, routiniers, figés, sans saveur, sans couleur et sans odeur. Une des manières de rénover votre répertoire musical serait de faire en sorte que chacun de vos morceaux de musique soit porteur de message, un message profond, soit aux personnes, soit à la communauté nationale, soit à la communauté internationale; un message qui peut être un appel à l'unité, un message de paix, de vérité, de justice, d'amour. Quel que soit le contenu du message, quelle que soit son orientation, l'orchestre Septentrional, pour aller de l'avant, doit interpeller le monde par des messages chantés. **Voici la première exigence:** *vous rénover ou périr.*

__*La deuxième exigence*__ *est de comprendre et de faire comprendre en profondeur les valeurs humaines et spirituelles impliquées dans le combat pour la paix, pour la justice, pour la vérité et l'amour.*

On a donné de la musique une définition que je trouve extrêmement belle, je vous la donne : « *La musique est un mode supérieur d'intellection* », cela veut dire que parmi les manières par lesquelles l'intelligence appréhende le réel, la manière supérieure c'est la musique. On veut signifier que l'approche musicale, pour faire pénétrer une idée, est plus efficace que l'approche du langage ou de l'expression orale. La musique est au-delà du mot. En effet, le ton de la voix dans le langage peut ajouter bien des nuances à la signification brute du mot et ces nuances, souvent inqualifiables, sont du domaine de l'expression musicale. Il y a dans la parole une sorte de chant latent comme une pré-mélodie que l'artiste pousse à la mélodie formelle par le chant. En faisant chanter la parole, vous multipliez la possibilité de comprendre l'idée.

Il m'arrive parfois d'écouter l'orchestre Septentrional, pas à Feu-Vert Night-Club mais à la radio bien sûr. En écoutant attentivement vos morceaux, je m'aperçois qu'il y a un *rythme~Septent*, il y a une *mélodie~Septent*, il y a une *harmonie~Septent*; et cette mélodie, ce rythme, cette harmonie amplifient le sens des mots dans le domaine, non pas de l'idée mais, de l'intuition d'une signification qu'elle nous fait ... comme ... expérimenter; autrement dit l'expérience de l'idée passe dans notre chair et dans notre sang par le rythme qui provoque le mouvement, par l'audition qui provoque l'écoute et par ... je dirais ... cette emprise sur l'ensemble de tout l'être qui fait que l'idée entre dans sa chair et dans son sang. L'orchestre Septentrional doit continuer à nous aider à découvrir en profondeur le sens des valeurs humaines et spirituelles impliquées dans la vie concrète et dans l'action quotidienne.

41

La troisième exigence pourrait se formuler ainsi : *pour que l'orchestre Septentrional fasse sa percée au XXIe siècle il faut qu'il découvre de plus en plus la dimension spirituelle et pour cela il faut non seulement qu'il soit continuellement sensible à la présence de Dieu dans l'histoire et dans le temps mais qu'il croit qu'il y a en tout homme une réserve inépuisable d'énergie morale et spirituelle.*

La réponse chrétienne au but de la vie que nous dévoile l'évangile, c'est d'aimer Dieu de tout son cœur, de toute son âme, de tout son esprit et d'aimer son prochain comme soi-même. Il s'agit d'un amour effectif qui doit s'enraciner dans l'amour affectif comme dans la terre d'où il doit germer et s'épanouir. Cette disposition de cœur est essentielle parce qu'elle fonde la nécessité de rendre hommage à Dieu et de croire dans les possibilités insoupçonnées de l'homme. Dans l'Ancien Testament, Dieu lui-même avait déterminé les modalités du culte à lui rendre, la façon de lui rendre hommage. Dans le Nouveau Testament, sa volonté nous est transmise par l'Église et une des façons que l'Église nous indique pour rendre ce culte à Dieu c'est précisément le chant, l'expression musicale. Cette liturgie d'aujourd'hui, parsemée de chants, de mélodies, de danses, de rythmes, est une façon pour l'Église de rendre un culte vivant à Dieu présent parmi nous dans le Christ-Rédempteur. Il n'est pas question, évidemment, de demander à l'orchestre Septentrional de se dédier aux *chants sacrés*, mais il n'est pas exclu cependant de demander à cet orchestre de s'inspirer des richesses spirituelles et morales pour composer ses chants et faire passer, par leur intermédiaire, la nécessité de vivre ces richesses dans sa vie et dans son action.

La communauté haïtienne a besoin d'un élan spirituel et moral. La communauté haïtienne a besoin de passer à un autre niveau de l'esprit et du cœur. André Malraux disait : « *Le XXIe siècle sera spirituel ou il ne sera pas* ». Il est comme une exigence d'intégration de la dimension spirituelle dans le répertoire d'un

42

orchestre comme l'orchestre Septentrional s'il veut être … je dirais … *dans le vent du XXIe siècle*. Et ce que je viens de dire au sujet de Dieu, vaut aussi au sujet de l'homme, car le seul critère d'authenticité de notre amour pour Dieu est notre amour pour l'homme. Je dirais vrai comme dit Saint-Jean : " *Celui qui dit qu'il aime Dieu qu'il ne voit pas alors qu'il n'aime pas son frère qu'il voit, celui-là est un menteur* ". Ce que je veux souligner surtout, c'est la nécessité de croire qu'il y a en tout homme une réserve inépuisable d'énergie morale et spirituelle. D'où la nécessité pour l'orchestre Septentrional :

de promouvoir cette richesse qu'il y a dans l'homme en essayant de donner des harmoniques à toutes ces valeurs de vérité, de justice, de paix, d'amour afin qu'elles deviennent des réalités non seulement dans la vie personnelle mais dans la vie collective, dans la vie de la communauté haïtienne.

de mettre l'homme au cœur de ses préoccupations, de ne jamais désespérer de l'homme, de ne jamais croire que tout est perdu, qu'il n'y a rien à faire.

Tant qu'un homme à un souffle de vie il est perfectible et par le fait même,
il mérite d'être aidé dans son effort de promotion de son être et de son agir.

Dans ce domaine la musique peut jouer un rôle considérable, une musique qui adoucit les mœurs, une musique qui interpelle par ses messages, une musique qui construit l'homme, parce que précisément, elle est messagère de paix, d'unité et d'amour par ces mélodies, par ces chants qu'il essaie de diffuser à travers, non seulement la communauté capoise où vit l'orchestre mais également dans toute la région, dans tout le pays et même dans d'autres pays du monde.

Fwè-m ak Sèu-m yo,

Mé sa-m té vlé di òrkès Sèptantriyonal maten an. Étan l-ap fété senkantyèm anivèrsèr 'l, ou-m santi ké sé pa senpleman "souhaits" pou-m fè li; men-m santi nésésité pou-m ensisté sou *"twa égzijans"* òkès-la dwé satisfè pou'l kapab fè pwogrè, pou'l kap "aller de l'avant". Genyen "plusieurs exigences", men gen twa (3) ki, dapré mwen, trè-z-enpòrtan.

pwemyèrman : **òkès-la pa dwé tonbé nan pyèj kita vlé pou'l ta rété fèrmen sou li menm.** *I fo ké'l ouvèr sou tout valèur, tout richès ki ka-p pèrmèt yon mou-n alé pi devan. Si-l fèrmen sou li menm, "non seulement" li pa-p pwogrésé, men'l ap rekulé. É lèur ou rekulé a, ou k-ap fini pa gen oken-n gou tankou manjé san sèl. É sé pou sa, pou òkès Sèptantriyonal genyen vwèman sèl, i fo ke-l renouvlé répèrtwa li.*

Yon dezyèm kondisyon : **Chèrché konpran-n é édé lòt yo konpran-n : valèur yo genyen nan yo, valèur ki genyen nan lòt yo** *pou yo kap bati ansanm yon komunoté, koté ki genyen : Lunyon, Justis, Vérité, Lapè ak Renmen. É sé pousa m-ensisté pou tout "chants" yo, pou délivwé yon mésaj; pou ke sé pa senpleman pawòl avèk son, men ké "à travers" pawòl yo gen yon mésaj k-ap pasé; gen yon mésaj k-ap pasé "d'autant plus" ke muzik fè mo yo, lidé yo, pa senpleman antré nan zòrèy ou, men désan-n nan kèur wou; yo fè'w-ou fè èkspéryans sa kap di a é wou fè yon-n avèk sa k-ap di ya, "de telle sorte que" yon mésaj ki pasé pa yon muzik pi fò anpil ké yon mésaj ki pasé pa yon diskou.*

twazyèm égzijans : **Sé kwè ké nan tout mou-n gen yon rézèrv "d'énergie" spirituyèl, moral, kap pèrmèt mou-n lan gwandi é k-ap pèrmèt nou édé'l gwandi, édé'l dévlopé, édé'l fè pwogrè.**

Twa(3) égzijans sa yo mérité réflèksyon. É, sé pou sa ou-m livré yo ban nou maten an kòm mèyèur mésaj ké mwen menm, ou-m té kapab livré nou " à l'occasion du cinquantième anniversaire de l'orchestre Septentrional".

Sé fason pa-m, pou-m té swété nou, ankò yon fwa : lumyèr avèk fòs Lèspwisen an, "continuellement", bénédiksyon Bondyé papa nou é gwas Jézukwi Sovèr nou. Sé nan kèur Bondyé é nan kèur Légliz-la avèk tout kèur pa mwen, ou-m

swété nou maten an : BONNE FÊTE, BONNE FÊTE et BONNE FÊTE. ... A
M E N !

~~~~~~~~~~~~~~~~~~~

"Septent, malgré ses cinquante ans, n'est pas un orchestre du passé ;
Septent reste et demeure, à la fois, le doyen et l'avenir de la musique
haïtienne".

Macajoux Médard, 27 juillet 1998

Les propos de circonstance de monsieur

Macajoux Médard,
président du comité du cinquantième,

le lundi 27 juillet 1998 au Feu-Vert Night-Club

à l'occasion du "Gala d'anniversaire"

~~~~~~~~~~~~~~~~~~~~~~~

En ma qualité de Président du Comité du Cinquantième Anniversaire de l'orchestre Septentrional, je vous invite tous, à vous mettre debout. Nous allons observer une minute de silence à la mémoire de tous ceux qui ont contribué à la concrétisation de ce rêve que nous sommes en train de vivre.

Monsieur le représentant du Président de la République,
Monsieur le Maire du Cap-Haïtien,

Monsieur le président de la Commission Culturelle de la Chambre Législative,

Monsieur le Député du Cap-Haïtien,

Messieurs les Députés du Département du Nord,

Monsieur le Fondateur et Président-Directeur Général de l'orchestre Septentrional,

Monsieur le Maestro de l'orchestre Septentrional,

Madame, Messieurs les membres de l'orchestre Septentrional,

*Messieurs les membres du "Trio Iglesias", (*venu directement de Cuba pour la circonstance*)*

Messieurs les membres du "Groupe Strings" ,

*Messieurs les membres de la Presse, (*internationale, nationale et locale*)*

Mesdames, Messieurs, les membres des Co.S.oS.,

Chers Amis, Compatriotes et Frères venus du monde entier,

Chers Camarades du Comité du Cinquantième,

Mesdames et Messieurs,

S'il fallait faire un bref rappel de l'histoire de Septent, je me permettrais de puiser dans " *Le livret du Quarantième Anniversaire* " pour m'en acquitter. Très justement les auteurs de ce livret ont divisé ces quarante années, qui vont de 1948 à 1988, en décennies dont nous allons tirer les dates ou les moments les plus marquants pour vous les livrer.

première décennie (1948-1958)

1948, année de la fondation du groupe : *"Jazz Septentrional",* issu de la fusion du *"Quartet"* composé de Jean Menuau, Léandre Fidèle, Raymond Jean-Louis et de Théodule Pierre et du *"Trio Symphonia"* composé de Jacques Mompremier, de Hulric Pierre-Louis et de Jacob Germain. **Nous sommes le 27 juillet 1948.**

Il fallut attendre un petit bout de temps pour savourer les premières compositions de Septent : *"Tu t'en vas", "Fidélité", "Que tu es belle".* C'est également vers cette période qu'Alfred *"Frédo"* Moïse arriva dans l'orchestre. C'est en 1952, le 15 août précisément, qu'un contrat fut signé avec Agusto Hong, alors propriétaire de Rumba Night-Club, un nom qui est resté célèbre et qui a marqué fortement tous ceux qui ont dansé sur la piste de Rumba Night-Club la célèbre composition de Hulric Pierre-Louis, peut-être la première: *"Mambo Bossu"*. Hulric était alors maestro de l'orchestre. En 1955, Roger Colas fit sa première apparition dans l'orchestre ainsi que Louis *"Loulou"* Étienne, l'homme aux doigts magiques, l'homme de *"Almiendra"*. Environ un an plus tard, Septentrional va intégrer dans le rang de ses musiciens le saxophoniste, Jacques Jean *(TiJak alto)*, aujourd'hui maestro de l'orchestre Septentrional. Dix ans devaient s'écouler avant que les premières fissures firent leur apparition. Les départs de Rigaud Fidèle, premier trompette, et de Raymond *"Colo"* Pinchinat, saxophoniste en témoignent. Heureusement, ils furent remplacés, avec bonheur, par Jacques François *(TiJak twonpèt)* et Roger Jean-François *(Chòchò)*, saxophoniste. Il faudra attendre 1961 pour saluer l'arrivée de Lucien Pierre-Louis, le troisième trompette.

deuxième décennie (1958-1968)

Ce fut le début d'une grande gloire pour Septentrional, moment de gloire qui coïncida avec la consécration de l'orchestre à Port-au-Prince et dans tout le pays; consécration qui devait se traduire par le surnom :*" La Boule-de-Feu d'Haïti"*. À cette consécration suivirent les enregistrements sur disques et c'est grâce à Colson Augusmar de Radio Caraïbes que Septent a fini par réaliser son premier disque avec notamment: *"N ap fété Nwel"*, *"Cité du Cap-Haïtien"*, *"Nap réziyé'n, nou péri"* etc... Est-il besoin de vous dire tout le succès qu'a connu ce disque; hier encore, au cours de son homélie Monseigneur Gaillot faisait allusion à *"N ap Fété Nwel"*. Entre temps, Septent fit l'acquisition du terrain où est érigé son Night-Club : *"le Feu-Vert"* inauguré le 31 décembre 1966, ici-même où nous nous trouvons ce soir. L'année 1966 verra Septent en Amérique du Nord, aux États-Unis et au

Canada, où il fit une tournée triomphale et c'est vers cette époque que *"La Boule-de-Feu d'Haïti"* devint : *"La Boule-de-Feu Internationale"* et que Septent publia le premier d'une nouvelle série de disques intitulée *"CoSept"*. Le livret du quarantième nous apprend que ce tour de force a été possible grâce à un fanatique auquel l'orchestre voue une reconnaissance éternelle : Marc Duverger.

troisième décennie (1968-1978)

L'année 1968 consacra définitivement l'orchestre Septentrional alors âgé de vingt ans et en 1969, pour la première fois[2] de son histoire, Septent anima le carnaval de Port-au-Prince où il fit un malheur avec *"Bonga"*. Au cours de cette même année Septent devait prouver son intérêt, vieux depuis sa fondation, pour tout ce qui se passe en Haïti et dans le monde. Souvenez-vous de *"Apollo XI"*.

Septent n'hésitait jamais à aider les autres. Des artistes, des chorales ont bénéficié de son expérience, et ce n'est pas par hasard que le 27 juillet de cette année de gloire, a commencé le matin du 26 à la Cathédrale du Cap-Haïtien par une messe solennelle célébrée par Monseigneur François Gaillot, Archevêque du Cap-Haïtien. Dans ce domaine, rappelons que l'orchestre Septentrional a participé à l'enregistrement de deux albums de chants religieux édités par la chorale du père André Philippe et de Sœur Ignace de la paroisse du Sacré-Cœur. Septent a guidé des nouvelles formations en gestation. L'orchestre a accompagné des artistes et a enregistré des disques avec : *Roger Colas, Emma Achille, Guy Durosier, Languichatte Débordus, Thomas David, Charles Dessalines, Michel Tassy etc.* Déjà Septent s'érigeait en Doyen de la Musique Haïtienne et en père des formations musicales du Nord et du Cap-Haïtien; elles portent toutes son empreinte.

---

2   En 1969, l'orchestre animait plutôt son deuxième parcours carnavalesque à travers les rues de Port-au-Prince; la première fois, c'était en 1966, avec *"Kanaval Dous"* de Frédo.

Après avoir remporté plusieurs trophées, notamment ceux reçus pour ses participations au *"Festival de l'Art Haïtien"* au Madison Square Garden et au Brooklyn Academy de New York, l'orchestre Septentrional accompagnait sur un disque mémorable l'artiste équatorien Hugo Henrique, un véritable chef-d'œuvre.

quatrième décennie (1978-1988)

De la période qui s'étend de 1978 à 1988, je retiendrai une composition d'importance majeure: *"Senkyèm Kòmandman"*. Je vous demande de l'écouter. Vous l'écouterez sûrement ce soir, et vous vous rendrez compte de ce que disait Monseigneur Gaillot à propos de la musique et des chansons de Septent. Septent a une harmonie qui lui est propre. Septent est porteur de message. Septent doit rester lui-même tout en se renouvelant. Il existe une harmonie~Septentrional, il existe un rythme~Septentrional que vous découvrirez dans cette musique, *Senkyèm Kòmandman*, qui est tout un poème et tellement spirituelle.

À partir de 1980, Septent va se trouver dans un dilemme. Pris entre deux générations, celle du *"Konpa"* et la sienne, il se devait de rester fidèle à son passé, à son rythme et se tourner, en même temps, vers les jeunes. Septent a gagné son pari. De 1978 à 1988 il s'est passé très peu de faits réjouissants significatifs. Nous retiendrons quand même l'arrivée de Roselin *"Trétré"* Antoine qui fut, *"senkyèm kòmandman"* mis à part, l'auteur de bien de tubes qui ont permis à Septentrional de renouer avec des succès directement appréciés par le grand public donnant ainsi une vraie populsion à l'orchestre. Vous avez remarqué, sans doute, que nous n'avons voulu à aucun moment mélanger la tristesse à la joie d'aujourd'hui; nous avons préféré garder les événements tristes dans notre cœur et dans notre mémoire. Toutefois, comment ne pas rappeler ces deux événements tristes qui ont fait pleurer les haïtiens du monde entier : la mort de Roger Colas et celle d'Alfred *"Frédo"* Moïse.

Voilà mesdames et messieurs, tirés du livret du quarantième, quelques faits saillants de l'histoire de Septentrional. Nous avons voulu, en choisissant ce chapitre, vous remettre en lumière cette tranche d'histoire et rendre, en même temps, un hommage mérité au comité du quarantième anniversaire de l'orchestre Septentrional. Mesdames et messieurs du comité du quarantième, vous avez fait un travail colossal que personne ne devrait jamais oublier.

Que dire maintenant de ces dix dernières années *(1988 à ce jour)* **?**

Vous le découvrirez, sans doute, dans *"le livret du cinquantième"* en préparation. Retenons cependant que les dix dernières années ont été de souffrances, d'interrogations, d'attentes et d'espoirs. Fébrilement, on se posait des questions; on se demandait quel Septent trouverons-nous en 1998 ? Pendant ces dix ans il y eut des hauts et des bas. Et puis, brusquement, guidé par son souci de bien faire, sa volonté d'être et de rester le premier, Septent, comprenant notre angoisse, s'est injecté du sang neuf et a commencé à répondre positivement à nos questions, nous a mis en confiance avec ses nouveaux succès et a sorti son dernier CD qui a été comme un message, comme un retour à la source, un véritable *"Témwanyaj"*. Une fois de plus Septent tu as gagné ton pari; tu l'as gagné car nous pouvons te l'affirmer: TU ES ET RESTES LE PLUS GRAND.

Septent, malgré ses cinquante ans, n'est pas un orchestre du passé ;
Septent reste et demeure, à la fois, le doyen et l'avenir de la musique haïtienne.

Septent, parceque tu es grand, j'aimerais t'adresser une prière :

En tant que Doyen, tu es le père de toutes les formations musicales qui ont vu le jour après toi en Haïti et notamment au Cap-Haïtien. Beaucoup s'en souviennent et t'ont rendu hommage. D'autres t'ont oublié et se sont écartés de ta maison. Nous te supplions, Père, continue de tendre la main à tes enfants égarés afin que, comme l'enfant prodigue, ils retournent dans ta maison. Même s'ils sont absents aujourd'hui cette fête est la leur. À toutes

50

les formations musicales haïtiennes, à toutes les formations musicales du Cap: "Lakòl", "Feeling", "Tropicana", "Septentrional", nous disons : BONNE FÊTE.

Mesdames et messieurs, chers amis, l'orchestre Septentrional d'aujourd'hui n'a ni de partisans, ni de fanatiques. Qui que vous soyez, quelles que soient vos couleurs : *"Jaune et Vert"*, *"Bleu et Blanc"*, *"Jaune et Noir"*, vous faites partie de la GRANDE FAMILLE-SEPTENT et elle est une et indivisible.

Je vous invite maintenant à avoir une pensée, à méditer sur cette pensée, sur un mot: l'AVENIR. Quel est l'avenir de Septentrional pour les cinq prochaines années ? celui de Feu-Vert Night-Club en pleine rénovation et qui promet d'être le plus beau joyau du Cap-Haïtien ? celui de la Radiodiffusion dont la première pierre a été déposée hier et je vous invite, chaque jour que vous passez devant le Restaurant Feu-Vert, à y jeter un coup d'œil et à vous demander : Que puis-je faire pour que l'orchestre Septentrional, le Feu-Vert Night-Club, le Septent Théâtre, le Restaurant du Feu-Vert, la Radiodiffusion Septentrional restent et demeurent une réalité ? L'ensemble représente un pilier pour étendre la culture haïtienne.

Monsieur le maire, puisqu'aujourd'hui est jour d'anniversaire, il ne saurait ne pas y avoir de présents. En signe de reconnaissance à Septent nous vous demandons deux petits cadeaux :

le premier c'est de baptiser le Boulevard du Cap : ***"Boulevard Septentrional"***
le deuxième c'est de faire de la méringue ***"Cité du Cap-Haïtien"***, l'Hymne de la Commune du Cap-Haïtien.

Je voudrais maintenant remercier tous ceux qui ont œuvré d'une manière ou d'une autre pour arriver à ce jour et en faire un jour de gloire. Je voudrais remercier Monseigneur François Gaillot, Archevêque du Cap-Haïtien, pour cette magnifique cérémonie qu'il a offerte hier à Septent en guise de cadeau d'anniversaire. Je voudrais enfin remercier le Président de la République,

51

Monsieur René Garcia Préval et sa femme qui, malgré le décès du père du président, ont eu une pensée pour Septentrional à l'occasion du ce 27 juillet.

Et maintenant je m'en vais, en votre nom à tous, poser un acte que je vous expliquerai après ...

Je viens de donner l'accolade à notre père à tous, à Hulric Pierre-Louis, le Fondateur et Président-Directeur Général de Septentrional. Pendant cette accolade il a senti battre mon cœur, j'ai senti battre son cœur. Et le cœur qu'il a senti battre c'était le cœur de vous tous qui battait à l'unisson avec le sien et qui lui disait que : comme hier, comme aujourd'hui, comme demain, il pourra toujours compter sur nous. Notre cœur battra toujours pour l'orchestre Septentrional.

Macajoux Médard
lundi 27 juillet 1998
Feu-Vert Night-Club

RÉPUBLIQUE D'HAÏTI

MINISTÈRE DE LA CULTURE[3]

MC/ **98/430**

Port-au-Prince, le 7 septembre 1998

Le Ministre a.i. de la Culture
Monsieur Jacques Édouard Alexis
a l'honneur d'inviter Monsieur Wilfrid Tony Hyppolite
à la cérémonie de remise de décoration
**"Ordre National Honneur et Mérite –
Grade de Grand Croix, Plaque Argent"**
à l'orchestre SEPTENTRIONAL pour son Cinquantième (50e) Anniversaire
par son Excellence le Président de la République
Monsieur René Préval

Cette cérémonie aura lieu au Palais National le mercredi 9 septembre 1998 à 10h00 a.m.. La Tenue de Ville ainsi que la présente invitation sont exigibles à la barrière d'entrée du Palais National. L'heure d'arrivée est prévue à 9h30 a.m.

S/ Jacques Édouard Alexis

Ministre de la Culture a.i.

---

3   Rue Roy, Port-au-Prince, Haïti. Téléphones : 23-2262, 23-2382 . Tél./Fax : 23-0689

THE WHITE HOUSE
WASHINGTON

November 18, 1998

TO: MAESTRO Hulric PIERRE-LOUIS

I am delighted to congratulate **YOU,** members and supporters of the Orchestre **Septentrional** on celebrating your 50th anniversary.

Music is a powerful, unifying force in our world, bringing people together across lines of geography and culture. You can take great pride in your contributions to that wonderful tradition, bringing the finest in symphonic music to appreciative audiences in **CAP-HAÏTIAN** and surrounding areas for the past 50 years. You have greatly enriched the cultural life of your community and created a lasting artistic legacy for generations to come.

I applaud you for your accomplishments and send best wishes for continued success.

S/ William "Bill" CLINTON
President of the United States

LA MAISON BLANCHE[4]
WASHINGTON

Le 18 Novembre 1998,

AU MAESTRO
Hulric PIERRE-LOUIS

J'ai le plaisir de **VOUS** féliciter, membres et supporteurs de l'Orchestre **Septentrional** à l'occasion de votre cinquantième anniversaire.

La musique est une puissante force unificatrice de notre monde; elle rapproche les gens au-delà des frontières géographiques et culturelles. Vous pouvez être fiers de votre contribution à cette merveilleuse tradition, car vous avez apporté le meilleur de la musique symphonique[5] à un public mélomane, capable de l'apprécier, au **CAP-HAÏTIEN**, et dans ses environs, depuis les cinquante dernières années.

Vous avez grandement enrichi le patrimoine culturel de votre communauté et avez créé un legs artistique impérissable (durable) pour les générations à venir.

Je vous félicite pour toutes vos réalisations et vous envoie mes meilleurs vœux de succès continus.

---

4   Traduction de l'anglais faite, gracieusement, par notre fille Tania.
5   Aux États-Unis, un orchestre joue de la musique symphonique ou "classique"; par contre, c'est un "Big Band" qui joue la musique que nous pouvons comparer à celle jouée par nos "orchestres" haïtiens traditionnels.

L'Orchesttre Septentrional à travers les ans

S/ William "Bill" CLINTON
Président des États-Unis d'Amérique

THE CITY OF NEW YORK
OFFICE OF THE MAYOR
NEW YORK, N.Y. 10007

November 22, 2003

Dear Friends:

It is a great pleasure to join with you in celebration of the 55th Anniversary of Haiti's oldest big band orchestra, Septentrional. The City of New York is delighted to welcome these amazing musicians to the Big Apple, and I am pleased to send birthday greetings to their founder, Maestro Hulric Pierre-Louis.

Since 1948, Maestro Pierre-Louis and the Septentrional band have been dazzling and entertaining audiences with the big band dance music, kon'pa. By introducing the world to this traditional Haitian music and bringing awareness to their rich and vibrant culture, the band has helped preserve an important piece of Caribbean musical history.

On behalf of the residents of New York City, I commend the members of Septentrional for their lasting contributions to the world of music and to their country. For over five decades, you have been a tremendous source of pride and inspiration to the people of Haiti and Haitian Americans of our great City. Please accept my best wishes for an enjoyable stay in New York City and continued success in your endeavors.

Sincerely

S/Michael R. Bloomberg

Mayor

LA VILLE DE NEW YORK [6]

BUREAU DU MAIRE

NEW YORK, N.Y. 10007

Le 22 novembre 2003

Chers amis,

C'est avec grand plaisir que nous nous joignons à vous pour célébrer le 55e anniversaire de Septentrional, le plus ancien orchestre de type "big band" d'Haïti. La ville de New York est ravie d'accueillir les époustouflants musiciens de cet orchestre et je suis heureux d'offrir mes vœux d'anniversaire à leur fondateur, le maestro Hulric Pierre-Louis.

Depuis 1948, le maestro Pierre-Louis et l'orchestre Septentrional ont été éblouissants et ont diverti le public grâce à leur "konpa". En initiant le monde à cette musique traditionnelle haïtienne et en attirant l'attention sur sa riche et vibrante culture, l'orchestre a contribué au maintien d'une part importante de l'histoire de la musique caraïbéenne. Au nom des résidents de la ville de New

---

6   Traduction de l'anglais faite, gracieusement, par notre fille Tania.

York, je rends hommage aux membres de Septentrional pour leur contribution permanente et efficace au monde de la musique ainsi qu'à leur pays. Pendant plus de cinq décennies, vous avez été une source énorme de fierté pour les gens d'Haïti et pour les haïtiano-américains de notre grande ville.

Veuillez agréer mes vœux les plus sincères pour un séjour agréable dans la ville de New-York et pour un succès prolongé tout au long de votre mission.

Sincèrement,

S/ Michael R. Bloomberg
Maire de New York

Femme Noire

Femme nue, femme noire
Vêtue de ta couleur qui est vie (1), de ta forme qui est beauté !
J'ai grandi à ton ombre; la douceur de tes mains bandait mes yeux.
Et voilà qu'au cœur de l'Été et de Midi, je te découvre terre promise, du haut d'un haut col calciné
Et ta beauté me foudroie en plein cœur, comme l'éclair d'un aigle.

Femme nue, femme obscure
Fruit mûr à la chair ferme, sombres extases du vin noir, bouche qui fais lyrique ma bouche
Savane aux horizons purs, savane qui frémit aux caresses ferventes du Vent d'Est
Tamtam sculpté, tamtam tendu qui gronde sous les doigts du Vainqueur
Ta voix grave de contralto est le chant spirituel de l'Aimée.

Femme nue, femme obscure

Huile que ne ride nul souffle, huile calme aux flancs de l'athlète, aux flancs des princes du Mali

Gazelle aux attaches célestes, les perles sont étoiles sur la nuit de ta peau

Délices des jeux de l'esprit, les reflets de l'or rouge sur ta peau qui se moire

A l'ombre de ta chevelure, s'éclaire mon angoisse aux soleils prochains de tes yeux.

Femme nue, femme noire, je chante ta beauté qui passe, forme que je fixe dans l'Éternel

Avant que le Destin jaloux ne te réduise en cendres pour nourrir les racines de la vie.

(1) En Afrique noire, le blanc est généralement considéré comme la couleur de la mort.

Léopold Sédar SENGHOR, **Chants d'ombre**, Paris, Seuil, 1956, pp. 21 et 22

RÉPUBLIQUE D'HAÏTI
MINISTÈRE DE LA CULTURE

Port-au-Prince, le 25 juillet 1996

Aux Membres de l'
ORCHESTRE SEPTENTRIONAL
Cap-Haïtien

Messieurs,

Le Ministère de la Culture vous présente ses compliments et note avec satisfaction tout le travail que l'orchestre Septentrional du Cap a pu accomplir durant ses quarante-huit (48) ans d'existence dans le pays.

À l'occasion de l'anniversaire de votre groupe musical dont la renommée n'est vraiment plus à faire, le Ministère tient à souligner pour vous et pour les membres de l'orchestre Septentrional, l'importance qu'il accorde tant à votre production musicale qu'aux efforts constamment déployés par vos musiciens et par vos techniciens en vue de l'avancement de la musique haïtienne.

Le Ministère saisit cette merveilleuse occasion pour souhaiter longue vie à la BOULE-DE-FEU INTERNATIONALE, L'ORCHESTRE SEPTENTRIONAL et prie tous les musiciens, les techniciens et les nombreux fanatiques de ce groupe géant de notre musique, d'agréer l'hommage de ses plus profonds respects et de ses meilleures salutations.

S/ Raoul Peck
   Ministre

PH/mpl

" On ne voit bien qu'avec le cœur ;
l'essentiel est invisible pour les yeux. "
Antoine de Saint Exupéry : " Le petit prince"

TÉMOIGNAGE DE GRATITUDE

Depuis très longtemps, les circonstances placent Septentrional dans une position enviable, mais lourde de responsabilités, celle de «*Doyen de la musique haïtienne*». Nous saisissons l'occasion pour rendre hommage à tous les musiciens connus ou moins connus de Septent qui se sont succédé de 1948 à ce jour. Le rôle joué par chacun d'eux revêt une importance capitale. Nous ne listons personne de peur d'en oublier un seul d'entr'eux. Qu'ils en soient tous cependant remerciés et honorés.

Mais, c'est avec émotion et beaucoup de respect que nous soulignons l'importance, à côté de leurs époux respectifs, de ces grandes dames sans qui, rien n'aurait été possible. Pour les représenter, à défaut de les symboliser, nous évoquons Olive Clément, l'épouse du maestro Hulric Pierre-Louis. Elle représente la "*Pénélope*" des temps modernes. Pénélope, la femme d'Ulysse décousait, de nuit, la toile qu'elle avait tissée pendant la journée pour échapper aux impétueuses sollicitations de ses prétendants; Olive, la femme d'Hulric, professe, le métier de créatrice de modes vestimentaires, non pas pour découdre, de nuit, les robes qu'elle a cousues pendant le jour, mais pour mettre son mari à l'abri des soucis matériels du quotidien et par le fait même, le rendre moins vulnérable et exclusivement disponible pour Septentrional. Merci *Man Lilie,* Septent te le revaudra.

Behind every successfull man, there is a good woman.

"... Si je pouvais parler à Dieu, je lui demanderais pourquoi il a créé la femme "...

...

"... Mais la vie, semble-t-il, nous causerait trop d'ennuis sans la féminité "...

...

"... Époutan si nou byen kalkulé, nou wè ke san yo tava gen yon vid Kisa pou nou fè ? N ap réziyé n, nou péri."

Hulric Pierre-Louis

Si ce n'était, déjà pas une sinécure, pour Pénélope, d'être la femme d'Ulysse, ce l'est d'autant moins, à plusieurs siècles d'écart, pour Olive, d'être la femme

61

d'Hulric, condamnée à voir son mari entre deux bals, deux voyages ou deux tournées. Elle a accepté, ainsi, ce sacerdoce pendant cinquante ans environ; car, sans faire exprès, Septent prend toujours la première place. Et pourtant quand on est dans la confidence de *Man Lilie*, elle dit, tout de go: *"Hulric n'est pas négociable"*. Merci encore *Man Lilie,* merci pour ta patience, merci pour le don de ton mari que tu as fait à la communauté des mélomanes pour que *l'Institution~Septentrional* demeure pérenne. Tu es le modèle qui a permis, à leur tour, à tes cadettes de vivre avec un homme, impliqué dans les affaires de Septentrional, à quelque niveau de responsabilité que ce soit.

"REMORDS" *(1961)*
Composition : Hulric Pierre-Louis
Rythme : Afro // Vocal : Roger Colas

<>

Lead Vocal

Yayi, Ti Chéri mwen
Wi, sa byen fè mwen mal
Pou m apé asisté
Tout mizér w apé pasé

Kònm rété'm sonjé
Sé mwen'k lakòz tousa
Pou mwen ta santi m byen
Mouri pou m ta mouri

Pardoné'm Ti Yayi
Ou pa bezwen genyen'm ranku n
Sé Bondye ki fè tout bagay
Yon jou sa va ranjé

Épouses de musiciens ou de supporteurs de l'orchestre Septentrional, de tous les temps, c'est avec vénération que nous vous rendons, aujourd'hui hommage. Merci mille fois, mesdames, vous êtes dignes d'éloge.

Pour Vous, Mesdames : <u>**L'homme qui enviait sa femme**</u>

Il était une fois ... Un homme, fatigué de se lever pour aller travailler pendant que sa femme restait à la maison, voulait qu'elle ressente le poids de son fardeau. Alors il priait :

-- Mon Dieu, je vais travailler pendant huit heures tous les jours pendant que ma femme reste à la maison. Faites, ô ! Mon Dieu, pour qu'elle comprenne ma peine et mon tourment, un échange de corps afin qu'elle s'en rende compte.

Le Bon Dieu dans son infinie bonté, exauça son souhait. Le lendemain matin l'homme se réveilla changé en femme.

Il prépara le déjeuner pour la famille. Il réveilla les enfants, prépara leurs vêtements pour l'école et les fit manger. Il remplit leurs boîtes à lunch et les conduisit à l'école.

Il ramassa le nettoyage à sec en revenant à la maison et s'arrêta à la banque pour faire un dépôt. Il alla faire l'épicerie et revint à la maison pour la dépaqueter et la ranger. Il paya les factures et balança le livret de chèques.

Il nettoya la litière et lava le chien. Il se dépêcha de faire les lits, passa l'aspirateur, épousseta, balaya, lava le plancher et fit le lavage.

Ensuite il courut à l'école ramasser les enfants et se chicana avec eux. En revenant il leur donna des biscuits et du lait et leur fit faire leurs devoirs.

Il sortit la planche à repasser et regarda la TV en repassant. Il commença à peler les patates et laver les légumes pour la salade, prépara le souper et nettoya ensuite la cuisine. Il emplit le lave-vaisselle, plia une brassée de linge et en mit une autre dans la laveuse.

Il donna le bain aux enfants et les mit au lit. À 22h, exténué, et même si les corvées de la journée n'étaient pas finies, il alla au lit où on l'attendait pour faire l'amour; ce qu'il fit sans se plaindre.

Le lendemain matin, notre homme, pour 24 heures seulement, transformé en femme se leva et se mit à genoux près du lit et dit :

-- Mon Dieu, j'ai eu tort d'envier ma femme qui restait à la maison ;
S'IL VOUS PLAÎT, faites que nous changions de corps encore une fois.
Le Bon Dieu dans son infinie bonté lui répondit:
-- Mon fils, je crois que tu as appris ta leçon et je serai heureux de ramener les choses telles qu'elles étaient mais il va falloir que tu attendes 9 mois ... Tu es tombée enceinte hier soir !

*** Trouvé sur l'Internet***

L'opportunité nous est ici offerte de souligner l'esprit de sacrifice, de tolérance et surtout le tribut payé à la *"cause~Septentrional"* par Elsie Pierre Hyppolite; qu'elle trouve ici le renouvellement de notre éternelle gratitude. Nous saluons également l'adhésion spontanée de nos deux filles, Tania et Diana Hyppolite, à la *"doctrine~Septentrional"*. Dès leur prime enfance, en Belgique, elles ont appris les paroles de la chanson *"Cité du Cap-Haïtien"* comme une prière. Grandie dans le moule~septent c'est donc, tout naturellement, que Tania a travaillé à la révision du premier jet du manuscrit de cet ouvrage consacré à l'orchestre Septentrional.

C'est l'occasion, pour nous, de renouveler notre profond respect à l'adresse de madame Sylvie Obas Michel, l'épouse de François-Marie Michel et à madame Solange Saint-Cyr Nérée, la veuve de feu docteur Achille-Nérée.

Nous soulignons le rôle déterminant joué par mesdames Jacqueline Lévêque et Chantal Dadaille, à New-York, aux côtés de Garry Monestime, président du CoSepNY, pour promouvoir, en permanence, Septentrional à New-York. Cependant, ce travail de promotion aurait été vain sans la sollicitude, auprès de Garry, de: Josette Orianus Monestime dans un premier temps, de Geneviève Charles ensuite et aujourd'hui de Nicole Jean-Pierre. Merci *Zette*, merci *Kèkète*, merci *Didine*. Nous témoignons, avec le même allant, toute notre sympathie à l'adresse de madame Carole Acacia aux côtés d'un passionné comme *Pyéro* Joachim, un *septentrionaliste* des premières heures, un moment égaré, mais qui est revenu depuis à ses anciennes amours.

Une femme n'épouse pas impunément François-Marie Michel, Garry Monestime, Eddy François, Harry Prophète, Berne Paul, Achile Nérée, Wilfrid *"Tony"* Hyppolite, Paul-Henry Étienne ou Rochenel Ménélas. Ce faisant, elle crée, si ce n'était déjà un préalable, des liens indissolubles avec l'orchestre Septentrional. C'est donc avec révérence que nous saluons la *ferveur~Septentrional*, de madame Junie Thimoléon, l'épouse de Rochenel Ménélas, qui a une place d'honneur au sein de la *famille~Septent.* D'ailleurs, par filiation directe, Junie Thimoléon est la nièce de Anna Marcellus, la marraine d'un bébé-garçon baptisé en 1928 : Maurice, Élima, Solon, Hulric PIERRE-LOUIS.

Lors d'une causerie, donnée au Feu-Vert Night-Club le mercredi 11 juillet 1973, monsieur Édouard Berrouet nous disait, à peu près, ceci: « *En 1948, les cercles littéraires et mondains florissaient dans la cité capoise. "L'Aurore" fut l'un de ces clubs joyeux où fusaient le rire et les bons mots. Ceux qui sont, au moins, de notre génération ont connu maître Frédéric Magny, avocat brillant, beau causeur, homme du monde élégant et raffiné. On l'appelait d'ailleurs "le prestigieux". C'était le président du Cercle Aurore.* »

Nous ne pouvons pas affirmer, de manière péremptoire, que vingt ans plus tard vers 1967, les *"cercles"* pullulaient dans la ville du Cap comme à l'époque évoquée par monsieur Berrouet mais, sans le moindre risque d'être contredit, l'existence d'une ambiance culturelle et mondaine florissante, à bien des égards, était une réalité capoise bien évidente. Des figures de proue émergeaient dans presque tous les domaines: scolaire et para-scolaire, métiers d'arts et manuels, littérature, religion, musique, sport, théâtre, peinture et sculpture, artisanat, et bien entendu, la danse tant classique que sociale ou folklorique n'était pas en reste.

De même qu'en 1948, « *Le Cercle Aurore* » de maître Frédéric Magny était un cercle culturel parmi d'autres au Cap-Haïtien, environ vingt ans plus tard, vers 1966/1967, « *L'Élan* », cercle culturel et mondain, avait un programme d'activités très prisé en parallèle avec d'autres cercles socioculturels de la ville. Grâce au dynamisme de son président-trésorier, le jeune Rochenel Ménélas, digne successeur de monsieur Nathan Ménard, à la présidence du cercle, « *L'Élan* » damait même le pion à ses concurrents d'alors, le cercles « *L'Essor* ou *Diane* » entr'autres. Rochenel ne soutenait, peut-être pas, la similitude avec *" le beau causeur, l'homme du monde élégant et raffiné, l'avocat brillant"* décrit par monsieur Berrouet pour présenter maître Magny, le président du Cercle Aurore; par contre, Rochenel Ménélas était le modèle achevé du jeune homme sérieux, dynamique et pragmatique qui inspirait confiance et qui réussissait à grouper autour de ses principes d'autres jeunes gens amoureux de leur ville et qui aimaient participer à la réussite de belles réalisations culturelles et mondaines.

Peu de temps après l'occupation du Feu-Vert Night-Club, Septentrional devait innover afin d'attirer une nouvelle clientèle. C'est autour de cette dynamique que l'orchestre édifia, en 1967, la première année d'occupation de son nouveau local. Nous parvenons ainsi au début de l'année 1968 qui ouvrait le vingtième rideau sur l'existence de l'orchestre Septentrional.

De même que l'animation par le *quatuor Septentrional* sur l'invitation de maître Magny, vingt ans au paravant en 1948, d'une soirée dansante organisée par le cercle Aurore, fut l'élément-déclencheur qui allait, peu de temps après, donner naissance à l'orchestre Septentrional, au début de l'année 1968, le samedi 6 janvier, « *Le Cercle l'Élan* » présidé par Rochenel Ménélas organisait une première soirée sur invitation et à guichet fermé, dans le nouveau Feu-Vert avec Septentrional. La réussite fut totale. Le maestro Hulric Pierre-Louis, sans coup férir, s'est laissé guider par son flair de *"vieux routier"* et demanda à Rochenel Ménélas de former et de présider un Comité d'organisation de festivités mondaines au Feu-Vert Night-Club avec Septentrional. Ce qu'il fit; et comme il avait carte blanche, il partagea cette responsabilité avec Lunnie Joseph à qui il confia la sélection des *" filles "* du comité et lui, s'occupa du choix des *"garçons "*. Pour ce faire, il recruta d'abord des copains de « *l'Équipe "Aronde-Simca" de la "Librairie des Jeunes" »*, Antoine *"Tony"* Deshommes en tête; il recruta aussi Carl-Henry Menuau, Fritz *"Toto"* Étienne, Marcelin Lamour, Maurice Clément Barthélémy, Robert *"Bob"* G. Sam, Julio Sylvain, Rénold Monestime, Jean Nemorin, Fabert Jean-Pierre, l'animateur-vedette de la Radio Citadelle et de Septentrional et puis feu Fred Gauthier et bien entendu, François-Marie Michel, le fils spirituel du maestro Hulric Pierre-Louis. Lunnie Joseph, de son côté, sollicita et obtint la participation de: Marie-Josée Menuau, Gisèle Prosper, Nelly Obas, Nicole Gilles, May Sterlin, Kételie St.-Jean etc ... Voici, sommairement, l'ossature du «*Comité d'Organisation Feu-Vert »* que présidait Rochenel Ménélas. Tous les membres du futur "Am.Sa.Tra." que Fabert Jean-Pierre allait présider, peu de temps après, sont issus de ce comité. Rochenel Ménélas fut aussi, de manière informelle peut-être, le premier *"manager"* du nouveau Feu-Vert Night-Club jusqu'au moment de son départ d'Haïti pour les États-Unis d'Amérique au cours de l'été 1968.

Ce n'est donc pas un hasard si, vers la fin de l'année 1996, l'on retrouve Rochenel Ménélas au timon des affaires de Septentrional, au moment où, face à la concurrence, un succédané du **CoSepNY** (1987-1992) des ... Eddy François, Harry Prophète, Alain Lebon, Fritz Newbold ... et autres *septentrionalistes notoires,* le **CoSeptent** des ... Garry Monestime, Jacqueline Lévêque, Chantal Dadaille, Roger Chavannes ... et autres septentrionalistes, tout aussi *notoires* pourtant, montrait ses limites dans l'organisation des tournées nord-américaines initiées par l'orchestre Septentrional trente ans auparavant, en 1966. De plus, certains promoteurs d'alors ne se sentaient aucune obligation morale vis à vis de Septentrional avec qui ils n'avaient de liens que la loi du profit; ce qui pourrait, du même coup, compromettre très sérieusement, à terme, la présence même de l'orchestre à New-York pour des tournées traditionnelles annuelles. Face à la conjoncture qui prévalait, à l'époque, il fallait qu'on fît quelque chose pour sauver Septent d'un péril certain.

> *" Un jeune enfant dans l'eau se laissa choir,*
> *En badinant sur les bords de la Seine;*
> *Le ciel permit qu'un saule se trouva,*
> *Dont le branchage, après Dieu, le sauva. "*

Sans nul doute, ce saule évoqué par Jean de la Fontaine dans *"L'Enfant et le Maître d'école"*, c'est Rochenel Ménélas un *septentrionaliste indéniable* à qui nous rendons, aujourd'hui, tout l'hommage qui lui est dû. Tous les proches de Septentrional, musiciens ou partisans, doivent ou devraient, tout au moins selon nous, lui témoigner de la reconnaissance pour les innombrables et inestimables services rendus. Avant-gardiste et *"septentrionaliste"* de tous les moments, Rochenel Ménélas a toujours été, est et sera une référence certaine au sein de l'Institution-Septentrional. ***Mèrsi Ròch la !!!*** La confiance que les *vrais septentrionalistes* placent en toi est le sûr garant du devenir même de l'orchestre.

Nous aimerions énumérer, de manière exhaustive, toutes ces héroïnes de l'épopée quotidienne de Septentrional, sans qui, rien n'aurait été possible; autant celles qui, comme, Marie-Josée Ledain, l'épouse du docteur Harry Prophète, en épousant, pour faire un pléonasme admissible, *un nordiste-septentrionaliste,* a épousé, ipso facto, la *cause~Septentrional* (*qui prend mari, prend pays*), que celles qui, comme Lyne Manigat, capoise comme son mari Fritz Newbold, a joué à fond, le rôle d'épouse de supporteur inconditionnel de Septent en devenant, (qu'importe, si c'est par syllogisme ou par conviction personnelle), *une fervente septentrionaliste,* tout aussi dévouée que son mari à la cause de l'orchestre; Fritz Newbold, pétri comme nous dans le moule-septent dès sa plus tendre enfance, est actuellement **le dépositaire**, conscient peut-être ou malgré lui très certainement, des archives sonores de l'orchestre Septentrional. Lyne, son épouse, a toujours fait montre d'entregent et de sollicitude à notre égard, chaque fois que, de passage à New-York, nous venons consulter la seule référence, selon nous, accessible et disponible, Fritz, son mari; ou encore une capoise de souche, comme madame Michèle Desroches, *"une vielle branche"*, sur laquelle nous venons nous appuyer chaque fois qu'un doute survient et que nous avons besoin d'être rassuré pour avancer. *Merci "miss Desroches".*

Il est, pour nous, d'un impérieux devoir de rendre hommage à l'amitié que nous ont témoigné Fuscien Napoléon et Joseph Jean-Gilles; ce dernier, *"Zo"*, notamment, a fait des interventions très pertinentes dans le cadre de la rédaction de ce livre et nous a, en maintes fois, éclairé mais surtout étonné par ses lumières et connaissances sur des points relativement sensibles; quant à notre ami *"LeFus"*, certaines de ses interventions, pleines d'à propos, ont plus d'une fois éclairé notre lanterne. C'est notamment grâce à ces accointances avec des interlocuteurs opportuns, que la parution d'un livre sur la vie de l'orchestre Septentrional a pu passer de projet quasi chimérique au stade d'espoir réaliste si ce n'est de réalisation. *Merci "Mon Onk Zo", Merci "Dòk Fusyen".*

En dépit de tout ce réseau d'amis et de connaissances, rien n'aurait été possible sans le soutien du public montréalais qui d'emblée, a considéré notre démarche pour la visibilité autour de Septentrional comme étant sérieuse et importante. Ce public est passé, progressivement, du stade de l'indifférence à celui de sensibilisation à la musique de Septentrional; et à force de l'entendre dire nous finissons par admettre que notre intervention y est pour quelque chose.

Mais seul, nous n'aurions rien pu faire. La presse de Montréal, tant haïtienne que québécoise, ne nous a pas marchandé sa participation. **Raymond Laurent** et son équipe de l'émission ***"Samedi Midi Inter"*** (*"Zo"* Jean-Gilles, Yves Bazile ... etc) à défaut de jouer la musique de Septentrional, nous a offert, chaque fois que c'était nécessaire, le loisir de parler de l'orchestre dans le cadre de leur émission de radio. L'intervention de **Steve Jecrois**, du temps où il animait le **"Punch Tropical"** sur les antennes de CIBL a largement contribué à créer de la visibilité autour de Septentrional, d'autant plus qu'en tant que producteur de spectacles, il n'avait pas hésité à aller de ses deniers pour produire ou co-produire Septentrional dans les cadres les plus prestigieux de Montréal; le mardi 30 juin 1998 notamment, dans un buffet de grand prestige, *"Le Madison"*, où l'une des grandes stars mondiales, la plus grande peut-être, Céline Dion, invita la même année ses amis à venir fêter avec elle, son trentième anniversaire de naissance; ou encore à l'Hôtel *"Le Reine Élizabeth"*, le dimanche de Pâques, 04 avril 1999.

La presse québécoise n'a pas hésité à nous venir en aide également que ce soit **Radio Canada** qui, à deux reprises, nous a invités à parler de Septentrional; ou madame **Francine Grimaldi**, qui parle, également, de Septentrional, à l'occasion, dans le Journal *"La Presse de Montréal"*. **Ralph Boncy**, pour sa part, de la chaîne télévisée montréalaise **"MusiMax~MusiPlus"** nous reçoit, aussi souvent que c'est nécessaire, à son émission *"Musiques du Monde"*.

Du temps où le **Magazine Soleil des Îles** existait, **Arland Jean-Paul** et *feu* **Carl Casséus,** de concert avec le maestro Hulric Pierre-Louis, le docteur Achille Nérée et nous, avons fait un *"Plein Feu"* mémorable sur Septentrional en 1997, avec la photo du maestro Hulric Pierre-Louis en page couverture. **Gérard Louis-Jacques** du journal *"Haïti Observateur"* a toujours traité Septentrional avec les honneurs dus à son rang; que ce soit à l'occasion de la remise de trophées prestigieux tel le *"Cator"* de 1998, le *"Cattor"* du siècle en décembre 2000 ou des articles élogieux sur l'orchestre Septentrional dans les colonnes de son hebdomadaire. Pour la *"fine bouche"* nous gardons pour la fin de cette rubrique deux animateurs de Radio: **Brédy Donissaint**, un admirateur avoué de Septentrional et l'animateur-vedette de l'Émission dominicale présentée sur Radio Centre-Ville, *"Tan Lontan"* dont la programmation musicale et la mise en onde sont assurées, avec amour et passion par un mélomane-collectionneur, Rodolphe Poitevien; *Dòdof* est un ami de la bonne musique et par conséquent de Septentrional.

Et bien entendu, **Henry Salgado**, le commandant du train de l'art, qui dans le cadre de l'émission *"à tout art, tout artiste"* d'abord qu'il animait sur les ondes de la Radio CIBL et ensuite *"accords d'artistes, cultures en choeurs"*, celle animée sur la station haïtienne, Radio Union.com - le 1610 AM, offrait et continue d'offrir à Septentrional, par notre organe, l'opportunité de s'exprimer, aussi souvent, aussi longtemps que la nécessité se présente. Henry a reçu également, à deux reprises, le maestro Hulric Pierre-Louis, à son émission et lui a même décerné, pour Septentrional, un *"Trophée Méga Star"* en 1996.

Nous nous gardons de citer à outrance des noms de supporteurs, pourtant méritants, de peur de privilégier l'un au détriment de l'autre qui le mérite tout autant. Nous dérogeons néanmoins à ce principe pour appeler l'attention sur quatre femmes et un homme dont leurs interventions à des moments respectifs ont contribué à mettre en évidence, de manière significative, le *"produit-septent"* sur le marché montréalais: le couple Lévy et Youze-Marie Michel ainsi que mesdames Rose-Marie Mésidor, Yvette et Yvane Labaze dont le dévouement, le dynamisme et l'entregent vis à vis de la *"Famille-Septent"*, se passent de commentaires.

Septentrional témoigne, également, de la reconnaissance à monsieur Victor Déjean, qui à un moment extrêmement critique dans la vie sociale montréalaise (le premier trimestre de l'an 2000) n'a pas hésité à faire rentrer Septentrional directement d'Haïti, en vue de donner de la visibilité à l'orchestre. Originaire de Marchand-Dessalines, un bastion fort, depuis 1958, de Septentrional, monsieur Déjean Victor s'est toujours montré dévoué et généreux à la cause de l'orchestre qui a bercé son enfance et son adolescence. Lorsqu'il est devenu en 2005 le propriétaire exclusif et président-directeur général du *"Buffet Cristina 6005"*, c'est son orchestre qu'il accrédita pour animer musicalement l'inauguration de la plus belle acquisition de la diaspora haïtienne à travers le monde en matière de salle de réception. Septentrional, avec cette prestigieuse acquisition qu'est *"CRISTINA 6005"*, peut, sans réserve, estimer que l'orchestre dispose à Montréal d'un *"Lakay"* au même titre que son "Feu-Vert" au Cap-Haïtien.

Grandis à l'ombre de Philomé Obin, le *"monument capois"*, des artistes-peintres comme René Vincent, Jean-Baptiste Bottex ou Morton Dietz et surtout Louis *"You"* Agénor, ont inspiré celui à qui nous devons l'illustration de ce livre en page couverture. Très peu de gens savent qui est Irwin B. Eustache qui n'est, en fait, nul autre que l'artiste *"Houmano Staco"* du Cap-Haïtien, que tout le monde, par contre, connaît. En nous remettant son œuvre achevée, Houmano estimait, le plus simplement du monde, avoir rempli un devoir de piété filiale envers le Cap-Haïtien, sa ville, et Septentrional, l'orchestre de cette ville. Merci à *"Houmano"* et, à titre posthume, à feue madame Augusta Gracia, *"Tita"*, son épouse.

Feu monsieur Raymond *"Patchouko"* Lecorps, quant à lui, était resté fidèle à sa réputation *"d'homme-sympa"*, toujours présent à toutes les occasions, petites ou grandes, qui marquent l'histoire de la *"cité capoise"*. *Patchouko* nous a accompagné, tout au long de l'élaboration de ce livre sur la vie et l'œuvre de l'orchestre Septentrional; non seulement il nous a guidé par ses conseils et éclairé par ses connaissances sur la vie de Septent, mais encore il a tenu à participer, à sa manière, à l'élaboration de notre projet en mettant à notre disposition des documents photographiques puisés de ses archives personnelles. Nous lui devons également, certaines prises de vue qui illustrent ce livre.

À défaut de pouvoir rendre ce témoignage de gratitude de manière systématique et détaillée, l'orchestre Septentrional remercie tous les CoSeptent d'Haïti et de l'étranger pour leur soutien. **Chapo ba pou yo.**

Dans le *camp~Septent*, nous avons osé nous remettre en question tant du point de vue musical que du point de vue administratif. Les membres de l'orchestre Septentrional en général et le Fondateur P.D.G., monsieur Hulric Pierre-Louis en particulier, se sont ralliés, sans réserves aux différentes démarches de réformes préconisées par des proches ou amis. Que de chemins parcourus ! Que d'obstacles franchis pour aboutir au résultat escompté !

Si nous nous étendons aujourd'hui sur l'histoire de l'orchestre, ce n'est pas simplement pour nous souvenir mais pour garantir l'entrée de Septentrional dans l'histoire «EN GRAND» comme *Pepe Delgado, Bény More, Perez Prado, Bebo Valdes, Antonio Maria Romeu* et leurs orchestres d'une part, *la Sonora Matancera ou la Orquesta Aragon de Cuba, Occide Jeanty, Issa El Saieh, Ernst "Nono" Lamy* et leurs orchestres d'autre part. Ce n'est pas impossible, ce serait même possible sur la base d'une planification qui associerait intelligemment la musique et les affaires. La musique étant Art, Beauté, Sentiment et Expression et les affaires étant Calcul, Intérêt, Profit et Redistribution.

Dans la lignée des grands succès de l'époque de «**Let's dance** et **Epizòd Manbo**" ou de «**W-a vini** et **Chofè otomobil**» qui ont fait de Septent une valeur sûre pour la musique haïtienne des décennies soixante et soixante-dix, l'orchestre a repris du poil de la bête et revient s'installer confortablement à sa place de doyen avec les records de longévité et de continuité. Cette reviviscence ne relève pas du simple hasard. Tout est mis en œuvre pour assurer la pérennité de Septent et rendre indissolubles les liens qui l'unissent à tous ses publics de toutes les générations.

Aujourd'hui, il suffit d'aimer n'importe quel groupe musical haïtien pour danser sa musique, mais pour danser Septent, il ne suffit pas de l'aimer, il faut en plus savoir danser. «**Dansé Sèptan sé métyé.**»

L'homme, toutefois, n'est pas le maître de sa destinée et il n'y a pas de gloire éternelle. Le samedi 12 août 1972, pendant que Septent animait d'ailleurs la soirée traditionnelle de célébrations de la Sainte-Claire à Marchand-Dessalines, l'orchestre était durement frappé par la nouvelle du décès de Raymond Jean-Louis[7] qui était le seul membre fondateur alors en

---

7   Le lendemain dimanche 13 août 1972, sur les ondes de la MBC à Port-au-Prince,

    l'animateur Fritz Jean a réalisé un «CLUB SEPTENT» spécial autour de ce décès.

    Certains amateurs connus détiennent encore des traces sonores de ladite émission.

exercice à côté du maestro Hulric Pierre-Louis. Au moment de sa précoce disparition, Raymond Jean-Louis était le pivot autour duquel l'orchestre tournait, l'homme de confiance qui imposait le respect de tout un chacun. Sa perte est le début de la série noire que vivra l'orchestre. Les trois dernières disparitions, qui ont précédé les célébrations du soixantième anniversaire, sont celles de Thomas David le 18 mai 2008 et de Rodney Gracia le mercredi 30 janvier 2002, moins d'une semaine après la sortie d'un disque qui mettait fin à une éclipse de vingt ans de cet artiste sur la scène publique; et entre ces deux chanteurs, Jean-Michel Dorsainville le saxophoniste, a tiré sa révérence au cours de l'automne 2007.

Entre Raymond Jean-Louis en 1972 et Thomas David en 2008, nous ne nommerons ni Jean Menuau, ni Éric Clervil, ni Jacky Délinois, ni Frantz Adhémar, ni Lycius (*Douz*) Saintil, ni *Bòs* Pierre Jacques, ni Chenet Noël, ni Arlet Pierre, ni Jacques Vincent dit *Ti Coco*, ni Jean-Baptiste Edouard, ni Pierre-Charles Jean-Pierre dit *Pédro l'inévitable*, ni même Roger (*Chòchò*) Jean-François pour ne pas allonger une liste que nous voudrions ne jamais exister. Nous mentionnons seulement que le maître guitariste, *Papou*, meurt dans un accident le 11 février 1978; que *Loulou*, le pianiste au jeu ineffable, tire sa révérence presque huit ans plus tard, le 17 octobre 1985; Roger Colas, notre enfant gâté, périt dans un tragique accident le 14 septembre 1986 et trois mois plus tard, le 21 décembre, c'était au tour d'Alfred *Frédo* Moïse, le génial compositeur, de laisser son vide. Eddy Leroy né le 22 février 1948, *"la coqueluche de la trompette"*, qui a marqué toute une génération de musiciens et de mélomanes, le plus talentueux trompettiste que Septent n'ait jamais compté dans ses rangs, nous a fait, lui aussi, ses adieux le 25 octobre 1996. Nous lui rendons hommage. Quant à la perte de Jacques Jean, *notre "TiJak alto"*, nous admettons difficilement, aujourd'hui encore, qu'il soit décédé dans la nuit du 18 au 19 mai 2001 et que nous ayons assisté à son enterrement, une semaine plus tard, le samedi 26 mai.

De Toussaint Louverture à l'orchestre Septentrional,
Un fil conducteur et un dénominateur commun :
La Foi dans un Idéal de Grandeur.

Wilfrid Tony Hyppolite - 1994

Notes et contre-notes
Joseph JEAN-GILLES

" Sans la liberté de blâmer, il n'est point d'éloge flatteur "

de Beaumarchais

Monsieur Joseph Jean-Gilles, capois de naissance, demeure jalousement attaché à ses origines campinordaises, ses racines étant bien implantées à La Plaine-du-Nord, bourg situé à douze kilomètres de la ville du Cap. C'est donc, tout naturellement, que depuis 1974 qu'il vit au Canada, en tant que nordiste de souche, il est connu sous le nom de ZoJanjil. Très pragmatique, il est entré d'emblée dans la vie professionnelle à titre de "Machiniste" (mécanicien-ajusteur). C'est dans ce contexte qu'il a découvert le syndicalisme et les luttes sociales organisées. Détenteur, par la suite, d'un certificat en Intervention psychosociale, ensuite d'un baccalauréat en Travail social, puis d'un diplôme du second cycle d'Études supérieures spécialisées en Administration sociale, monsieur Joseph Jean-Gilles revendique le qualificatif de militant engagé dans le syndicalisme et l'action communautaire autonome. De plus, monsieur Jean-Gilles siège, concurremment, aux Conseils d'Administration:

de la Commission des Normes du Travail du Québec **(C.N.T.)** et du Service d'Aide aux Néo-Québecois et Immigrants **(S.A.N.Q.I.).** Actuellement, il est coordonnateur de: l'Association des Travailleuses et des Travailleurs Haïtiens au Canada **(A.T.T.A.K.)** et du Groupe d'Action pour la Prévention de la Transmission du VIH et l'Éradication du SIDA **(G.A.P. V.I.E.S.).** Zo est surtout l'ami personnel de Tony, l'auteur du présent ouvrage, et c'est à ce titre qu'il nous livre ses impressions sous forme de **"notes et contre-notes"**.

Lorsque *"le rédacteur principal de l'ouvrage"* [8] m'a pressenti pour préfacer ce livre, mon refus était catégorique. Deux raisons justifiaient alors ma réticence, d'abord ma grande amitié avec monsieur Wilfrid Hyppolite, l'auteur du livre, ensuite le fait que, mon ami Tony m'avait déjà offert le privilège de lire ses épreuves et de les commenter. Pour avoir fait partie de plusieurs comités de lecture, je savais d'expérience, que la tâche exige un investissement intellectuel extrêmement rigoureux. À ce titre, je ne voudrais pas m'éparpiller. Il y a sans doute une autre raison qui m'est toute personnelle, mon métier de militant qui me commande de ne pas embrasser trop de choses à la fois et de garder ma crédibilité dans le mouvement auquel je suis associé. Autrement dit, je veux rester l'homme des causes justes avec mon préjugé favorable aux gens les plus *"mal pris"* de la société. Le syndicalisme et l'action communautaire autonome sont les voies que j'ai choisies pour promouvoir une citoyenneté plurielle et lutter contre les préjugés défavorables et leurs corollaires, la discrimination et l'exclusion.

Je reviens à la demande initiale : lire les épreuves d'une *"clef pour l'histoire"*, en l'occurrence, *"l'orchestre Septentrional à travers les ans"*.

---

8   Monsieur Wilfrid "Tony" Hyppolite s'identifie ainsi par rapport à l'œuvre qu'il a pourtant créée seul, par modestie ou, peut-être, pour souligner l'entreprise collective que la réalisation d'un tel travail représente.

Une lecture intelligente. Une lecture-critique. Mais surtout une lecture capable de proposer. C'est là que ma profession de militant entre en ligne de compte. De tous les temps, d'ailleurs, le syndicalisme et les initiatives de la société civile ont été des forces de propositions. Et pourquoi ne pas mettre au service de Septent le pragmatisme militant qui m'anime. Liseur avoué, je me suis surpris dans la position du lecteur, très souvent, ébahi des jets successifs de l'auteur. J'ai ainsi, progressivement, développé un parti-pris pour *l'idéal-Septent*, tout simplement parceque l'auteur a utilisé une approche militante non agressive et non violente pour livrer l'orchestre Septentrional à un lectorat exigeant et intelligent. Alors, on comprend pourquoi, je me suis associé à la cause-Septent.

Promouvoir les provinces. Dénoncer l'injustice. Combattre le sexisme. Défendre la liberté. Pratiquer l'humanisme. Élever le métier de musicien au rang de profession prestigieuse. Quelle belle plate-forme de revendications sociales.

La démarche de l'auteur est honnête car tout en affirmant, sans ambages, son appartenance à la grande famille-Septent, il a su garder les pieds dans l'étrier. Pour nous camper Septent, il s'est fait tour à tour historien, sociologue, psychologue, chroniqueur, politologue, critique littéraire, et surtout il a confirmé son titre de septentologue tout en gardant sa pugnacité de septentrionaliste militant; ce qui, d'ailleurs, a contribué à donner la plus grande visibilité possible à l'orchestre Septentrional. Là où *"Tony, le septentologue"* passe, Septentrional fait ou refait surface. L'auteur nous confie souvent, d'ailleurs, qu'il ne fait bien ce qu'il fait que s'il le fait avec passion. Et pourtant, sa passion rime avec raison.

J'ai été confortable dans mon rôle de lecteur privilégié surtout à cause de la scientificité de la démarche qui ne laisse aucune place au chauvinisme et au fanatisme dont seuls les *"capois"* semblent connaître le fondement. Il ne s'agit pas d'une affaire capoise. *"Bois Caïman"* ou *"Vertières"* n'ont jamais été *"une affaire capoise"*. Ces deux faits historiques sont, avant tout, des épopées haïtiennes. L'auteur, quant à lui, a bâti auprès d'un large public une grande crédibilité pour ses *"parcours guidés"* (conférences et chroniques) sur des grands mouvements musicaux de l'amérique latine. Il a développé, dans le domaine de la chronique musicale, notamment, une expertise qui lui confère de la notoriété. Dans le milieu montréalais il représente une personne-ressource quasi incontournable, capable d'approcher, de manière scientifique, différents thèmes relatifs à l'environnement musical haïtien ou latino-américain. De là à croire que le champ musical borne son horizon est l'erreur à ne pas commettre ... et surtout ... ne le taquinez pas ... il peut vous surprendre quand il vous parle de chansons françaises, de religions, de littératures, de politiques ou de poésies. Chauvinisme ! En tout cas, il n'a pas réclamé encore *"Les gens du nord"* de Enrico Macias et il a, sans doute, « *oublié* » de faire le parallèle entre *"Oh que Paris c'est loin"* de Gilbert Bécaud et *"Boule-de-Feu"* de Septent.

Cette *"clef"* qu'il vient de nous livrer pour mieux appréhender l'orchestre Septentrional n'est, en bout de ligne, qu'un moyen efficace mis à notre disposition pour nous permettre de mieux comprendre certaines subtilités de l'histoire de la musique haïtienne. Son livre est un chef-d'œuvre et ouvre la voie à une littérature musicale écrite. Du moins, une autre façon toute rigoureuse pour traiter de la musique. La contribution de Septent au patrimoine culturel haïtien, reste un acquis haïtien. Le sens de la vérité aussi. La lecture du manuscrit nous a permis de découvrir un groupe socio-professionnel cohérent qui lie son discours à son action. **La province:** Septent n'a jamais abandonné ses pénates et garde jalousement dans sa grille-horaire des dates-fétiches pour son public capois. **La Femme:** Aucune trace de misogynie dans les œuvres de l'orchestre Septentrional qui a toujours vénéré la femme dans les textes de ses chansons. **Les personnages typiques** dont *"Djo Kannèl"*, *"Gilbo"*, *"Fabolon"* ou *"Gwan Pyon"* en sont des échantillons-témoins. **Les grandes**

manifestations sociales annuelles, telles les *Fêtes Champêtres* ou les *Animations Carnavalesques* ainsi que nos us et coutumes ancestraux : les *Konbit* ou les *Ranpono* sont orchestrés avec beaucoup d'à-propos par Septentrional. Lier la théorie à la pratique et contribuer à changer le cours des choses n'est-ce-pas cela de la praxis ? L'œuvre de Septent est tributaire de son époque; elle charrie, avec elle, ses problèmes sociaux, politiques, religieux, ses idées, son vocabulaire, ses sentiments et ses traditions. Le vingtième siècle aura été le siècle-Septent. Une vraie *"révolution culturelle"* dans la musique de danse urbaine en Haïti.

Septent a rendu un grand service à la musique haïtienne, en offrant au public des chansons doublées de la magie poétique. L'histoire de la littérature haïtienne écrite retiendra certainement quelques-unes de ses œuvres. Lisez *Dis-moi, Faiblesse* ou *Au Téléphone*. Lisez *Blasphème, Ironie, Septent tu vois la mer, l'Invariable* ou *N'oublie-pas*. Lisez *Claudie, Face à l'autre* ou *Rien que toi*. Lisez *Frédelyne, Toi et Moi, Louise-Marie* ou *Gisèle*. Lisez *Kaporal, N ap réziyé'n, nou péri, Jaklen / Jakeli-n, Gason pa kabrit, Ranpono, Apran-n luté, Viv san sousi, Konbit* ou *Van-Tanpèt*. Lisez *Senkyèm kòmandman, Ékilib la vi, Zafè Mou n, Ansanm, ansanm* ou *Levé maché*. Lisez *Pa jujé, Mon Onk* ou *Chanjman*. Lisez *Nuit de Port-au-Prince*. Lisez *Cité du Cap-Haïtien*.

Lisez surtout *Véla, Amalia* et la *Grosmornaise* de Raymond Colo Pinchinat écrites dans un style qui ne laisserait certainement pas indifférent Justin Lhérisson, l'auteur de *"La famille des Pitit Kay"*. Lisez enfin *Déclaration Paysanne* de Jean-Claude Édouard, un chef-d'œuvre. Écouter c'est entendre, lire c'est comprendre. Lisez, lisez donc toutes ces poésies ... sans musique s'il-vous-plaît!

Malheureusement, Septent n'est pas parvenu, malgré sa longue et fabuleuse carrière, à vendre le *"parler capois"* au reste du pays. À quelques égards, on dirait que Septent s'est conformé. C'est peut-être, en partie, dommage;

79

mais, n'est-ce-pas cela la communication ? Entre le Cap et le reste du pays, il y a un contexte de culture et de sous-culture. Mieux vaut s'entendre sur l'essentiel. Cela n'a pas empêché à l'expression *"anfouyé nan Boul de fe"* de conquérir le pays, d'est en ouest et du nord au sud, devenant, peut-être, ainsi, avec *"pèpè"* et *"batèm rat"* les seuls mots ou expressions qui ont immigré du nord au pays tout entier durant les soixante dernières années. Au sujet de la disparité régionale dans la langue créole, l'auteur nous parle, à juste titre, de la chanson *"Batèm rat"* de Gérard Monfiston, dont un mot du texte original, *Sési'n,* a été troqué au profit d'un mot correspondant, *Taso,* établi selon des normes et régulations linguistiques métropolitaines; en la circonstance, Septent s'est pourtant montré bon prince. Guy Durosier, en reprenant un succès de l'orchestre, préalablement chanté par Roger Colas, devient missionnaire en se faisant accompagner par Septentrional pour chanter *"Van-Tanpèt"*. C'est la consécration, en quelque sorte, du parler capois: *"vyé kaban n alé, djakoko alé"*. Ainsi, Septentrional a su convaincre le talentueux Guy Durosier que l'harmonie-Septent reste étroitement liée à la rythmique et aux normes capoises de la linguistique. *"Wa séparé w, wa banm kinan-m"* est une chanson qui éveille bien des curiosités et qui irrite, peut-être, les oreilles non initiées au parler des gens du Nord. La musique de Septent a facilité l'inter-compréhension entre les sous-cultures régionales et la culture haïtienne. BRAVO SEPTENT. SÉ ZÒRÈY KI BAY, dirait Michel Tassy. Avec Septent, éloge est faite à la créolité. Une façon de vivre, une façon d'être ou de ne pas être.

Avec transcendance et esprit d'à-propos, Septent a traversé le vingtième siècle; ses coups de génie aussi. Certaines de ses pièces connaîtront une jeunesse éternelle; le Rythme-de-Feu aussi. Des succès de Septent comme de ses échecs, l'auteur en parle avec objectivité. Tout ceci se résume, comme l'auteur semble nous le dire, en une vérité de La Palice : *pas de textes imagés sans artistes-poètes, pas de chef-d'œuvre musical sans musicien génial*. Vérité axiomatique; ce que l'auteur appelle *l'idéal-Septent* ...et ... Septent, c'est avant tout des musiciens-associés et un esprit orchestré par un chef compétent et charismatique dont la notoriété et la notabilité demeurent incontestables et incontestées.

Les formations successives de l'orchestre depuis 1948 et le *"génial trio: Frédo, Loulou, Colas"* dont nous parle l'auteur, confirment l'art-Septent. À ce propos, le maestro Hulric Pierre-Louis a toujours mis à contribution des combinaisons gagnantes: *Jacob Germain et Léandre Fidèle, Raymond "Colo" Pinchinat et Alfred "Frédo" Moïse, Roger Colas et Michel Tassy, TiJak Twonpèt et TiJak Alto, Eddy Leroy et Gérard Blot, Jocelito et Arlet Pierre, Loulou Étienne et Étienne Jeune, Trétré et Mister Relaxx* etc ... Et Hulric, évidemment, a été la pièce complémentaire de toutes ces combinaisons. L'histoire de Septent, telle que présentée par l'auteur, a restauré et a rehaussé les qualités de gestionnaire du maestro Hulric Pierre-Louis: l'artisan-musicien, l'artiste-musicien, et surtout le visionnaire et musicien-stratège. L'histoire retiendra qu'il y a Septent parce qu'il y a eu Hulric Pierre-Louis. Sans bémols ni dièses à la clé, Hulric est la clef de voûte de l'institution~Septentrional.

Tout au long du périple l'auteur, Wilfrid Hyppolite, fait un vibrant plaidoyer en faveur de la compétence et de l'excellence en musique. Et Septent n'est que le prétexte. La lecture des différentes épreuves m'a fait découvrir une matière féconde, des tranches d'histoire riches qui, malheureusement, ne feront pas partie de la présente publication; d'où la nécessité d'envisager la possibilité de les développer en conférences ou de les diffuser sous forme de fascicules, voire même l'obligation d'un deuxième livre sur Septentrional. Wilfrid Tony Hyppolite, le seul septentologue à ce jour connu, a réalisé un travail de moine, dans une situation où la cueillette de l'information n'a pas toujours été facile. Situer dans le temps un événement, à partir de témoignages les uns aussi contradictoires que les autres, demande de la patience et de la rigueur. La récension des pièces de l'orchestre, présentée dans le livre sous forme de *"discographie annotée de Septentrional"*, constitue, à elle seule déjà, une première dans les anales de l'histoire des groupes musicaux haïtiens, et a exigé, elle aussi, son lot d'angoisses.

Avant de terminer, je tiens à féliciter mon ami Tony, qui est en même temps l'auteur du livre, monsieur Wilfrid Tony Hyppolite, pour son ouverture d'esprit face à mes commentaires et critiques. Ceux-ci ont toujours été reçus avec chaleur et intérêt. Il n'est pourtant pas toujours facile de se laisser faire. J'ai eu l'avantage d'être hors du cercle-Septent, ce qui m'a permis de maintenir un œil critique, tout au long du trajet.

Dans la lignée de *"Collecta"* de Monseigneur Jean-Marie Jan ou *"L'illusion héroïque"*, *"L'échec du Firminisme"* et *"La ville éclatée"*, la trilogie du docteur Marc Péan, *"l'orchestre Septentrional, à travers les ans, une clef pour l'histoire"* est un excellent livre qui consigne, à sa façon, des riches pans de la vie capoise.

L'Institution-Septentrional méritait bien une pareille œuvre et sans risque de nous tromper, son auteur est, actuellement, le mieux qualifié pour la réaliser. Nous pouvons dire, sans retenue, qu'il a livré la marchandise. BRAVO TONY.

Joseph JEAN-GILLES
Longueuil, le 5 mai 2002

« De Toussaint Louverture à l'orchestre Septentrional,
un fil conducteur et un dénominateur commun :
La Foi dans un Idéal de Grandeur.

Cet orchestre, érigé désormais au rang d'institution, a su, depuis sa fondation en 1948, résister aux assauts impérieux de l'évolution, traversant tous les courants sociopolitiques haïtiens,

de la présidence de Dumarsais Estimé à nos jours,

sans jamais céder de manière ostensible,

aux pressions ou aux compromissions.

SEPTENT EST GRAND

Hommage, en tout temps, doit lui être rendu ».

Wilfrid Tony Hyppolite, Septentologue

" L'existence précède l'essence.
L'homme existe d'abord, se rencontre, surgit dans le monde et se définit
après. L'homme n'est rien d'autre que ce qu'il se fait.
L'homme est condamné à être libre.
Condamné parce qu'il ne s'est pas créé lui-même...
Libre parce qu'une fois jeté dans le monde
il est responsable de tout ce qu'il fait. "

Jean-Paul Sartre

L ' Essence et l' Existence

Le nom Septentrional fut choisi pour deux raisons :

la première parce que le mot Septentrional signifie *"au nord, qui appartient à la région du nord"*; le quatuor initial, pour la même raison, était d'ailleurs ainsi baptisé.

la deuxième raison était pour se démarquer de la démarche traditionnelle qui consistait, jusqu'ici, à donner aux groupes musicaux haïtiens connus, soit, le nom du lieu où ils évoluaient (*Ensemble Radio commerce, Ibo Lélé, Casino International, El Rancho, Riviera Hôtel ... etc*) ou le nom d'un Night-Club, haïtien comme *Cabane Choucoune* ou *Aux Calebasses,* ou bien cubain comme *Tropicana* ou bien encore, le groupe musical portait, tout simplement, le nom du maestro, qui était fort souvent d'ailleurs son propriétaire, tels : *Jazz Rouzier, Jazz François Guignard, Jazz Scott,* l'orchestre *Saieh* et plus tard, *Raoul Guillaume et son Groupe,* ou encore, les *Ensembles de Webert Sicot et de Nemours Jean-Baptiste.*

De ce point de vue, le *Jazz Capois* d'abord qui s'identifiait à la ville du Cap d'où il était originaire, le *Jazz des Jeunes* et l'orchestre *Septentrional* avaient choisi des noms de baptême franchement originaux; originalité qui a toujours perduré, d'ailleurs, dans un cas comme dans l'autre.

"Je ne dis rien que je n'appuie de quelque exemple" nous dit Jean de Lafontaine.

Le domaine envisagé pour choisir cet exemple étant la musique et plus spécifiquement la musique populaire de danse de l'orchestre Septentrional, que ses *"fans"* se plaisent à surnommer **Boule-de-Feu,** il nous paraît de bon ton de mettre en évidence la compréhension de Septentrional par son Fondateur et actuel Président Directeur Général, le FPDG, Hulric Pierre-Louis, en retranscrivant, ici, partiellement, son discours d'ouverture, à l'occasion d'un *Séminaire de Réflexions* tenu à Montréal les samedi 12 et dimanche 13 octobre 1996 , autour du devenir de l'orchestre Septentrional.

... « *Il est pour moi d'une importance capitale de faire part aux invités, ici présents, de l'enthousiasme qui s'est dégagé en moi à l'annonce de cette initiative d'organiser ce séminaire en fonction du cinquantième anniversaire de l'orchestre Septentrional. Naturellement, au petit matin de sa fondation, rien de concret ne pouvait être compris autour de ce mouvement. C'était tout simplement un groupe de musique de danse; un point, c'est tout. Il faut attendre quelques années pour comprendre que des choses sérieuses se dessinent à l'horizon de cette organisation. C'est ainsi que des observateurs avisés ont vite compris qu'il fallait accorder un certain encadrement à ce groupement dans le but de l'aider à poursuivre son idéal.*

De ce fait, depuis le Cap-Haïtien, des hommes, comme le docteur Achille Nérée, plus timidement, et Tony Hyppolite, plus ouvertement, ont cru nécessaire d'accorder leur support de la manière dont ils le pouvaient à l'orchestre Septentrional. Qu'il s'agisse de leur présence lors des manifestations de ce groupe ou de nous prodiguer leurs conseils; qu'il s'agisse surtout de promouvoir Septent, comme le faisait déjà Tony Hyppolite au début des années 70, sur les ondes de la Radio Citadelle au Cap-Haïtien; ce qu'il continue, par ailleurs, à faire, aujourd'hui encore, aux micros des différentes stations de radio de Montréal, en attirant ainsi l'attention sur l'avancement et le progrès de Septent. De plus, cet amour aveugle de ces deux prosélytes a continué à se manifester à travers les temps pour aboutir, aujourd'hui, à la raison de notre présence ici à Montréal, en cette année (1996) du 48e été de votre enfant chéri, l'orchestre Septentrional. Aussi, mesdames, messieurs, tout en demandant au Grand Jehovah de bénir leur initiative, je vous demande d'applaudir vivement le docteur Achille Nérée et Tony Hyppolite qui, par cette heureuse initiative pensent à pérenniser Septent au delà de ses 50 ans.

Docteur Achille Nérée MERCI ! M.Wilfrid Tony Hyppolite MERCI !

... Merci aussi à vous, aimables invités qui vous êtes déplacés pour venir participer à ce séminaire et manifester votre enthousiasme à l'endroit de l'orchestre Septentrional. Je crois qu'il est nécessaire de vous faire l'historique de cet orchestre pour essayer de mieux comprendre certains détails de la vie de Septent pendant plus de 48 ans.

Au départ, il y avait une série de circonstances, avant même l'existence de Septentrional, qui ont favorisé sa fondation. Je fréquentais l'école primaire d'abord dans la nouvelle institution de maître Marius Lévy, pour les poursuivre jusqu'au Certificat d'Études Primaires chez Les Frères de l'Instruction Chrétienne au Cap-Haïtien, et mon père qui a toujours été un amant de la musique m'offrait le privilège de suivre des cours privés de solfège chez maître Davoust Gilles qui était l'une des références dans le domaine, au cours des années 30 et 40, au Cap-Haïtien. A côté des cours théoriques de solfège, chez Maître Gilles, mon père, Constant Pierre-Louis, de regretté mémoire, m'offrit également la possibilité d'apprendre la guitare classique avec le Pasteur St-Armant Gabriel et la flûte traversière avec monsieur David Desamours qui pratiquait cet instrument au sein de la fanfare des Forces Armées d'Haïti du Cap-Haïtien à cette époque. C'est ainsi que j'ai pu bénéficier, dès ma plus tendre enfance, du privilège de vivre dans une ambiance favorable à ma future carrière professionnelle et artistique. **... la voie du destin,** me direz-vous ? ... Peut-être !

Malheureusement, l'année 1946 me fut fatale; mon père mourut à l'âge de 41 ans. Pour l'adolescent que j'étais, me retrouver orphelin de père et de mère à 18 ans, avant même l'obtention d'un diplôme ou d'un quelconque certificat d'aptitude, remettait en question le sens même de mon existence; la mort m'ayant, auparavant, ravi ma mère en 1935, avant même que j'atteignis l'âge de raison fixé conventionnellement à 7 ans.

Néanmoins, c'est la mort de mon père, qui va précipiter mon destin en même temps qu'il va sceller celui du futur orchestre Septentrional.

Lorsque mon père me faisait apprendre la musique, je considérais cela comme un complément d'études plutôt que l'apprentissage du métier que j'allais pratiquer dans la vie; d'ailleurs, qui l'eût cru ? Toujours est-il que la mort prématurée de mon père m'a presque contraint, à 18 ans, à abandonner mes études secondaires au Lycée Philippe Guerrier, pour embrasser, de manière tout aussi prématurée, une carrière professionnelle. C'est ainsi que, quelques mois après son décès, je me retrouve engagé comme guitariste au sein du Jazz Youyou, un groupe musical d'animation, des années 40, au Cap-Haïtien. C'est au sein de ce groupe musical, qu'une anecdote, allait forger ma détermination à envisager la carrière musicale avec une vision *révolutionnaire.*

Au cours de l'année 1947, j'étais en déplacement avec le "JAZZ YOUYOU" pour honorer un contrat à Bahon, à l'occasion de la St.Joseph, fête patronale des lieux. À cette époque, saluer un notable de la localité par un « OCHAN » était une pratique à laquelle s'adonnaient tous les groupes musicaux et celui qui était ainsi honoré gratifiait généralement ce geste qui ponctuait sa notoriété, d'un pourboire plus ou moins généreux; ce qui apportait un ajustement substantiel au montant dérisoire qui tenait lieu de cachet à l'orchestre. Ce mercredi 19 mars 1947, à Bahon, le commandant militaire de la place (je ne citerai pas son nom ici par respect pour ses descendants qui ne sont pour rien dans l'affaire), qui n'était animé d'aucun sentiment de générosité, se déroba avant la fin de l'exécution du «ochan» qui lui était adressé. Cette méprise me choqua profondément et j'avais tout de suite compris que le seul moyen de soustraire le musicien à cette pratique dégradante était de le relever au rang de professionnel. Sous le coup du choc émotionnel, j'ai pris la résolution d'orienter ma carrière dans une autre direction. Je n'ai pas mis du temps à revoir ma position en comprenant qu'il n'y a pas de sot métier mais des gens de conception erronée. Définitivement, c'est l'événement du 19 mars 1947 qui a forgé, en moi, un idéal révolutionnaire visant à ne jamais plus placer le musicien haïtien en position d'encenser quiconque pour un pourboire. Dès lors, le destin de l'orchestre Septentrional, non encore créé, ni même conçu ou engendré, était scellé.

Dans toute démarche humaine bien pensée,
l'essence précède, presque toujours, l'existence.-

Je continuais ma pratique de musicien professionnel avec le Jazz Youyou jusqu'au mois de septembre 1947 quand un incident, peu banal en vérité, allait provoquer mon départ du groupe. Les fêtes champêtres dans le Nord ont toujours été l'occasion de rassemblement de foule de gens venus des régions limitrophes pour celles de peu d'importance et des quatre coins du pays (**et même de l'étranger, par la suite**) pour les fêtes patronales du Limbé, de Port-Margot, de la Plaine-du-Nord, de Limonade, du Bord-de-Mer de Limonade ou de l'Acul-du-Nord, par exemple.

Dans le calendrier des Saints de l'Église Catholique de l'époque, le 6 septembre est dédié à Ste. Philomène, à "Bord-de-Mer de Limonade", un village de pêcheurs situé approximativement à 15 kilomètres de la Ville du Cap-Haïtien. Tout naturellement, le Jazz Youyou où j'évoluais, rappelons-le, comme guitariste, était présent pour animer deux soirées dansantes, prévues en la circonstance, les vendredi 5 et samedi 6 septembre 1947. La soirée du vendredi s'est déroulée sans incident; mais au cours de la soirée du 6 septembre, parce que je profitais, sans arrière-pensée, de l'absence momentanée du saxophoniste Joseph Pierre, pour m'amuser à "gazouiller[9]" sur l'instrument, le maestro Youyou qui ne l'entendait pas ainsi m'apostropha en ces termes: « **pourquoi t'obstines-tu tant à jouer au saxophone ? c'est ma place de maestro que tu vises jeune homme ?** ». Il était, en effet, d'usage que le chef d'orchestre joue du saxophone à cette époque mais dans la tête du jeune homme que j'étais, qui s'apprêtait à fêter sous peu son 19e anniversaire de naissance, pareille idée ne pouvait même pas effleurer ma pensée; si je m'essayais au saxophone c'est parce que j'étais flûtiste et que le saxophone et la flûte traversière appartiennent à la même famille d'instruments. La candeur et la fougue de ma jeunesse ne m'ont pas permis d'accepter cette remarque acrimonieuse et j'ai mis fin, illico et unilatéralement, à mon contrat au sein du Jazz Youyou, entraînant avec moi, solidairement, mes amis Jacob Germain et Jacques Mompremier. Ce départ collectif était quasi inévitable puisque dès l'année 1942, au Lycée Philippe Guerrier du Cap-Haïtien, où j'approfondissais l'étude du

---

9 « **gazouiller** », est le terme choisi, lors du séminaire de Montréal, par le maestro Pierre-Louis pour bien préciser qu'il manipulait le saxophone de Joseph Pierre en toute innocence.

solfège et pratiquais la flûte traversière au sein de l'ensemble Symphonia, groupe musical de cette institution, Jacques, Jacob et moi-même y faisions déjà partie; aussi, peu de temps après la mort de mon père en 1946, quand vint le moment de m'orienter vers une carrière musicale, la similitude de cheminement avec mes deux compagnons de fortune était pratiquement inéluctable.

*... Ici, un petit mot d'explication s'impose pour une meilleure compréhension de la situation ... En 1946, justement, trois musiciens connus, (**Marcel Pierre, communément appelé Masèl Biff -- Philippe Brave -- et Claudin Toussaint mieux connu, un peu plus tard, sous le nom de Vye tonton**) abandonnent le Jazz Youyou auquel ils appartenaient pour rejoindre les rangs d'un groupe rival, le Jazz Capois, fondé en 1941 (**l'ancêtre de l'actuel orchestre Tropicana**), et qui était à cette époque l'une des formations musicales les plus importantes de la République d'Haïti, sinon la plus importante de la ville du Cap-Haïtien au cours des années quarante.[10] Trois postes de remplacement étaient à combler au sein du Jazz Youyou. À ce tournant de mon existence, l'occasion était trop belle pour résister à la tentation, entraînant du même coup avec moi, dans l'aventure, mes deux compagnons de route, Jacob Germain et Jacques Mompremier. Voilà comment, le trio (Jacques, Jacob et Hulric) s'était intégré dans le Jazz Youyou. La solidarité aidant, le 6 Septembre 1947, Jacques et Jacob m'accompagnaient, tout naturellement, dans ma décision de partir du Jazz Youyou que nous avions intégré ensemble un an auparavant.*

*Sans perdre de temps, nous formions le Groupe Astoria. C'est à ce moment que deux amis d'enfance, les deux frères, Jacquot et Lury Fatal, (**frères aînés de Mauclair Fatal dont l'attachement viscéral à l'orchestre Septentrional n'est plus à***

---

10   En effet, le «***Jazz Capois***» de cette époque, pouvait s'enorgueillir, d'avoir servi de tremplin pour la carrière des musiciens nordistes, dont le renom n'allait pas tarder à se confirmer, tels et non des moindres: Julien Paul, les deux frères Raymond et Webert Sicot, Jean Menuau et Rigaud Fidèle, ou encore Claudain Toussaint ... etc.

démontrer, et fils de monsieur Dupuy Fatal, musicien émérite au sein de l'orchestre Symphonique du Cap-Haïtien) nous mettaient sous la main deux outils précieux: une trompette et un saxophone, appartenant à leur père, Dupuy, à son insu d'ailleurs. L'occasion était inespérée. Je venais de trouver littéralement sur terre ce que je cherchais au ciel; et d'un commun accord, Jacques Mompremier s'adonna à l'apprentissage de la trompette, pendant que Jacob Germain se perfectionna à la technique du chant et à la pratique des percussions (frottoirs, crécelles, maracas etc), et moi, Hulric, votre serviteur, j'approfondissais tout naturellement mes connaissances au saxophone ».

À l'époque envisagée ici, vers 1947, la population de la ville du Cap-Haïtien et ses environs immédiats pouvait être estimée à 20,000 habitants tout au plus. Tout le monde connaissait tout le monde ou presque. Tout le monde savait ce qui se faisait, se disait ou se passait. Ainsi le Groupe Astoria se construisait une renommée et cela se savait au point que les premiers cachets commençaient à arriver. Mais le Groupe Astoria n'était pas le seul qui pratiquait ce genre musical au Cap-Haïtien, à l'époque; il existait, par exemple, le Quatuor Septentrional, de notoriété plus grande encore. Les quatre membres du quatuor étaient des capois connus, de bonne famille, et qui gagnaient bien leur vie professionnellement. Ils étaient un peu moins jeunes que les membres du trio mais, comme eux, pratiquaient leur hobby avec ferveur et passion.

L'aîné et maestro du quatuor Septentrional, Jean Menuau, guitariste et professeur de guitare classique, était aussi employé dans une brigade du Département des Travaux Publics au Cap-Haïtien.

Son frère consanguin, Léandre Fidèle, de deux ans son cadet, pratiquait le chant, jouait du banjo et de la guitare; lui aussi était embrigadé au Département des Travaux Publics.

Théodore ou Théodule[11] Pierre chantait en choeur et jouait des percussions.

11   Toute la littérature écrite autour de l'orchestre Septentrional parle de Théodule Pierre, mais, à la suite de discussions que nous avons eues, séparément, en 1995, avec Léandre Fidèle et avec Rigaud son frère, tous

Théo, lui aussi était brigadier auprès du Département des Travaux Publics; il était de plus le cousin de Léandre Fidèle, parceque fils de Georges Pierre et de Aline Janvier qui était la soeur de Rosa Fidèle, la mère de Léandre Fidèle.

Raymond Jean-Louis enfin, un ami-frère aux trois autres musiciens du quatuor, est l'un des électriciens les plus réputés du département du Nord; il travaillait pour l'usine de sisal de la Plantation Dauphin à Phaëton. Raymond Jean-Louis, jouait de la guitare et chantait en choeur au sein du quatuor.

En fonction de la mentalité capoise de l'époque, la pratique d'instruments de musique, à part le violon ou le piano, n'allait pas de paire avec une bonne réputation. Heureusement que certaines familles appréciaient le talent de ces jeunes qui trouvaient grâce auprès des Grimard, des Menuau, des Robinson, des Sanchez, des Gauthier etc ... Ces quatre jeunes ne rataient jamais la bonne occasion d'interpréter, dans le périmètre de la maison d'habitation de ces familles, des chansonnettes de charme de Tino Rossi ou de Lucienne Boyer. Comme le fera le *"futur quatuor les Charmeurs du Cap"* (de quinze ans le cadet du quatuor Septentrional) nos quatre troubadours, à la tombée de la nuit, donnaient des sérénades un peu partout, parfois pour s'amuser, d'autres fois pour célébrer un anniversaire, mais aussi quelquefois pour troubler ou flatter le sommeil d'une dulcinée ou encore, pour implorer sa clémence. La pratique de ces sérénades nocturnes causait parfois des ennuis graves au quatuor qui connut diverses altercations avec les Forces de Police; ces altercations se terminaient même parfois par une arrestation (pour trouble de la paix publique) et/ou la saisie des instruments.

Mais... (*il y a toujours un ... mais*), ce quatuor de jeunes gens ne tarda pas à bénéficier de l'appui de Charles Menuau, de François Noël (guitariste virtuose, père de Luco Noël, lui aussi guitariste...tel père, tel fils) ou de

---

les deux, cousins de l'intéressé, nous disent ne pas comprendre pourquoi on l'appelle Théodule alors que son prénom véritable a toujours été et est, par conséquent, Théodore. *(... insensé, dirait l'autre, qui croirait que je ne parle pas de Théodore quand je parle de Théodule ...)*

René Péan, trois épicuriens devant l'éternel, qui prirent goût à ce que ces quatre jeunes faisaient; ils les encouragèrent même ouvertement. En outre, le capitaine Pierre Paret, promu chef de la Police au Cap-Haïtien, jetta son dévolu sur mademoiselle Mercédez Menuau (*la sœur de Jean Menuau et de Léandre Fidèle*) qui allait devenir son épouse. Depuis ce jour, rangés *"par alliance"* sous le manteau protecteur de cette même police qui les poursuivait hier encore, nos quatre gais lurons devinrent des *"sérénadiers professionnels"* pouvant pratiquer leur art en toute liberté.

Leur musique faisait maintenant écho et comme un malheur ou un bonheur ne vient jamais seul, parallèlement à l'arrivée de Pierre Paret comme chef de la Police, arriva au Cap, pour tenter sa chance comme artisan dans les techniques de l'audio, de l'électricité et de la radiodiffusion, un certain Émile Anacréon qui installa une station de radiodiffusion «*la Voix-du-Nord*» au coin de la Rue 19F.

Émile Anacréon, amant de la fête et de l'animation, ne tarda pas à remarquer le quatuor qu'il invita à se produire sur les ondes de la « *la Voix-du-Nord*» et le capois, Joseph "Zo" Miguel, animateur-vedette de la nouvelle station de radio, ayant estimé que le quatuor ne devait pas se présenter dans l'anonymat, le baptisa tout naturellement QUATUOR SEPTENTRIONAL.

Pour la bonne compréhension de ce qu'il est convenu d'appeler *"l'esprit-septent"* nous croyons que ces données étaient nécessaires.

Maintenant que nous sommes en mesure de placer l'existence du *"Trio Astoria"* et du *"Quatuor Septentrional"* dans leur contexte respectif nous pouvons poursuivre ce survol historique sur l'existence de Septentrional.

Après le carnaval de 1948, Hulric prit l'initiative, avec l'assentiment de ces deux autres amis du *"Trio"*, (Jacques Mompremier et Jacob Germain) d'écrire[12] aux membres du *"Quatuor Septentrional"* pour leur proposer une fusion

---

12   La lettre adressée au quatuor Septentrional a été, en réalité, écrite par Jacob Germain qui était, selon les dires du maestro Hulric, le calligraphe du groupe.

en vue de former un groupe musical plus important. La lettre resta sans réponse. Avec du recul, Hulric Pierre-Louis, en octobre 1996, à l'occasion du séminaire de réflexions tenu à Montréal, opina : "*j'admets volontiers que seule l'indélicatesse du geste était à plaindre; je comprends, par contre, que l'absence de réaction de la part des membres du Quatuor Septentrional était à prévoir dans la mesure où ils étaient des professionnels qui travaillaient souvent en dehors de la ville et qu'ils ne voulaient pas s'engager dans une démarche formelle les astreignant à des séances d'études, de répétitions et de prestations régulières* "

Étant donné que les activités culturelles et mondaines rivalisaient, à qui mieux mieux, à cette époque au Cap-Haïtien, le *Cercle Aurore* dirigé par maître Frédéric Magny demanda au *Quatuor Septentrional* d'animer dans le courant du mois de mai 1948 une activité mondaine du cercle. Le quatuor saisit l'occasion pour demander à monsieur Hulric Pierre-Louis de venir, en renfort, comme saxophoniste; proposition qu'il accepta volontiers, mais à la condition expresse que le *Trio*, au complet, soit associé au projet. C'est ainsi que la demande formelle de fusion, laissée en veilleuse, se réalisa de fait, grâce à un concours de circonstances. Comme dit l'adage: « *... les voies du Seigneur sont impénétrables ...* »

Ce septeto (*Quatuor Septentrional* + *Trio Astoria*) fut d'ailleurs complété par deux autres musiciens de la ville, Pierre Volonté Jacques dit *Bòs Pyèr* au saxophone et Émile Obas à la trompette. Ainsi fut constitué le groupe de musiciens qui anima la soirée du Cercle Aurore au mois de mai 1948 à la grande satisfaction du public invité et des musiciens qui ont eu l'occasion de s'auto-évaluer. Fort de cette expérience, ce "Conjunto", de neufs musiciens, était prêt pour les animations champêtres de l'été 1948 avec, en point de mire, les 24, 25 et 26 Juillet à La Plaine-du-Nord et à Limonade.

La *"reine"* incontestable et incontestée des ces festivités champêtres (avant le *"roi"* Fabius Ducasse) s'appela à l'époque, madame Cazalès Duvivier qui, soit-

93

dit en passant, était la cousine germaine de madame Rosa Fidèle, la mère de Léandre et de Rigaud Fidèle. Jusqu'en 1948, madame Duvivier invita, pour animer les bals champêtres qu'elle organisait, les groupes musicaux les plus prestigieux du pays, entr'autres, l'orchestre de la Cabane Choucoune dirigé par Ernest "Nono" Lamy ou l'Ensemble Aux Casernes de Charles Paul Ménard. Ces groupes venaient de Port-au-Prince et l'essentiel du montant de la recette passait en frais de transport, d'hébergement et en cachet. Mais, convaincue par la qualité de l'animation que le *"Groupe Septentrional"* avait offerte au public du Cercle Aurore, au mois de mai, madame Cazalès Duvivier s'adressa à Jean Menuau pour un contrat d'animation d'une soirée dansante le 25 juillet, la veille du jour de la Sainte-Anne à Limonade.

À la même époque, en parallèle et à l'ombre du big-band « *Jazz Capois* », le « *Jazz Youyou* » et le « *Jazz Laguerre* » rivalisaient ou se concurrençaient au Cap-Haïtien et dans les environs; mais le vent était entrain de tourner et les préférences, sans trop savoir pourquoi, allaient à la formation-Septentrional naissante. C'est ainsi que la campi-nordaise, madame Raoul Pierre-Louis, Clémence Bernard de son nom de jeune fille, engagea elle aussi, au détriment du *Jazz Laguerre*, le groupe musical émergeant pour animer le bal champêtre du samedi 24 juillet[13] à La Plaine-du-Nord.

Le défi à relever était de taille pour ces neuf musiciens[14], (2 saxophones, 2 trompettes, 2 chanteurs, 3 cordes, voix et percussions) non encore, il est vrai, complètement soudés par le jeu d'ensemble. La satisfaction du public ne

---

13   Initialement, madame Bernard voulait deux soirées, la veille et le jour des célébrations de la Saint-Jacques à La Plaine-du-Nord, les 24 et 25 juillet; mais vu l'engagement préalable pris par le groupe avec madame Duvivier pour le 25 juillet à Limonade, madame Bernard dut se résoudre à l'obtention d'une seule soirée, la veille du jour de la Saint-Jacques, le samedi 24 juillet 1948.

14   Si l'on se réfère à la version des faits du maestro Hulric Pierre-Louis, ils étaient déjà, incluant Rigaud Fidèle, *«un groupe de dix»* à La Plaine-du-Nord le 24 juillet 1948; c'est seulement suite à la défection forcée d'Émile Obas, enrôlé de l'Armée d'Haïti, qui dut rentrer au Cap reprendre du service le lundi 26 juillet, qu'ils sont redevenus *«neuf»*.

devait pas être mitigée, elle devait être totale; et madame Cazalès Duvivier ne devait pas regretter l'initiative de privilégier des *"amateurs locaux"* au détriment de *"professionnels port-au-princiens"*. L'expérience fut totalement convaincante tant du côté du public, qui en a redemandé, que du côté de la *"promotrice de facto"* et de la *"formation musicale inédite"*. Pour le plus grand bonheur des pèlerins et face à l'engouement du public, une deuxième soirée s'imposait d'elle-même pour le lundi 26 Juillet, jour véritable de la Sainte-Anne. À l'occasion de cette deuxième soirée improvisée à Limonade, (une troisième d'affilée pour le groupe naissant), les résultats se sont révélés plus probants que la réussite déjà confirmée des deux soirées précédentes.

Il a donc fallu de la détermination, du courage et du cran à ces neufs pionniers, ces forgeurs de destin qui, de retour de cette tournée mémorable, dans le véhicule qui les ramena au Cap-Haïtien, se sont promis de rester groupés sous le nom de: *Jazz Septentrional.* C'était le mardi 27 Juillet 1948, à 4h.20 du matin.

Les neuf (9) membres-fondateurs de cette association, de fait, étaient : Théodore Pierre dit Théodule[15], Raymond Jean-Louis, Léandre Fidèle et Jean Menuau du Quatuor Septentrional ; Jacques Mompremier, Jacob Germain et Hulric Pierre-Louis du Trio Astoria ; Pierre Volonté Jacques alias Bòs Pyèr (musicien indépendant), et Rigaud Fidèle (musicien et maestro défectionnaire du Jazz Capois).

Né en 1929 au Cap-Haïtien, Rigaud est le frère germain de Léandre Fidèle dont il est de huit ans le cadet. Léandre et Rigaud sont tous deux, fils de Marc Menuau et de Rosa Fidèle. Ils sont également les frères consanguins de Jean Menuau, fils de Marc Menuau et de Théonie Clément. Ces liens ont permis, tout naturellement (droit d'aînesse oblige), à Jean Menuau, le frère aîné, de demander à son frère cadet Léandre Fidèle d'aller chercher Rigaud au

---

15   Retenons, pour mémoire, que directement après la constitution, de fait, du *"Jazz Septentrional"*, Théodore ou Théodule Pierre a tiré sa révérence.

sein du Jazz Capois dont il était, de surcroît, le maestro, et de le ramener en leur sein. Léandre exécuta l'ordre intimé, *illico*, et Rigaud tint le rôle de trompettiste, en remplacement de Émile Obas, aux côtés de Jacques Mompremier durant la nuit du lundi 26 au mardi 27 Juillet 1948, et ce, sans aucune autre forme de procès. Voici, *"version Léandre Fidèle"*, comment son jeune frère, Rigaud, passa du *Jazz Capois* au *Jazz Septentrional*.

Le Co-Fondateur et PDG, Hulric Pierre-Louis, nous a présenté une version, un peu différente, de la façon dont le trompettiste Rigaud Fidèle a fait son entrée, en 1948, au sein de la formation musicale *"Jazz Septentrional"*. D'ailleurs, la *"version Hulric"*, légitime davantage Rigaud Fidèle qu'il présente comme co-fondateur, à part entière mais non accidentel, de Septentrional. Rigaud, selon la version du maestro Hulric Pierre-Louis était, au cours de l'été 1948, effectivement trompettiste titulaire, et même le maestro en exercice du Jazz Capois qui venait, juste à ce moment, de faire l'acquisition d'une trompette d'harmonie, de la marque *Selmer de Paris*, pour Rigaud Fidèle. Très peu de temps après cette acquisition Rigaud fut invité par le groupe rival d'alors, le Jazz Youyou, à venir jouer de la trompette à l'extérieur des enceintes de la ville. Cette pratique, le *"gren-n siwouèl"*, était fort usitée au sein de la corporation des musiciens et permettait à un *indépendant* ou même à un *titulaire d'un autre groupe musical*, de prêter, contre des émoluments à son profit personnel, aide et assistance à un autre groupe concurrent. Le Jazz Capois n'avait aucun engagement prévu ce jour-là et en plus, le **"gren'n siwouèl"** ne constituait pas, à cette époque, une entorse à l'éthique professionnelle. Rigaud Fidèle n'y trouvait donc aucun motif de refus d'aller jouer ce soir-là, à Caracol, bien loin des enceintes de la ville du Cap, avec le Jazz Youyou. Mais, l'appréciation que le Jazz Capois en a faite était toute autre. Cette pratique courante, que Rigaud prenait pour un geste banal, était interprétée comme étant une forfaiture par le Jazz Capois qui dépêcha un *"commando"* de trois musiciens sur les lieux du bal. En pleine soirée dansante, Rigaud fut dépossédé de sa trompette, lui infligeant publiquement, la honte et la dégradation. L'incident fit grand bruit et prit même des proportions dramatiques. Alors, Rigaud, pressé par ses aînés, Jean Menuau et Léandre Fidèle, dut faire ses adieux au Jazz Capois et fut admis sans coup férir dans le giron du *Jazz Septentrional* embryonnaire.

Donc, selon la *version-Hulric*, les 24, 25 et 26 Juillet 1948, Rigaud Fidèle faisait déjà partie intégrante du groupe, au même titre que les autres musiciens présents et est, par conséquent, légitimement, l'un des neuf fondateurs, de fait, de Septentrional à l'aube de ce mardi 27 Juillet 1948 à 4h20. À vous, chers lecteurs d'adopter la version qui vous parait la plus plausible ou même de synthétiser la vôtre, à partir de ces deux assertions, au demeurant, complémentaires et non contradictoires. Bon amusement !

> *" Le propre de toute morale,*
> *c'est de considérer la vie humaine*
> *comme une partie que l'on peut gagner ou perdre,*
> *et d'enseigner à l'homme le moyen de gagner. "*
> **Simone de Beauvoir** : *"Pour une morale de l'ambiguïté"*

La prémisse et les prémices

En 1963, Mr Raoul Villard publia un opuscule, « *Septentrional, Vie et Œuvre* », dans le cadre des célébrations du quinzième anniversaire de fondation de l'orchestre Septentrional; des extraits y ont été puisés lors de la rédaction du livre du quarantième anniversaire sous la direction du docteur Jean-Marie Georges. Aujourd'hui encore, cet opuscule demeure une précieuse référence pour nous qui participons à l'élaboration du présent ouvrage; certains extraits seront, comme le paragraphe qui suit, par souci d'authenticité, reproduits, in extenso.

op. cit. : page 4 « ... La pierre, une fois lancée, doit suivre sa trajectoire. En effet, si ces messieurs ont pris la décision de former le Jazz, ce n'était pas tout; ils devaient se réunir à nouveau pour jeter maintenant les bases de l'association, c'est à dire élaborer les statuts, trouver un directeur pour mener la barque à bon port et remettre au plus avancé en musique la direction des répétitions et des manifestations en public ... »

Une première réunion fut fixée au jeudi 19 août 1948 dans l'après-midi. Jacques Mompremier (secret de polichinelle) fut pressenti pour diriger les destinées du groupe. Ce 19 août, à l'heure prévue, Jean Menuau, Léandre et Rigaud Fidèle, Jacob Germain, Hulric Pierre-Louis et Bòs Pierre Volonté Jacques répondirent à l'appel. L'engagement de Raymond Jean-Louis comme électricien de la *Plantation Dauphin* à Phaëton (ville industrielle sise à environ 50 kilomètres de la ville du Cap-Haïtien) motiva son absence; par contre, Jacques Mompremier ne vint pas à la réunion, pour des raisons inconnues encore aujourd'hui.

Les six autres membres présents ajournèrent la réunion parce que d'une part, le directeur pressenti n'était pas présent et l'absence motivée ou non de deux membres fondateurs d'autre part, aurait été un antécédent malheureux. Léandre Fidèle rencontra Jacques Mompremier en ville, le lendemain, et s'informa du motif de son absence de la veille; l'incident fut dédramatisé et une nouvelle réunion fut fixée au 21 Août en début d'après-midi; réunion à laquelle Jacques Mompremier, qui le promit formellement, et Raymond Jean-Louis pourront, cette fois-ci, participer. La réunion du samedi 21 août faillit connaître le même sort que celle du jeudi 19 si les sept membres présents ne s'étaient résolus, tout simplement, à prendre acte de la défection manifeste de leur *"cher président-directeur pressenti"* pour essayer d'aller de l'avant. Jean Menuau présida la séance du jour, à l'issue de laquelle un comité fut formé. L'assemblée coopta Rigaud Fidèle dans le rôle de maestro et Jean Menuau fut désigné premier président-directeur du *Jazz Septentrional* le samedi 21 août 1948; les deux frères passèrent un an et demi, environ, à diriger sa destinée avec la plus grande rectitude et la plus grande intégrité.

de l'opuscule cité, pages 4 à 7, nous extrayons les paragraphes suivants :

...Jean Menuau est né au Cap-Haïtien le 28 Janvier 1919. Il commença de bonne heure ses études de guitare, avec Monsieur Pierre Dominique comme professeur, alors qu'il était à l'école des Frères de l'Instruction Chrétienne. Plus tard il se perfectionna seul; ses études secondaires ne lui laissèrent pas suffisamment de temps libre pour suivre avec assiduité des cours de guitare classique. Après avoir laissé les classes il commença à jouer en groupe quand il fit partie du Quatuor Septentrional; là il montra ses talents de guitariste et aussi de compositeur, ce qui contribua à la gloire, la valeur et la popularité du quatuor.

... Jacob Germain était Vice-Président et s'acquitta aussi bien de sa tâche que les autres; sa profession de mécanicien ne l'empêcha pas de remplir son rôle de chanteur-solo et d'arriver à plaire à son public. L'on rapporte même qu'il faisait battre très fort le coeur de plus de jeunes filles qu'on eût cru, au temps où il faisait partie, au Lycée Philippe Guerrier, du Groupe Symphonia, aux côtés de ces deux amis guitaristes, Jacques Mompremier et Hulric Pierre-Louis.

... La tâche la plus lourde, celle de secrétaire-trésorier retomba sur les "faibles épaules" de Léandre Fidèle, un monsieur d'apparence froid, plutôt timide, mais par contre très énergique et très sérieux. Durant sa gestion il géra bien les comptes et arriva même à payer certaines dettes contractées tout au début de l'existence du Jazz.

... Rigaud Fidèle, vu ses connaissances en musique de Jazz, remplissait le rôle de chef d'orchestre, communément appelé maestro. Aussi il avait la direction des répétitions et des manifestations en public. Il ne manqua pas de faire valoir ses talents durant sa fonction de maestro ... Il n'hésitait pas à mettre ses petites économies au service du Jazz pour l'achat de leur première trompette d'harmonie. Il a assuré et assumé, pendant plus de dix années, le rôle de premier trompette de l'orchestre Septentrional.

Les trois autres membres fondateurs présents à cette réunion constitutive, *Hulric Pierre-Louis, Pierre Volonté Jacques et Raymond Jean-Louis servaient de conseillers; leurs suggestions, pour la plupart, furent toujours prises en considération; ce qui fut de tout profit pour le Jazz Septentrional... ».*

Nous avons eu la chance, au cours de l'été 1995, de discuter avec monsieur Rigaud Fidèle qui, entr'autres propos sur l'orchestre, a nuancé le mode d'acquisition de la première trompette d'harmonie de Septentrional; nous rapportons ici ces propos:

«...Au cours de la nuit du 26 au 27 Juillet 1948, j'ai joué avec la trompette du Jazz Capois que j'avais en ma possession; ce groupe rival ne tarda pas à me reprendre, de manière agressive d'ailleurs, son instrument. Heureusement que j'avais, en guise de roue de secours, une trompette dont l'un des trois pistons restait bloqué; ce qui requérait, à chaque fois, des acrobaties invraisemblables pour jouer la note juste. Bien entendu Septentrional n'avait pas, à l'époque, les moyens pécuniaires suffisants de se procurer, même sur le marché d'occasion «à la maison d'affaires» de Manno Toussaint par exemple, un instrument aussi coûteux. De temps en temps, à l'occasion des prestations sérieuses, pour faire bonne figure, l'orchestre anticipait sur le montant du cachet, pour couvrir des frais de location d'un saxophone chez Lucien Juif à la Rue 5 ou d'une trompette chez Laguerre à la Rue 8. Cette manière de procéder dura jusqu'au milieu de l'année 1949 au moment où arrive au Cap-Haïtien l'ingénieur Serge Lebon, l'un des meilleurs techniciens de la trompette que le pays d'Haïti n'ait jamais connu. L'ingénieur Serge Lebon avait joué, auparavant au sein d'un orchestre philharmonique au Vénézuela, et dans le Big Band le plus prestigieux de tous les temps d'Haïti, l'orchestre de Issa El Saieh. Il m'offrit sa collaboration et j'en ai profité pour me perfectionner à son école; il n'a pas hésité, au besoin, à me passer son instrument, une trompette d'harmonie de la marque **Selmer de Paris,** pour aller jouer avec Septent; il m'offrit, par la suite, gracieusement l'instrument. C'est ainsi que Septentrional fit l'acquisition de sa première trompette d'harmonie...».

Nan jou malèur a, wa va sézi wè sa
Sa ou té kwè ki zanmi w'ou
Yo k-ap di : Chalbari
Fòk ou pa étoné, Lavi ya sésa

Hulric Pierre-Louis - 1990

<u>Une Nouvelle Équipe Dirigeante</u>

Au début de l'année 1950, un an et demi après sa formation, le président-directeur du groupe, Jean Menuau, fut affecté à un poste, dans les parages de la ville du Cap, au lieu dit «*La Chevalerie*» dans le cadre de ses engagements professionnels. Cette nouvelle affectation, à l'évidence, lui laissait moins de disponibilité pour remplir, avec efficacité, la fonction de Directeur de Septentrional qui commençait à prendre du terrain dans l'espace musical du département du Nord. Il fallait un membre-fondateur, disponible et techniquement préparé pour pourvoir au remplacement de Jean Menuau.

Le tout jeune Hulric Pierre-Louis, alors âgé de 21 ans et demi, parut le plus apte à remplir cet office, compte tenu du bagage musical qu'il avait cumulé depuis sa plus tendre enfance ; il était aussi, le seul membre fondateur dont la pratique musicale occupait en exclusivité son emploi du temps.

Hulric Pierre-Louis opinera plus tard : « ... *à partir de ce jour de 1950, cette direction musicale fut pour moi le prétexte qui allait me permettre de concrétiser l'idéal révolutionnaire créé en moi à partir du "ochan" du 19Mars 1947 à Bahon. Tout ce que l'orchestre aura entrepris depuis cette date est la résultante de cette démarche, à la rencontre d'un idéal, visant à faire admettre le musicien par le grand public comme quelqu'un de valeureux exerçant une profession sérieuse, à part entière. Je crois que, dans ce domaine, Septentrional a joué à fond son rôle de pionnier; et tout naturellement, l'orchestre Tropicana était le premier à en bénéficier, dans la mesure où il est le groupe musical qui a su le mieux, et pour cause, marcher dans les sillons des pas laissés par Septentrional. Les débuts sont toujours difficiles, mais le Jazz avait un bon environnement. Le compte-rendu de la vie de l'orchestre Septentrional, de sa fondation à nos jours, aura été, pour les générations futures un modèle, un exemple pour atteindre un but noble malgré les difficultés sans nombre rencontrées dans un milieu comme le nôtre, où l'on demeure si indifférent aux mouvements de jeunesse.»*

« ***Aucun chemin de fleurs ne conduit à la gloire*** » nous dit Jean de la Fontaine.

op.cit.: pp 1 et 2 ... « *Depuis que le monde est monde on n'a jamais connu de société fondée sans coup férir; aucun groupement, qu'il soit artistique, culturel, mondain ou religieux, ne peut se vanter de s'être établi sans difficultés. La décadence de certaines sociétés vient de ce que leurs chefs manquent d'esprit de collaboration ou de bienveillance à l'égard de leurs subordonnés; d'autres sont détruites parfois à cause de l'orgueil des subalternes qui se croient diminués chaque fois qu'il leur est demandé d'obéir aux supérieurs. Mais bien souvent aussi la destruction d'un groupement découle de l'inobservance de règles fondamentales. Parfois l'édifice s'écroule de lui-même, parce que la base aura fait défaut. Nous voulons entendre par là qu'une société ne saurait exister si les lois qui la régissent vont à l'encontre de la morale et du bon sens. Personne n'ignore ce qui causa la décadence et la chute de l'empire romain ...* »

Le refrain de « *Lavi ya, sésa* », une composition du Fondateur PDG, Hulric Pierre-Louis, écrite plus de vingt ans après la publication de l'opuscule cité, en est une parfaite illustration.

Jou nou wè n ap briyé, sonjé jou n ap fané
pa gen ka pou-n mété-n nan traka;
anpir grèk ni romen pata genyen mwayen
nan yon maten pou yo t ava nan kwen.

op.cit.: pp 1 et 2... «L'édification de toute oeuvre sociale inscrite dans la durée repose sur la patience et la persévérance :

Hâtez-vous lentement, et sans perdre courage
Vingt fois sur le métier remettez votre ouvrage
Polissez-le sans cesse et le repolissez
Ajoutez quelque fois et souvent effacez

Ces vers de Boileau pourraient bien servir de boussole à tous ceux qui dirigent ou qui rêvent de fonder un groupement quelconque; ce discours ne s'adresse pas moins à ceux qui auront à jouer le rôle de subalterne car ces derniers doivent comprendre ou essayer de comprendre que le monde ne serait pas ce qu'il est si chaque individu devait être un chef. Il faut un chef en tout et partout, mais un chef qui sait se faire aimer, qui se sacrifie pour le bien de la collectivité. L'erreur capitale que commettent bon nombre de dirigeants, c'est de, trop souvent, s'obstiner à croire qu'être chef est synonyme de supériorité exclusive, d'orgueil, de mépris et quelque fois même d'arrogance ou d'abus. La ruine de nombreuses sociétés découle de cette grande erreur dont sont victimes la plupart de nos dirigeants contemporains.

Heureux l'élève qui obéit à son professeur seulement parce qu'il sait que celui-ci lui veut du bien; heureux le soldat qui observe les ordres de son capitaine dans l'unique but de faciliter la tâche de ce dernier. La bonne marche de toute société se trouve tant dans la compréhension et l'obéissance des gouvernés que dans le respect du gouvernant à l'égard de ces subalternes.

Dans notre chère ville du Cap-Haïtien, par exemple, nous avons vu naître bon nombre d'Associations. Les unes furent étouffées en naissant c'est à dire que le projet conçu n'a jamais eu de suite; les autres au contraire ont vu le jour mais les ouvriers s'étant confondus, la "Tour" demeure inachevée ou s'écroule. D'autres, cependant, ne méritent que louanges, car la base de l'édifice une fois jetée, gouvernants et gouvernés se mettent d'accord pour mener la barque à bon port et souvent ils y parviennent nonobstant certaines difficultés ».

<><><><><><><><><><><><>

"Pran Kouraj" (1965)
Composition : Hulric Pierre-Louis
Rythme : Congo // Vocal : Michel Tassy

Lè mwen té ti moun
Mwen t ap manjé, bwè, abiyé san traka
Mwen pat konpran-n sa
Mwen t ap priyé Bondye poum te granmou n ;
Lékòl, raso kit-on nésésité
Pou mwen, sé té yon èsklavaj

Koulyè a m granmou n
Rèv mwen egzosé
Men mwen genyen twòp pwoblèm ;
Pitit , madanm , man}e , lwayé
Sé twòp tèt chajé .

Refren

Timou n sé traka, Granmou n sé mizè
Pito n pran kouraj
Timou n sé traka, Granmou n sé mizè
Sé twòp tèt chajé

La Naissance de l'Idéal-Septent

Les débuts pour Septentrional furent très difficiles. De là à croire à des pouvoirs maléfiques obscurs - la mentalité haïtienne aidant - il n'y avait qu'un pas qui aurait pu être vite franchi si aucun changement ne s'était opéré.

Après plus de soixante ans de vie artistique ou autre, on prend du recul; et l'on se rend compte alors, que l'événement considéré autrefois, comme dramatique, tragique ou même fatal n'était, en fait, qu'un incident de parcours ou un simple concours de circonstances. Chaque fois que le groupe avait une soirée à animer, il se mettait à pleuvoir. Il arriva même une fois au promoteur, à l'occasion de la St. Charles, de rentrer en conflit ouvert avec Septentrional. Une pluie torrentielle ayant empêché, des heures durant, au véhicule qui transportait les musiciens de traverser la rivière pour atteindre la ville du Borgne. L'orchestre débutait la soirée dansante avec un retard considérable.

Heureusement qu'à côté de ces difficultés, Septentrional recevait, de temps en temps, des concours, assez appréciables, de :

** **Frédéric Noël**, par exemple, fils du sénateur Joseph Noël, revenant de Paris après des études en génie civil, est affecté au Cap-Haïtien comme ingénieur départemental. Il était non seulement un excellent pianiste mais aussi un mélomane averti. Il trouvait toujours un bon arrangement pour faciliter la présence de Jean Menuau et de Léandre Fidèle, employés auprès du département qu'il dirigeait, aux séances d'études et de répétitions de l'orchestre.

** **Pierre Volonté Jacques**, alias *Bòs Pyèr* membre fondateur de Septentrional, n'était pas, en vérité, un bon saxophoniste. Il était, par contre, un artisan de premier ordre dans le métier du bois. Ébéniste-styliste, menuisier-sculpteur, luthier et charpentier; c'est lui qui, avec l'aide de Jean Menuau comme *artiste-designer* avant la lettre, confectionna pour Septentrional sa première contrebasse acoustique, ses premiers tambours coniques ... etc.

105

Bòs Pyèr confectionna aussi les premiers pupitres à partitions ainsi que la première grosse caisse de Septent que Jean Menuau, artiste-peintre à ses heures perdues, dessina et compléta par la peinture et la décoration. C'est aussi à *Bòs Pyèr*, plus tard, que l'orchestre devra les coffrages pour béton armé ainsi que la charpente et les premières tables rondes de l'actuel Feu-Vert Night-Club. C'est également au sein d'une formation musicale d'appoint qu'il dirigeait (ou patronnait) que l'orchestre fit la découverte d'un musicien de génie, le trompettiste-compositeur Alfred *Frédo* Moïse, et recruta, longtemps plus tard, Ernst *Papou* Léandre, le maître-guitariste.

** **Luco Fidèle**, frère consanguin de Jean Menuau et frère germain de Léandre et de Rigaud Fidèle, était barbier et tenait boutique à la Rue 12 entre les avenues L & M. Il possédait un bien-meuble d'une valeur inestimable, un poste de radio à tubes « *Philips* ». C'est dans son *Barber-Shop* que, à tour de rôle, tous les matins à partir de 11h, Jean, Rigaud, Jacob, Léandre et Hulric. *La bande des 5,* comme on les appelait, se réunissait pour écouter «*Cadena Oriental*», mais surtout, «*La Vox Dominicana de Ciudad-Trujillo*», et «*Radio Progreso de la Havane*». Ils écoutaient vertueusement, sur les ondes de ces stations de radio des compositions inédites et/ou des airs à succès des grands groupes musicaux cubains.

Chez le barbier Luco Fidèle, ils écoutaient, par exemple :
*** *Le Septeto Tipico Nacional y los Hermanos Castro*, dans des compositions à succès, telles*: el amor de mi bohio, la batidora, eterna primavera, alma guajira, et **la voix de Guillermo Portabales, le père du "son guajira"**.
*** *Le Grand orchestre Almendra et la voix de Barbarito Diez* dans : *arulo de palmas, campanitas de cristal, lamento gitano, palmeras, flores negras, el pobre adan, adoro tu regreso, mujer (perfidia), cubanita* ou *no vale la pena.*
*** *La Orquesta Sensacion et la voix de Guillermo Portabales* dans *: tiene sabor, lindas cubanas, cielito lindo, me voy pa moron* ou *la mulata rumbera.*

*** ils écoutaient surtout **Chepin Choven et son orchestre** *avec des arrangements* **du célèbre Antonio Maria Romeu au piano et la Voix de Barbarito Diez** dans: *divina fantasia, piensamiento, cuandote acuerdes de mi ou cubanita.*

Léandre et Jacob recueillaient *"les sons"*; Hulric et Rigaud transcrivaient, de mémoire, sur partition, et Jean apportait la touche finale, *"l'imprégnation-Septentrional"*. Pendant toute la durée de l'émission, Luco Fidèle, le patron du *"barber-shop"*, imposait le silence aux clients; et c'était la routine journalière.

Les musiciens de Septentrional trouvèrent, dans l'orchestre de Chepin Choven, en particulier, une source intarissable; leurs morceaux répondaient mieux aux exigences de l'heure et surtout leurs rythmes se rapprochaient de la méringue haïtienne. Aussi, s'évertuaient-ils à écrire, tant bien que mal, les partitions des pièces musicales qu'ils entendaient à la Radio. À défaut de matériel adéquat (un *tape recorder* par exemple) ils ne pouvaient reproduire fidèlement ces morceaux, ce qui les obligeait parfois à modifier la partition. Les arrangements apportés à leurs exécutions n'enlevaient pas à leur charme; au contraire, de jour en jour leur interprétation rencontrait l'adhésion des gens de toutes catégories. Parmi ces morceaux de Chepin Choven, on compte *"kun-kun-kun et dulce veneno"* qui connurent un succès considérable.

Le public subissait aussi, à cette époque, l'influence de *la merengue dominicaine* à cause de la rareté des compositions haïtiennes. Il fallait, pour satisfaire le public, se courber aux exigences de l'heure pour être et surtout rester "dans le coup". Aussi, Septentrional, insérait-il, dans son répertoire de jolies *mérengues* dominicaines. Ces exécutions mettaient en évidence la dextérité et le sens musical du jeune Hulric Pierre-Louis dans des solos improvisés au saxophone qui faisaient la joie du public. Hulric, visait déjà la perfection dans la pratique de son instrument; il idolâtrait le saxophoniste-vedette du *Conjunto Alma Crioja* et s'évertuait à pratiquer le saxophone avec autant de virtuosité que lui. De plus, fait assez frappant pour l'époque, au cours de ces improvisations, les danseurs abandonnaient souvent leurs partenaires pour contempler le musicien comme le faisaient, en ce temps-la, les *"fans"* de Chubby Checker, d'Elvis Presley ou, plus tard, des Beatles ou de Johnny Hallyday.

Certains des musiciens avaient, d'ailleurs, déjà à cette époque, adopté un nom d'artiste. Les amis d'Hulric l'appelaient *Ti duc; Bòs Pyèr* fut appelé, tout simplement, *l'Haïtien;* Jacob Germain qui interprétait, avec talent, la chanson "kun-kun-kun" était surnommé *Isidoro* du nom du chanteur de Chepin Choven qui popularisa ce morceau; de même, l'autre grand succès "dulce veneno", du même orchestre de Chepin Choven, que Léandre Fidèle interprétait avec grâce lui valut le surnom de *Roberto Napoles*, comme le chanteur original; Rigaud, lui, se faisait, tout simplement, appeler *"en la orilla del mar"*, parce qu'il exécutait à la perfection le solo de trompette du même morceau signé par la Sonora Matancera et que chantait Bienvenido Granda.

Si certains musiciens, comme Rigaud Fidèle ou *Bòs Pyèr* Jacques avaient leurs propres instruments, Hulric Pierre-Louis n'était pas, personnellement, assez fortuné pour posséder son propre saxophone et Septentrional, cela va de soi, ne pouvait non plus, en ces temps-là, s'en payer un. Parfois, il n'était même pas possible à l'orchestre d'en louer un chez Lucien à la rue 5; ce dernier ne s'appelait d'ailleurs pas *Lucien Juif* pour rien. Heureusement que le Jazz Azteca, groupe musical rival pourtant, a pu démontrer cette ouverture généreuse d'esprit envers Septent pour lui prêter, de temps en temps, un instrument manquant.

Voilà, pour les débuts de Septentrional jusqu'aux élections, comme prévues par les statuts, de décembre 1949, qui ont porté à la direction de l'orchestre un nouveau comité qui rentre en fonction dans les premiers jours de janvier 1950.

Si tu veux atteindre l'aigle, tu dois viser la lune;
Si tu vises l'aigle, tu n'atteindras que le rocher.

Toussaint Louverture - 1801

Une Vision Nouvelle

À l'encontre du premier quatuor dirigeant, ces premières élections de 1949 désignèrent un triumvirat pour diriger le groupe musical. Seul Léandre Fidèle fut reconduit à son poste de Secrétaire-Trésorier. Le nouveau comité remplaça, à la vice-présidence Jacob Germain par *Bòs Pyèr* Jacques; Hulric Pierre-Louis arriva aux timons des affaires de Septentrional avec les fonctions cumulées de Président-Directeur et de Maestro.

Mise à part la parenthèse de cinq mois (de février à juin 1955) pendant lesquels Raymond *(Colo)* Pinchinat, vice-président titulaire du comité de direction de l'époque, assura l'intérim pour pallier l'absence du maestro Hulric invité par Guy Durosier à le rejoindre au *Riviera Hôtel* à Port-au-Prince, l'actuel Fondateur et PDG, monsieur Pierre-Louis a gardé le titre de maestro depuis sa première désignation à cette fonction, en 1950, jusqu'à sa mort en 2009. *En solo* d'abord, pendant 25 ans jusqu'en 1975; il a partagé ce titre avec Alfred *Frédo* Moïse de 1976 à 1986, ensuite avec Jacques Jean *(TiJak alto)* du 18 novembre 1995 jusqu'au 19 mai 2001, date du décès de ce dernier. C'est Madsen Sylné qui succéda à *TiJak alto* aux côtés de l'inamovible Hulric Pierre-Louis jusqu'en 2005.

C'est à partir de cette date que des problèmes de santé ainsi que la performance du légendaire Hulric Pierre-Louis, diminuant irréversiblement avec l'âge, vont le contraindre à abdiquer le plein exercice de cette fonction sans pour autant renoncer aux privilèges qui en sont rattachés. Pendant ces cinquante-cinq années consécutives, de 1950 à 2005, le maestro Hulric Pierre-Louis a mené de mains de maître la destinée de l'orchestre Septentrional. Qui

109

oserait prétendre, avant sa mort en 2009, et même après plus de soixante années d'existence de l'orchestre Septentrional, que Hulric Pierre-Louis allait se retirer définitivement des affaires ?

« *Je poursuivrai ma mission jusqu'au tombeau.-* » a-t-il eu l'occasion de souligner, en 1999, dans une lettre manuscrite adressée à feu docteur Nérée et à moi-même.

Le nouveau comité-directeur de 1950, avec Hulric Pierre-Louis en tête, va insuffler une nouvelle dynamique au groupe. Pour le nouveau Maestro et Président-Directeur, l'appartenance à l'orchestre Septentrional n'était pas un hobby. Au contraire des autres membres de l'Association qui exerçaient une vie professionnelle parallèle, la pratique de la musique au sein de l'orchestre Septentrional représentait l'essentiel de sa vie professionnelle qui se confondait, d'ailleurs, très tôt, avec sa vie personnelle. Le saxophone n'était pas un *"violon d'Ingres"* mais *"son outil de travail"*. En 1950, quand il prit la direction du groupe, il avait 21 ans et demi; et puisque la pratique de la musique était le métier qu'il professait et son gagne-pain; *cela devait, à tout prix, fonctionner ou disparaitre.* Dès lors, son souci primordial était de faire durer le groupe afin qu'il générât des revenus suffisants pouvant assurer le confort matériel de ses membres.

Qui sont-ils, ces musiciens de Septentrional, entre 1950 et 1952 ?

Hulric Pierre-Louis   Saxophone - Maestro & Président - Directeur

Pierre Volonté Jacques   Saxophone - Vice-Président

Léandre Fidèle   Chant & Banjo - Secrétaire / Trésorier

Jacob Germain   Chant & Percussions

Rigaud Fidèle   Trompette

Jacques Mompremier   Trompette

Jean Menuau   Guitare

Raymond Jean-Louis   Maniboula, Guitare, Contrebasse

Louis *"rifla"* d'abord, *"Ti Camille"* ensuite, Arthur François enfin **Tambours coniques**

Albert Lorient d'abord, puis Artémis *"Ten'gé"* Dolcé **Bongos, Triangle & Timbales**

Arrêtons-nous, un instant, sur les dix (10) membres de cette formation:

<u>Jean Menuau</u> et <u>Léandre Fidèle</u> sont fonctionnaires de l'État, employés au Département des Travaux Publics comme brigadiers.

<u>Pierre Volonté Jacques</u>, *alias Bòs Pyèr,* artisan du bois, est à la fois ébéniste, menuisier, charpentier et luthier. Il a une bonne clientèle et ne pratique la musique que comme hobby.

<u>Rigaud Fidèle</u> est, ce qu'on appellerait aujourd'hui, un *"homme d'affaires"*; il importe, notamment de la chaîne de magasins *"SEARS"*, des produits de qualité qu'il revend à ses clients à domicile. En parallèle, l'attaquant Rigaud Fidèle est, avec Jacques Thélusmond (*TiJak,* le portier) et Claude Nemorin (*TiKlod,* attaquant) l'un des trois footballeurs-vedette au sein du Zénith Athletic Club.

<u>Raymond Jean-Louis</u> est maître-électricien de profession. Il travaille, à son compte, pour la clientèle privée pendant ses temps libres. En semaine, on le trouve comme employé à temps plein de l'usine de la Plantation Dauphin à Phaëton.

<u>Jacob Germain</u> est mécanicien et professe son métier dans son atelier privé; idem pour <u>Arthur François</u> qui est barbier et coiffeur.

<u>Jacques Mompremier</u> n'a pas une foi aveugle dans l'entreprise. Ses deux absences consécutives aux rencontres qui devaient porter le groupe sur les fonts baptismaux en disèrent long. Au début de l'année 1950, il a d'autres préoccupations; il a l'esprit d'abord, tourné vers la Grande Rivière du Nord où il évoluera, peu de temps plus tard, comme trompettiste au sein du groupe local *Blue Baby* de Jean Martel Dorsainville. Ensuite il quittera la Grande Rivière du Nord pour aller former, *l'orchestre Citadelle* à Paulette, bourgade située près de Phaëton, zone d'activités industrielles où étaient implantées les installations des usines de sisal de la Plantation Dauphin.

Louis _"rifla"_ aux tambours coniques et <u>Albert Lorient</u> dit _Albert Li-kli-tap_ à la batterie, sont pour nous restés deux illustres inconnus qui ne vont d'ailleurs pas tarder à céder leur place respective, le premier, à <u>Camille Pierre</u> _alias Ti Camille_ d'abord, à Arthur François ensuite et le second, à Artémis _"Ten'gé"_ Dolcé sur lequel nous allons nous attarder un instant.

Qui est Ten'gué ?

Philomé Abstenius Dolcé dit <u>Artémis Dolcé</u> _alias Ten'gé,_ est né au Cap-Haïtien le mercredi 1er août 1928. Jeune homme en devenir, à vingt ans en 1948, l'année même de la formation de Septent, il assistait systématiquement déjà, aux répétitions du groupe, deux baguettes en mains, rythmant la cadence sur une chaise, toujours prêt à suppléer, ad nutum, Albert Li-kli-tap, le titulaire du poste. _"Le jeune Ten'gé"_ détenait, grâce à ses liens de franche camaraderie avec Rigaud Fidèle et Hulric Pierre-Louis notamment, mais aussi de Jacques "Dolcé" Saint-Cloud, son grand frère, le privilège d'assister librement aux séances de répétitions.

Jacques Dolcé Saint-Cloud, le frère de _"Ten'gé"_ était, par ailleurs, le mari de Énomine Fidèle, la sœur de Jean Menuau, de Léandre et de Rigaud Fidèle. Les Fidèle et les Pierre-Louis, par ailleurs, étaient des amis depuis longtemps avant même de jouer de la musique ensemble. C'est ce qui explique notamment, que Hulric Pierre-Louis et Énomine Fidèle (du même âge), on fait leur première communion ensemble et il n'y a eu qu'une réception commune pour les deux à la rue 22 G.

Il importe de souligner, qu'avant même l'existence de Septentrional, _"Ten'gé"_, jeune adolescent, jouait déjà au football, comme gardien de but, au sein du **"Bagadi Football Club"** avec Hulric Pierre-Louis et Rigaud Fidèle, deux attaquants; il exerçait parallèlement sa passion de musicien comme joueur de _"bongos"_ et de _"timbales"_ au sein de la formation musicale **"Astéka"**. C'est ce qui explique qu'il évoluait dans le giron des musiciens du Septent-naissant qu'il ne tarda pas à intégrer progressivement comme musicien titulaire entre décembre 1948 et février 1949. Selon des confidences à nous faites par l'intéressé lui-même, *Tengué* nous précisa qu'il a joué pour la première fois avec Septent, le 4 août 1948, comme *batterie-man*[16] et la dernière fois le 11 mai 1972. Titulaire du poste pendant près de vingt-cinq ans, *"Ten'gé"* reste, dans notre mémoire de chroniqueur et dans notre cœur de mélomane, un excellent *"batterie-man"* mais surtout, le meilleur *"bongos-man"* haïtien de tous les temps. Daniel Mayala, du *Super Jazz des Jeunes*, l'a salué publiquement comme *"le meilleur jouer de bongos haïtien"*, après l'exécution publique de "Il paraît qu'il va pleuvoir", avec Septentrional, à Djumbala en 1965,

Homme intègre, *"Ten'gé"* a exercé, avec une rectitude de comportement exemplaire, presque toutes les fonctions au sein de l'administration~Septentrional. C'est à partir de 1972 qu'il remplaça, à la porte d'entrée du Feu-Vert, Arthur François qui, lui-même, a remplacé *Bòs Pyèr Jacques* à ce poste, en 1971. *"Ten'gé"* devint, enfin, administrateur du *Feu-Vert Night-Club,* propriété de la **Société de Loisirs UPL&Co (SoLoUPL&Co)**, dont il est membre-associé. Il occupa sa fonction d'administrateur jusqu'au mois de mai 1985. Notons enfin, qu'en parallèle avec sa longue carrière au sein de l'orchestre Septentrional, *Ten'gé* exerçait le métier de cordonnier pour lequel il est détenteur d'un diplôme professionnel; il était aussi un employé du Service des Douanes au Cap-Haïtien. Il menait simultanément une carrière sportive soit comme entraîneur ou comme arbitre au sein de la ligue régionale de football du Nord. Comme Rigaud Fidèle, il était *footballer* dans les rangs du **"Zénith"** dont il devint, par la suite, l'entraîneur-chef. Il remporta de nombreux trophées avec les équipes de football qu'il *"coachait"*[17], notamment le **Zénith Athletic Club,** le **Stella Foot-Ball Club** en 1967, ainsi que la **"F.I.C.A."**, qu'il co-entraînait avec Paul Calixte, pendant deux saisons successives. Actuellement, à côté des

---

16   Dans le cas de "Ten'gé", plutôt que "batteur", sa désignation comme "batterie-man" ou " bongoman", selon nous, convient mieux.

17   Ici, nous préférons l'emploi de l'anglicisme "coacher" au verbe français "entraîner"

dividendes auxquels il devrait avoir droit en tant que Membre-Associé de la *SoLoUPL&Co, Ten'gé* touche une pension de l'État Haïtien en qualité de "*Retraité du Service des Douanes*".

Pour mémoire, les premières répétitions de Septentrional se déroulaient :

assez souvent, dans un quartier *populo-résidentiel* de la ville, à la *Petite Guinée (**Ti Ginen**),* chez les époux Estmangar César (Rues 14&13 N). L'une des filles du couple, Édith César, était la première demoiselle responsable de la vente des billets d'entrée au guichet, pour l'orchestre Septentrional, avant madame Luc Vincent, la sœur du Maestro Hulric Pierre-Louis.

parfois, chez le barbier Luco Fidèle, à la Rue 12 *(entre les avenues L&M).*

Mais, surtout, elles se tenaient à la Rue 22 G, aux heures non achalandées du *dancing-bidjonnèl* **"Kay Jébédé"** de monsieur Edner Salnave, patron des lieux. Léandre Fidèle, secrétaire/trésorier de Septentrional, habitait en face de ce local et l'orchestre bénéficiait de cette faveur par simple *"politique de bon voisinage"*.

Enfin, un bloc plus loin à la Rue 23 G, dans l'installation du barbier Arthur François, tambourinaire de Septent.

Arthur François est né le 15 octobre 1926, a intégré les rangs des musiciens de l'orchestre, comme tambourinaire, à 23 ans en 1949; il exerça ce rôle jusqu'en 1970; c'est à partir de ce moment qu'il remplaça progressivement Bòs Pyèr Jak comme portier; poste qu'il combla jusqu'en 1972 au moment où il émigra aux États-Unis où il vit actuellement une retraite paisible, se portant comme un charme. Il a été honoré, en grade et en qualité, lors d'un gala organisé à Queens (N.Y.) le samedi 20 novembre 2010, honneur qu'il partagea avec Tengué et Bob Menuau.

Ayant passé en revue tous les autres membres qui composaient le Septentrional de l'époque, il nous reste à parler du co-fondateur Hulric Pierre-Louis. Il ne professait rien d'autre que la pratique d'un instrument; il n'exerçait non plus aucune autre activité professionnelle en parallèle. Il entrait dans sa vingt-deuxième année en 1950, orphelin de père et de mère, quand à la faveur des élections, il était désigné comme Président-Directeur et Maestro de l'orchestre Septentrional. Son souci premier sera de rendre ce groupe musical viable et performant. *Septent, c'est sa vie. Le succès ou l'échec de sa vie personnelle en dépend.* Aussi, dès son entrée en fonction, le nouveau comité dirigé par Hulric Pierre-Louis, va signer des contrats stables avec des cercles culturels et mondains de la ville du Cap-Haïtien tels que, par exemple :

le *Cercle Primevère,* dont l'immeuble qui abritait ses locaux, un bâtiment de style colonial, partage les coins de la Rue 24-Boulevard avec le Feu-Vert.

le *Cercle Printania* de madame Charles Menuau (Rue 24 E, dans les bâtiments de l'ex *Vieux Manoir,* l'actuel *Versailles*) qui engagea Septentrional pour animer la quasi-totalité des manifestations mondaines du cercle;

et surtout, non loin du Parc-Vincent au *Carénage,* (quartier résidentiel, autrefois huppé, de la ville), le *Patricia Night-Club* de madame Anne-Marie Lue Chung-Zéphirin, l'épouse du docteur Adrien Zéphirin qui, à l'époque, invitait, pour animer les soirées dansantes de sa boîte de nuit, les meilleurs groupes de la capitale tels : l'orchestre de Issa El Saeih avec Guy Durosier et Joe Trouillot, l'Ensemble Aux Casernes de Charles Paul Ménard, l'orchestre de La Cabane Choucoune de Nono Lamy, le Conjunto Desroches ou le Jazz des Jeunes, entr'autres.

C'est à l'occasion de pareilles rencontres que le jeune Hulric Pierre-Louis va se lier d'amitié avec un génie dans le domaine musical, Guy Durosier, de trois ans son cadet, et bénéficier des conseils du grand pianiste et chef d'orchestre, Ernest *"Nono"* Lamy, de cinq ans son aîné, qui lui suggéra, entr'autres, de remplacer le banjo, dans la section rythmique, par un piano acoustique.

Ces artistes très avancés passèrent parfois à Septentrional, généreusement, des partitions de musiques étrangères, telles que *"Simbi"* qui a fait pendant très longtemps, après adaptation au style-Septent, la joie des amateurs de pots-pourris de boléros. Ils mettront aussi Septent en contact avec des écoles de musique de Cuba ou d'autres pays étrangers.

... frotter et limer sa cervelle contre celle d'autrui ...

Pendant le premier mandat de deux ans de direction du *triumvirat* (Hulric Pierre-Louis/Pierre Volonté Jacques/Léandre Fidèle), outre le bénéfice de contrats stables qui a permis au groupe d'acquérir une expérience professionnelle, le Jazz s'est structuré. C'est ainsi que *Bòs Pyèr* Jacques, vice-président en exercice, a doté Septentrional, pour remplacer le *maniboula* devenu obsolète, de sa première contrebasse acoustique, instrument plus harmonique qu'il a lui même fabriqué; et pour mettre en application les conseils de *"Nono"* Lamy, au même moment, toujours par souci de modernisme, le piano acoustique a remplacé le *banjo* dans la section rythmique; à ce poste, Roger Laguerre fut le premier pianiste de Septentrional. Afin d'en parfaire l'harmonie, dans la ligne des instruments à anche arrive un troisième saxophon : René Pinchinat d'abord, remplacé par son jeune frère Raymond *"Colo"* Pinchinat; d'ailleurs, *Colo Pinchinat*, grâce à ses connaissances approfondies en solfège, ses talents d'instrumentiste et de compositeur, a contribué, en grande partie, à faire progresser, davantage, l'orchestre. Il est important enfin de souligner que c'est également au cours de ce premier mandat de deux ans du Maestro-Président, Hulric Pierre-Louis, à côté de toutes les transformations positives réalisées, que l'Équipe-Septent va découvrir, puis intégrer dans le rang de ses musiciens en 1950, Alfred Moïse qui allait devenir le *"Grand Frédo"* des trente-cinq années suivantes.

"La pensée ne doit jamais se soumettre, ni à un dogme, ni à un parti, ni à une passion, ni à un intérêt, ni à une idée préconçue, ni à quoi ce soit, si ce n'est aux faits eux-mêmes, parce que, pour elle, se soumettre, ce serait cesser d'exister". **Henri Poincaré (1854-1912)** - Discours prononcé, le 21 novembre 1909, aux Fêtes du LXXVe anniversaire de l'ULB (Université Libre de Bruxelles).-

Hulric Pierre-Louis : Le Maestro

Maurice, Élima, Solon, Hulric PIERRE-LOUIS
Né à l'Acul-du-Nord le samedi 22 septembre 1928
père : Constant PIERRE-LOUIS   --   mère : Andréa PIERRE
marraine : Anna MARCELLUS   --   parrain : Mathias MAGLOIRE

Études primaires: d'octobre 1935 à juin 1942 au Cap-Haïtien. Les deux premières années à *l'Institution Anténor Firmin,* la nouvelle école primaire de la ville, fondée le 4 avril 1932, et dirigée par maître Marius M. Lévy; le complément, chez les Frères de l'Instruction Chrétienne, jusqu'au Certificat d'Études Primaires (C.E.P.).

études secondaires: de 1942 à 1946 au Lycée National Philippe Guerrier du Cap-Haïtien, jusqu'en classe de seconde.

Formation musicale:

Cours de solfège dispensé chez les Frères de l'Instruction Chrétienne par maître Davoust Gilles, qui dirigeait également la chorale de cette institution, à laquelle le jeune Hulric faisait partie.

Complément du cours de solfège et apprentissage de la guitare classique avec le Pasteur St.-Amant Gabriel ; études poursuivies, dans la même discipline, avec monsieur Édouard Coecifi.

Initiation à la flûte traversière avec le caporal David Désamours qui pratiquait cet instrument au sein de la Fanfare attachée aux Forces Armées du Cap-Haïtien. Monsieur Désamours qui dirigeait, parallèlement, la

Fanfare de la Fondation Vincent du Cap permit au jeune Hulric, en guise d'exercices pratiques, de participer aux répétitions et même de jouer de la flûte aux concerts donnés par les musiciens de cette fanfare.

Musicien du Groupe Symphonia du Lycée Philippe Guerrier du Cap-Haïtien. Ensuite, co-fondateur et musicien du Trio Symphonia de cette même institution estudiantine, et enfin, du Trio Astoria, avec ses deux amis, Jacques Mompremier et Jacob Germain.

1946 - 1947 : première expérience en tant que guitariste au sein d'un groupe musical professionnel, le Jazz Youyou.

1947 - 1948 : apprentissage, en autodidacte, du saxophone; puis, création du Trio Astoria, toujours avec la complicité de Jacob Germain et Jacques Mompremier ; ensuite, association progressive suivie de la fusion du "Trio Astoria : Hulric, Jacques et Jacob" avec le "Quatuor Septentrional : Jean, Raymond, Léandre et Théodule".

mardi 27 juillet 1948 : co-fondateur du Jazz Septentrional.

1950 : promotion au sein du comité dirigeant du groupe comme Président-Directeur et Maestro de Septentrional.

1952 : leçons d'harmonie avec monsieur Édouard Menuau, puis apprentissage systématique du cours d'harmonie, par correspondance, avec l'École Universelle de Paris. **1952** est aussi l'année où le jeune maestro s'impose comme arrangeur et orchestrateur principal du groupe, puis comme compositeur, en offrant à Septentrional une première inspirée par un curieux danseur bossu : Fritz Prophète. *Mambo Bossu* est la première composition du Maestro Hulric Pierre-Louis et aussi, peut-être, la première véritable de l'orchestre Septentrional.

1955: Hulric a passé cinq mois, aux côtés, de Guy Durosier, comme premier saxophone alto, au sein du Groupe Musical du Riviera Hôtel, à Port-au-Prince.

Vie d'adulte.

1er mariage, en 1957, avec Édeline *"Ninotte"* Charles-Pierre, décédée en 1965.

2e mariage, en 1967, avec Olive *"Olie"* Clément.

Père de deux garçons parvenus, aujourd'hui, à l'âge *"d'homme mûr"* : Ulrich *"Rico"* Pierre-Louis et Jude Nandy Pierre-Louis.

Co-Fondateur de l'orchestre Septentrional et Président de son Conseil d'Administration, monsieur Hulric Pierre-Louis était également le Président-Directeur Général de la Société de Loisirs Hulric Pierre-Louis & Co (SoLoUPL&Co).

Il remplissait, de plein droit, le rôle de maestro, chaque fois qu'il se trouvait sur un podium où l'orchestre Septentrional évoluait, mais n'était plus le titulaire du poste depuis janvier 1996.-

Souhait

Le vœu le plus cher du Maestro Hulric Pierre-Louis était que la vie de l'orchestre Septentrional transcende, naturellement, sa vie terrestre qui est, par définition, limitée dans le temps. Le jour où il devra se retirer définitivement des affaires, il souhaitait que ses deux fils reprennent les affaires de Septentrional en mains; Rico dans le rôle d'administrateur et Nandy dans celui de directeur musical.

" Oderint, dum metuant ! "
Qu'ils me haïssent, pourvu qu'ils me craignent
Jules César in Vercingetorix de Cæsar

Hulric Pierre-Louis :
L'alternance dans la stabilité

119

L'intérêt du public, toutes générations confondues, pour la musique de Septent, a certainement contribué à la tenace et défiante longévité de cette institution pendant plus de soixante ans. Fervents admirateurs, supporteurs des années passées et de demain, l'orchestre Septentrional vous dit MERCI et anticipativement, vous témoigne sa reconnaissance pour les autres belles années que votre soutien lui permettra d'écouler sereinement.

Fondé le mardi 27 juillet 1948, le Jazz Septentrional, c'est ainsi qu'on le nomma à la naissance, commença à évoluer sous la direction de Jean Menuau dans les cercles mondains du Cap-Haïtien : *le Cercle Aurore, le Cercle Primevère* et principalement *le Cercle Printania*. Il n'y avait pas, à cette époque, de Night-Clubs au Cap-Haïtien, et les bals étaient organisés dans un salon ou un cercle privé. C'est l'année suivante, au mois de décembre de l'année 1949, que l'administration confia la direction du Jazz Septentrional à monsieur Ulrick Pierre-Louis qui prit la charge de ses fonctions cumulées de Président/Directeur, de Maestro et progressivement de Directeur Musical à partir du premier janvier mil neuf cent cinquante. Il assuma, sans coup férir, cette responsabilité de chef d'entreprise pendant plus de cinquante-cinq ans. C'est vous qui nous direz, aujourd'hui, si les décideurs de 1949 ont eu tort ou raison de le choisir. Nous saisissons l'occasion pour souligner que le maestro Hulric Pierre-Louis était le seul gestionnaire haïtien, aujourd'hui connu, qui pouvait revendiquer le mérite d'avoir maintenu son groupe musical en activité, sans interruption, pendant plus de soixante ans. C'est un succès. C'est aussi un record permettant même de soutenir la comparaison avec n'importe quel pays où la musique populaire de danse est commercialisée. Le maestro en était bien conscient lorsqu'il parlait de sacrifice de sa vie pour faire de Septent un monument. En effet, Septentrional fait partie du patrimoine culturel haïtien. Hulric Pierre-Louis est aussi le seul gestionnaire qui pouvait se vanter d'avoir diversifié, dès les années soixante, les revenus de l'entreprise en créant une société de production de disques, un Night-Club, un ciné-théâtre et un restaurant. De tels résultats ne pouvaient être que l'œuvre d'un homme discipliné, versé dans les principes de l'administration et rompu aux nuances de la dynamique de groupe. Il faut donc reconnaître que le Maestro était un dirigeant et un meneur d'hommes expérimenté. S'il est remplaçable, le choix n'est pas forcément facile. Les meilleures structures ne font pas le bon dirigeant. Il faut d'abord l'intelligence et la sensibilité de ce dernier.

« Il suffit d'un grand homme pour mener une nation ou une époque »

En cette année 2012, après soixante-quatre ans d'existence et de fonctionnement sans discontinuité de Septentrional, dans le même pays (Haïti seulement et pas ailleurs), les témoignages deviennent aussi têtus que les faits eux-mêmes et s'accordent pour déclarer SEPTENT D'UTILITÉ PUBLIQUE et Hulric Pierre-Louis, la cheville ouvrière de cette institution.

<><><><><><><><><><><><>

"Anbisyon" *(1964)*
Composition : Hulric Pierre-Louis
Rythme : Ibo // Vocal : Roger Colas

premyé kouplè

Genyen sèten fè, ki relaté, s on égzanp,
Pou moun ki toujou mété konfyans nan zanmi
Twouvé ké yon fiy, afè li té byen maré, bri nòs li tapé kouri,
Men nèg la twouvé-l pati, lapé mandé sak genyen ?
Yon kout lang, pi bon zanmi li té ba l devan matcho la.

dezyèm kouplè

Sé yon èkspéryans ki pou sèvi n de leson
Gen sensérité toutan nan pwen avantaj
Sito gen profi, ti kè kòmansé maré
Anbisyon menm mété pyé ;
Sa zanmi yo pa konpran-n
Tout moun nan lavi genyen chans pa yo

121

Anyen pa janm fèt si lè li ponkò rivé.

Refren

Anbisyon gaté li pa janm pwofité
Pa mété zanmi nan pi bon ti sekrè.

J'ai pris mon vol dans la région des aigles
Il faut que je sois prudent en regardant la terre;
Je ne peux plus, désormais, me placer que sur un rocher,
Et ce rocher doit être l'institution constitutionnelle
Qui me garantira du pouvoir tant que je serai parmi les hommes

Toussaint Louverture - 1801

BRAVO HULRIC

Un supplément mensuel du quotidien haïtien "Le Nouvelliste" intitulé: "BRAVO" a consacré le N° 4 du mois d'octobre 2001 au maestro Hulric Pierre-Louis. Nous en extrayons ce qui suit :

... **en première page** ... *Le public a conscience que la remarquable longévité de Septent est due, en très grande partie, à la forte personnalité de Hulric Pierre-Louis. Une personnalité que son physique costaud d'homme bien planté et toujours vert, annonce d'entrée de jeu. Ses soixante-treize ans qui défient le poids du temps et ne cessent d'être actifs, ainsi que les cinquante-trois ans de la formation qu'il a créée, enneigent sans l'alourdir sa fière tête de maestro. Et dans ses yeux - qui donnent à lire un être de détermination et de persévérance - passent des lueurs qui dansent sur des airs et des rythmes de notre terroir. Mais si la musique est pour lui source d'épanouissement, il* *n'en demeure pas moins ancré dans le réel. Il ne s'en évade sur des trames mélodiques que pour mieux, de haut, le percevoir et aviser aux moyens de le transformer dans le sens d'un dépassement continu et progressiste.*

La vie d'Hulric Pierre-Louis est un perpétuel combat contre le sort qui l'a lancé, très jeune, tout seul dans l'existence. Combat contre des préjugés d'époque; combat contre la pesanteur des habitudes acquises; combat contre la routine qui entrave l'essor des talents et l'esprit d'initiative. On sent qu'il s'est donné comme but de toujours aller de l'avant et d'amener ceux qui l'entourent à aller de l'avant. Les difficultés, les déconvenues - loin de le décourager - éperonnent son imagination et le portent à avoir des vues prospectives à partir desquelles seront maîtrisés et écartés les problèmes confrontés. Le refus de la facilité, la volonté de ne pas se reposer sur les lauriers conquis paraissent être une des constantes de son comportement. Et c'est heureux pour notre art. Car ce culte de l'effort qui s'est investi dans l'acquisition d'une formation musicale solide enrichit notre répertoire de compositions et d'orchestrations dont plusieurs sont considérées comme des chansons du genre.

Il n'y a pas que dans la musique que Hulric Pierre-Louis donne sa mesure. Pour asseoir et pérenniser son œuvre, il a jugé utile de déborder le cadre strict des activités d'orchestre et de transformer Septent en Entreprise de Loisirs. Bien que ses projets aient, au début, soulevé certaines réserves dues à un manque de foi en leur implantation et leur réussite, il les a menés à concrétisation. Et la SoLoUPLco, société qu'il a montée pour et avec les membres de l'ensemble, s'enorgueillit d'être propriétaire de night club, de salle de ciné-théâtre, de restaurant etc... et de générer des revenus qui donnent aux musiciens du groupe des moyens supplémentaires grâce auxquels certains se sont construit des maisons, acheté des voitures, ont engrangé quelques économies.

Constance dans l'effort, persévérance dans l'action, intelligente détermination dans un comportement fixé sur des buts à atteindre, volonté de se dépasser et de pousser les autres à se dépasser, campent Hulric Pierre-Louis. Et voilà pourquoi nous le regardons comme un modèle. Voilà pourquoi nous lui disons BRAVO.

Jusqu'à la fin du premier mandat (1950 à 1952) du comité-directeur présidé par le Maestro-Directeur Hulric Pierre-Louis, l'orchestre Septentrional, s'était contenté, pour l'essentiel, d'interpréter les succès des compositeurs cubains entendus sur les ondes des stations dominicaines *("Cadena Oriental", "Radio Progreso"* ou *"La Vox Dominicana")*. Cette sinécure a vite montré ses limites. Le public voulait autre chose et commençait, même, à faire des exigences. En 1952, un notable de la ville du Cap-Haïtien, monsieur Emmanuel Almonacy, musicien et violoncelliste de l'orchestre Symphonique de la ville, écrivait dans un journal : « *Au lieu de payer un orchestre haïtien pour jouer de la musique cubaine ou dominicaine, il vaut mieux disposer d'un juke-box et les frais seraient moindres* ».

Il importe, pour que cette situation soit bien comprise, de situer cette ambiance dans son contexte sociopolitique, en remontant le temps, au début du vingtième siècle. Au moment où le président Nord Alexis et son gouvernement voulaient célébrer, avec fastes, le premier centenaire de notre indépendance, un concours organisé en vue de sélectionner le meilleur texte relatif aux célébrations du centenaire de 1804 prima le poème écrit par Justin Lhérisson dont les cinq strophes furent mises en musique par Fénelon Nicolas Geffrard. Ainsi naquit **la Dessalinienne** qui mit fin à la démarche incongrue qui consistait à jouer, jusqu'ici, **la Marseillaise** française comme hymne national haïtien.

Nous avons, tous, peut-être, en mémoire, ces mots de notre manuel d'Histoire d'Haïti du docteur Dorsainville que nous récitions machinalement: « *... à cette occasion, on composa "la dessalinienne", paroles de Justin Lhérisson et musique de Nicolas Geffrard ...* ». Ce Nicolas Geffrard nous le prenions, tout bêtement, pour le signataire de l'Acte de l'Indépendance, et père du président Fabre Geffrard, en association avec cette autre phrase tirée du même manuel, et que nous ânonnions tout aussi bêtement : « *Fabre Geffrard était le fils du général Nicolas Geffrard* ». Maintenant, que nous sommes devenus *«des grands messieurs»* et *«des grandes madames»*, nous pouvons rectifier le tir en admettant que si les deux personnages avaient, pour les identifier, les mêmes initiales **«F.N.G.»** , ces trois lettres voulaient dire **F**abre **N**icolas **G**effrard, dans le cas du président qui dirigea Haïti du 15 janvier 1859 jusqu'au 13 mars 1867 mais, **F**énelon **N**icolas **G**effrard pour le musicien qui vécut de 1871 à 1930 et qui composa la musique de *"la dessalinienne"* en nous épargnant de célébrer le centenaire de notre indépendance au son de la *"marseillaise"*. Ceci dit, nous sommes conscients d'avoir enfoncé une porte ouverte en nous évertuant à dire à tout le monde ce que tout le monde, bien entendu, savait déjà.

Après 1904, nous nous acheminions vers 1910, une date importante dans l'histoire de la musique continentale américaine où la vague de danse, partie des États Unis à partir des années 1910/1915, et qui gagna le monde comme une traînée de poudre, n'atteignit notre pays que quelques trente à quarante ans plus tard, malgré le fait qu'Haïti fut sous le joug de la domination politique, militaire, économique et culturelle des États-Unis pendant environ, plus de la moitié de la dite période allant de 1910 à 1950. Pour comprendre le retard gigantesque que le développement de la musique populaire a connu chez nous par rapport à Cuba, au Brésil ou aux États-Unis, il faut prendre en compte cette grande résistance de l'élite intellectuelle haïtienne, avec Dantès Bellegarde en tête, face aux *Yankees* ou à leur culture, durant l'occupation américaine, de 1915 à 1934, ainsi qu'aux dix années qui ont précédé et les dix autres qui ont suivi cette période d'occupation proprement dite. Ce qui expliquerait, qu'au moment où dans les villes modernes des amériques et des caraïbes, on dansait le *Fox-trot* américain dans les salles de danse des hôtels et des boîtes de nuit, chez nous, la tradition des concerts de *musiques savantes* dans les salons et dans les clubs sociaux a perduré jusque vers 1945 à Jacmel ou à Port-au-Prince et un peu plus tard dans les villes de province, en général, et au Cap-Haïtien, en particulier.

C'est ce contexte sociopolitique particulier qui explique pourquoi la musique populaire haïtienne, ou mieux, la musique de danse chez nous, dans le Nord comme partout ailleurs dans les centres urbains du pays, ne connaîtra son plein épanouissement qu'au début des années cinquante, après l'Exposition Internationale du Bicentenaire de Port-au-Prince.

Quand vint l'heure de *l'Expo*, en 1949, un seul des orchestres haïtiens sortit du lot pour la couleur locale: **le Jazz des Jeunes**. L'inquiétude fut telle, alors, qu'un article de Emmanuel C. Paul dans **"Haïti Journal"**, intitulé *"Sans Chauvinisme"*, porta les organisateurs à décréter que les orchestres haïtiens participants devaient consacrer quatre-vingts pourcents de leur répertoire à la musique haïtienne. Cette recommandation, à elle seule, peut témoigner de la mentalité générale qui prévalait du début du siècle jusque vers la fin des années quarante et au début des années cinquante où les *dancings* n'étaient pas vraiment fréquentés par les *"gens de bien"*. On dansait dans les familles et dans les cercles privés au son d'une sorte de *Jazz*, composé d'un piano ou d'une guitare acoustique, parfois des deux, d'un cornet à pistons ou d'un saxophone soprano *(bwa mayi)*, parfois des deux, d'un tambour conique, d'un *maniboula* ou d'une contrebasse et parfois, d'un chanteur qui ponctuait la cadence avec un frottoir *(graj)* ou une paire de maracas *(tchatcha)*. Ces «dance-party» où les jeunes filles se rendaient, toujours chaperonnées, ont eu beaucoup de succès, en ce temps-là, où la mode était de danser *le quadrille, les lanciers, la contredanse, la valse ou le menuet*; mais, très rarement notre *méringue* nationale.

En tout temps et en tout lieu, le goût du public constitue le facteur primordial qui détermine l'orientation d'un groupe de musique de danse populaire. L'orchestre Septentrional, pour éviter de s'étioler et de s'éclipser, devait se conformer à ce principe et s'adapter. C'est alors que Hulric Pierre-Louis, pour justifier la confiance de ses amis qui lui ont octroyé un deuxième mandat de deux ans à la direction de l'orchestre en 1952 et assumer, du même coup, son rôle de directeur musical, orchestra tour à tour *«Tu t'en vas»*, *«Que tu es belle»* et *«Fidélité»*, trois compositions du musicien-amateur capois, Jacques André, qui a aussi composé pour Septentrional *«Il paraît qu'il va pleuvoir»* ainsi que la belle chanson de Noël *«Les Trois Rois-Mages»* qui a fait les beaux jours de l'Ensemble de Webert Sicot qui l'a popularisée au cours de son existence de dix ans.

Jacques André était le fils du notable Louis André, opticien d'ordonnance de profession, mais qui a exercé plusieurs mandants au sein du Conseil de la Mairie de la ville du Cap-Haïtien. Jacques André, c'était aussi le beau-frère du sportif multidisciplinaire capois bien connu, Jacques Laroche, le mari de sa sœur et coéquipier de l'Association Sportive Capoise (A.S.C.) qui a gagné la Coupe d'Haïti en 1939.

Avec *«Ti Yayi»* qu'il composa et *«Marie»*, un boléro que le guitariste Jean Menuau dédia à son épouse, le maestro orchestra les trois compositions de Jacques André et en fit un pot-pourri de *boléros~son montuno*, connu aujourd'hui, avec la voix de *l'inégalable professeur de diction et d'articulation,* Roger Colas, sous le nom de *«Ti Yayi pot-pourri»*, finalisé ou définitivement agencé en 1964.

Ces arrangements du maestro Hulric Pierre-Louis rencontrèrent l'adhésion immédiate du public et eurent un tel écho que peu de temps après, plusieurs groupes musicaux de Port-au-Prince les interprétèrent à qui mieux mieux. Plus tard *l'Ensemble de Nemours Jean-Baptiste* interpréta, à son tour, *«Tu t'en vas»* avec la voix de Louis Lahens, en réclama la paternité et l'enregistra même sur disque, longtemps d'ailleurs avant Septentrional qui ne l'a fait qu'à l'automne 1969 sur *l'Album CS 005*. Nemours Jean-Baptiste, n'était pas à son coup d'essai dans l'appropriation des compositions de Septentrional. **Batèm Rat***,* du chanteur Gérard Monfiston, orchestré et exécuté en 1955 avait connu le même sort. Il faut mentionner que Gérard Monfiston avait également composé du temps de son bref passage dans l'orchestre Septentrional, presqu'en même temps que **Batèm Rat**, une autre pièce musicale magistrale, **Karidad**, qui a été d'abord adaptée par

Cyriaque Achille Paris, dit *Ti Paris*, sous le nom de **Manman Sisi.** Quarante ans plus tard, le groupe **T.Vice,** inséra *Karidad* sur disque en *konpa dirèk,* sous le nom de **De karo.** En 1999, sur la demande expresse de monsieur Henry Salgado de l'émission radiophonique hebdomadaire «*À tout art, tout artiste*», diffusée chaque dimanche après-midi, à Montréal, au profit de l'art et de la culture haïtiens, l'homme-orchestre comme il se plait à le dire, Joe Jacques a programmé et enregistré sur disque compact une adaptation de **Karidad,** et en l'an 2000, à l'initiative de monsieur Fred Paul de *"Mini Records",* le groupe *"Haïtiando",* une heureuse association de musiciens cubains et haïtiens, nous a offert une *version-salsa* de **Karidad.** Mis à part *Batèm rat et Karidad* de Gérard Monfiston, **Ranpono** d'Alfred Moïse va connaître la même destinée en 1961 avec l'ensemble de Webert Sicot. Il en sera de même pour **Amalia** de Raymond *Colo* Pinchinat et **Éva** d'Alfred *Frédo* Moïse avec Raoul Guillaume et son Groupe; et pour finir - et non des moindres - **Véla,** un calypso de Septentrional composé par Raymond *Colo* Pinchinat fut brillamment interprété et enregistré sur disque, en 1960 par *le Groupe El Rancho Hôtel* d'Edner Guignard avec des arrangements de Ernest *Nono* Lamy.

Dix ans environ, *après* **Véla** *de Colo Pinchinat ou* **Éva** *de Frédo,* presque tous les groupes musicaux haïtiens ont interprété, en 1969, en tout ou en partie, **Madan Bonga** d'Alfred *Frédo* Moïse; et depuis 1998, à l'exception de l'orchestre Tropicana, peut-être pour des raisons de politique de clochers, tous les groupes musicaux haïtiens, reconnus ou anonymes, ont interprété, avec ou sans autorisation, **Témwanyaj** du compositeur Yvon Mompoint de l'orchestre Septentrional.

En l'An 2003,

53 ans de direction en 55 ans de participation :

<u>MILLE FOIS BRAVOS HULRIC!</u>

Si les élections de janvier 1952 ont reconduit Hulric Pierre-Louis à son poste de Maestro-Président et de Directeur Musical, il n'en fut pas de même pour les deux autres membres du triumvirat; Raymond *Colo* Pinchinat remplaça *Bòs Pyèr* Jacques à la Vice-Présidence et Léandre Fidèle céda sa place de Secrétaire-Trésorier à Raymond Jean-Louis qui continua à remplir cette fonction pendant vingt ans environ jusqu'à sa mort au mois d'août 1972, sans qu'aucun membre du groupe n'ait eu, une seule fois, à se plaindre de sa gestion.[18]

Le vendredi 15 août 1952, jour de l'Assomption et de la *fête patronale* de la ville du Cap-Haïtien, Septentrional signa avec Agusto Hong, propriétaire de *Rumba Night-Club,* un contrat d'occupation permanente et exclusive de ce local au *Carénage*, quartier résidentiel, proche du Parc Vincent au Cap-Haïtien. Le nom de Septentrional ne tarda pas à s'identifier à celui du local *Rumba* qu'il occupa. Grâce aux revenus que l'exercice de la profession générait, l'orchestre pouvait maintenant faire l'acquisition d'appareils d'amplification électroniques et d'une nouvelle contrebasse (importée cette fois-ci); et comme *Rumba* était pourvu de piano acoustique, Septent s'est mis tout de suite au diapason, en faisant appel à Roger Laguerre, le seul pianiste de Jazz de la ville, disponible à ce moment.

Ainsi équipé, Septentrional pouvait maintenant répondre à la proposition d'animer le festival hebdomadaire *Radio-Théâtre - Recherche des Étoiles,* présenté à partir de l'*Éden Ciné,* que leur avait faite Émile Anacréon, le propriétaire de la station de radiodiffusion *La Voix du Nord,* et le gérant responsable de la sus-dite salle de projection. De plus, Émile Anacréon

---

18   Pendant deux ans, en 1958 et 1959, c'est Rigaud Fidèle qui a occupé ce poste de contrôle.

prenait sous sa responsabilité l'amplification du groupe en pareille circonstance; ce qui représentait un atout considérable et un moyen sûr de vulgariser la production musicale de l'orchestre. En parallèle, et à la même époque, les dirigeants de la toute nouvelle station de radio, *"Radio Citadelle"*, servaient aux auditeurs des *"Thés Dansants"*, radiodiffusés en direct de *Rumba Night-Club*.

Il n'y a rien de plus avantageux que des contrats stables pour la marche ascendante de l'orchestre Septentrional qui comptait treize musiciens à l'approche des festivités carnavalesques de 1953 où l'on découvrit le nouveau secrétaire-trésorier, Raymond Jean-Louis, dansant en jouant avec sa nouvelle contrebasse, importée de surcroît, à l'occasion des trois jours gras.

Si les Festivals de *Radio-Théâtre* étaient amplifiés et radiodiffusés par Émile Anacréon pour *la 4VCP - La Voix du Nord* à partir de l'*Éden Ciné* et animés par Morton Dietz comme présentateur-vedette, par contre, pour la *4VWA / 4VWB - Radio Citadelle,* le technicien de service pour l'amplification et la radiodiffusion à partir de *Rumba Night-Club* était Sirvest Wainright, directeur technique de la station.

Et oui ! C'était comme cela, à cette époque, et cela devrait peut-être rester ainsi aujourd'hui encore, dans la ville du Cap-Haïtien où évoluent *"les gens du Nord"*, bastion d'une redoutable *"idéologie christophienne"* et formidable creuset qui a forgé : ASC et Zénith, Jazz Youyou et Jazz Capois, Union Club et Primevère, l'Essor et l'Élan, Gran Pyon et Djo Kannèl, Collège Notre Dame et Lycée Philippe Guerrier, Ti Rouj et Ti Kòk, Anasi-n et Labò-n nouvèl, Lawédji et Lavi sé wòl, Djòl a Lèlè et Pitit Kay, Michelet Giordani et René Vincent, Jean-Baptiste Bottex et Louis Agénor, Pon Ipolit et Baryèr Boutèy, Lasnal et Gwan Prizon, Fondasyon Vensan et Lékòl Pwofèsyonèl, Rumba et Yanvalou, Cathédrale et Sacré-Coeur, Mèr Patikulyé et Mèr Léta, Laka Frèr et Laka Ma, Laka Édith et Laka Nézida, Absoliyus Djòl Krépsòl et Léyons père des enfants, Anbaravi'n et TiGinen, Karénaj et Lafòsèt, La

Voix-du-Nord et Radio Citadelle, Mélo et JakJòrj, 4VEH et La Voix de l'Ave Maria, Les Diables Bleus et Les Universels, Bosu et Chanpwèl, Kazak et Lakòl, TiJak alto et TiBlan, Feu-Vert et Tropicana Night-Club, et bien entendu, entre Septentrional et Tropicana, Anacaona du Maestro Camille Jean ''ki pa ni premyé ni dèrnyé''.

L'année 1952, c'était aussi l'époque où *le Rythme Mambo*, créé ou popularisé, par le grand pianiste et chef d'orchestre cubain Perez Prado, était à la mode. Septent, pour être dans le coup interprétait des morceaux comme *politechnico, palma soriano ou provocadora*. Le bossu Fritz Prophète, grand danseur de *mambo* devant l'éternel, inspira à Hulric Pierre-Louis *"Mambo Bossu"* qui venait du même coup de signer sa première composition pour Septentrional. Disons-le franchement que ce n'était pas si mal; que pour un coup d'essai c'était un coup de maître pour ce jeune chef d'orchestre de vingt-quatre ans, en 1952, sur les épaules duquel reposait la lourde responsabilité d'amener *un orchestre de province* à jouer *dans la cour des grands*. Cette première composition connut un succès immense; l'*Ensemble Aux Casernes* de Charles Paul Ménard, de passage au *Patricia Night-Club* du Cap fit des démarches pour avoir les partitions de *Mambo Bossu* qu'il inséra dans son répertoire; la démarche, en elle même, a largement contribué à asseoir la réputation de l'orchestre Septentrional.

Qui sont les treize (13) musiciens de l'équipe qui a évolué au cours de l'époque, allant de 1952 à 1954, dont nous venons de parler? Il s'agit de :

01.- Hulric Pierre-Louis (1948) [19]   Saxophone, Maestro & Président-Directeur 02.- Raymond *Colo* Pinchinat (1952)   Saxophone & Vice Président

03.- *Bòs* Pierre Volonté Jacques (1948)   Saxophone

04.- Raymond Jean-Louis (1948)   Contrebasse & Secrétaire/ Trésorier

05.- Jacob Germain (1948)   Chant & Percussions

---

19   date d'entrée du musicien dans l'orchestre

06.- Léandre Fidèle (1948)	Chant & Percussions
07.- Thomas David (1953)	Chant & Percussions
08.- Rigaud Fidèle (1948)	Trompette
09.- Alfred *Frédo* Moïse (1950)	Trompette
10.- Jean Menuau (1948)	Guitare
11.- Arthur François (1949)	Tambours coniques
12.- Artémis *"Ten'gé"* Dolcé (1948/1949)	Batterie
13.- Roger Laguerre (1952)	Piano

La prochaine élection de janvier 1954 reconduisit le même triumvirat (Hulric Pierre-Louis, Raymond *Colo* Pinchinat et Raymond Jean-Louis) à la direction des affaires de Septentrional composé des treize mêmes musiciens de l'équipe précédente. Pourquoi changer une équipe gagnante ? Désormais, l'orchestre était une valeur sûre. Les capois en étaient fiers.

Après l'*évaporation* de Théodule Pierre et la *défection* de Jacques Mompremier, un autre fondateur, valeur sûre pourtant, alla fausser compagnie au groupe pour des raisons relatives à sa profession de topographe. Léandre Fidèle choisit de suivre l'ingénieur départemental, en transfert de poste dans le Sud du pays. Il connut d'ailleurs une belle carrière dans la profession, avec le titre d'ingénieur au moment de sa retraite. Mais comme on revient toujours à ses premières amours, Léandre Fidèle n'a pas résisté indéfiniment au besoin "quasi viscéral" nous dira-t-il, de jouer de la musique populaire de danse. Entre deux affectations il a recruté des musiciens, comme Raphaël Benito, Émile César, Douyon, Victor Glodin, Duroc Augustin, Jacquet Constantin, Gérard Auguste, André Dugué, René Pétion, avec qui il a fondé, en 1960, *l'Ensemble Étoile du Soir* qui a connu ses heures de gloire. Cette *étoile*, bien qu'elle ne fût pas un météore, a commencé à pâlir, au début des années 70, jusqu'à son extinction totale en 1978.

Monsieur Léandre Fidèle, jusqu'à sa mort en novembre 2010, était toujours resté attaché à Septentrional. Chaque fois que l'orchestre était de passage à Montréal, où il vivait une retraite paisible, et que le cœur lui en disait, il venait honorer le public de sa présence en dépit de son appartenance à l'Église des Adventistes du 7e Jour. Au sein de l'église où il professait sa foi à Montréal, il jouait de la guitare dans le groupe d'animation qu'il dirigeait. Le 19 juillet 1995, lors d'une discussion à propos de Septentrional, il opinait: « *Je n'ai pas grand mal à dire de Hulric; je pense même que sans sa présence permanente, il n'y aurait peut-être plus de Septent aujourd'hui.* »

Fondamentalement, le départ de Léandre Fidèle en 1954, vu ce qu'il représentait comme ressource humaine, créait un vide très important. De plus, c'était justement à ce moment que le *registre Septentrional* commença à devenir prestigieux tant pour ses interprétations que pour les nouvelles compositions du maestro Hulric Pierre-Louis et de Raymond *Colo* Pinchinat.

L'écho de la musique de Septent traversa les mornes du *Puilboreau*. En 1954, Septentrional n'était plus un *kòk lakou;* on parlait maintenant de l'orchestre à Port-au-Prince. On en parlait tellement que certains gérants de grands hôtels laissaient miroiter des offres de contrats relativement alléchantes. En fin stratège ou par modestie (c'est à vous, chers lecteurs, de choisir, aujourd'hui, le terme le mieux approprié) Hulric et ses amis restaient indifférents au début; mais, un beau jour de Janvier de l'année 1955, Guy Durosier, qui eut l'occasion de jauger le potentiel du Maestro Hulric Pierre-Louis et d'en apprécier le talent, débarqua au Cap-Haïtien et proposa, tout de go, à Hulric de le suivre à Port-au-Prince.

Le challenge était de taille. L'instrumentiste polyvalent, Guy Durosier, (l'un des plus grands artistes-musiciens haïtiens, peut-être, jusqu'ici, le plus grand de tous les temps) venait chercher Hulric pour y remplir le rôle de premier saxophone alto dans un orchestre, dont il assumait la direction musicale, créé pour animer les soirées du *Riviera Hôtel* et accompagner, au besoin, des artistes-chanteurs étrangers de passage à Port-au-Prince ! L'histoire ne repasse pas les plats et le risque était mesurable à cette époque où la foi et les bonnes mœurs prévalaient. Le temps du carême était, traditionnellement, considéré comme *"saison morte"* dans le domaine de la musique populaire de danse au Cap-Haïtien et le mois de février, généralement l'époque du *"carnaval"*, prélude en même temps au carême.

L'aventure à tenter ne pouvait être, en tout état de cause, que bénéfique, tant pour Hulric lui même, pour le manque à gagner dont il pouvait bénéficier, que pour l'orchestre Septentrional, collectivement envisagé, qui allait gagner en prestige et en notoriété à être représenté, en quelque sorte, à Port-au-Prince de manière aussi significative.

à la page 5 du même supplément *"BRAVO"* du quotidien *"Le Nouvelliste"*, Roland Léonard écrit : *... j'avais quoi ? quatorze ou quinze ans en 1965, collégien timide et amoureux fou des filles; friand de romans et de films policiers, de "péplum"; littéralement sidéré par les muscles de Steve Reeves, de Gordon Scott, de Mark Forrest ou d'Alan Steel alias "Hercule", "Maciste", "Ulysse" ou "Samson".*

Côté musique : Johnny Halliday, Dic Rivers, Françoise Hardy, Sylvie Vartan, Claude François, Boulo Valcourt et son groupe rock " Les Copains" de même que "Les As de Pétion-Ville" de Tite Pascal et Gabriel "Gabo" Jean-Baptiste m'enthousiasmaient. J'étais, avec beaucoup d'autres, engagé sérieusement dans la polémique opposant le "Rouge et Blanc - Compas Direct" de Nemours Jean-Baptiste aux "Quatre couleurs - Cadence Rempas" de Weber Sicot, frères rivaux de la même famille; à côté, le groupe de Raoul Guillaume et de sa vedette Serge Martelly partageaient mes faveurs. Séduit, je souriais déjà aux prouesses de nos premiers combos ou mini-jazz : les "Shelberts du Canapé-Vert", "Ibo Combo" ou "Les Diplomates de Pétion-Ville". De temps à autre, j'écoutais, calmement et curieusement, la musique du "Jazz des Jeunes" venant pour moi d'un autre âge, de la préhistoire, la musique des vieux. Il n'y avait à mes oreilles juvéniles qu'un style haïtien valable: le compas direct ou "Konpa" de Nemours et Sicot.

L'Haïti musicale en elle-même se réduisait dans mon esprit à Port-au-Prince et ses environs. Bien sûr, entre sept et huit ans, je m'étais accoutumé aux sonorités de l'Ensemble Citadelle de René Diogène et Luc Mondésir; cela faisait longtemps mais depuis ... plus rien.

J'en étais donc là, quand avec beaucoup d'autres copains et camarades mes oreilles furent sollicitées par des airs étrangers intitulés "Tifiya", "Konpè Kabwit", "Bèl Flèr, gwo pikan", "Machan-n Akasan", "Pasé Cheve" ou "Louise-Marie, belle déesse". Je trouvais tout naturellement cette manière cocasse, comme le parler capois. J'étais en fait, et beaucoup le sont demeurés, le jouet et le prisonnier de mes habitudes et préjugés de l'Ouest; car - je devais le savoir bien plus tard - l'intonation de la phrase chantée et la prosodie musicale portent souvent l'empreinte soit du pays, soit de la région d'origine.

Tout au plus, mes camarades et moi, aimons-nous parodier une phrase de "prézidan avi" pour cingler cruellement le tyran François Duvalier et s'en gausser. Au lieu de dire, en effet : "Franswa papa, chita chita ou sou chèz ou"... irrévérencieux, on disait plutôt: "Franswa papa, chita chita ou sou vaz ou ...". Je vous laisse deviner la suite.

Petit à petit, ma conscience musicale et mon appréciation mûrissaient et s'affinaient pour me rendre compte de mon ignorance et de mon erreur monumentales: j'étais en présence d'un orchestre solide, puissant et superbe; sonnant beaucoup mieux que Nemours, Sicot et le Jazz des Jeunes réunis; aux conceptions musicales, arrangements et compositions supérieurs à ceux-là; aux projets de chansons et propos plus intelligents. Avec, bien sûr, moins d'audaces harmoniques. On pouvait dire sans craindre de se tromper que "Septent" était dans la ligne de "Saieh", en ce temps-là. À tout grand orchestre, une voix; celle de Roger Colas en était le sceau. Voix juste, chaude et étrange, vibrante.

Les rythmes haïtiens et latins étaient joués à vitesse - tempo - modérée, voire lente: ibo, congo, raborday et ..."boule-de-feu" étrange compromis entre le compas, le congo et quelqu'autre schéma dont Hulric Pierre-Louis et Alfred Moïse avaient le secret; le guaracha et les boléros. Ah! les boléros,

135

précisément, chantés en français châtié et recherché "Toi et moi", "Louise-Marie, belle déesse", "Gisèle" que snobaient, à tort, les profanes en poésie, parlant de lourdeur. Un tantinet de vivacité dans le rythme "Boule-de-feu" et c'était le carnaval .... "Ala yon kanaval dous, lap ban nou dyabèt". Les solos de guitare mélancoliques usant largement de citations étaient aussi une curiosité. "Maryana" m'a exalté; mais le morceau qui acheva de faire ma conquête fut bien:"Msyé Bonga", le solo de trompette de Frédo, très enlevé, aérien, naviguant, comme une improvisation, me portait au délire en 1970, trois ans après ma conversion, à la religion du Jazz afro-américain.

Septent a atteint, selon nous, le sommet de sa forme à l'époque de "Tanbou fwapé", et Guy Durosier ne s'était pas trompé en collaborant avec lui pour un disque-souvenir inoubliable. Depuis lors, bien des changements ont eu lieu dans son sein, ponctués de revers et d'épreuves: accidents d'automobiles, perte de Roger Colas, dissensions internes, exode à l'étranger avec pertes de partitions.

Les cadres de l'ensemble ont été rajeunis pour assurer la relève et s'adapter au goût des générations montantes; la conquête de Port-au-Prince et de son public a affecté le tempo devenu plus vif. Les solos de claviers se sont allongés. Le nouveau parcours est jalonné de "pots-pourris de boléros" mémorables et affectionnés du public de danseurs amoureux.

Mais le maestro Hulric Pierre-Louis est là pour assurer la continuité et la cohésion entre l'ancien et le nouveau; c'est bien lui qui empêche à la barque de chavirer ou de couler. Cinquante ans et plus d'existence, de gaieté et de joie distillées et fournies au public haïtien, c'est un record à signaler. Bravo Hulric.

Un gros Bravo, en effet, pour le maestro Pierre-Louis qui avait compris, déjà en 1955 au moment de son séjour port-au-princien au sein du groupe musical du Riviera Hôtel, que :

si dans cette aventure, **côté pile:** Hulric Pierre-Louis, qui en avait grand besoin, allait gagner avec plus de facilité de précieux dollars et en profiter pour acquérir de nouvelles connaissances musicales ; mais, **côté face:** le courant dynamique qui menait Septent s'estompait avec l'absence du meneur, son maestro titulaire, Hulric Pierre-Louis en l'occurrence.

En tant que vice-président et *maestro ad intérim* dont la compétence musicale ne faisait pourtant pas l'ombre d'un doute, *Colo* Pinchinat essaya, mais vainement, de combler le vide causé par l'absence du maestro Hulric; même après le carême, les soirées dansantes de Septent, à Rumba, ne faisaient plus recette. Agusto Hong, le propriétaire du Night-Club, laissa planer la menace de ne plus renouveler le contrat de location avec Septentrional. La foi naissante des supporteurs et des admirateurs commençait à s'émousser.

<>< ><>< ><>< ><>< ><>< ><>< ><>< ><>< ><>< ><>

Epizòd "Mambo" (1954)

Composition : Hulric Pierre-Louis
Vocal : Chœur - Rythme : Mambo

<>< ><>< ><>< ><>< ><>< ><>< ><>< ><>< ><>< ><>

«Chœur»

-- *Chèr Koukout, koté w'ou a pwalé*
-- *Mwen pwal swiv yon ti épizòd*

-- *Ki rézon k fè'w ou bwòdè konsa*
-- *S'on manbo mwen pwalé dansé*

Manbo bon, Manbo dous
Bagay sa mwen pa kab manké'l

-- *Ébyen chèr, mwen pral akonpagné'wou*
-- *Non mesye, ou pa gen présizyon*

Tay mwen fi'n, talon'm asuré
Al vouzan, vyé gwosomodo

Manbo bon, manbo dous
Ou pa tchoul asé pou dansé'l.

Les bonnes causes sont celles pour lesquelles on ne meurt pas.
Révérend Père Yvon Joseph - 1966

QUE FAIRE?

L'écho des méfaits causés par son absence arriva aux oreilles du maestro Ulrick. La situation alla en s'aggravant au point que, cette fois, les musiciens mêmes de l'orchestre firent état de leur désarroi dans une lettre qu'ils adressèrent à leur maestro au mois de mai 1955. Celui-ci assuma et démissionna de son poste de saxophoniste du *Riviera Hôtel,* le vendredi 10 juin 1955. Après tout, que lui vaut honneur et titre - premier saxophone-alto du *Riviera Hôtel* de Port-au-Prince - si Septentrional et son Nord doivent en pâtir. Ulrick Pierre-Louis rentra au Cap-Haïtien quelques jours après, le mercredi 15 juin 1955 et sans coup férir, amorça ce qu'une certaine *«Élite-Septentrional»* appelle, avec du recul, **« La Révolution de 55 »**.

La Révolution de "55"

En juin 1955, à vingt-sept ans, Ulrick Pierre-Louis était parvenu à l'âge adulte avec neuf années de vie musicale professionnelle intense dont sept avec Septent qui en comptait autant. Il venait de passer cinq ans et demi comme maestro de l'orchestre et président-directeur de Septentrional. De plus, il revenait d'une expérience enrichissante au sein du *Riviera Hôtel* aux côtés de musiciens de gros calibre : ... Baby Labidou, Charles Dessalines, Valdémar Avin, Walter Thadal, Michel Desgrottes, Edner Guignard, Louis *"Coucoune"* Denis, Sylviera de Cosa, Napoléon Bernard, Camille Abraham, Jean Benjamin, Guy Durosier ... entr'autres. C'est *"cet homme nouveau"*, bien imbu de son importance autant que de ses capacités et surtout du vide causé par son absence, qui allait opérer au sein de l'orchestre Septentrional *la grande réforme amorcée au cours de l'été 1955*.

Le jour même de son retour au Cap-Haïtien, le mercredi 15 juin 1955, il reprit sa place de Président-Directeur et de Maestro au sein du triumvirat. Assumant son rôle, il fit appel à **Pierre Lochard** pour le seconder au saxophone-alto en lieu et place de *Bòs Pyèr* Jacques qui joua désormais du saxophone baryton (pour un court laps de temps avant d'occuper son rôle de portier), et *Colo* Pinchinat continua à jouer du saxophone-ténor tout en restant à son poste de vice-président. À la même époque, **Gérard Monfiston** fut recruté comme chanteur et en très peu de temps, composa pour l'orchestre Septentrional deux pièces d'anthologie, *Batèm Rat* et *Karidad.*

Plus que d'une simple réforme «*l'Élite-Septentrional*» parle de "*Révolution de 55*". Et c'en fut une. Au cours de cette même période estivale Septent intégra, coup sur coup, dans l'équipe : - le *prodige et prodigue* **Roger Colas**, (inégalable dans le domaine du chant en Haïti, pour sa technique vocale quasi parfaite, sa diction et son articulation) - ainsi qu'un autre musicien *"Loulou"* **Étienne,** le pianiste au jeu ineffable, qui a marqué Septentrional de son empreinte pendant près de vingt-cinq ans en apportant à "*l'harmonique-septent*" une richesse inestimable tout en dotant les pièces musicales de solos d'une spontanéité et d'une ingéniosité, à se faire pâmer d'admiration les plus grands noms connus dans le domaine.

Cette *révolution de 55* apporta des modifications fondamentales au sein de l'orchestre qui compte, désormais, quinze musiciens. Septentrional se remit sur les rails et cette constatation recouvrit l'unanimité. Le Nord d'Haïti, en général, le Cap-Haïtien en particulier, ne voulut plus consommer que du Septent, et *les affaires* de Rumba Night-Club s'en ressentirent d'autant, pour la plus grande joie du propriétaire des lieux, Agousto Hong. Désormais, à Septent le montant intégral des entrées de toutes les activités dansantes organisées à Rumba, et au propriétaire la consommation des participants. C'est au cours de cet été que les radios et journaux de la Capitale annoncèrent, *pour la première fois, en 1955, l'orchestre Septentrional du Cap, à Cabane Choucoune* et sa participation le lendemain *au festival dominical radiodiffusé de Radio Haïti.*

C'est au cours de cette fin de semaine, tant au bal du samedi à Cabane Choucoune qu'au festival du dimanche de Radio Haïti, que *Loulou Étienne, le nouveau pianiste,* alla se distinguer par ses brillants solos dans *Batèm Rat, Il paraît qu'il va pleuvoir* et surtout *Almiendra,* danzon instrumental cubain que Septent avait adapté. Cette proposition de contrat, en 1955, soumise par monsieur et madame René Marini de la Cabane Choucoune, honorée par Septentrional, débuta du même coup une *révolution* en soi : un orchestre de province se fit connaître et valoir à la Capitale; c'est une première; aucun antécédent n'était, à ce jour, connu. Septent n'avait donc pas raté ce rendez-vous historique avec la *République de Port-au-Prince* et ipso facto, avec le pays tout entier. En effet deux propositions, à l'issue de ces brillantes prestations, furent faites au maestro Pierre-Louis; l'une par Radio Haïti pour une nouvelle participation à son festival dominical, et l'autre par le Vodou Club.

Beaucoup plus qu'une réforme, une révolution a bel et bien été opérée ou amorcée à tout le moins, au sein de l'orchestre Septentrional, au cours de l'été 1955 pour des raisons multiples dont 3 au moins sont fondamentales.

1°) Hulric Pierre-Louis s'est imposé, au sein du groupe, comme le personnage incontournable.

2°) À travers la *"percée septentrionaliste",* la province venait de s'imposer, pour la première fois, dans l'histoire culturelle artistique d'Haïti, après la *"première"* dans le domaine du football: la prouesse de l'Association Sportive Capoise (A.S.C.), une équipe sportive d'une ville de province, le Cap-Haïtien en l'occurrence, qui décrocha en 1939, le titre de Champion d'Haïti de foot-ball, en présence du Président Sténio Vincent. Dans le domaine musical, l'orchestre Septentrional s'est d'abord épanoui à sa base, pour, ensuite, par un mouvement centripète, approcher, puis conquérir le centre, Port-au-Prince-la Capitale.

3°) Septent atteignait désormais la dimension d'orchestre haïtien, à l'instar des grandes formations musicales prestigieuses présentes et passées telles : le Jazz Scott, le Jazz Capois, le Jazz Rouzier, le Super Big Band de Issa El Saieh, le Jazz de François Guignard, le Conjunto Desroches, l'orchestre Riverside, l'Ensemble de la Radio Commerce de Rodolphe Legros, celui du Casino International de Joe Trouillot, ou bien encore, l'Ensemble du Riviera Hôtel, l'orchestre de la Cabane Choucoune de Ernest *"Nono"* Lamy ou le Super Jazz des Jeunes.

Voici la liste de noms des 15 musiciens de l'Équipe-Septent de l'été 1955 :

4 Saxophones

Hulric Pierre-Louis	Saxophone-Alto	Maestro & Président - Directeur
Pierre Lochard	Saxophone-Alto	
Raymond *Colo* Pinchinat	Saxophone-Ténor	Vice-Président
Bòs Pierre V. Jacques	Saxophone-Baryton	

4 Chanteurs

Jacob Germain	Chant & Percussions
Thomas David	Chant & Percussions
Gérard Monfiston	Chant & Percussions
Roger Colas	Chant & Percussions

3 Cordes

Raymond Jean-Louis   Contrebasse   Secrétaire   /
Trésorier

Jean Menuau   Guitare

Louis *Loulou* Etienne   Piano

2 Trompettes

Rigaud Fidèle   Trompette

Alfred *Frédo* Moïse   Trompette

1 Tambourinaire

Arthur François   Tambours coniques

1 *"Batterieman"*

Artémis *"Ten'gé"* Dolcé Batterie, Bongos & Timbales

Malheureusement, tout comme la rose a des épines, toute médaille a toujours un revers et toute révolution vient avec son cortège de soubresauts; celle de Septentrional a connu la traversée de zones de turbulence. L'équipe de 1955, d'une capacité technique indéniable n'était pas homogène pour autant. Les quinze membres qui la composèrent étaient, de toute évidence, catégorisés.

Six (6) membres-fondateurs: Hulric Pierre-Louis, Jacob Germain, Pierre Jacques, Jean Menuau, Raymond Jean-Louis et Rigaud Fidèle.

Quatre (4)   néophytes: Pierre Lochard, Gérard Monfiston, Louis Étienne et Roger Colas.

Quatre (4) membres-vétérans: Philomé Abstenius Dolcé dit <u>Artémis Dolcé alias Ten'gé,</u> Arthur François, Alfred *"Frédo"* Moïse et Raymond *"Colo"* Pinchinat.

Thomas David (1933-2008), intégré en 1953, peut être rangé dans un classement intermédiaire. *Chanteur de charme* au destin énigmatique, en quarante ans, de 1953 à 1992, il aura été intégré quatre fois (1953, 1967/68, 1983 et 1987) et éjecté tout autant du groupe (1963, 1973, 1984 et 1992). Seize ans après sa dernière éviction, le 18 mai 2008 à l'âge de soixante-quinze ans, il a fait le grand voyage. Que son âme repose en paix désormais.

Dans la personnalité d'un même individu peuvent coexister deux potentialités contradictoires, l'une le prédisposant à tenir compte d'une certaine réalité, l'autre à nier cette même réalité. A fortiori, au sein d'un groupe de quinze individus, si des balises ne sont pas posées aux bons endroits et aux bons moments, le moindre facteur émotionnel peut constituer un point de dissension. Pour étayer nos propos, passons en revue les six membres-fondateurs de l'équipe-septent de 1955. Nous constatons qu'ils ont, théoriquement, au sein de cette association, les mêmes obligations et des pouvoirs identiques, sauf ceux que les élections confèrent, périodiquement, au Comité de Direction. Dans ce groupe, par conséquent, tout devrait aller pour le mieux dans le meilleur des mondes, puisque :

§§ *Jacob Germain* est un mécanicien qui vit de sa profession et seulement, accessoirement, du *"métier"* de musicien. Hulric Pierre-Louis et lui se connaissent et se fréquentent depuis l'enfance et ont jusqu'ici le même parcours musical.

§§ *Bòs Pyèr Jacques* est un artisan du bois, qui vit principalement de son métier et qui croit que Septent est le prolongement naturel de sa famille; il a une foi aveugle en son ami et protégé Hulric qui, de surcroît, comme lui est originaire du même patelin : l'Acul-du-Nord.

§§ *Jean Menuau* et *Raymond Jean-Louis* sont deux très bons amis qu'on a d'ailleurs retrouvés ensemble au sein du *Quatuor Septentrional* au milieu des années quarante, souvenez-vous-en ; ils sont tous les deux les aînés, respectivement de 8 et de 7 ans, de Hulric, qu'ils vénèrent et protègent.

§§ *Rigaud Fidèle* (le jeune frère de Jean Menuau) et *Hulric Pierre-Louis* sont contemporains. Ils ont pratiquement le même âge et se sont succédé comme maestro d'un orchestre pour lequel ils ont beaucoup d'amour et qu'ils sont en train d'édifier jusqu'ici ensemble. Ils sont souvent amenés à échanger différents points de vue sur différents aspects de la vie et aux dires mêmes de l'un et de l'autre ils sont deux bons amis qui ont même joué ensemble au foot-ball.

Subrepticement pourtant, un clivage Rigaud/Ulrick **s'est créé au sein du groupe. Mais qu'est-ce qui peut bien constituer, cette pomme de la discorde ?**

Guy Durosier est venu au Cap-Haïtien, au mois de février 1955, requérir la compétence de Hulric Pierre-Louis pour faire partie de son groupe d'animation du Riviera Hôtel à Port-au-Prince; signe de notoriété qui pourrait chatouiller certaines susceptibilités.

Puisque Ulrick devait partir pour Port-au-Prince et que la charte statutaire du groupe prévoyait qu'en cas d'indisponibilité du président c'est le vice-président qui devait remplir ses fonctions, c'est *Colo* Pinchinat, arrivé dans le groupe quatre ans après sa formation, qui exerça l'intérim, et ipso facto, la fonction de maestro en l'absence du titulaire. Réglementation statutaire ou pas, ... *le coeur pourrait bien avoir, en pareil cas, ses raisons que la raison, elle même, ne connaît pas...*

L'absence, puis le retour d'Ulrick dans le giron de Septent ont justifié son rôle-moteur; son retour a consacré, si besoin était, sa compétence, son pouvoir charismatique et son rôle quasi-providentiel.

Aucun événement mondain, au Cap-Haïtien, n'avait donné lieu à pareil rassemblement, avant le samedi 31 août 1957, date à laquelle et en dépit des soubressauts sociopolitiques qui préludaient les élections présidentielles de septembre 1957, un cortège impressionnant s'ébranla de la Cathédrale en direction du carénage, à Rumba plus précisément, pour célébrer le mariage du maestro Hulric Pierre-Louis avec Édeline *"Ninotte"* Charles-Pierre. Septentrional était donc en train d'organiser, noblesse oblige, le mariage de son Maestro et Président-Directeur *"dans les règles de l'art"*. Au même titre que les vêpres représentent la cérémonie rituelle complémentaire à une messe solennelle dominicale, la lune de miel constitue le complément naturel, voire indispensable, à la célébration d'un mariage, en l'occurrence, aussi somptueux, aussi solennel que celui de Ninotte et de Ulrick; pourtant Rigaud Fidèle a mal digéré l'absence *"pour raison d'amour"* du maestro Ulrick Pierre-Louis les jeudi 5 et vendredi 6 septembre 1957 à Bord-de-Mer de Limonade, pour animer les deux soirées dansantes, à l'occasion de la Sainte- Philomène, patronne mystique et spirituelle des lieux.

De plus, Agousto Hong faisait à Septentrional des exigences que l'orchestre n'arrivait pas toujours à rencontrer. L'insactifaction allait grandissante, tant du côté de l'orchestre qui animait les soirées dansantes à Rumba que du côté du propriétaire des lieux. Pour essayer de redresser la situation, la gérance du Night-Club fut confiée, pendant un moment, à monsieur Victor Chiapiny et Septentrional, pour sa part, invita les grandes formations de Port-au-Prince au Cap-Haïtien pour co-animer des soirées dansantes; cette double stratégie, au lieu d'apporter des améliorations, entraîna davantage de complications du point de vue pécuniaire. Agousto Hong se désintéressa de Rumba qu'il mit en vente. Le commerçant Louis (*Loulou*) Déjoie en fit l'acquisition et proposa la location pure et simple, sans aucune forme de partenariat sous-jacente, à Septentrional qui accepta.

Aux élections de janvier 1958, Rigaud Fidèle réclama et obtint, pour un mandat de deux ans, le contrôle financier du groupe; ce qui entraîna des changements au sein du nouveau comité-directeur. Ulrick Pierre-Louis et *Colo* Pinchinat conservèrent leurs places, mais Rigaud Fidèle remplaça Raymond Jean-Louis au poste de Secrétaire-Trésorier avec le titre de *Comptable-Payeur*. C'est aussi à ce moment que *Bòs* Pierre Jacques abandonna définitivement le saxophone pour *contrôler les entrées et les sorties* à la barrière de *Rumba* jusqu'en 1966, puis du *Feu-Vert* à partir de 1967. *Bòs Pyèr* remplit ce rôle de *"Gardien"* comme un *"Cerbère"*, avec authenticité et intégrité, mais surtout la plus grande vigilance jusqu'au moment de son départ définitif d'Haïti vers les États-Unis en 1970.

Septentrional prit donc possession de Rumba, à titre de locataire, en février

1958 et à partir de ce moment, Hulric y vécut avec sa famille, dans les appartements annexes prévus à cet effet. Privilège ou récompense méritée ? Avec plus de cinquante ans de recul, chacun pourra se faire une opinion. Mais, au moment des faits, Rigaud Fidèle, en particulier, n'accepta pas de bon gré cette disposition visant à privilégier exclusivement un seul membre du groupe.

À la lumière de ces faits évoqués - *1°.- Le Choix de Guy Durosier -- 2°.- l'intérim, au poste de maestro, assumé par Colo Pinchinat -- 3°.- Le retour d'Ulrick qui confirma son rôle providentiel -- 4°.- Le mariage solennel, offert par Septent, à son chef -- 5°.- Le privilège offert, en exclusivité, par Septent, à Ulrick de loger à Rumba -- 6°.- La reconduction quasi tacite du mandat d'Ulrick à la fonction de Président-Directeur et de Maestro de l'orchestre* - le doute n'était plus permis; la polémique ou le clivage entre **Rigaud Fidèle et Ulrick Pierre-Louis** existait bel et bien désormais.

Hulric ou Rigaud, chacun des deux, dans leur sphère d'action respective, avait un pouvoir de contrôle et de décision. Par son épouse et sa soeur interposées, Hulric contrôlait les caisses du bar et du guichet de vente des billets d'entrée, en amont; mais, en aval, c'est Rigaud qui s'occupait de la gestion des stocks, passait les écritures comptables, contrôlait les rentrées d'argent et qui autorisait ou en interdisait les sorties. Chacun des deux (antagonistes ou protagonistes) tenait à exercer ce pouvoir sans modération, pendant toute la durée du mandat de deux ans, prévu du 1er janvier 1958 au 31 décembre 1959.

Une année et demie s'écoula ainsi dans cet atmosphère délétère et, au début du mois de juin 1959, un client de Rumba, monsieur Silencieux Magloire, versa quarante gourdes à l'épouse du maestro Pierre-Louis comme acompte pour apurer une dette de bar d'un montant de soixante gourdes. Rigaud Fidèle passa comme écriture le montant de soixante gourdes sans aucune notice explicative. Hulric le lui fit remarquer; Rigaud reconnut son erreur, s'en excusa mais n'apporta aucune correction au *cahier des comptes*. Il ne le fera, de mauvais gré d'ailleurs, que des jours plus tard après que d'autres membres du groupe soient intervenus. Vers la fin de l'été de cette même

146

année 1959, monsieur Botton Prophète, au cours d'une soirée dansante à *Rumba*, *plaça la commande* suivante, à mettre sur son compte-client : *1/2 Rhum, 2 Sodas sur glace, 1 Gancia et 1 Ritz*. L'épouse du maestro, *"intendante de service"*, demanda à Botton de se référer à un *"associé"*, pour autorisation avant livraison. Rigaud Fidèle vint personnellement au bar accorder l'autorisation et estimant qu'il n'y avait pas lieu de faire signer une fiche par le client, il prévint la femme du maestro qu'il notera l'opération sur *son cahier personnel*. Les ordres étant faits pour être exécutés, la commande fut livrée. Un mois plus tard, le lundi 28 septembre 1959, Hulric rencontra Botton *à la rue 90,* au lieu dit « *Bain Privé* » et lui demanda de faire diligence pour *régler la note* parce qu'à la dernière réunion du groupe, la consigne était de recouvrer toutes les créances afin de faire face à des dépenses urgentes; ce à quoi Botton lui répondit, sans coup férir, qu'il avait versé à Rigaud, une semaine après le bal, l'intégralité du montant de ladite commande. **Stupéfaction !**

Hulric, en 1995 opine : *"... J'ai interprété la situation comme une tentative malveillante de compromettre ma renommée aux yeux des autres membres associés, qui pour la plupart d'ailleurs, commençaient à manifester, à visière levée, une attitude suspicieuse à mon égard. C'est pour cela, qu'à l'intermède du bal champêtre que nous animions à Plaisance, à l'occasion de la "ST. MICHEL-ARCHANGE, DÉFENDEZ-NOUS DANS LES COMBATS",* en cette nuit du mardi 29 au mercredi 30 Septembre 1959, j'ai convoqué une réunion d'urgence pour dévoiler, à qui voulait l'entendre, tout ce que j'avais sur le coeur car, la coupe était pleine et la goutte finit, toujours, par faire déborder le vase."*

Après un tel orage, pour parodier Socrate, **il a fallu que la pluie tombât.**

Raymond Jean-Louis et Jean Menuau ramenèrent le calme et promirent la tenue d'une réunion de discussions pour le mois d'octobre. Au cours de cette réunion plénière, Hulric mit sa tête dans la balance. *"Plutôt*, dit-il, *de poursuivre une collaboration avec Rigaud, sous quelque forme que ce soit, je préfère lui*

147

céder ma place et ne plus faire partie, séance tenante, de Septentrional". L'orchestre Septentrional décida de mettre la prise de pareille décision en délibération et le vote qui s'ensuivit fut concluant. Presqu'à l'unanimité, moins une voix, (celle de Jean Menuau, qui en pareille circonstance, s'abstint plutôt que de voter pour ou contre soit un frère ou bien un ami-frère) la décision fut prise de maintenir Hulric à son poste.

Un chroniqueur, de l'époque, résumait la situation avec ces mots pleins d'à-propos : « *La majorité des membres de l'orchestre nourrissait déjà un esprit conciliateur, manifestait un sens surprenant de la communauté et faisait preuve d'un dynamisme inimaginable. On ne pouvait, donc, tolérer au sein du groupe un esprit d'incompréhension. C'est ainsi que certains virent leur plan neutralisé et durent démissionner.* »

"Dézakòr" (1959)
Composition : Alfred "Frédo" Moïse
Vocal : Roger Colas - Rythme : Ibo

<><><><><><><><><><><><><><><><><>

W ap ran n mwen lavi difisil, machè ! Sa pap kab kontinuyé ;
Ou gadé, ou wè mwen dou, ou di mwen sé boubou ;
Apré tou sa mwen subi, sé pou té fè mwen fou ;
Erezman gen létèrnèl pou jujé kriminèl.

Anvérité, bagay sila banm yon tèt chajé
Préféré walé, alé kitém nan lapè mwen
Anvérité, bagay sila banm yon tèt chajé
Préféré walé, alé kitém nan lapè

*

Ou té mèt sansasyonèl ! Ou mèt té siwomyèl ;
Pourvu ké'w sé kriminèl, nanpwen mwayen fè bèl ;
Dapré tousa mwen subi, sé pou té fè mwen fou ;
Erezman gen létèrnèl pou jujé kriminèl.

Anvérité, bagay sila banm yon tèt chajé
Préféré walé, alé kitém nan lapè mwen
Anvérité, bagay sila banm yon tèt chajé
Préféré walé, alé kitém nan lapè

Refren

Ou mèt alé Ti manman pa tounen ankò
Ou mèt alé Ti manman ban mwen lapè

Avec un recul de 36 ans, (de la démission de Rigaud Fidèle en 1959 jusqu'à l'été 1995 au moment où nous lui avons parlé plusieurs fois au téléphone et même rencontré une fois à Montréal) Rigaud opina : « *Septentrional a été et demeure une très belle expérience dans les anales de la musique haïtienne. Ce qui manque c'est la discipline collective, d'une part et la transparence du côté administratif, d'autre part. Septentrional aurait pu être un orchestre qui garantit à chacun de ses membres, musiciens ou autres, l'aisance et le confort matériels. J'aurais, personnellement, pu accéder à ce confort. Malheureusement, ce qui nous honore constitue aussi notre perte:* NOTRE FIERTÉ CAPOISE *qui nous empêche parfois de faire le bon choix au bon moment. Personnellement, le colonel Lataillade, président au début des années 50 du Violette A.C., est venu au Cap-Haïtien me proposer d'intégrer les rangs du Violette à Port-au-Prince. Par amour pour mon orchestre, Septentrional, mon équipe de foot-ball, le Zénith Athletic Club et ma ville, le Cap-Haïtien, j'ai préféré vivre, en amateur, chez moi, au Cap, plutôt que d'embrasser une double carrière professionnelle (musicale et sportive) à Port-au-Prince* ».

Dans ce domaine, *et c'est nous qui opinons cette fois,* l'orchestre Tropicana qui commença à évoluer 15 ans après Septentrional, a rectifié le tir et a su faire table rase des modèles de gestion légués par ses prédécesseurs, le Jazz Capois et l'Ensemble Caraïbes. Il a accepté, d'entrée de jeu, sans état d'âme, à l'encontre de Septentrional, d'aller chercher fortune ailleurs, plutôt que de s'obstiner à essayer d'être prophète dans son propre pays.

L'expérience faite par les aînés (*Jazz Youyou, Jazz Capois, Jazz Laguerre, orchestre Caraïbes, orchestre Anacaona et Septentrional*) a, peut-être, dicté aux futurs dirigeants de Tropicana une conduite plus pragmatique, exempte de sentiment d'appartenance exclusive à une communauté spécifique, le Cap-Haïtien en l'occurrence.

Cette parenthèse fermée, revenons à notre époque tumultueuse où, après **Jacques Mompremier** et **Léandre Fidèle**, Septentrional assista, au cours de la même année, 1959, au départ de trois musiciens de grande importance pour l'orchestre : deux membres-fondateurs, **Jacob Germain** et **Rigaud Fidèle** ainsi que **Raymond *Colo* Pinchinat**, une valeur sûre.

Rigaud Fidèle, nous l'avons vu, dut démissionner. Peu de temps auparavant, Jacob Germain, bon gré mal gré, tira à son tour sa révérence, n'arrivant plus à concilier son emploi du temps avec les exigences requises pour le bon fonctionnement de l'orchestre et surtout, peut-être, à cause de la performance et de l'efficacité du *duo Thomas David//Roger Colas* à qui allaient désormais, ostensiblement, les faveurs du public. Outre ces deux membres-fondateurs, à la même époque, Raymond "Colo" Pinchinat, lui aussi, un peu avant Rigaud Fidèle, attiré par d'autres offres, peut-être plus alléchantes venues de Port-au-Prince, laissa tomber Septentrional.

Pendant cette longue *traversée de zones de turbulence* qui dura de février 1955 à octobre 1959, des tentatives plus ou moins fructueuses furent opérées en vue d'apporter une nouvelle stabilité. C'est au cours de cet intervalle que Septentrional recruta, en remplacement de Pierre Lochard jugé plus fantaisiste que talentueux, Jacques Jean (*TiJak alto*) comme saxophone alto. À ce propos, une controverse existe. Pour Jacques Jean, la date de son entrée au sein de l'orchestre remonte au mardi 14 août 1956, date à laquelle il a joué, comme artiste invité, avec Septentrional au Cercle Primevère du Cap-Haïtien. Le maestro Hulric, sans contester les propos de *TiJak,* estime pour sa part, que le 14 Août 1956, Jacques Jean, musicien proche du Jazz Capois, *était venu faire un job.* C'est clair que *TiJak,* avait, tout de suite, manifesté son désir de faire partie de Septent, mais son désir ne pouvait pas, immédiatement, être concrétisé pour deux raisons: il faisait, estima le maestro Hulric, d'une part, partie d'un groupe rival, le *Jazz Capois*, et d'autre part, il n'était pas, techniquement prêt, en ce moment, eu égard à *la becquée*, *le son* et surtout, *la connaissance du solfège* pour pouvoir, avec aisance, faire partie de Septentrional. Alors le maestro Pierre-Louis le référa à maître Marquez Valbrun, professeur de musique théorique et pratique, qui le prit en charge, pendant une période de six mois, de la mi-août 1956 à la mi-février 1957, date à laquelle il intégra, selon le maestro Hulric Pierre-Louis, véritablement et définitivement, l'orchestre Septentrional, à l'occasion des festivités carnavalesques de 1957. Été 1956 ou carnaval 1957 ? À quoi cela ne tienne ! La vérité est que, intégré dans l'orchestre comme **TiJak alto**, il est resté loyal à l'institution, jusqu'à sa mort, dans la nuit du 18 au 19 mai 2001 (pendant 45 ans environ); et depuis le samedi 18 novembre 1995, **Jacques Jean** a détenu le titre prestigieux de **Maestro de l'orchestre Septentrional.**

Le départ de Raymond *Colo* Pinchinat, toujours en 1959, a également laissé son vide. Septent eut la main heureuse en titularisant comme saxophone-ténor, un jeune *dandy*, Roger Jean-François *alias Chòchò;* lui aussi a offert à l'orchestre dix belles années de présence et de participation active, de 1959 à 1969. Bien qu'il soit intégré comme musicien de Septentrional en remplacement du *"maître Colo Pinchinat"*, les observateurs les plus avisés, des puristes mêmes, soutiennent néanmoins, que *Chòchò* reste et demeure le meilleur saxophone-tenor que l'orchestre n'ait jamais aligné dans le rang de ses musiciens.

Quasiment contraint à démissionner, le départ de Rigaud Fidèle laissa Alfred Moïse seul à la trompette pendant un moment. De même que Septent, après le départ de Roger Laguerre, dut passer en revue bien des pianistes (Frantz Lebon, Louis Gilles ou Max Piquion entr'autres), avant la titularisation de *Loulou* Étienne, plusieurs trompettistes passèrent au banc d'essai afin de combler le vide causé par l'absence de Rigaud Fidèle jusqu'au jour où *Frédo* proposa au maestro Hulric Pierre-Louis l'audition d'un jeune trompettiste, Jacques François, originaire comme lui de Plaisance, et qui évoluait dans les rangs de l'orchestre Anacaona du Cap, dirigé par le Maestro Camille Jean. Invité à une séance de répétition, le postulant a convaincu dès sa première audition. Il fut donc immédiatement engagé et *"TiJak piston"*, ainsi surnommé pour le différencier de l'autre *"TiJak"*, a tenu le rôle de premier trompette au sein de l'orchestre Septentrional jusqu'à son départ pour les États-Unis, dix ans plus tard, en 1969.

Septent intégra ensuite dans ses rangs un nouveau membre, **André Gaspard,** à titre de manager. C'est aussi à la même époque, en 1961, que le Maestro Hulric Pierre-Louis va demander à son jeune frère consanguin, **Lucien Pierre-Louis,** originaire de Quartier-Morin, de tenir le rôle de troisième trompette aux cotés de *Frédo* et de *TiJak twonpèt*. Cette formation, revue, corrigée et augmentée, constitue celle qui, pendant une décennie environ, véhiculera le ***label-Septent*** à travers la République d'Haïti, l'Amérique du Nord, les Antilles et les Caraïbes.

Quinquennat tumultueux, en vérité, de la Saint Laurent (1er janvier 1955) jusqu'à la Saint Sylvestre (31 décembre 1959). Mais après la pluie vient le beau temps. À l'aube de la nouvelle décennie des années-soixante, l'orchestre Septentrional aligna, avec les arrivées successives de Jacques François *(TiJak twonpèt)* et de Lucien Pierre-Louis comme trompettistes et de Jean-Claude Pierre *(Papélito)* comme choriste, une équipe de seize (16) membres dont quatorze (14) musiciens :

3 Saxophonistes

Hulric Pierre-Louis	Sax-Alto	Maestro & Président - Directeur
Jacques Jean *(TiJak alto)*	Sax-Alto	
Roger *Chòchò* Jn.-François	Sax-Tenor	

3 Cordes

Raymond Jean-Louis	Contrebasse & Secrétaire / Trésorier
Jean Menuau	Guitare
Louis "*Loulou*" Etienne	Piano acoustique

3 Trompettistes

Alfred "*Frédo*" Moïse	Trompette
Jacques François (*TiJak twonpèt)*	Trompette
Lucien Pierre-Louis	Trompette

2 Chanteurs + 1 Choriste

Thomas David	Chant & Percussions
Roger Colas	Chant & Percussions
Jean-Claude Pierre	Chœur & Percussions

1 Tambourinaire

Arthur François	Tambours coniques

1 "Batterieman"

Artémis "*Ten'gé*" Dolcé	Batterie, Bongos & Timbales

1 Gardien à la porte d'entrée de Rumba

Bòs Pyèr Jacques

1 Manager

Raymond Gaspard

En 1961, Raymond Piquion, **«*l'homme du nord»,*** producteur et animateur de l'émission **«*Pitit Kay* »** pendant quinze ans environ au Cap-Haïtien, associa à Septentrional le surnom de **«*Boule-de-Feu»*** au cours d'un "*Festival Radio-Théâtre*" qu'il animait à l'Eden Ciné. Si Raymond Piquion est celui qui a popularisé le surnom de *Boule-de-Feu* associé à l'orchestre Septentrional, l'idée n'est pas de lui mais de son collaborateur, Gabriel Méhu Bazin, *le Pitit Kay de l'ombre,* qui, en lisant l'expression *boule de neige* dans un numéro de la populaire revue "Sélection du Reader's Digest", a eu l'idée (oh mystère du cerveau!) d'associer, par opposition à l'expression, le nom de l'orchestre Septentrional. À partir de 1961 l'orchestre Septentrional, devint *la Boule-de-Feu du Cap,* puis *la Boule-de-Feu du Nord* et ne tarda pas à devenir, tout simplement *la Boule-de-Feu d'Haïti.* Une composition attribuée à notre trompettiste néophyte, *TiJak twonpèt,* alla vite populariser le surnom *Boule-de-Feu* qui deviendra le nom du *rythme de base* qui caractérise ou identifie, aujourd'hui encore, l'orchestre Septentrional.

<>\<>\<>\<>\<>\<>\<>\<>\<>\<>\<>\<>

"Boul de Fe" *(1962)*
Composition : Jacques François (TiJak twonpèt)
Vocal : Roger Colas - Rythme : Boule-de-Feu
<>\<>\<>\<>\<>\<>\<>\<>\<>\<>\<>\<>\<>

Òkès Sèptantriyonal, s on boul de fe pou Ayiti
Lap mét nouvoté atè pou satisfè publik li yo
Lèu w'ou wè l g on pwojè nan tèt, ou mèt tan n fò l réyalizé l
Avèk Sèptantriyonal tout pwovens yo va rèspèkté
{Lajan pap fè l dékontwolé, é ni l pa gen anbisyon} -- bis
{Sé sa k ap fè Sèptantriyonal toujou kanpé} -- bis

Kèur

Sèptantriyonal : S on non ki fè sansasyon
Sèptantriyonal : Sa s on Boul de Fe li yé
S ON BOUL DE FE
<>\<>\<>\<>\<>\<>\<>\<>\<>\<>\<>\<>\<>

Dommage d'ailleurs, qu'une si belle composition, dont les paroles constituent en soi une vraie profession de foi, n'ait jamais été gravée sur disque et qu'aucun enregistrement valable ne soit offert, à ce jour, à l'appréciation des générations actuelles.

Avèk Sèptantriyonal tout pwovens yo va rèspèkté
Et ce n'est pas peu dire ... en si peu de mots ... approche messianique en vérité.

Septentrional, dès lors, représentait *"le libérateur"* qui venait mettre fin à cette *"pax romana des temps modernes"* dont la doctrine, jusqu'ici, se résumait en ces termes : « *tout par et pour Port-au-Prince* ». Une nouvelle doctrine venait de naître; celle qui prônait la coexistence naturelle et harmonieuse d'une musique port-au-princienne à côté de n'importe quelle musique de province pourvu qu'elle soit structurée et réponde à l'attente du public.

Un quart de siècle après la prouesse, dans le domaine sportif, en football, de l'Association Sportive Capoise (ASC), en 1939, le **bonbon nan plen n, Septentrional, Abitan Okap,** alla s'imposer en musique cette fois, à la ville de Port-au-Prince. Le message de « *abitan* » s'inscrit dans la continuité de celui de « **Boul de Fe** » qui, tout en étant aussi messianique, va encore beaucoup plus loin. *Abitan* impose le respect des *moun nan plen-n*, des *moun mò n*, des *moun pwovens*, des *nèg okap*. Le fameux slogan: « *si m pa poté, gwo fokòl lavil p ap manjé* » de *abitan* est à la fois une approche révolutionnaire, doctrinaire et idéologique en même temps qu'une conscience qui s'affiche et un défi à une idéologie plus que séculaire. Avec **Abitan,** Septentrional devenait le porte-parole des sans voix, des *"Mansara"* du *Marché CLUNY* au Cap-Haïtien et des *"Madan Sara"* de la *Rue des Césars*, à Port-au-Prince qui, désormais, avaient une bannière (jaune et vert comme les couleurs de Septent) sous laquelle se ranger.

"Abitan" (1962)
Composition : Hulric Pierre-Louis
Vocal : Michel Tassy - Rythme : Congo
<><><><><><><><><><><><><><><><><><>

Mwen sé abitan
Sé nan plen n mwen rété
Mwen pa kò n n afèr a ni bèl kòl ni gwo palto lou
Sé latèr m manyen,
Sé pyébwa mwen konnen
Toutan m ap véyé lalu n nouvèl pou mwen sa planté
Mwen pa gen machi-n, ni-m pagen traktèur

155

Men anba kout wou ak kout pikwa map fè tout mou n fou
Lèur mwen rékòlté, mwen santi m kontan
Paské si m pa poté,
Gwo fokòl lavil yo p ap k ab manjé

Keur

Mwen sé abitan-m yé,
Sé nan mò-n (nan plen n) mwen rété

Abitan est surtout la réponse adressée à Nemours Jean-Baptiste et son Ensemble qui, à la fin de sa polémique avec les *"vyé granmou n"* du Super Jazz des Jeunes, au début des années 60, croyait pouvoir trouver en Septentrional une cible facile en le rangeant dans la catégorie des *"bonbon nan plen-n pa van-n lavil"*.

Pa Fyé Zanmi *(1967)*
Composition : Hulric Pierre-Louis
Vocal : Roger Colas - Rythme : Kongo

Kèur
Ou mennen zanmi kay-ou,
Sé fwèt ou chèrché pou kò w ;
Lamityé, sa toujou bon,
Koté kèur pa genyen sa.

Lead Vocal

Ti byen ou té chita nan men ou,
Men w twouvé ou pran pakala, mon chèr ;
Yo pran boubout ou, yo pran afèksyon-ou, mon chèr !
Si rou bay chat véyé bèr, fòk-li kab manjé l

Des jalons bien posés

La période envisagée maintenant, celle allant de 1963 à 1966, augura d'un bon avenir pour l'orchestre Septentrional; elle marqua le début des enregistrements sur disques, après plus de quinze années d'existence et de production musicale, pourtant intense. C'est un nouveau défi pour l'orchestre qui crut, légitiment ou naïvement peut-être, qu'il suffisait d'avoir un bon produit pour que les consommateurs se bousculent aux portillons pour en faire l'acquisition. C'était mal comprendre les lois du marché haïtien du disque au début des années soixante.

Monsieur Paul Anson qui détenait, dès le début des années cinquante, le quasi monopole du marché du disque, tant dans le domaine de la production que de celui de la distribution à Port-au-Prince et par conséquent, en Haïti, estimait que la publication d'un disque pour *"Septentrional"*, (un petit jazz de province que les acheteurs ne connaissaient pas assez, ou pas du tout, à Port-au-Prince), représentait un risque majeur, qu'il ne voulait pas, nécessairement, courir. Ce producteur exclusif ne cachait d'ailleurs pas à Hulric qui était venu lui proposer une sélection de douze morceaux : "qu'en

157

étant généreux, je pourrais faire un essai de publication de 300 à 500 disques pour ton groupe, en t'offrant "dix centimes or" (05 cents américains ou 25 centimes de gourde) par disque ... mais ... je dois, d'abord, réfléchir avant de te donner une réponse définitive ".

La position de la *"Ibo Records"* de monsieur Paul Anson : **« bonbon nan plen-n pa van-n lavil »,** fut à peine voilée. Snobé, certes, Hulric et son équipe n'étaient pas abattus pour autant; loin s'en faut. Une scène typique de l'arroseur arrosé ne tarda pas à se produire. En réalité, il n'a pris à monsieur Paul Anson que trois ans, pour bien mûrir sa réflexion et prendre, cette fois-ci, la bonne décision. En effet, en 1966, l'orchestre Septentrional, au cours de son premier voyage aux États-Unis et au Canada, a enregistré son premier disque en stéréo dans l'un des studios les plus performants de New-York pour l'époque. *Son 6e disque-vinyle 33$^{1/3}$tours-30 cms ...* sans la collaboration de la maison de production *"Ibo Records"*.

Cette fois-ci, c'est Paul Anson qui est venu rencontrer Hulric Pierre-Louis à New-York lui poser une main amicale sur l'épaule et lui dire : *«maestro intelligent!, peux-tu me concéder un lot de 500 disques à deux dollars ?»*. Interpellé, Hulric marqua un temps de réflexion, se gratta le menton (*un réflexe qu'il a développé et qui revient à chaque fois qu'il fait face à une situation perplexe, ou qu'il se veut indécis ou ironique*), puis rétorqua à son interlocuteur, avec un sourire énigmatique: «d'accord pour deux dollars ... et ... "cinq centimes or" par disque ». Monsieur Paul Anson conclut l'affaire, illico, en remettant un chèque, de mille dollars ($1000,°°) au *"maestro intelligent"* qui lui livra, en retour le lot tant convoité, cette fois-ci, de cinq cents disques de l'orchestre Septentrional, *" La Boule de Feu Internationale "*.

Mentionnons, pour mémoire, que le disque auquel nous faisons allusion ici est répertorié dans la discographie de Septentrional sous le *N° CS0001* et contient les dix titres suivants: *Konpè Kabwit, Nou renmen sa, Manman mwen, Franchiz, Batèm rat, Kapris médam yo, Blasphème, Ti Nèl, et les deux méringues*

carnavalesques de 1966: Kanaval dous de Frédo et Kanaval 66 (anfouyé nan boul defe)
du maestro Hulric.

Enregistrer un premier disque « *Hi Fi L.P. Stéréo* » n'était vraiment pas une sinécure pour Septentrional. Les démarches entreprises auprès de monsieur Paul Anson en 1963 débouchèrent sur une méprise; il fallait tourner la page. *Faute de grives, on mange des merles.* Septent sollicita et obtint les services de Colson Augusmar de Radio Caraïbes qui, bien qu'il disposât d'appareils moins sophistiqués que ceux de la "Ibo Records", est venu, lui de surcroît, sur place au Cap-Haïtien, faire la prise de son et l'enregistrement de douze morceaux de musique qui allait constituer le premier Album 33$^{1/3}$ tours (L.P., 30 cms.) de l'orchestre Septentrional. La Salle Paroissiale, attenante à la Cathédrale du Cap-Haïtien, la Basilique Notre Dame, tint lieu de studio d'enregistrement.

L'orchestre a saisi le prétexte de cet album pour dresser, à partir d'une vision *"septentrionaliste"*, un vrai tableau social, mettant en évidence les aspects les plus insolites ou les moins pertinents de la réalité haïtienne de cette époque.

Remords, un afro du maestro et **Jacquotte**, un pétro de *Frédo*, relatent des histoires vraies, des faits vécus par chacun des deux auteurs. Par ailleurs, aujourd'hui, dans **N ap fété Nwel,** n'ayant à l'esprit aucun souvenir de «*la poupée tant jan-n*» que chante Roger Colas, bon nombre de nos lecteurs ne pourront malheureusement pas la visualiser; **Vanité,** un afro-romance, dont le texte est d'une très grande profondeur, est une incitation à la modestie et exprime tout le recul de l'auteur par rapport à *l'argent ... oui l'argent, ce maître fantôme, la cause de tous les maux.*

"Vanité" (1963)
Composition : Hulric Pierre-Louis
Vocal : Roger Colas - Rythme : Romance-Afro

<><><><><><><><><><><><><><>

Partout dans la vie, l'on s'entre-déchire,
peut-être par folie,
pour satisfaire quelques mesquins désirs,
oubliant cette vérité qui nous dit que :
TOUT EST VANITÉ

Les amis, les plus liés, se divisent;
La franchise fait place à l'hypocrisie.
Mais pourquoi, oui pourquoi, tous ces maux ?
L'argent, oui l'argent,
ce maître-fantôme en est cause;
Il nous fait mépriser nos notions de sagesse;
Il nous pousse à l'orgueil;
Ne pouvant nous donner, pourtant, le vrai bonheur
Mais, hélas, il ne peut nous immortaliser.

Le devoir nous impose, ici, la publication du texte d'un poème écrit en 1962, par le maestro Hulric Pierre-Louis, et mis en musique par l'auteur, en l'honneur de la notre ville. *Cité du Cap-Haïtien* figure en 3e position sur ce premier disque.

"Cité du Cap-Haïtien" *(1962)*
Composition : Hulric Pierre-Louis
Vocal : Roger Colas - Rythme : Méringue

Cité du Cap-Haïtien, vraiment tu es remplie de charmes
Avec tes jolies maisons de style colonial
Et tes rues si bien tracées dont tout le monde parle ;
Tes monuments historiques, tes plages et tes si beaux fruits,
Comme la douce orange, la sapotille et le mangot,
Tous dressés, en baguette magique, attirant les touristes.
Quelques pas, non loin de toi, se trouve encore

" La Citadelle", la huitième merveille du monde
Héritage sacré de Notre Roi Bien-Aimé,
Henry Christophe, ce génie, cette main de fer, ce constructeur,
À qui tu dois cette fierté
Et nous tes dignes fils, cet orgueil bien placé.

Avis aux éditeurs de Dictionnaires, de Livres d'Histoire et d'Encyclopédies !

Jusqu'en 1963, les livres savants énuméraient, pour évoquer les merveilles du monde, sept ouvrages parmi les plus remarquables de l'antiquité: *les pyramides d'Égypte, les jardins suspendus de Séminaris à Babylone, la statue en or et ivoire de Zeus Olympien par Phidias, le temple d'Artémis à Éphèse, le mausolée d'Halicarnasse, le colosse de Rhodes et le phare d'Alexandrie.* Maintenant, ou depuis la publication du *premier disque-vinyle 33 tours-30cms.* de l'orchestre Septentrional du Cap-Haïtien, le monde entier connaît, ou devrait connaître l'existence de la *huitième merveille du monde, l'œuvre des trois "Henri"* (**Henri Barré,** ingénieur-architecte, dessinateur des plans et chargé de la direction des travaux, **Henri Besse,** l'ingénieur-architecte chargé de l'exécution des plans et bien entendu, **Henry Christophe,** le concepteur et le maître d'œuvre), *la Citadelle Laferrière* édifiée en Haïti au début du 19e siècle, non loin de la ville du Cap-Haïtien, par sa majesté Henry Christophe, Roi du Nord d'Haïti.

Afin que nul ne l'ignore, nous tenons à préciser que l'ingénieur Henri Barré est haïtien et un nordiste de souche comme nous le confirme d'ailleurs monsieur Charles Dupuy dans le deuxième tome de la série intitulée "Le coin de l'histoire" (pp.: 33, 34, 35) :

« Si tous ces maîtres et contremaîtres qui ont «*aidé le roi à bâtir la citadelle*» resteront à jamais inconnus, le nom de celui qui en dressa les plans et en assura la construction nous est, toutefois, heureusement parvenu. L'ingénieur haïtien qui construisit la citadelle s'appelait Henri Barré.

Henri Barré était un Mulâtre né, selon toute vraisemblance, dans les environs de Cadouche. C'était le fils d'un Blanc, Jean Barré de Saint-Venant, propriétaire domicilié dans la paroisse du Quartier-Morin et d'une femme de race noire dont nous ne savons pas si elle fut esclave ou affranchie. Jean Barré de Saint-Venant descendait d'une famille de maîtres d'œuvre français qui s'étaient distingués par les savants ouvrages qu'ils avaient rédigés sur les techniques architecturales et la qualité des matériaux. À Saint-Domingue, Barré de Saint-Venant était considéré comme l'un des ingénieurs les plus compétents de la confrérie; il faisait autorité comme hydraulicien et employait ses multiples talents jusqu'à l'amélioration des moulins à sucre. Il faut retenir que dans la florissante colonie française de Saint-Domingue, les ingénieurs, en plus de construire des routes, des églises, des bâtiments officiels et des fortifications militaires, étaient fortement sollicités par les planteurs pour exécuter des ouvrages d'adduction d'eau, pour la construction et l'entretien des digues, des barrages, des aqueducs et des systèmes de drainage les plus complexes ».

Nous ne savons que très peu de choses sur la vie et la carrière de Henri Barré «*dont,* selon Vergniaud Leconte, *l'origine et la fin sont ensevelies dans la même ignorance pour nous* » (Vergniaud Leconte, Henri Christophe dans l'Histoire d'Haïti, 1931, p.352). On peut toujours avancer l'hypothèse qu'il voyagea en France afin de consolider les connaissances d'une profession dont il avait assurément acquis des premiers rudiments auprès de l'architecte émérite qu'était son père, lui-même très soucieux de voir son fils reprendre la vieille tradition familiale. Il ne fait néanmoins aucun doute qu'après l'Indépendance, Henri Barré était officier de génie militaire dans l'armée de Christophe. «*C'est lui,* affirme Vergniaud Leconte, *qui dressa le vaste plan de la Citadelle. Il fut un des membres de l'assemblée des notables qui conféra le titre de Président à Christophe, en 1806; son rôle de constructeur de la Citadelle fut déjà si grand qu'il ne put participer à aucune autre fonction. Il avait commencé ce gigantesque travail en 1804; il mourut selon toute probabilité avant l'avènement de Christophe à la royauté, car il n'est fait mention de lui aucune* part dans ce règne. Dès la mort de Dessalines, et avant même cet événement, la Citadelle élevait ses murailles sur la plaine, des batteries étaient achevées; il n'y avait que trois ans environ qu'il l'avait commencée. Cependant lorsque l'on considère la Citadelle, on oublie Henri Barré; il n'a pu échapper à la loi inéluctable du destin qui veut qu'un homme, un chétif mortel, soit effacé par la grandeur de son œuvre.» (Vergniaud Leconte, Henri Christophe dans l'Histoire d'Haïti, 1931, p.273).

<><><><><><><><><><><><><>

"N ap Réziyé'n, Nou Péri" (1963)
Composition : Hulric Pierre-Louis
Rythme : Méringue // Vocal : Roger Colas

<><><><><><><><><><><><><>

Si fanm pa té egzisté gason ta biyen anpil

Yo pa ta p genyen sousi, yo pa t a bezwen travay

Tou sa n ap fè nan lavi, sé a yo n apé pansé

Ala dé traka, sasé yon kondanasyon.

Époutan si nou byen kalkulé,

nou wè ké san yo t ava g on vid

La viya t ap blèm, li pa t ap gen oken n charm.

Époutan si nou biyen kalkulé,

nou wè ké san yo t ava gen yon vid

Kisa pou nou fè ?

n ap réziyé'n, nou péri

Kèur

Yo bèl , yo anfòrm ,
n ap réziyé nou péri
SÉ VRÉ !

<><><><><><><><><><><><><>

163

Un autre extrait, parmi les douze compositions que renferme ce premier disque; *"n ap réziyé n, nou péri"* exprime, avec justesse, la complémentarité naturelle homme/femme. Texte concis et équilibré qui prouve, si besoin est, la maturité de l'auteur et la maîtrise de l'équipe de musiciens qui exécute l'orchestration. Le solo réalisé dans cette chanson met aussi en évidence le talent du compositeur, le maestro Hulric Pierre-Louis, au saxophone-alto. Dans la première partie du texte, l'auteur tente de concevoir *"la vie sans soucis"* que l'homme mènerait sans la femme, la source de toutes les obligations. *Et pourtant*, en amorçant la deuxième partie, la femme, s'interroge l'homme, ne constitue-t-elle pas, à la réflexion, la source de toutes les motivations, la vraie raison de vivre de l'homme, sa raison d'être par conséquent ? Conflit intérieur vite résolu puisque l'auteur s'auto-positionne, et invite ses congénères à faire de même, en victime désignée et résignée de la gent féminine à la fois «*belle et sexy*». **Yo bèl, yo anfòrm, n ap réziyé n, nou péri ...**

Lors des premières diffusions du disque à la radio, **"un chef tonton makout"**, pas plus haut que trois pommes, savetier de profession, mais devenu détenteur, à l'occasion de la création en Haïti du corps des *Volontaires de la Sécurité Nationale* **(V.S.N.)**, de pouvoirs réels, a entendu des propos subversifs dans le refrain de cette chanson, pourtant candide, au demeurant. Alors que les musiciens chantaient en choeur: «**Yo bèl**, yo anfòrm, n ap réziyé n, nou péri » monsieur Raymond Charles, *alias **TiRémon***, *"chef <u>à vie, devant l'éternel, comme son <u>président à vie</u>"*, entendait : « **Rébèl** yo anfòrm, n ap réziyé n, nou péri ».** C'est à croire que les deux lobes ne sont, en réalité, que l'apparence, l'essentiel étant ce qui se passe, ou ce qu'il y a, entre les deux oreilles.

Rappelons que la diffusion de ce disque, à l'occasion des fêtes de fin d'année 1963/1964, se situe à une époque où les mots *Kamoken ou Rébèl* constituaient un arrêt de mort sans jugement. La mise au point, avec le *"petit-grand chef TiRémon"*, a du vite être faite afin de dissiper tout *"mal-entendu"* et Septentrional a pu, sans trop d'inquiétudes, poursuivre son petit bonhomme de chemin.

Au delà de cet incident qui ne garde aujourd'hui qu'une valeur anecdotique, *n ap réziyé n, nou péri* pourrait, à lui seul camper son auteur, Hulric Pierre-Louis, comme le musicien haïtien, sachant parler avec le plus d'à-propos aux femmes. Au cours de sa longue et prestigieuse carrière il n'est jamais passé à côté d'une seule occasion de démontrer son expertise dans le domaine. S'il en était besoin, ces compositions viendraient corroborer nos dires: *Te posséder ou mourir* (Ma Brunette), *Supplication, Istwa Atis, Remords, Souvnir Patchan'ga, Rupture, Kawòl, Bèl Fèt, l'Invariable, Djèdjè, Kapris médam yo, Nou renmen sa, Manman mwen, Rozali, C'est bon l'amour, Ironie de la vie, Mini-Jupe, Surpwiz, Vini konsolé m, Mwen pwalé, Tendresse, Nous deux, En hiver, Vyèrjina, Chat-la, Désèpsyon, Sa bèl anpil, Afèksyon ou An-njéla* ... et bien entendu, *N ap réziyé n, nou péri* ... pour ne citer que celles-là.

<>< ><>< ><>< ><>< ><>< ><>< ><>

"Supplication" (1962)
Composition : Hulric Pierre-Louis
Rythme : Boléro // Vocal : Roger Colas

Malgré mes promesses, tu maintiens toujours.
Malgré ma tendresse,
Tu gardes tous les jours la même indifférence.
Crois en ma franchise ma belle Florence
Et quand viendra la brise, nous sourira la chance.

Ta vie à la mienne doit être liée
Ce qui peut vivifier ta nature endormie.

Gracieuse Reine, confies-moi ta peine
Remets-moi ton si doux cœur
C'est pour ton bonheur.

Et comment omettre celle que le Maestro Hulric Pierre-Louis chante personnellement pour *sa dulcinée*, en s'accompagnant à la guitare ou au saxophone chaque fois qu'il veut se faire pardonner une faute réelle ou imaginaire d'ailleurs; qu'importe !

<>< ><>< ><>< ><>< ><>< ><>< ><>

"Ne me Méprise Pas"
Vocal : Hulric Pierre-Louis

<>< ><>< ><>< ><>< ><>< ><>< ><>< ><>

Premier Couplet

Depuis longtemps, je souffre, c'est horrible,
J'aurais voulu implorer ton pardon;
Je t'ai trompée et cela m'est pénible,
Car notre amour était pourtant profond.

Si tu pouvais mesurer ma souffrance,
Lire en mon cœur l'immense désespoir;
Tu trouveras malgré ta répugnance,
Toute la bienveillance pour me rendre l'espoir.

Refrain

Mais hélas je pleurerai sans cesse,
Maudissant ma stupide faiblesse;
Dans le silence angoissant de mes nuits,
Toujours je pense à mon bonheur enfui.

Par pitié maîtrise ta colère
Et surtout redis-toi bien tout bas
Que je t'aimais et que j'étais[20] sincère
Ne sois pas trop sévère, ne me méprise pas

---

20   Pour respecter la pensée du maestro Pierre-Louis nous soulignons qu'il exécutait souvent cette partie en chantant: « Que **je** t'aimais et que **tu** étais sincère »

Deuxième Couplet

J'aurais voulu devant moi ton image,

Comme autrefois du temps de nos amours;

Quand je couvrais de baisers ton visage,

Ton front si pur et tes yeux de velours;

Oui je gravis mon pénible calvaire

Que je maintiens de mes propres mains;

Notre bonheur et notre joie naguère,

Par un acte vulgaire, qui fuient sans lendemain.

Par souci d'intégrité et d'objectivité, nous publions le texte original de cette chanson chantée par Tino Rossi en 1935, que nous retransmettons à partir de l'audition d'un disque-vinyle 78 tours. Cet enregistrement original a fait ressortir par ailleurs, des nuances intéressantes, tant au niveau du texte que de la mélodie, entre la version originale et l'interprètation qu'en a faite le maestro Hulric Pierre-Louis.

"Ne me Méprise Pas"
Version originale chantée, en 1935, par Tino Rossi

Premier Couplet

Depuis longtemps, je souffre, c'est terrible,

J'aurais voulu implorer ton pardon;

Je t'ai trompée et cela c'est horrible,

Car notre amour était pourtant profond.

Si tu pouvais mesurer ma souffrance,

Lire en mon cœur l'immense désespoir;

Tu trouverais malgré ta répugnance,

Toute la bienveillance pour me rendre l'espoir.

1er **Refrain**

Mais hélas, je pleurerai sans cesse,

Maudissant ma stupide faiblesse;

Dans le silence angoissant de mes nuits,

Toujours je pense à mon bonheur enfui.

Par pitié maîtrise ta colère,

Et surtout redis-toi bien tout bas :

Que je t'aimais et que j'étais sincère

Ne sois pas trop sévère, Ne me méprise pas !

Deuxième Couplet

J'aurais voulu devant moi ton image,

Comme autrefois, au temps de nos amours;

Quand je couvrais de baisers ton visage,

Ton front si pur et tes yeux de velours;

Oui je gravis mon pénible calvaire

Car j'ai brisé de par mes propres mains :

Notre bonheur, notre joie de naguère,

Pour un acte vulgaire, Qui fut sans lendemain !

2ème **Refrain**

Mais hélas, je pleurerai sans cesse,

Maudissant ma stupide faiblesse;

Car j'ai l'empreinte de tes brûlants baisers,

De ton étreinte, qui savait me griser.

Par pitié maîtrise ta colère,

Et surtout redis-toi bien tout bas :

Que je t'aimais et que j'étais sincère

Ne sois pas trop sévère, Ne me méprise pas !

Ce premier disque de Septent reste et demeure une référence. Sur les douze titres que contenait cet album, deux seulement étaient exécutés sur le *Rythme Boule-de-Feu* créé peu de temps auparavant, par souci d'authenticité, et aussi, par nécessité stratégique, face au *Compas Direct* de Nemours Jean-Baptiste.

Cet enregistrement sur disque réalisé pour l'orchestre par Colson Augusmar de Radio Caraïbes en 1963, est le premier que Septent a, vraiment, lancé sur le marché de la concurrence, quinze ans après sa fondation. En dépit de ses imperfections techniques (cet enregistrement occulte, par exemple, littéralement la présence de Jean Menuau à la guitare) il constituait un témoignage de la persévérance et de la détermination de *ces gens du nord* qui avaient foi en leur étoile.

Nous soumettons, en guise de rappel, à l'appréciation de nos lecteurs la liste des quinze membres de l'équipe qui a réalisé ce disque-vinyle.

3 Saxophonistes

Hulric Pierre-Louis	Sax-Alto	Maestro & Président - Directeur
Jacques Jean *(TiJak alto)*	Sax-Alto	
Roger *Chòchò* Jn.-François	Sax-Ténor	

3 Trompettistes

Alfred *Frédo* Moïse	Trompette
Jacques François *(TiJak twonpèt)*	Trompette
Lucien Pierre-Louis	Trompette

1 Tambourinaire

Arthur François	Tambours coniques

1 "Batterieman"

Artémis *"Ten'gé"* Dolcé	Batterie, Bongos & Timbales

2 Chanteurs

Roger Colas	Chant & Percussions
Michel Tassy	Chant & Percussions

1 Choriste

Jean Claude Pierre   Choeur & Percussions

1 Contrebassiste

Raymond Jean-Louis   Contrebasse / Secrétaire - Trésorier

1 Guitariste

Jean Menuau   Guitare

1 Pianiste

Louis *Loulou* Etienne   Piano

1 preneur de son

Colson Augusmar   Technicien de sons

Nous signalerons, pour compléter l'évocation de ce premier *Album Hi-Fi Long Playing,* que la composition inscrite en 6e position, sur la *face b,* et qui clôture cet *Album A63* s'appelle, comme par hasard, **Nou kon-n dansé.**

<><><><><><><><><><><><>

"Nou Kon n Dansé" *(1963)*
Composition : Hulric Pierre-Louis
Rythme : Pachanga // Vocal : Roger Colas

An Ayiti, nou pa konnen fè satélit ni fuzé, sa sévré !
Men pou dansé, nou kon-n dansé
Nenpòt rit ki alamòd, n ap dansé-l.

Nou dansé Rit Méksiken, Nou dansé Rit Kuben
Jamayiken, men m Arjanten, Sé pa Blag
Nou dansé twist, nou dansé vals, kalipso ni tan'go
Men-m pachan'ga nou dansé, sé la raj !

Keur

Nou kòn-n dansé ! Nou kon-n dansé !

Enspirasyon

Nou dansé yé-yé -- Nou dansé li-mbo -- Nou dansé tamouré
Nou dansé twist -- Nou dansé vals -- Nou dansé tout bagay

L'irrésistible ascension

Après plus de quinze années d'existence, l'orchestre Septentrional pouvait revendiquer, légitimement, sa mise en nomination au *Livre Guiness des Records,* pour le laps de temps écoulé, entre le jour de sa fondation en juillet 1948, et celui de la publication de son premier album Hi-Fi LP., en décembre 1963. Mais comme pour rattraper le temps perdu, au cours de l'année suivante en 1964, l'orchestre va livrer au public vingt-quatre nouvelles sélections sur deux albums *LP Mono Hi-fi.* À cette époque, Septentrional pouvait s'enorgueillir d'être le groupe musical qui offrait le plus de variétés rythmiques sur ses albums, sans la prétention néanmoins de damer le pion au *Super Jazz des Jeunes* dans ce domaine.

Sur les 24 sélections qui composaient ces deux albums, simultanément produits, en 1964, on trouvait: *5 composition sur le Rythme "Boule-de-Feu, 1 Congo, 2 Boléros, 2 Afros, 2 Méringues, 3 Pétros, 4 Ibos, 3 Pachangas, 1 son Montuno, 1 Mambo ...* et après, l'on s'étonne que les *Haïtiens du Grand Nord,* (du Pont Montrouis à Ouanaminthe, en passant par Marchand-Dessalines, St.-Louis

171

du Nord, Petite Rivière de l'Artibonite, Limbé, Jean-Rabel, Saint-Marc, Limonade, Fort-Liberté, Hinche ou Gonaïves) soient des fins danseurs. C'est naturel pourtant, puisque l'on avait toujours dansé à la *"Cour du Roi Christophe"* au Palais-Sans Souci à Milot ... *et nous, ses dignes fils*, nous continuons à danser au Rythme de Septent. Définitivement : **dansé Sèptan sé métyé.**

Pour mettre au point le rythme *"Boule-de-Feu"* Arthur François a inventé la combinaison du jeu des tambours coniques, *"Ten'gé"* a trouvé la façon *"idéale"* d'accompagner ce *"Kout Tanbou"* à la batterie et le Maestro Hulric Pierre-Louis a suggéré au bassiste, Raymond Jean-Louis, ce que les générations passées et actuelles appellent depuis « *kout bas Sèptan an* ».

Selon *"Ten'gé"*, c'est *"Nounou'n"* qui a inspiré la création du rythme *"Boule-de-Feu"*. C'est sur un *"Ibo"*, en 1962, que *Frédo* a composé *"Nounou'n"* que Roger Colas chantait. *"Nounou'n"*, comme toutes les compositions de *Frédo* d'ailleurs, fut tout de suite fort apprécié et devint très vite le tube de l'été 1962. *"Nounou'n"* connut un succès énorme auprès de tous les publics particulièrement lors de son exécution dans les *"bals d'enfants"* où les bambins que nous étions, au début des années soixante, sur l'un des *"mambos de trompettes"* qui embellissait cette musique, chantaient ces paroles un peu cocasses :

« As-tu dansé ? oui, Madeleine, A-Ti-T-Alo! Mwen aké-w »

Selon *"Ten'gé"*, l'un des créateurs, c'est cette mélodie qui a inspiré l'eurythmie de la cadence *"Boule-de-Feu"*.

L'année 1964 était, aussi, celle des grands défis, pour Septentrional face aux formations musicales les plus prestigieuses de Port-au-Prince telles le Super Jazz des Jeunes ou le Groupe de Raoul Guillaume, ainsi que les Ensembles de Webert Sicot et de Nemours Jean-Baptiste. Une chanson comme *"Bò-n atoufèr"* de *l'Album B64* pouvait être mise en parallèle avec *"Humiliation"* du Jazz des Jeunes, tandisque *"Gason pa kabrit"* de *l'Album C64*, en parallèle avec *"Si vous avez des cornes"* de Raoul Guillaume. 1964 est aussi l'année où la ville de Port-au-Prince était conquise par *Nounou-n*,

TiFi ya, Chofèr Otomobil ou *Prézidan Avi* d'Alfred *Frédo* Moïse ou encore, *Maryana, Éfè Bwéson, Épizòd Mambo, Bò'n atoufèr,* ou *Viv san sousi* du maestro Hulric Pierre-Louis. Pour l'édification, et non pour la comparaison qui ne serait d'ailleurs pas raison, nous reproduisons ces textes successifs: *"Humiliation"* du Jazz des Jeunes et *"Bò'n Atoufèr"* de Septentrional ainsi que *"Si vous avez des cornes"* de l'Ensemble de Raoul Guillaume en parallèle avec *"Gason pa Kabrit"* de l'orchestre Septentrional.

"Humiliation" du Super Jazz des Jeunes
Rythme : Méringue ~ Cha cha cha
Composition : Antalcidas Oréus Murat
Vocal : Emmanuel Auguste
<><><><><><><><><><><><><><>

Yèt ak Janjan, renmen lontan
("Yvette" dans le livre du Jazz des Jeunes)
Yo pansé pou fè choz sérye
Dézir yo la fèrm, yo pasyan
Kwak tan an byen dur, yo vi n maryé

"Vœu couronné" mèrsi Gran Mèt
Aprè sa, y al fè "lune de miel"
Yo nan lajwa, sa sé bèl fèt
Tousuyit vi n gen zafè anba syèl.

Ay ! Lakay la té gen yon ti bò'n
Byen replèt, é ki plè Janjan
L ap roulé pou'l volè yon trò'n
Ak lòm li fè tout bon tijan

Inosans (Ti) Yèt, sésa'k gidé l,
Li mennen'l dékouvri aksyon;
Yèt jwen n tèt tou de sou zòryé'l
Pou yon bò n, Janjan fè'l tranzaksyon

173

Refren

Anvérité, yo té renmen tout bon
La vi parèt bèl, aprè'l bay leson

Gid

Pa jan m gen bò n konfyans
"Chœur"
Ya p lolo'w, ya p valé'w

Gid

I mèt lèd, dépi'l pwòp
"Chœur"
Ya p lolo'w, ya p valé'w

Gid

S il genyen bèl démach
"Chœur"
Ya p lolo'w, ya p valé'w

Gid

Vi'n wè'l, kòn n bay payèt
"Chœur"
Mari w'ou la pou nou de

<><><><><><><><><><><><><>

BÒ N ATOUFÈR *(1964)*
Composition : Hulric Pierre-Louis
Vocal : Roger Colas // Ritm: Boul de Fe
<><><><><><><><><><><><><><><><><>

Nan lavi ya chans sé pa bagay ki fasil
Men gen dé lèur sa rivé
W ap mandé w'ou kot sa soti
Pou sé wou'l souri !

174

Kay Ti Bòs, gen yon ti bò n, s'on bagay sérye
Li kon n lavé, li kon n pasé
Manjé men m sépa palé.

Lèur Madan m Ti Bòs pala
Li fè tout bagay
Séli k fè manjé, lésiv, Séli k reprizé
Li bay de bon ti manjé, Sé nèt al plaké
Ti manjé sa yo papa ! Gen pou ba w dyabèt

«Chœur»
Lusita, Ti Bòs byen kontan ou
Vwèman ou s on bò n a tou fèr.

Enspirasyon

... ad libitum ...

L'Ensemble de Raoul Guillaume

"Si vous avez des cornes"
Rythme : Valse + Ibo
Composition : Raoul Guillaume
Vocal : Joseph André alias Joe Trouillot

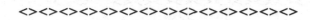

Refrain
Si vous avez des cornes, des cornes, des cornes
Si vous avez des cornes , portez-les fièrement

premier couplet

Après le mariage,
Si la femme n'est pas sage
(Même) Si elle a un amant,
(Il) Faut la traiter gentiment

175

deuxième couplet

Alors pas de rupture,
Pour une simple aventure
Veillez, seulement, qu'on ne sache
Une chose qu'elle cache

troisième couplet

Que les célibataires
Ne soient plus réfractaires
Allez-y bravement
Et méprisez les amants

quatrième couplet

Si toutefois par malchance
Elle trahit votre confiance
Montrez-vous donc bon joueur
Et chantez comme l'acteur

<><><><><><><><><><><><><><><>

GASON PA KABRIT (1964)
Composition : Hulric Pierre-Louis
Vocal : Roger Colas // Ritm: Boul de Fe

«Chœur»

Gason pa Ti Kabrit
Époutan yo kò n gen kò n
Sa sé yon ti mistèr
Ke nou pa kapab konpran n

Lead Vocal

Ti sekrè sila
Yo trouvé'l anpil koté

Ni an al légliz, lamès
É surtou lakay yon bon zanmi
Pou kousuyikité-l,
Fòk ou kapab trè ruzé
Véyé tout ti trou
Koté ou konnen
Ké van kapab pasé

«Chœur»

Gason pa ti kabwit, époutan, yo kon-n gen kò-n
Sa sé yon ti mistèr, ke nou pa kapab konpran-n

<u>*Enspirasyon*</u>

Ti sekrè sila
nou trouvé l anpil koté mésyé !

Aie !..., sé yon ti mistèr
ké nou pakap konpran mésyé o !

Gason pa kabrit !
É poutan yo kòn n gen kon-n Mésyé o !

Mais, selon nous, la palme du plus beau texte sur le cocuage, s'il était raisonnable de comparer, reviendrait à Alfred *"Frédo"* Moïse pour *Toto* qu'il a écrit en 1985.

<u>*Toto*</u> *(1985) // Ritm: Boul de Fe*
Composition : Alfred "Frédo" Moïse
Vocal: Roger Colas + Michel Tassy
<><><><><><><><><><><><><>

<u>*Lead Vocal (1) : Roger Colas*</u>

Lòtjou, Toto kouché "à l'hôtel" Pòtopwens
Li révé yon chyen'k vini mòdé'li

Mwen di Toto : -- Sa sé yon boul bòlèt
Toto di m : -- Non, asé ransé

Nan tan lontan, lèur yon nonm révé yon chyen mòdé w
Sé pa "65", ni "boul 85"
Sé asosyé ki désan n lakay w'ou
Mézanmi Toto anba garòt

Refren

Toto pran men w'ou monchèr
Pa kité fanm viré lòlòj ou

Lead Vocal (2) : Michel Tassy
Enspirasyon

Nan syèk sila Toto
Yon nonm sé "RELAX"
Sé lésé grennen Toto mon chèr

Sé pa paske w'ou révé chyen mòdé w
Pou konpran n s on "boul bòlèt"
Sé asosyé'k désan n lakay ou Toto

«Chœur»
Toto w avili,
Toto tout zanmi w'ou apé rélé w'ou : Ti kriyé.

Mwen sé abitan, sé nan mò-n mwen rété …
… Si-m pa poté, gwo fokòl lavil pa-p manjé.

Hulric Pierre-Louis - 1962

La Consécration

Entre décembre 1963 et décembre 1964, l'orchestre Septentrional a produit, en un an, ses trois premiers albums contenant chacun douze titres, soit une moyenne de 3 nouvelles compositions par mois. À peine croyable. Époustouflant même.

Nous allons maintenant essayer d'analyser le contenu des 4e et 5e albums L.P. 33 tours (30 cms.) de l'orchestre, parus entre novembre 1965 et[21] mai 1966. Nous prenons la liberté de les identifier *Album D65 et Album E66*. Deux nouvels albums en six mois, contenant 24 nouveaux titres, soit une moyenne, revue à la hausse, de 4 nouvelles compositions par mois ! Qui l'eût dit ... Qui l'eût cru ... et pourtant ... c'est de la plus pure vérité : 24 titres !exécutés en 12 rythmes différents.

1°) *Boule-de-Feu* : 7 titres dont quatre (4) du maestro Hulric P-L *(Di m sa k pasé, Rythme de Feu II, Bèl fèt et Djo kannèl)*, 2 de *Frédo (Boubout komèrsyal et Bonjou Mari)* 1 de Roger Colas avec l'aide d'U. P-L *(San médam yo)*.

2°) *Kongo* : 3 titres dont 1 de Frédo *[Sa-w ou fè-m konsa (Bou-n)]*, 1 de Roger Colas *(Pasé cheve)* et 1 du maestro Hulric P-L. *(Pran kouraj)*.

3°) *Méringue* : 2 titres du maestro Hulric P-L *(Nuit de Port-au-Prince et Kawòl)*.

---

21   L'orchestre avait complété la série avec un troisième album contenant 10 nouvelles compositions; c'était aussi le premier réalisé en stéréo, et qu'il offrit au public au retour de sa première tournée nord-américaine en décembre 1966.

4°) **Boléro** : 2 titres dont une poésie de François-Marie Michel mise en musique par le maestro *(Dis-moi)* et une poésie de *Loulou* Gonel mise en musique par *Frédo (Louise-Marie)*.

5°) **Ibo** :   2 titres d'Alfred *Frédo* Moïse *(Dézakòr et Machan-n akasan)*
.

6°) **Afro** :   1 titre du Maestro Hulric Pierre-Louis *(L'Invariable)* .

7°) **Pachanga** :   1 titre d'Alfred Frédo Moïse *(Machan-n Sowo)* .

8°) **Calypso** : 1 titre de Jean-Claude Édouard avec l'aide du maestro H.P-L.
                   (Déclaration paysanne).

9°) **Pétro** :   1 titre du Maestro Hulric Pierre-Louis *(Camita)* . **et ...**
10°) **3 exercices de style** : **1 Boléro~Romance** de Roger Colas *(Rien que toi)*; **1 Afro~Cha** *(Djè djè)* **et 1Ibo~Pétro** *(Konbit)* du maestro Hulric Pierre-Louis.

Amenés ici à porter un jugement objectif sur ce prodigieux orchestre du Cap-Haïtien, *la Boule-de-Feu d'Haïti,* à partir de cette approche, nous pourrions sans risques majeurs ni vaines prétentions, positionner Septentrional en émule du Super Jazz des Jeunes, du point de vue de la variété de rythmes offerts sur un album. De plus, il faut convenir qu'auto-produire, de décembre 1963 à décembre 1966, soixante-dix (70) titres, (en sacrifiant, sélection oblige, des chefs-d'œuvre) sur six (6) albums, cela à lui-seul constitue, sans fausse modestie, une prouesse. WOW ! Soixante-douze titres environ en 36 mois représentent une moyenne de deux nouvelles compositions offertes tous les mois au public pendant trois années consécutives. N'est-ce-pas ce qu'on appelle : avoir le feu sacré ? BRAVO, BRAVO, BRAVISSIMO SEPTENT.

Sur *l'Album D65*, sous le protocole vocal d'un jeune Michel Tassy, réintégré, et qui devait justifier sa place dans la cour des grands, figure sur la *"face b"* en 3e position, le célèbre *Kongo "Sa w'ou fèm konsa"*. Aussi étrange que cela puisse paraître, *"Sa w'ou fèm konsa"*, communément appelé *Bou n,* est la seule musique composée en *rythme Kongo*, et enregistrée sur disque, que Frédo nous ait laissée. Sept ans auparavant il avait créé, en 1958, sur le même rythme *"Ranpono"* qui pourtant, n'a jamais été enregistré sur disque (et ne l'est toujours pas d'ailleurs - quel dommage!). Mais, c'est justement cela la touche du génie; il suffit d'une seule fois pour faire toute la différence. Dans la même série, Michel Tassy a également chanté, avec beaucoup *d'à-propos,* des compositions telles que : *Di m sak pasé, Pran kouraj, Macha-n Sowo* ainsi que *Djèdjè,* avec toute la délicatesse imposée par le thème même de la chanson; et surtout il a chanté, avec une voix bien posée, *Ti Kawòl*, la méringue qui a servi d'archétype au maestro Hulric Pierre-Louis, qui l'a composée, pour orchestrer ses plus belles pièces dans le même style, telle que, par exemple *"Ti Zout"*, pour Théodore Beaubrun *alias Languichatte Débordus*, l'auteur comique haïtien ou, longtemps plus tard, *"Grande Femme"* pour feu le docteur Achille Nérée, un supporteur quasi inconditionnel de l'orchestre Septentrional.

L'une des premières inspirations de toute la carrière de Roger Colas, *Pasé cheve (1958)*, mais qui aurait, aussi, pu être *la plus belle* avec les paroles de son texte *"sansasyonèl"*, par exemple, figure aussi sur l'Album E66. À l'origine, *Pasé cheve* était une exhortation de l'artiste à l'adresse de ses payses pour qu'elles restent authentiques. Plus précisément c'était un texte ciblé, écrit pour l'élue de son cœur à l'époque, une belle *"marabout"* qui persistait à se faire lisser sa belle chevelure ondulée aux fers chauds. La chanson fut un succès immédiat en même temps qu'il provoqua une prise de conscience auprès des auditrices qui amorçaient un mouvement de désertion des Salons de Coiffure. Ne pouvant voir scier la branche sur laquelle il était assis sans réagir, le maestro Pierre-Louis demanda à Colas de modifier le texte dans la version que nous connaissons aujourd'hui. Il trouvait incongru de demander aux femmes de ne *"pa pasé cheve"* à travers une musique de Septentrional et du même coup éloigner la clientèle devant sa propre boutique. Sa première épouse, Édeline *"Ninotte"* Pierre-Louis/ Charles-Pierre, professait, nous dit Mayès, le métier *"d'esthéticienne"*.

Mais, c'est sur l'Album D65 que l'on va retrouver un autre *exercice de style* du maestro Pierre-Louis qui a requis la complémentarité de Colas et de Tassy comme *lead vocal* dans *Djo Kannèl*. Démarche révélatrice, s'il en est, ou volonté exprimée du maestro-compositeur de mettre en parallèle la délimitation de Roger Colas dans le domaine *"des graves"* et l'aisance de Michel Tassy dans le même registre, surtout quand Tassy chante ce passage : *Ponyèt li plen, bourèt li anfòrm.*

"Djo Kannèl" (1965)
Composition : Hulric Pierre-Louis - Rythme : de feu
Vocal :   Roger Colas &   Michel Tassy

<>‹>‹>‹>‹>‹>‹>‹>‹>‹>‹>‹>‹>

* premyé kouplè : Roger Colas *
Gran pyon an vedèt, jalouzi mété pyé
Men Djo Kannèl ki fi-n déchennen
Sèptan, ki pa genyen pwoblèm,
Li tonbé mété kwan pou Djo té kapab kontan ;
Grimo trapu, Djo di mwen m sé mulat
- Mwen pa konnen sa mwen fè nèg yo
- Pou yo pa vlé wè mwen
- Jalouzi ya pé fè pou po mwen

** dezyèm kouplè : Michel Tassy **
Lèur lap travay, Djo Kannèl pa nan rans
Ponyèt li plen, bourèt li anfòrm
Men tou, li fè mou n konnen byen
koté lapé boulé tout vakabon sé pran rak
Djo préféré mété l kot moun sérye
Nan mulat parèy li, nan pèr, mèr ;
Men tou, si w ba l kout ba
La p tonbé bonbadé w ak kout ròch.

Keur
Mé Djo Kannèl, mulat tèt zabulon

Enspirasyon : Roger Colas

** *Gran pyon vi-n an vedèt, jalouzi vi-n mété pyé* **

** *Lèur Gran Pyon vini trè populèr, Djo Kannèl tonbé palé anpil* **

** *Djo Kannèl sé yon tèt zabulon, Gran Pyon men m s on vòlèr kannari*
**

** *Djo Kannèl di nou li-l sé mulat, Gran Pyon paka pasé devan l* **

Est-ce possible qu'un être humain soit si complexé ? Et dire que ce *"grimaud trapu"* n'était qu'un portefaix, un professionnel du brouettage *(bourétyé)*. Qu'adviendrait-il si l'idée lui effleurait, une seule fois le cerveau, de devenir "tonton makout" ? Quel sort aurait-il, alors, réservé à *"la masse"* jalouse de la couleur de sa peau ? S'il est vrai que, depuis l'antiquité, chaque village avait son bouffon, *Djo Kannèl* restera, dans les annales capoises, comme un véritable cas psychiatrique. Il importe, de souligner, que ce *"mulâtre macrocéphale"* *(mulat tèt zabulon),* Léonel Blot, de son vrai nom, était appelé **Djo Kannèl,** par dérision ou par association de la couleur de sa peau à celle que donne le mélange de l'eau et de la cannelle porté à ébullition. Il ne saurait en être autrement, puisque, non seulement, il ne s'appelait pas Joseph de son prénom, mais encore, s'il se prénommait ainsi, il ne s'appellerait pas **Joe,** mais tout naturellement, **Zo** comme *St.-Joseph, Zo Salnav, Zo Migèl, Zo D. Charles, Zo Pwévo, Zo Maryana, Zo Jwachen, Zo Lusyen, Zo Oba* ou *Zo Janjil." Sèptan ki pa genyen pwoblèm",* ne laissa pas passer sous silence ce pervers fait de société.

En parallèle à **Djo Kannèl**, au cours des années 60, au Cap-Haïtien, Rodrigue Étienne *alias* **Gran Pyon** passa à la postérité comme le souffre-douleur d'une société, elle-même, muselée. À ce jeu d'attrape-couillons, il n'y eut ni vainqueurs ni perdants. **Gran Pyon** passait pour *l'amuseur public N°1 des Capois* qui le lui rendaient bien, puisque ses interventions, souvent entachées d'obscénité, ne nuisaient, ni à son travail de *guide touristique professionnel* ni à son métier de *commerçant-démarcheur* ambulant.

"Gran Pyon" (1964)
Composition : Hulric Pierre-Louis
Vocal : Roger Colas - Rythme : Boule-de-Feu
<><><><><><><><><><><><><>
Si nou vlé asisté téyat san-n pa péyé
Sé pounou kapab véyé lèr gran pyon vi-n ap pasé
Tout timou n dèyè do-l, kamouflé nan yon kwen
Yo tout pran rélé ansanm : GRAN PYON VÒLÈR KANNARI !

"Acteur" la redoutab ! men-m lèr-l tonbé voyé ròch
Anmenmtan, li pran jouré; li di : volè nan tèt papa w !
Timou n yo pèr tèt yo, yo tan-n yon moman pasé
Lèr li fè yon ti maché, anvan yo rekòmansé

Keur
Gran Pyon vòlèr kannari
Enspirasyon
Volèr la nan zyé manman-w
Volèr la nan tèt papa-w
S-on ti kannari-l té yé
É pi, gadé non m-syé : mwen pa t volè l vré non !

Afin d'apporter une éclaircie de lumière sur l'origine véritable du texte de *Gran Pyon*, nous aimerions rappeler ici, une anecdote curieuse qui a suivi les premiers jours de la diffusion de cette musique sur les ondes des stations de radiodiffusion de la ville du Cap-Haïtien. Madame Émilie Pierre, la mère de Rodrigue Étienne, *Gran Pyon*, a rencontré le maestro Hulric à la Rue 15 entre J & K, et elle lui a adressé sans retenue la remontrance suivante[22] : *Non monchèr, ou malonnèt. Sé pa wou ki ta mété pwòp kouzen'w*

22   Le contenu du dialogue pourrait ainsi se traduire : *Non mon cher, tu*

nan chanté; jus ou lakòz ti mou'n okap fè tèt ay pati. Et le maestro de répliquer : *Matant Mili, sé pa mwen non, mézanmi, ki fè muzik la, sé mésyé yo ki potél banm ranjé pou yo.* Prompte répartie en guise de parade ou énoncé de la vraie version des faits. Au demeurant, la poésie *Gran Pyon* est écrite comme une pièce de théâtre en trois actes avec des tournures de phrase d'une qualité exceptionnelle. Foi de Septentologue, *Gran Pyon*, tout comme *Fè Pam*(kaporal) ou *Sansasyonèl*, en dépit des crédits attribués, dans les deux cas, au maestro sur les deux disques~vinyle successifs parus en 1964, s'apparentent beaucoup plus à la source d'inspiration du Roger Colas de cette époque que du maestro Hulric Pierre-Louis. Discutera qui veut sur les rives.

Pour éviter toute erreur dans les dates de parution de ces deux compositions du maestro Hulric Pierre-Louis, nous tenons à préciser que Rodrigue Etienne *alias Gran Pyon* a été honoré en 1964, avant Léonel Blot *alias Djo Kannèl* qui lui, n'est rentré vivant dans la légende capoise qu'en 1965. *"Gran Pyon"* vs *"Djo Kannèl"*, est un diptyque parmi d'autres qui s'inscrit dans la tradition *"hulriquiste"* de créer des œuvres musicales composées en deux parties qui s'opposent ou se mettent en valeur par contraste. Le maestro Pierre-Louis était détenteur du secret de créer des chansons, campant deux personnages de la ville du Cap ou deux faits parallèles, comme par exemple, en 1962, ces deux personnages: *"Maryana"* l'ingrate et *"Vyé tonton"* le désabusé; ou bien mettre en chanson la qualité de l'hospitalité au sein de deux localités différentes: l'accueil reçu à Marchand-Dessalines, *"Bon ti péyi"*, par rapport à une *"Nuit de Port-au-Prince"*; l'attitude respective

---

n'aurais pas du agir ainsi. Ta défunte maman, Andréa, et moi étions deux cousines germaines; et c'est toi qui livre ton propre cousin à la risée publique en écrivant une chanson pour le dénigrer. Non Hulric ce n'est pas honnête d'agir ainsi envers Rodrigue qui est entrain de perdre la tête à cause de toi. Ce à quoi, le maestro répondit à sa tante : *Non ma tante Milie, ce n'est pas moi l'auteur de la chanson; elle m'a été apporté par un autre musicien de l'orchestre et moi, je ne me suis contenté de faire mon travail de maestro pour les arrangements.*

de deux ex-amoureux en rupture de fiançailles: *"Tenten, ti papa"* et *"Ti Nèl"*; la fragilité paradoxale de la gent masculine face à la femme, mise en évidence, avec des nuances pertinentes, dans *"N ap rèziyé'n, nou péri"* d'une part et *"Ironie"* d'autre part. Dans cette même tradition des diptyques dont l'orchestre Septentrional détient le secret, pourraient figurer : *"Fèt Chanpèt"* et *"Chanpèt la Rivé"*, *"Tendresse"* et *"Mille fois Mercis"*, *"Senkyèm Kòmandman"* et *"Ékilib Lavi"*, *"Viv Sansousi"* et *"Lavi ya Sésa"*, *"Mambo Bossu"* et *"Épizòd Manbo"*, *"Pélérinaj"* et *"Chanpèt Lakay"*, *"Ayiti"* et *"Bèl Ayiti"* entr'autres.

Cette étude va nous permettre de parler de *"Boubout komèrsyal"*, le premier morceau inscrit sur la *"Face A"* de *l'Album D65* mis en vente en décembre 1965, dans lequel Alfred Moïse met en évidence, de manière particulière, *le Rythme Boule-de-Feu.* Dans *"Boubout komèrsyal"*, une musique où (comme il le fera, plus tard en 1967, dans *"Asé pou fanm"*, improprement appelé *Mazora) Frédo* prend la défense des femmes; particulièrement celles qui exercent *le plus vieux métier du monde.* Il a saisi l'opportunité pour conseiller à ses congénères l'inutilité de la violence en pareil cas, et comme Raoul Guillaume, *Frédo* préconisa la résignation: *Si vous avez des cornes messieurs, soyez bons joueurs et portez-les fièrement; c'est parce que votre femme a du tempérament. Comprenez cela comme un fait inéluctable puisque c'est la maladie du siècle, nous dit Frédo* dans cette chanson dont nous reproduisons ici les paroles.

"Boubout Komèrsyal" **(1965)**
Composition : Alfred Frédo Moïse
Vocal : Roger Colas // Rythme : Boule-de-Feu
<><><><><><><><><><><><><><><>
Mesye ! suspan-n bat ti médam yo

Toutan, sé jalouzi, sé dlo nan zye

Èske-n pa wè yo pap korijé

Sé syèk la mèn-m ki fè yo konsa

Genyen detwa boubout sé idéyal yo

Yo di ké tan é tan sa fè tantan

Sé boubout komèrsyal nou genyen

Fò-n sa konpran-n pou-n réziyé nou

Keur

Non, Non Mesye, pa bat ti médam yo,
Boubout komèrsyal yo, yo pap korijé

Non, Non Mesye, fò-n pa fè jalouzi
Boubout komèrsyal yo, yo pap korijé

Non, Non Mesye, fò-n pa tuyé tèt nou
Boubout komèrsyal yo, yo pap korijé

C'est à l'occasion de la parution de *l'Album D65* que le grand public haïtien allait découvrir un chef d'œuvre d'Alfred *Frédo* Moïse, *Louise-Marie*, le premier boléro qu'il a composé. Avec *"Louise-Marie"* Septent venait, enfin, de créer *le boléro* qui mettait bien en évidence la voix de Roger Colas et que tout le monde a chanté, dès sa parution, comme on chantait auparavant, les deux méringues lentes, *Sagesse (le bonheur parfait)* du Jazz des Jeunes ou *Choubouloute* de l'orchestre Citadelle avec les voix respectives de Gérard Dupervil et de Villevalex Leconte.

"Louise-Marie" (1965)

Poésie : Louis " Loulou " Gonel
Composition : Alfred " Frédo" Moïse
Vocal : Roger Colas - Rythme : Boléro

Louise-Marie, belle déesse,
Douceur enivrante, sucre de miel,
Notre amour, c'est toi qui l'as trahi,
Pour courir après un abusé qui,
Du passé, t'a chanté, ses prouesses.

Par tes paroles et par tes serments, je croyais en toi;
Naïvement, tu m'as arraché, mes derniers cris de jeunesse.
Tu m'as arraché des pleurs et des larmes,
Ô femme que j'adore!

Je me croyais le nouveau chapitre qui s'ouvrait sur ta vie,
Et pourtant, j'ai été mystifié, car tu l'as chiffonnée,
J'irai demander pardon à toutes celles que j'ai méprisées.

Toi, tu resteras dans mon souvenir
Une symphonie inachevée, oh femme, que j'adore!
Tant que tu vivras, tu seras mon mal, ma plaie et mon péché
Mon mal, ma plaie et mon péché -- mon péché -- mon péché!

DU TOUT GRAND SEPTENT. Cette poésie est l'une des plus belles de la langue française. L'auteur l'a écrite en vers libres; cette absence de rimes n'a pourtant rien enlevé à la beauté originelle de cette œuvre autobiographique. Tous les acteurs étaient des personnages connus de la ville du Cap-Haïtien : Loulou l'auteur, Louise-Marie ainsi que Coco, l'abusé qui lui a chanté ses prouesses du passé et bien entendu, *Frédo* qui a choisi le prétexte de cette poésie que Louis (*Loulou*) Gonel lui a offerte pour composer son tout premier boléro. Pour un coup d'essai, ce fut un coup de maître. «*Louise-Marie*» fut exécuté pour la première fois, «*un dimanche gras*» dans la nuit du 7 au 8 février 1965, la nuit du bal tragique à Rumba où Adherbal Lhérisson perpétra son forfait. Cette poésie et la musique qui l'accompagne constituent également, selon nous, l'une des plus belles complaintes narratives écrites dans la langue de Molière. Le cœur épris de l'auteur, gentilhomme au demeurant, reconnaît que Louise-Marie est une belle déesse, une femme qu'il adore, mais qui lui a arraché jusqu'à son dernier cri de jeunesse et qui, pour le comble, restera tant qu'elle vivra : son mal, sa plaie et son péché. C'est très fort comme tableau. Aujourd'hui, le rideau s'est refermé sur tous ces acteurs. Texte magnifique! Quelle belle poésie! C'est peut-être, la façon la plus subtile jusqu'ici trouvée par un courtisan frustré, d'exprimer son désarroi, son rêve déchu, son espoir déçu et son idignation. BRAVO ET MERCI SEPTENT.-

<><><><><><><><><><><>

Pour la beauté du style nous transcrivons ici, la copie de deux textes dont, le premier, *"l'Invariable",* enregistré en 3e position sur la *Face A de l'Album E66, un "afro"* écrit et composé pa Hulric Pierre-Louis, un rythme dont il s'en est fait une spécialité si l'on en juge, entr'autres, par *"Remords"* en 1963, *"Noël des copains"* en 1964, *"Manman Mwen"* en 1966, *"C'est bon l'amour"* en 1967 ou *"Mille fois mercis"* en 1977.

"L'invariable" (1965)
Composition : Hulric Pierre-Louis
Vocal : Roger Colas - Rythme : Afro

Tant d'étoiles ont brillé à mes yeux ;
À les voir, elles sont admirables.
Tant de fleurs ont parfumé ma vie ;
À les respirer, elles sont agréables.
Je n'y peux retrouver, cependant
Le reflet de mes sens.

À ma surprise, pourtant,
<u>*La lys me défie*</u>

189

Elle fait vibrer mon cœur
Par sa rare beauté,
L'Invariabilité.

Quelle délicatesse de la part de l'auteur, en émoi, au point de ne pas pouvoir retrouver *"le reflet de ses sens"*. *Invariable* malgré tout, il exprime sa surprise devant le **défi de la lys,** cette fleur identifiée à la pureté et à l'innocence, mais qui symbolise aussi, bien entendu, celle à qui, **"en toute invariabilité"** cette poésie est dédiée. **"Le voile"** étant ôté, le lecteur-mélomane et avisé de surcroît, peut dorénavant faire une relecture, désormais *"sans surprise"*, du texte de cette chanson. Le second texte, ***Dis-moi"***, écrit par François-Marie Michel sur lequel le maestro Hulric Pierre-Louis a orchestré ***un boléro*** superbe inscrit en 5e position sur la *Face B de l'Album D65*.

<><><><><><><><><><><><><>

"Dis-Moi" *(1965)*
Poésie : François -Marie Michel
Composition : Hulric Pierre-Louis
Vocal : Roger Colas - Rythme : Boléro

Si le noir est pour toi, comme la neige,
Dis-moi, dis-moi ce que je sens ;
Dis-moi, ce qu'est ma peur !
Puis dévoile le secret de ma crainte.

Si tu perces les mystères et les expliques
Dis-moi, dis-moi pourquoi, j'ai tardé à te parler.
S'il est vrai que tu - pardonnes - comprends.
Et Dis-moi que j'ai seulement balbutié ;
Mais, devine, que je t'aime
Et, dis-moi ton amour.

<><><><><><><><><><><><><>

"Louise-Marie", le premier boléro connu de *Frédo,* enregistré sur ce même album a peut être, (c'est dommage d'ailleurs) occulté **"Dis-moi"**, qui est, au demeurant, une pièce d'une rare beauté, exécutée avec maestria, par une équipe-septent au sommet de son art. Toujours est-il que *Frédo* a, par la suite confirmé son talent dans la composition des boléros à succès, puisqu'il a réitéré l'exploit de **Louise-Marie** avec, en 1968, son deuxième boléro à succès, **Gisèle,** composé à partir d'une poésie de Manfred Antoine. Et puis, les rendez-vous, avec le succès face au public les boléros de Frédo, devenaient automatiques; **Toi et moi en 1969, Frédelyne en 1972, Padoné-mwen en 1973, L'été en 1974, Désillusion et Bon Anniversaire en 1975,** et le dernier, connu à cette date, **Marie-Lourdes en 1985,** constituent, s'il en était besoin, des preuves édifiantes.

Le même *Album D65* renferme, en 4e position sur la *face A,* un *Calypso* d'une excellente facture, *"Déclaration Paysanne"* dont l'audition est vivement conseillée à chaque mélomane; l'un de ces arrangements dont Hulric Pierre-Louis a le secret, et qui font de Septent un orchestre si prestigieux. Dommage, d'ailleurs, que Jean-Claude Édouard, le compositeur de ce chef-d'œuvre, ne soit resté que 3 ans environ au sein de l'orchestre Septentrional et qu'il ne nous ait laissé qu'une seule œuvre connue; de plus, et c'est dommage que, durant le temps de son passage, au lieu de s'affirmer comme chanteur-compositeur pugnace, *"Dalido",* de son sobriquet, se soit cantonné dans le rôle-ghetto de chanteur de charme.

"Déclaration Paysanne" *(1965)*
Composition & Vocal : Jean-Claude Édouard
Orchestration : Hulric Pierre-Louis
Rythme : Calypso
<><><><><><><><><><><><><>

Madmwazèl, m ap di wou bonjou

Répon n mwen, la bon pou wou

Yo rélé mwen Oksilon,

Pitit Prévilon ki kon n fé pilon

Bò anro, kot frè Viladwen an,

Pi bèl kay tòl la sé pou mwen

Mwen genyen kat kawo tèr

Dis bèf ~fenmèl, disèt kabrit~manman

M w pa ka p konté bèt volaj

Plantasyon men m sa sé laraj

*

Ti lanj ki sot nan syèl

Répon-n mwen, wa wè!

Mwen déja touparé

Poum fè sa t ap t ap

Superbe calypso, en vérité. Pourtant, quand on parle du rythme calypso, les *"septentrionalistes des premières heures"* ne tarissent pas d'éloges à l'endroit de Raymond *"Colo"* Pinchinat qui reste, pour eux, *"le spécialiste du genre"*. À en juger par *"Senk goud pa gen monnen"*, *"Amalya"* ou *"Véla"*, nous ne pouvons que confirmer la justesse de leur point de vue. C'est grâce au Groupe *"Haïti Chérie"* du Feu-Vert Night-Club, un dérivé de Septentrional, dirigé par monsieur Marcel Odilon Gilles, qu'une *succulente méringue*, que *Colo Pinchinat* a écrite en 1954, pour Irma Michel, *"la Grosmornaise"*, qu'il ne tarda pas à épouser, a été enregistrée sur disque-vinyle en 1972 ; nous en reproduisons, ici, le texte.

"La Grosmornaise" (1954)
Composition : Raymond "Colo" Pinchinat
Vocal : Thomas David - Rythme : Méringue

Elle est belle, elle est gracieuse et très coquette;
Son sourire attire les cœurs les plus méchants;
Elle est une grosmornaise, émanant de son surnom;
Elle fait trembler mon cœur plein d'affection.

Viens, oh viens gentille grosmornaise,
Viens, mettre mon petit cœur à l'aise;
Oh! Monsieur, laisse-moi tranquille,
Tu ressembles à une punaise
qui se promène en ville!

Ce fut son premier mot d'amour,
Sans faire un coup d'œil au carrefour;
Elle regarde par dessus de ma tête, et vit mon nom,
En grosses lettres, gravées : « palto ravèt ».

Elle sourit, s'approche de moi, c'est une folie;
Tout de suite, je lui récitai des poésies ;
Je la charme, à l'instant,
Puis son cœur, très gaîment,
Eut pitié de mon grand dévouement

Viens, oh viens gentille grosmornaise,
Viens, mettre mon petit cœur à l'aise;
Ô! Monsieur, veuilles me pardonner,
De t'avoir trop injurié, allons-nous marier

Ce fut son second mot d'amour,
Sans faire un coup d'œil au carrefour;
Elle regarde par dessus de ma tête, et vit son nom ,
En grosses lettres, gravées : « palto ravèt ».

À côté de cette méringue, *Colo* Pinchinat a aussi composé pour Septentrional une musique dont Pierre Blain et son groupe en ont fait un succès qui a fait le tour d'Haïti à une vitesse effarante: *"Médam Alèrkilé"* que le même Pierre Blain a enregistré, sous le titre de «*Complément Direct*» sur disque-vinyle avec *l'Ensemble de Nemours Jean-Baptiste* dont il était devenu le chanteur principal au début des années soixante.

"Médam, alèr kilé" (1959)

Composition : Raymond "Colo" Pinchinat
pour Septentrional - Rythme : Calypso

<><><><><><><><><><><><><><><><><><><>

Médam, alèr kilé,
Yo gen yon lòt sistèm;
Vyand yo pa men'm lavé,
Yo mété'l nan chodyèr;
Soulyé yo pa nétoyé,
Y'ap maché nan lari.

*

Yo di'm sé Mago, Sépavré

Yo di'm s'Antwanèt, Sépavré

Yo di'm sé Jizèl, Sépavré

Yo di'm sé Mago, Sépavré

Yo di'm sé Jani'n, Sépavré

*

Époutan, sété Madanm Dodo Bodyèr Médam

<<><><><><><><><><><><><><><><><>>

Colo Pinchinat avait surtout, avant de tirer sa révérence en 1959 comme musicien de Septentrional, composé une pièce majeure, Calypso Créole que Raoul Guillaume a popularisé et enregistré sur disque sous le nom de *"Véla"*. Mis à part Raoul Guillaume à qui Colo avait vendu les droits d'auteur pour l'interprètation de ce calypso créole, Ernst *"Nono"*Lamy a arrangé, *"Véla"*, en *Calypso/Méringue* que Michel Pressoir a chanté sur un disque que le pianiste *Edner Guignard et son groupe de l'Hôtel El Rancho* ont réalisé en mai 1960. Poutant, l'orchestre Septentrional qui a créé Calypso Créole (*Véla*) n'a jamais eu l'opportunité de l'enregistrer sur disque.

"Calypso Créole (Véla) (1957)
Composition : Raymond "Colo" Pinchinat
Rythme : Calypso

<><><><><><><><><><><><><><><><><>

Véla, ou gen yon pantouf, ak yon sandalèt, ou bezwen maryé

Mè-z-aprézan, ou fè foli pou yon kamyonnèt, sa sé vanité

Sonjé byen, ou pat alamòd, al apran-n mété bèl talon kristal

Anvan w'ou palé de janbon é de sosison, de gwos animal ?

Véla --- Véla --- Véla --- Véla

Colo, je te dis ceci et te dis cela, ce n'est pas ma faute

Tu sais que je suis une femme de tatalolo et de "time blue"

Machèr'm w'oum pa palé fwansé, oum pa palé anglé, mwen palé kréyòl

M-w pa toléré vyé fanm kap palé fwansé, kap jouré manman m.

Véla, toi, tu me fatigues, Véla

Véla, Je jure su ma foi, Véla

Véla, Jamais pour cette fois, Véla

Véla, Tu ne réussiras, Véla

Véla, Mais res-tes donc tranquille, Véla

Véla, Toi qui me taquines, Véla

Véla, Et toujours Toi qui me fatigues, Véla

Véla, que le tonnerre t'écrase, Véla

Véla, Je n'aime pas ça , Véla

Véla, mais ça alors, Véla

<><><><><><><><><><><><><><><><>

Le 25 juin 2011, Raymond «Colo» Pinchinat s'est éteint

Raymond « Colo » Pinchinat, capois de souche, grandit dans une famille de musiciens. Sa mère donnait des cours particuliers de solfège et de piano, et c'est elle qui, naturellement, initia le jeune Raymond à l'art de la musique théorique et à la pratique du piano. C'est en 1952, l'année où Septentrional fut engagé pour animer les soirées dansantes à Rumba, que Colo Pinchinat fit son entrée dans l'orchestre pour remplacer, avantageusement d'ailleurs, Bòs Pierre Jacques comme saxophone-ténor.

Dès son arrivée au sein de l'équipe, il ne tarda pas à se révéler comme le plus brillant et le plus féru de connaissances théoriques et pratiques du solfège et de l'art de la composition. Musicien multi-instrumentiste et compositeur de talent, Colo rivalisait avec le maestro Hulric Pierre-Louis comme compositeur de la *méringue traditionnelle*; mais il était, de manière incontestable et incontestée, le spécialiste du *calypso*, le tout nouveau rythme jamaïcain qui faisait rage en Haïti. C'est dans ce rythme qu'il composa d'ailleurs pour l'orchestre des pièces d'une très grande qualité : «*Senk goud pa gen monnen*», «*Amalya*» ou «*Véla*» entr'autres. En 1954, il écrivit pour Irma Michel, une jeune femme de Gros-Morne qu'il épousa en premières noces, une succulente méringue : «*La Gros-Mornaise*» qui est aussi la seule pièce de Colo Pinchinat enregistrée sur disque par le *Groupe Haïti Chérie* qui vécut à l'ombre de Septentrional.

Avant de laisser l'orchestre à la fin de l'année 1959, il composa avec Septent deux gros succès : «*Médam alèr kilé*» et «*Machan'n Poul*». Immédiatement après son départ de l'orchestre, il offrit «*Machan'n Poul*» au Jazz Caraïbes, puis à l'Ensemble de Webert Sicot; mais c'est l'Ensemble de Nemours Jean-Baptiste qui alla enregistrer sur disque «*Médam alèr kilé*» sous le titre insolite de «*Complément Direct*». Tout comme *Madan Bonga* en 1969 et *Temwanyaj* trente ans plus tard, tous les groupes musicaux haïtiens jouaient, en 1960, *Médam alèr kilé* de Septent; mais c'est surtout Pierre Blain, avec son nouvel Ensemble, qui alla décrocher la timbale non seulement en récupérant le musicien comme saxophoniste pour son groupe mais aussi, en faisant de cette composition de *Colo* Pinchinat un méga succès qu'il ne tarda pas, lui aussi, à enregistrer sur disque sous le tire de «*Madanm Dodo Bokyèr*».

À Port-au-Prince, Colo devenait l'objet de toutes les convoitises. Tous les grands ténors de la musique haïtienne le voulaient comme membre de leur équipe, et se sont approprié ses compositions à succès, sans scrupules dans la plupart des cas. Notamment : «*Véla*» que le grand Nono Lamy adapta pour l'orchestre de l'Hôtel El Rancho de Edner Guignard ou «*Amalya*», un autre calypso de Septent composé par *Colo* Pinchinat que l'Ensemble de Raoul Guillaume a également enregistré sur disque.

Au début des années 60, avec le trompettiste Rigaud Fidèle, un cofondateur de Septentrional, Colo Pinchinat s'aligne comme saxophoniste ténor dans le rang des musiciens de l'Ensemble de Webert Sicot pour qui il composa, harmonisa et surtout agença la ligne des hanches, la plus belle après celles de Issa El Saieh et de l'orchestre Septentrional. À l'occasion d'ailleurs d'une des très rares entrevues que Webert Sicot accorda à la presse, il disait sans coup férir que Rigaud Fidèle et Pinchinat sont les deux musiciens haïtiens qui l'ont le plus impressionné; et ce n'est pas peu dire!

La fin des années-soixante a vu la disparition quasi complète des groupes musicaux au format bigband en Haïti. Progressivement d'abord, à partir de 1972, puis définitivement au milieu des années-soixante-dix, *Colo* revint dans son alma mater où il vécut jusqu'à ce samedi 25 juin 2011. Tout comme sa mère le lui avait appris, pendant les dernières décennies de sa vie, il dispensa au Cap-Haïtien des cours de solfège à tous ceux qui en éprouvaient le besoin, mais en particulier, il instruisit les recrues de l'orchestre Septentrional à l'art musical avec maîtrise et une passion caractérisée pour l'art qu'il a toujours professé. Dommage qu'un musicien-compositeur de la classe de Raymond *Colo* Pinchinat ne vécut qu'une si brève carrière de sept ans avec l'orchestre Septentrional.

Quoi de plus ennuyeux qu'un être sans défaut.
C'est une anomalie de la nature même pour un chrétien.

Marie-Claire Blais

Michel Tassy, **chanteur**
depuis 1963

Un devoir de mémoire impose ce parcours guidé, sur la vie de Michel Tassy, une légende vivante qui compte, aujourd'hui, plus de cinquante années de vie artistique ininterrompue dont 49 comme chanteur titulaire d'un même groupe musical, l'orchestre Septentrional en l'occurrence. C'est un record absolu de longévité dans ce domaine en Haïti et un record mondial, tout juste derrière Mick Jagger des Rolling Stones. En effet, après Mick Jagger qui a entamé sa légendaire carrière avec les Rolling Stones le 12 juillet 1962, Michel Tassy, sans vraiment effectuer une période de stage, a joué avec Septent son premier bal comme chanteur titulaire, dans la ville du Borgne, le lundi 4 novembre 1963, à l'occasion de la St-Charles-Borromée. Michel Tassy comptera donc, en 2013, cinquante années de présence comme chanteur, et également un demi-siècle de bons et loyaux services au sein de la même et seule formation musicale. Aujourd'hui encore, sur le dernier CD 2011 de Septent, Michel Tassy a confirmé, avec « *Pi Douvan* », qu'il est resté la voix de référence de l'orchestre, celle qui identifie « *La Boule-de-Feu* ».

Comparaison n'est pas raison. Mais, tout de même ... **Sir Michael Philip Jagger,** plus connu sous le nom de *Mick Jagger*, né le 26 juillet 1943 à Dartford, dans le Kent en Angleterre, a été solennellement adoubé chevalier par le prince Charles, au nom de la reine Elizabeth II d'Angleterre, le 12 décembre 2003. Michel Tassy pour sa part n'a pas été ennobli; cette marque de distinction n'étant pas en usage dans notre pays. Par contre, avec les maestros Hulric Pierre-Louis et Jacques Jean, il a reçu le 7 septembre 1998 au Palais National, à Port-au-Prince, la plus haute décoration que la République d'Haïti décerne à l'un de ses citoyens : l'**"Ordre National Honneur et Mérite - Grade de Grand Croix, Plaque Argent"** dans le cadre des célébrations du cinquantième anniversaire de l'orchestre Septentrional.

... il était une fois ..., au Cap-Haïtien, un samedi de l'année 1944, le 30 Septembre, naquit un petit garçon, à qui ses parents donnèrent le prénom de Michel, en l'honneur de son divin protecteur, Saint-Michel-Archange. Son père était un commerçant connu de la ville et le petit garçon menait une enfance et une adolescence normales. Comme tous les enfants de commerçants qui avaient pignon sur rue, dans les années quarante ou cinquante au Cap-Haïtien, le petit Michel vivait avec sa sœur dans l'aisance; la maison familiale, d'ailleurs, était un signe tangible d'opulence; une maison blanche, cossue, «*à deux étages*» sur une des avenues principales de la ville du Cap, Rues 14 et 15 L, ci-devant, Rue Espagnole.

Ces années-là, au Cap-Haïtien, quand on était fils de *"notable"*, au sens large, cela pouvait constituer, paradoxalement, à la fois, une *"ouverture"* et une *"barrière"* puisque, d'une part, le gardien du stade vous laisse, gracieusement, entrer pour assister à un match de football, mais d'autre part, à l'heure du retour à la maison, votre père vous y attendait de pieds fermes, étant informé par ce même gardien peut-être, de cette sortie qui n'était pas explicitement autorisée. En général, l'aventure se terminait rarement sur une simple réprimande; plus d'un en a gardé des souvenirs plutôt désagréables. Michel Tassy, comme tous les enfants et adolescents de son âge, plus souvent que rarement, en a donc eu pour son compte.

Michel Tassy est, à 16 ans en 1960, un adolescent passionné de l'orchestre Septentrional qui, à cette époque, comptait dans ses rangs des musiciens auquel il pouvait s'identifier : Jacques Jean dit *TiJak alto*, l'ami de tout le monde, Roger Colas, de sept ans son aîné, à la fois son idole et son voisin de quartier, ainsi que Jacques François *alias TiJak twonpèt*, qu'il admirait déjà du temps où ce dernier jouait de la trompette dans l'*Ensemble Anacaona* du maestro Camille Jean.

C'est justement à cette époque que Michel Tassy commença à jongler avec les temps d'absences et de présences de son père à la maison pour fuguer. Il prit l'habitude de surveiller le passage de Roger Colas qu'il accompagna jusqu'à Rumba et assura, ainsi, sa participation aux répétitions de Septentrional. Son visage d'enfant, au cours des années cinquante, puis d'adolescent au début des années soixante, devenait familier dans l'environnement de l'orchestre. *Bòs Pyèr*, le gardien impavide des entrées et des sorties de l'enceinte de Rumba Night-Club, le laissa complaisamment *"passer"* sans demander des comptes. Il était, même, fier d'aller faire des *"petites commissions"* pour ses idoles et de plus, il savait, par exemple, qu'il pouvait garder la monnaie rendue sur un billet de deux gourdes, quand il allait acheter un paquet de *"Lucky Stricke"* pour le maestro Pierre-Louis. Au début des années 60, pour un adolescent, 25 centimes avaient de la valeur.

Au cours de la période susmentionnée, Septentrional meublait ses dimanches, à Rumba, avec un **Cocktail Dansant** (*pour les enfants et les adolescents-enfants*) **de 15h30 à 18h30** avec une pause d'une heure à une heure et demie avant un **Thé Dansant, de 20h à minuit,** pour les adultes, les adolescentsadultes, les adultes précoces ou *des adultes en devenir*. Le Thé Dansant du dimanche soir était, généralement, retransmis en direct sur les ondes de la Radio Citadelle et donnait lieu à de nombreux bals de quartier, un peu partout, à travers la ville du Cap-Haïtien et dans toute la banlieue proche du Cap, où des récepteurs de radio pouvaient syntoniser, avec aisance, les longueurs d'ondes de cette station.

C'est la période de l'été 1959; le père de Tassy ne rentrait jamais avant 22h30 le dimanche soir et Michel le savait. Il savait même, d'après ce que disaient les *"mauvaises langues",* que son père passait systématiquement ses soirées du dimanche *"chez Kathy"*. Fort de cette impunité et bénéficiant, en outre, de la complaisance de certains musiciens de Septent et peut-être même, de la complicité des *"garçons de service de Rumba"* qui devaient s'assurer que tous les participants au bal d'enfant avaient vidé les lieux avant le début du Thé Dansant, Tassy pouvait participer aux deux premières heures du Thé Dansant et laissait Rumba, invariablement à 22h chaque dimanche; c'est à ce moment qu'il faisait un sprint de seize minutes de Rumba (Parc Vincent du Carénage) jusqu'à son domicile (Rues 15 et 14 L); il avait juste le temps de se déshabiller, pour que son père, qui rentrait vers 22h30, le trouve sagement installé dans son lit, en train de "dormir".

Mais, tant va la cruche à l'eau qu'à la fin elle se casse. Un dimanche, le jeune Michel, emporté par l'ambiance de Rumba, s'est trompé sur l'horaire; c'est à 22h35, à l'intermède, que Rigaud Fidèle, co-fondateur et trompettiste de l'orchestre, vint rappeler l'heure avancée à Michel; l'adolescent, pris de panique, battit un record de vitesse pour arriver chez lui en moins de treize minutes. Trop tard, il était 22h49 et son père rentré, plus d'un quart d'heure avant lui, l'attendait, armé d'un *"koko makak"*; le pot aux roses était découvert et Tassy reçut la volée de sa vie. Mais assez souvent, ces affrontements, père/fils, donnent lieu à des prises de décisions irréversibles de la part de l'adolescent frustré ou, carrément en rébellion. Cette intervention musclée arrivait beaucoup trop tard dans un monde trop vieux. Tassy était déjà inoculé par le "virus~Septent".

201

La mort de son père survint peu de temps après; ce qui allait, enfin, lui donner les coudées franches et lui offrir la possibilité de se laisser guider par les élans de son cœur. Le mélomane ne tarda pas à passer de l'autre côté de la barricade et à dix-huit ans, en 1962, il débuta sa carrière de chanteur dans l'orchestre Anacaona du maestro Camille Jean aux côtés, entr'autres, de: Rolin Abucnotte, co-fondateur et trompettiste du futur orchestre Tropicana et de Jean-Baptiste Jean mieux connu sous le prénom de Wilfrid, tambourinaire, qui a connu, par la suite, une longue carrière avec l'orchestre Tropicana.

L'orchestre Septentrional, plutôt qu'un compétiteur, représentait un vivier pour l'orchestre Anacaona du maestro Camille Jean, qui jouait quasiment toutes les partitions de Septent que ses musiciens pouvaient exécuter avec aisance. Un musicien de l'orchestre Anacaona, comme ce fut le cas pour *TiJak twonpèt*, était, par conséquent, en position favorable pour intégrer le rang des musiciens de l'orchestre Septentrional; et Michel Tassy le savait. Un jour de 1963, le maestro Hulric Pierre-Louis, sous l'impulsion de Roger Colas qui jouait des pieds et des mains pour intégrer Tassy dans "l'équipe~Septent", proposa à l'impétrant une audition. Le test fut concluant. Tassy avait, désormais, le pied à l'étrier; il n'avait plus qu'à enjamber la monture.

En 1963, n'était pas admis, comme musicien titulaire de l'orchestre Septentrional, qui le voulait ; par contre, les chances de Michel Tassy étaient réelles puisque Jean-Claude Pierre intégré dans le rang des musiciens depuis 1958 ne chantait qu'en chœur; Roger Colas était, par conséquent, le seul chanteur de l'orchestre, à partir du printemps de 1963, après l'éviction récente de Thomas David (ce ne fut d'ailleurs pour ce dernier que la première d'une longue série). Roger Colas encouragea donc Michel Tassy de son mieux, le prit en charge même, lui apprit à jouer les percussions, les crécelles (*tchatchas*) notamment, et l'aida à poser sa voix. Mais Hulric Pierre-Louis n'était pas un homme à qui on pouvait forcer la main. Pour devenir musicien de Septentrional, il fallait être convaincant et compétent. En 1963, l'orchestre bouclait sa quinzième année de fonctionnement sans discontinuité; la notoriété de Septent était désormais établie. C'est *ce Septent-là* que Michel Tassy, affectionnait, convoitait et courtisait.

Un dimanche d'octobre de l'année 1963, le 6 octobre, à la Salle Paroissiale attenante à la Cathédrale, Septent animait le festival traditionnel qui précède le lundi de la « Messe du Saint-Esprit »; au moment où l'orchestre s'apprêtait à jouer *"Ti Nani"*, une nouvelle composition du maestro Hulric Pierre-Louis, chantée par Roger Colas et qui connaissait un succès énorme, la foule en liesse scandait le nom de son idole, Roger Colas, qui était en 1963 l'artiste-chanteur confirmé et adulé de l'orchestre. Mais contre toute attente, Roger Colas descendit les marches du podium, vint chercher Michel Tassy dans l'assistance, le prit par la main et lui tendit le micro pour chanter *"TiNani"* à sa place. On est altruiste ou on ne l'est pas; et Roger Colas, de son vivant, l'avait toujours été. Quel beau cadeau pour le jeune Michel qui venait tout juste, une semaine auparavant le 30 septembre, de célébrer son dix-neuvième anniversaire de naissance. Un prêté pour un rendu, vingt-deux ans plus tard, en 1985, quand vint le moment d'entrer en studio pour enregistrer le disque *"Bèl Ayiti"*, Colas qui effectuait son retour progressif n'avait pas de nouveau registre dans l'orchestre; Tassy lui laissa *"Toto"*, que Frédo venait de composer pour lui. La *"réintégration"* de Roger Colas fut ainsi faite avec *Marie-Lourdes* et la moitié de *Toto* qu'il partagea avec Tassy. Voilà comment on devient, quelques décennies plus tard, le chanteur N°1 du doyen des orchestres haïtiens de musique populaire de danse. Voilà comment on détient également un record mondial de longévité du chanteur haïtien qui a le plus longtemps évolué dans le même groupe musical.

Michel Tassy a connu, à Rumba, les *Bamboches Créoles* à UNE GOURDE le billet d'entrée. Il a fait partie de la première tournée nord-américaine en 1966 et il est entré avec l'orchestre dans *"Lakay"* du Feu-Vert au mois de décembre de la même année. Il a chanté avec Septentrional, à Manhattan, tant au prestigieux Madison Square Garden de New-York en 1975 qu'au Lincoln Center, de renommée mondiale, en 1998, l'année du cinquantième anniversaire de l'orchestre; la même année, Michel Tassy a été congratulé, au Palais National, par monsieur René Préval, président de la République d'Haïti. Il a chanté, sauf à deux exceptions en 1964, sur TOUS LES ALBUMS de Septentrional: *Abitan, Pwoblèm et Dansé Sèptantriyonal*, sur un premier disque-vinyle 33 T, 30 cms en 1963 et avec autant d'aisance, sur les trois avant-derniers CD, sur lesquels il a chanté: *Konsolasyon, Bonjou Mari, Abitan #2, le 50e, Loudi, Vanésa, Pi Douvan* et *Pa Fèm sa* (en reprise avec plus de quarante ans d'écart).

Tassy a également participé à tous les rendez-vous carnavalesques depuis 1964 dans "LaKolomb" jusqu'à "OBÉYI" en 2008, "LIT, LIT" en 2009 et "Douvan Ayiti" cette année en 2012. Le public ne le lui a pas toujours bien rendu. Tassy était désigné, à tort d'ailleurs, et un peu ironiquement comme "chantèr kanaval" alors qu'il s'exécutait, déjà, dans des registres aussi structurés que *Kawòl, Sa-w fèm konsa(Bou-n), Djèdjè, Dim sa-k pasé, Pran kouraj, Konpè Kabwit, Feu Universel, Fanatik Mondyal, Mari Jozé, Sésa lavi, Pélérinaj, Surpriz, Gladys, Adélina, Jalouzi, Mona ou Tanbou Fwapé*. Il ne fut accepté par le public capois, comme chanteur de classe, qu'à partir de 1970 quand il revint de la Guadeloupe avec la belle chanson "*Lucie*" de David Martial qu'il interpréta avec un brio à nul autre pareil.

Avec **Douvan Ayiti**, la méringue carnavalesque 2012 de Septent, l'orchestre vient de raffermir son regain de vitalité amorcée avec la sortie du **CD Pi Douvan** en 2011. Septent, du même coup, confirme sa place dans le Carré d'As des meilleurs groupes musicaux haïtiens, d'hier, d'aujourd'hui et de demain. C'est depuis 1964 donc que Michel Tassy crée, personnalise même avec sa voix captivante, 49 des méringues carnavalesques successives de l'orchestre Septentrional. Un record absolu. Sa voix reste inaltérée jusqu'ici. Un homme bien né. Tout le monde ne peut pas en dire autant. C'est une bénédiction pour l'orchestre. Bravo et Pi Douvan Septent; Bravo et Pi Douvan Tassy.

Mais, quand un chanteur comme Herby Widmaiër évolue au sein du Big

Band de Issa El Saeih au côté de Guy Durosier ou qu'Emmanuel Auguste, par exemple, évolue avec Gérard Dupervil au sein du Super Jazz des Jeunes ou enfin, Michel Tassy, avec Roger Colas dans l'orchestre Septentrional, il n'est pas étonnant qu'ils grandissent, l'un ou l'autre, à l'ombre de ces géants. Car ces *trois bons hommes (Guy, Gérard ou Roger)* sans peut-être le faire exprès, occupent toute la place.

Tassy est un chanteur authentique, dont la voix fait ressortir toute sa personnalité. Quand il a repris, sur disques, des succès de Roger Colas tels que: *Tifi ya levé* en 1979, *Machan-n Akasan et Éva* en 1981, *TiJoujou* en 1984 ou *Bonjou Mari* en 1999, il a investi toute sa personnalité dans ces chansons sans essayer d'imiter la façon de faire de son idole à ses débuts. C'est lui qui, le premier en Haïti, en 1965, a interprété avec Septent « *Les Gens du Nord* » que Enrico Macias venait de créer un an auparavant; ensuite, en 1970, c'est également Michel Tassy qui a chanté et popularisé avec Septent, *"Zakalakatéléman"*, que tous les groupes haïtiens ont repris. La manière dont il pose sa voix dans *"Bèl Éfòr"* en 1989 ou *"Anita"* sur le *"CD Témwanyaj"* en 1997 constituent des exemples de maîtrise inégalables, frisant la perfection.

Le secret de sa longévité réside, indubitablement, dans la discipline de vie qu'il s'est astreinte. Il ménage son énergie du mieux qu'il peut. À s'y méprendre, on pourrait même le croire hypocondriaque. Il n'en est rien. René Pluviose par exemple, un de ses ex-collègues musiciens, est là pour en témoigner : « *Michel Tassy, nous dit-il, du temps où nous faisions partie de la même "équipe~Septent", était l'un des rares musiciens, si ce n'était le seul d'ailleurs, qui ne partait jamais en vadrouille dans la matinée qui suivait une prestation de l'orchestre à Port-au-Prince ou ne quittait jamais l'hôtel dans l'après-midi ou la soirée qui en précède une; après un voyage ou une prestation il récupérait ses forces par de bonnes heures de sommeil, une douche et un bon repas* ». Et depuis Michel Tassy cultive la même discipline de vie. C'est peut-être ce qui explique que sa voix soit restée immuable, celle qui identifie certainement, ou personnifie même peut-être, l'orchestre Septentrional depuis quarante-neuf ans. (1963 à 2012).

MÉ YON MÉSAJ MICHÈL TASI POU TI JÈU'N YO (Kréyòl)

Question : Michel Tassy, èské ou gen yon mésaj pou Ti Jèu'n yo k ap fè la muzik ?

M. Tassy : Ti Jèu'n yo – Mésaj m ap voyé pounou : PA PWAN DWÒG, pou nou di ké sé dwòg ki pou fè nou chanté; Sé pa vré.- Sa pa égzisté. Sé pa dwòg ki fè mou'n fè anyen. Paské chanté gen kòb ladan; si dwòg té kon'n fè mou'n chanté, sé dè milyon de mou'n kitava annik pwanl pou yo ta vi'n gwo chantèr otomatikman. Sé pa vré. Sa pa égzisté.-

M. Tassy : Le plus souvent, gen yon tandans : chak fwa ké yon nonm nan yon gwoup muzikal, li toujou gen tandans antré nan jan dé bagay konsa : Nan pwan dwòg, nan pwan tout kalité kozé konsa. Ébyen, mou'n nan, pou li ta fè ventan, ven'senkan nan karyèr sa a, li pa fè plus ké dézan. Lèur ou mandé pouli, yo di wou : al sou plas la, wa wè m'syé. M'syé fi'n gaga tèl koté.

M. Tassy : Mwen ta swété ké jèun'n yo, nou nan yon gran péyi, pito nou alé lékòl pou n al apran'n muzik. Si nou renmen karyèr sa a, alé lékòl. Pa lagé kòr an nou nan drivé, nan pak, nan fimen dwòg, nan tout vyé kozé konsa. **Sa sé prémyé mésaj ké mwen ka voyé pou nou, jèu'n yo.**

M. Tassy : Épi, answuit, **dézyèm mésaj,** mwen ta renmen voyé **pou ti jèu'n yo** : PA GEN ANBISYON. Lèur nou nan yon gwoup, ki ap maché trè byen, sila di : Bon, mwen kité nou pou m al fè gwoup pam. Gwoup paka rété isit. Pendant ce temps, wap gadé nan TV, tout gwoup pa bò isit : o Kanada, o Zétazuni, ap dégajé yo twè byen … men nan milye ayisyen, gwoup paka fè 8 mwa paské mou'n nan bézwen BÒS, bézwen MYÈSTWO.- Alors, pou tout ti jèu'n ki ta vlé fè yon karyèr nan muzik, mwen lansé mésaj sila : UNI NOU, PAS DE TRIPOTAJ.- Konsa, n ap rivé jwen'n s a n ap chaché ya.

Question : Tasi, Ou di nou ké ou pa janm pwan dwòg, anplus ou ba ti jèu'n konsèy pou yo pa antré nan bagay konsa, men, suksè ké ou genyen an, koté ou jwen'n li ? Ba jèu'n yo sekrè a ?

M. Tassy : Ti Jèu'n yo : Suksè ké mwen genyen an : SÉ REPOZÉ MWEN REPOZÉ'M : mwen dòmi byen, mwen manjé byen, mwen pa nan vagabondaj.- épi That Set.- Dépi ké ou mété bagay sa yo an pratik, w ap jwen'n sa wap chaché a.- Men, si ou fè lekontrèr, ou pa ladan'l : Ou antré épi ou soti touswuit. Ou fini.-

Question : Alò, Sé sa ki fè ké vwa Tassy toujou rété osi jèu'n ?

M. Tassy : Anvérité, ou mèt di sa fò.-

MESSAGE DE MICHEL TASSY À LA JEUNESSE (Français)

Question : Michel Tassy, avez-vous un message à l'intention des jeunes qui embrassent la carière de musicien ?

M. Tassy : Chers jeunes, le message que j'ai pour vous est clair : ne consommez pas de drogue. Arrêtez de croire que la drogue peut vous aider à mieux chanter (performer).- C'est faux, cela n'existe pas. La drogue n'y est pour rien. C'est vrai, qu'il y a de l'argent à faire en chantant, si la drogue y était pour quelque chose, des millions de personnes sans talent, l'auraient consommée et deviendraient virtuoses de la chanson (grands chanteurs) automatiquement.

M. Tassy : D'une manière presque généralisée, il y a une tendance lourde chez les jeunes musiciens, qui consiste à consommer ces substances dopantes. Je le répète, la drogue ne peut procurer à un musicien le talent qu'il n'a pas. Les musiciens qui empruntent cette voie, au lieu d'avoir une carrière de 20 ou de 25 ans, ils en ont une de deux ans au maximum. Et après, ils deviennent des gens dépendantes de la drogue et complètement désorganisées, sans domicile fixe; des «gagas» qui peuplent les places et autres lieux publics.

M. Tassy : J'aurais souhaité que les jeunes, s'ils aiment vraiment la musique, comprennent qu'ils vivent dans un pays offrant d'immenses possibilités, qu'ils aillent de préférence à l'école pour apprendre la musique plutôt que de succomber à la tentation. C'est le premier message que j'envoie à la jeunesse.

M. Tassy : Mon deuxième message aux jeunes : Ne soyez pas envieux. Quand vous êtes musiciens d'un groupe qui marche très bien, ce n'est pas le temps de créer la zizanie, ni de penser à former votre propre groupe. C'est la raison pour laquelle l'existence des groupes musicaux haïtien est si éphéjères. Pendant ce temps, quand on regarde la télé, on constate qu'au Canada et aux États-Unis les groupes canadiens ou américains fonctionnent très bien, par contre dans le milieu haïtien, nos groupes ne peuvent durer plus de huit mois. Le jeune musicien veut trop vite devenir BOSS; tout le monde veut devenir MAESTRO. Pour les jeunes qui veulent faire carrière dans le domaine musical, je vous lance ce message : Unissez-vous, Évitez le potinage. Ainsi, votre objectif sera atteint.

Question : Tassy, vous nous avez dit que vous n'avez jamais consommé de la drogue, et de plus, vous conseillez aux jeunes musiciens de ne pas s'y aventurer, mais d'où vient votre succès ? Partagez la recette avec les jeunes musiciens.

M. Tassy : Aux jeunes, je dirai que ma recette du succès c'est d'abord une saine habitude de vie, je dors bien, je mange bien, je mène une vie rangée sans débauche. Et, c'est tout.- Il suffit pour les jeunes, de mettre ces choses en pratique pour atteindre leurs objectifs. Mais, s'ils font le contraire, ils vont rater l'objectif et, c'est la fin de leur carrière.

Question : Alors, c'est à cause de cette discipline de vie que le registre de votre voix reste toujours jeune?

M. Tassy : En vérité, il faut le claironner sur tous les toits.

Michel Tassy est d'une fidélité sans faille, à l'égard de Septentrional. Aujourd'hui, il a des états d'âme et devient un peu capricieux. Il a même, peut-être parfois, des réactions imprévisibles, mal adaptées aux circonstances. Mais quand il se rend compte qu'il évolue dans un Septent *sans Colas, sans*

Frédo, sans Loulou, sans Chòchò, sans Papou, sans Bòs Renm, sans Ti Jak piston, sans Jocelito et Ten'gé, sans TiJak alto et progressivement, depuis 2003 jusqu'à sa mort en 2009, sans le maestro Hulric Pierre-Louis, cela peut influencer un comportement humain, à bien des égards. Nonobstant, la place de Tassy reste au sein de l'orchestre Septentrional, qu'il a administré à partir de Janvier 1996 jusqu'en 1998. Depuis cette date, il reste membre de son Conseil d'Administration dont il est le vice-président en exercice.

Entre *Abitan* en 1963 et *Pi Douvan* en 2011, Septent a exécuté sur disques plus de 150 de ses compositions et interprétations sous le protocole vocal de Michel Tassy. Des titres prestigieux qui pourraient se faire pâmer d'envie n'importe lequel des chanteurs connus, haïtiens ou étrangers.

Michel Tassy, pour être dans le vent n'était pas en reste face à cette pratique qui constituait la grande mode des année 80, celle des albums-solo qu'un musicien enregistrait en parallèle : Cubano et Mario Mayala du Skah-Shah; Roger Colas et Thomas David de Septentrional; Shoubou du Tabou Combo; Daniel Larivière et TiBlanc de Tropicana ... Michel Tassy en a enregistré deux pour son propre compte, le premier en 1982 avec 5 titres : **Lamercie** de Guy Durosier, **Pasyans ma Fiy** de l'orchestre Saieh, **Lucie** de David Martial, **Bénita** de Raymond Chavannes et du Quatuor Les Charmeurs et **M ap Toufounen'w**. Le second, en 1990, avec 5 titres également : **Lamityé Kaba, Pitit Bon Dyé** et **Abitan** de Roselin Antoine (*Trétré*), **La Sirè'n, LaBalè'n** de l'orchestre Saieh et **El fruto de nuestro amor** de Camboy Estevez.-

Une société, pour survivre, a besoin de mythes. Septent, pour s'identifier a besoin de la voix de Michel Tassy. Que ce mariage d'amour continue d'exister le plus longtemps et même au delà du possible. Merci Michel, Septent te voue du respect et de la vénération.

PALMARES de Michel Tassy, chanteur

Abitan (**UPL**) -- Dansé Sèptasntriyonal (**UPL**) -- Pwoblèm (**UPL**) --Kawòl (**UPL**) -- Konbit (**UPL**) -- Sa'w fèm konsa (**Frédo**) -- Djo Kannèl (**UPL**)

-- Bòlèt de Feu **(UPL)** -- Machan'n Sowo **(Frédo)** -- Djèdjè **(UPL)** -- Di m Sa k pasé **(UPL)** -- Pwan kouraj **(UPL)** -- Konpè Kabrit **(UPL)** -- Nou Renmen sa **(UPL)** -- Kanaval Dous **(Frédo)** -- Feu Universel **(UPL)** -- MariJozé **(Frédo)** -- Fanatik Mondyal **(Frédo)** -- Asé pou Fanm **(Frédo)** -- Ou Fè Chita w'ou **(Frédo)** -- Sé sa Lavi **(TiJéra JanBatis)** -- Mona **(TiJak Alto)** -- Animasyon Kanaval 68 **(Frédo)** -- Juanita **(Frédo)** -- Pélérinaj **(Frédo)** -- Tanbou Fwapé **(UPL)** -- Surpriz **(UPL)** -- W a Vini **(Frédo)** -- Gladys **(TiJéra JanBatis)** -- Twa Krab **(UPL)** -- Banbòch Kanaval 69 **(Frédo)** -- Fabolon **(Frédo)** -- An Nou Koupé Bwa **(UPL)** --Apollo XI **(Frédo)** -- Adélina **(Frédo)** -- Évolusyon Kanaval 70 **(Frédo)** -- Fanm Ruzèz **(Frédo)** -- JaLoulouZizizi **(Frédo)** –Zakalakatéléman -- Ti Poulèt **(UPL)** -- Avilisman **(Frédo)** -- Pa Fèm sa **(Frédo)** -- Lavi Gason **(Frédo)** -- Nèg Kras **(UPL)** -- Dézakòr **(Frédo)** -- Ti Gason **(Frédo)** -- Kanaval XXVe **(Frédo)** -- Adam et Ève **(Frédo)** -- AnaMari **(Frédo)** -- Jaklen, Jakeli'n **(Frédo)** -- En Hiver **(UPL)** -- Choubouti, Choubouta **(TiJak Alto)** -- Vyèrjina **(UPL)** -- MariLoud **(Frédo)** -- Konplèks (Tonton Jil) -- Chat La **(UPL)** -- Chofèur **(Frédo)** -- Mariz **(Frédo)** -- La Paysanne **(Frédo)** -- Kadéjak **(Frédo)** -- Jinou **(UPL)** -- N ap vi'n fété-w **(Frédo)** -- Kaporal **(Frédo)** -- Sa bèl anpil **(UPL)** -- Afèksyon **(UPL)** -- Kamè n **(Frédo)** -- Angéla **(UPL)** -- Ou sé Kannay **(Frédo)** -- Suspan n palé **(Frédo)** -- Pi'nga Bourik la **(UPL)** -- Choupèt dodo **(UPL)** -- L'Aveugle **(Frédo)** -- Kanaval 77 des Amis **(Frédo)** -- Vakans **(UPL)** -- San Fason **(Frédo)** -- Pa Rélé m **(Frédo)** -- N ap Sové **(Frédo)** -- Nostalji **(Frédo)** -- Jalouzi **(Frédo)** -- Sé Mistèr **(Frédo)** -- Sugar Bum, bum -- Ti Fi ya **(Frédo)** -- Machan'n Akasan **(Frédo)** -- Lékòl (Jacky Délinois) -- Konplèks **(UPL)** -- Éva **(Frédo)** -- Sèptan Dous -- Mwen Kwè nan sa **(Frédo)** -- 33ᵉ Degré (Jacky Délinois) -- Notre Dame **(Frédo)** -- Rozana **(UPL)** -- Papa Loko -- Gason-w Yé **(Frédo)** -- Joujou **(UPL)** -- Bliyé sa **(Frédo)** -- Lavi **(Frédo)** -- Kanaval 84 Kékalòg **(TiJak Alto)** -- Kanaval 85 Bouki **(TiJak Alto)** --Lavi ya sé sa **(UPL)** -- Toto **(Frédo)** -- 36ᵉ Chanpèt **(UPL)** -- Pouki sa N ap Palé **(Frédo)** -- Abitan **(UPL)** -- Bwa Kayiman **(UPL)** -- Plézi Chanpèt **(Trétré)**

-- Ansanm Ansanm **(Trétré)** -- Defwa Ventan **(UPL)** -- Zafè Mou'n **(Trétré)** -- Chanjman **(Trétré)** -- Manman, li jou **(UPL)** -- MariJozé **(Frédo)** -- Piyoup **(TiJak Alto)** -- Bèl Éfòr **(Trétré)** -- Jani'n **(TiJak Alto)** -- Ti krik, Ti krak (Tonton Jil) -- Dwòg la **(UPL)** -- Bòs Dodo (Madsen Sylné) -- Pa Fèm Soufwi **(TiJak Alto)** -- Anita (Madsen Sylné) – Konsolasyon -- Bonjou Mari **(Frédo)** -- Loudi (Yvon Mompoint) -- Le 50ᵉ **(UPL)** -- Abitan # 2 **(Trétré)** -- Vanésa (Frandy Altéma) -- Pa Fèm sa **(Frédo)** -- Pi Douvan (Jocelyn TiBas Alcé)

1ᵉʳ Disque-Solo (1982)

1.- Lamercie (GiDurozyé) – 2.- Pasyans Ma Fiy (orchestre Saieh)

3.- Bénita (Raymond William Chavannes + Les Charmeurs)

4.- M ap Toufounen' wou – 5.- Lucie (David Martial)

2ᵉᵐᵉ Disque-Solo (1990)

1.- Lamityé Kaba (Trétré) – 2.- El Fruto de Nuestro Amor (Camboy Esteves) –

3.- Pitit Bondyé (Trétré) – 4.- Abitan (Trétré) – 5.- La Sirè'n (orchestre Saieh)

"Humanus sum, nihil humano a me alieno puto"
("Je suis homme : je pense que rien d'humain ne doit m'être étranger.")

Térence

Zone de turbulence

Aussi difficile que puisse être ici la démarche, l'histoire peut nous aider à prendre le bon chemin. Plutôt que de sombrer dans le fatalisme, cette doctrine qui considère tous les événements comme irrévocablement fixés d'avance par une cause unique et surnaturelle, nous nous adonnons à un exercice basé sur le cartésianisme. Malgré tout, devant la persistance et l'enchaînement des faits, en dépit de la loi des séries, on peut finir par céder à un certain degré de scepticisme. Le doute est après tout humain.

Quels sont, à cette époque que nous évoquons, ces faits notoires qui restent imprimés dans la mémoire collective de ceux qui vivaient au Cap-Haïtien ?

L'apprivoisement, puis la conquête de Port-au-Prince, ainsi que l'auto-production et la mise en vente de six albums de qualité, en trois ans, constituaient en soi des preuves indéniables de la détermination de Septent à progresser avec le temps et à être le Feu-Vert qui ouvrait la voie. Il n'était surtout pas question de renier ses origines. Septentrional est un orchestre de la province et il a toujours assumé.

Avèk Sèptantriyonal, tout pwovens yo va rèspèkté.

Les conditions techniques dans lesquelles les premiers enregistrements de Septent furent réalisés ont été bien modestes; mais cette défaillance technique a toujours été, fort heureusement, compensée par la qualité du contenu. La route du succès, comme on le sait, est toujours parsemée d'embûches; néanmoins, les jalons étaient posés. Cette période de deux ans, de 1964 à 1966, qui devait augurer d'un avenir serein et prospère pour l'orchestre fut, malheureusement, polluée par un contexte sociopolitique, pour le moins turbulent. Les années soixante en Haïti, c'est l'époque de *PapaDòk* et de ses sbires, les fameux *TontonMakout*.

Nous avons vu comment Septent a frôlé le danger suite à un « *mal entendu* » et, c'est le cas de le dire. Monsieur Raymond Charles, tout petit par la taille mais très grand par le pouvoir qu'il détenait et incarnait surtout, a décidé de ne pas entendre dans la musique:*"n ap réziyé n, nou péri"*: *Yo bèl* (sous-entendu: *Fanm yo bèl), yo anform, n ap réziyé n, nou péri* mais d'entendre, plutôt: *Rébèl yo anfòrm, N ap réziyé n, nou péri.* Nous aurons à évoquer également les conséquences fâcheuses du manque de célérité de l'orchestre à composer une musique circonstanciée pour célébrer l'accession du docteur François Duvalier à la Présidence À Vie.

Déjà au cours de l'été, le 8 juillet de l'année 1963, un communiqué émanant d'abord de la *Voix de l'Ave Maria*, la station de radiodiffusion de l'*Évêché du Cap-Haïtien*, annonçait l'assassinat de **Père Lescareau**, un prêtre français en poste à Caracol, une bourgade, proche du Trou-du-Nord, située à une vingtaine de kilomètres environ de la ville du Cap-Haïtien. L'enquête déboucha, très rapidement, sur une accusation conjointe portée contre Panistèque[23], le magistrat communal (maire de la localité) et St-Pierre, le Chef de Section de Caracol. Ils furent, tous les deux, condamnés à la peine capitale. La sentence fut exécutée publiquement sur la Place du Champ-de-Mars, le mardi 23 juillet 1963 au moment où des enfants de onze à treize ans subissaient, à quelques dizaines de mètres seulement du lieu de ladite exécution, à l'École des Frères de l'Instruction Chrétienne, les épreuves du Certificat d'Études Primaires (C.E.P.), réalisées à des dates et dans des circonstances exceptionnelles cette année-là. Le Pouvoir était lors à négocier avec le Vatican la mise en place d'un haut clergé indigène. Exemple ou Contour ? Libres à vous d'en juger avec près de cinquante années de recul.

Jusqu'en 1964 le jour de la découverte d'Haïti était encore, célébré ou commémoré le 5 décembre. Pour les écoliers c'était un jour de congé, le dernier avant les examens qui précédaient de bonnes ou mauvaises vacances de Noël, en fonction des résultats obtenus à l'issue de ces épreuves. Ce 5 décembre 1964, comme une traînée de poudre, la nouvelle a fait le tour de la ville: maître Karinsky Rozéfort, député de la première circonscription du Cap-Haïtien, venait de succomber à ses blessures à l'Hôpital Justinien. Que s'était-il passé ? Vers midi, à l'issue du *"Te Deum"* auquel il venait

---

23   Aussi loin que nous ramènent ces souvenirs, le nom de Senpyèr était complètement occulté de notre mémoire. Nous gardions jusqu'ici dans notre tête de gosse de 10 ans, deux noms: Panistèk et Préswar. Il n'y pas longtems qu'une éclaircie nous a été apportée par des ressortissants de Caracol qui nous ont confirmé que le prénom de Préswar est une confusion qui vient du fait que Pressoir était le fils de Panistèque, le magistrat communal accusé, condamné, puis exécuté publiquement.

d'assister, monsieur Karinsky Rozéfort rentrait chez lui quand la maison familiale qu'il était entran d'édifier, entre les Rues 15 et 14 H, s'est effondrée. Le député, se trouvait à un mauvais moment au mauvais endroit et le destin ne l'a pas épargné. Ce 5 décembre était doublement néfaste: pour les grandes personnes de la ville qui venaient de perdre leur député et aussi pour nous autres gamins et adolescents de l'époque qui n'avions même pas pu vraiment bénéficier du congé conventionnel ce jour-là, un samedi, en 1964.

Poussé par une folie meurtrière, un dimanche de carnaval, Adherbal Lhérisson fit feu sur des danseurs qui prenaient leurs ébats à Rumba Night-Club au rythme de Septent, dans la nuit du dimanche 7 au lundi 8 février 1965. Tony Piquion, une belle figure capoise, y perdit la vie instantanément. Il était père d'une famille de sept enfants, deux filles et cinq garçons[24], privés de l'affection maternelle depuis près de quinze ans au moment du drame. Eddy Hilaire, sportif~footballeur, s'en tira, pourrait-on dire, à bon compte, après l'extraction de quelques balles dans des zones non vitales de son corps dont une dans la *partie noble* d'un homme. Quant à Durier Cadet, roi du carnaval capois de 1964 animé par Septentrional, bel athlète bien sculpté, qui aurait pu tenir la comparaison et même damer le pion à n'importe quel adepte du *body building* du monde, son corps, cette nuit là, fut criblé des balles qui fusaient de la mitraillette d'Adherbal Lhérisson, dont plusieurs l'atteignirent à la colonne vertébrale. Durier Cadet *alias Gwo Vanna*, resta paralysé, connut d'atroces souffrances, courageusement supportées, et mourut vingt-et-un mois plus tard (663 jours exactement), le samedi 3 décembre 1966.

Par ailleurs, trois jours après le bal tragique de Rumba, madame Édeline Charles-Pierre (*Ninotte*), la première épouse du maestro Hulric Pierre-Louis qui vivait séparée de ce dernier, à Port-au-Prince, ayant appris la nouvelle, a cru à la mort de son mari. Elle ne résista pas au choc émotif et mourut, subitement, le mercredi 10 février 1965. Enterrée le samedi 13 février dans l'après-midi, l'orchestre Septentrional a du, malgré tout, honorer le soir

24   Claude, Garry, Pierre-Antony, Yannick, Ronald, Hervé et Gérald.

même, (professionnalisme oblige), un contrat avec *"Dan Petro"*, le nouveau Night-Club de monsieur Eugène Maitre *"Ti Kabich"*, à Bizoton dans la banlieue-Sud de Port-au-Prince.

Une semaine environ après *"le bal tragique à Rumba Night-Club"*, des funérailles pathétiques furent organisées, le lundi 15 février 1965, par la ville du Cap à la mémoire de Tony Piquion, la principale victime de cette furie sanguinaire. Le lendemain matin, vers les 7h, un communiqué émanant de la Préfecture, fut diffusé sur les ondes des quatre stations de radio de la ville (Radio Citadelle - La Voix de l'Ave Maria - La Voix du Nord et La Voix Évangélique d'Haïti-4VEH) invitait toute la population de la Ville du Cap et des environs à venir se masser sur la place du Champ de Mars en vue d'assister à l'exécution publique «... ___du criminel___ **René Péan** ...» qui était, un mois auparavant, un entrepreneur de pompes funèbres connu et respecté. Me Jean Valbrun était le Préfet en fonction, et le signataire dudit communiqué. Son exécution ou son assassinat programmé (l'histoire en rendra compte) eut lieu en présence d'un public complaisant ou inconscient, le 16 février 1965, un mardi non chômé, vers 14h, en plein milieu d'une année scolaire. Des spectateurs avides l'ont dépouillé de ses vêtements. Ses restes d'entrepreneur de pompes funèbres, oh! ironie du sort, furent transportés dans une benne à ordures, pour être, ensuite, jetés dans une fosse commune, à l'extérieur de la ville, au Fort Saint-Michel, proche du Champ d'Aviation Civile du Cap-Haïtien.

Devant la conjugaison de tant de malheurs, le maestro Hulric Pierre-Louis et les musiciens de l'orchestre Septentrional faisaient preuve de flegme et de stoïcisme.

<><><><><><><><><><><><><>

"Lavi Muzisyen" *(1980)*
Composition : Alfred "Frédo" Moïse
Rythme : Calypso & Boule de Feu
Vocal : Rodney Gracia

premyé kouplè

Lavi muzisyen
Sé pa bagay ki dròl ademi
Lè ou tandé ou mennen madan ou nan bal
W-ap chanté, vakabon pasé ya-p wodayé
Yap di li, machè ou chita tankou ti domèstik
Eské ou pa wè nèg la pa kapab dansé chéri
An n-alé tchatcha, An n-alé plogé, An n-alé damou

dezyèm kouplè

Yon jou
Mwen konnen sa dwé poul kapab fini
Mwen gen pou-m kité lavi muzisyen
Lèur sa ma paré zatwap pou yo
Yon jou
Mwen konnen sa gen poul kapab fini
Sésa ki fè m-ap travay pou demen chéri
N-adi viv lanmou, N-adi viv lajwa, N-adi viv lapè

«Chœur»

Pa manyen, pa touché "bien d'autrui"
Li pap bon pou wou

Enspirasyon

Si ou té konnen
Lè ou renmen madanm moun, sa gen danjé
Lè yon nonm renmen madanm zanmi-ou
Mésyé ! sa sé yon bagay ki dwòl

«Chœur»

La vi sé yon boul kap woulé
Lésé-l woulé

216

> « *Car une fois le prestige de la vérité brisé,*
> *ou légèrement amoindri, tout devient douteux.* »
>
> **Saint-Augustin**

Le Cauchemar

Marquons ici une pose pour parler, un peu plus en détails, de l'événement majeur de cette série noire; celui qui a le plus horrifié toute une population; ou plutôt, essayons de cerner le contexte sociopolitique qui a permis l'incidence de cet événement cauchemardesque survenu, au Cap-Haïtien, dans la nuit du dimanche 07 au lundi 08 février 1965 à Rumba Night-Club.

Élu le dimanche 22 septembre 1957 pour un mandat de six ans, moins de quatre ans plus tard, le 30 avril 1961, le docteur François Duvalier n'a pas attendu 1963 pour se faire réélire, par anticipation, sans constatation de vacance présidentielle, de quelque nature que ce soit, ni déclaration préalable de candidature. C'était un préambule à la pérennisation d'un pouvoir quasi-régalien; *"de facto"* ou *"de jure"* l'ère *"duvalyé doublé"* venait, de s'installer dans le pays. À partir de ce moment, une mue considérable apparaissait dans la mentalité et le comportement des **"Gens du Nord"** au fur et à mesure que s'opérait un changement radical dans la nature même du pouvoir politique. Désormais, la force primait le droit dans la vie civile tandis que la méfiance et la suspicion gagnaient du terrain. C'était aussi l'époque des *"communiqués"* se terminant par la formule invariable: *"... par conséquent, le commerce, les services publics et les écoles chômeront ..."* quasiment le 22 de chaque mois, ou n'importe quand d'autre, et pour n'importe quel motif jugé légitime par le pouvoir central ou local. Ces *"journées chômées"* étaient généralement égayées par un *"koudjay"* qui offrait aux prosélytes l'occasion de manifester, avec ostentation, leur foi doctrinale au *"duvaliérisme"* triomphant.

Au cours de l'année 1963, à partir du mois d'avril, la vie civile, sur toute l'étendue du territoire national, fut profondément perturbée. Tout le

217

troisième trimestre scolaire fut littéralement chômé, avec un répit d'une semaine, au mois de juillet, permettant aux directeurs d'écoles, d'organiser des épreuves sommaires et d'adapter un mode de calcul global qui viendront sanctionner le recalage ou le passage des élèves à une classe supérieure.

Que se passait-il donc en 1963 ?

d'une part , au mois d'avril, *"un attentat"* (réalité ou mise en scène?) visa Jean-Claude Duvalier alors élève de l'école primaire du *"Nouveau Collège Bird"*. Cet incident entraîna, *pour raison de sûreté publique*, l'interruption de toutes formes d'activités scolaires, estudiantines ou universitaires pour une durée indéterminée. Dans un discours mémorable, *"le tout puissant docteur Duvalier"*, faisait savoir à qui voulait l'entendre, que s'il devait arriver malheur à son fils unique, *... il ferait d'Haïti un " Himalaya" de cadavres ...*

d'autre part, *"la guerre civile"* faisait rage dans la zone frontalière du Nord-Est. Un conflit armé qui opposait Les Forces Armées d'Haïti (*l'Armée régulière, les Forces de Police les Tonton Makout et les V.S.N. confondus*) aux *Kamoken* du colonel Pierre Paret et du capitaine Blücher Philogène, le chef direct des insurgés. Ce dernier, au plus fort du conflit, passait pour invincible et inquiétait le pouvoir constitué, qui s'est souvenu, alors, d'un de ses sous-officiers retraités, l'adjudant Vir Hugo Lhérisson. N'a-t-il pas passé ses dernières années de services dans la zone frontalière du Nord-Est, là où, justement, Blücher Philogène et ses «kamoken» tenaient les forces militaires et para-militaires gouvernementales en échec ? *L'adjudant Lhérisson, possédé, en permanence, par l'esprit de* "Sarazen" *qui le rendait invulnérable aux balles, détenait* (info ou intox) *des pouvoirs surnaturels* (mythe ou réalité?). En tout cas, de ce face-à-face Blücher vs Lhérisson, c'est l'adjudant Lhérisson qui apportait, paraît-il, la tête de Blücher Philogène au Palais National, devenant ainsi le héros impavide qui mettait fin à ce conflit. MALHEUR AUX VAINCUS.

L'adjudant *"mystique ou mythique"*, après un pareil exploit, et pour avoir été dérangé dans sa paisible retraite, méritait, indubitablement, une récompense à la hauteur de sa *"vertu"*. D'adjudant sorti des rangs, monsieur Vir Hugo Lhérisson était promu officier supérieur au grade de Major, imbu d'une nouvelle fonction, taillée sur mesure, celle de *Surveillant Général des Frontières Septentrionales* du pays, de Puilboreau *(Kafou Mamlad)* à Ouanaminthe *(frontière dominicaine)*.

Pour exercer sa tâche, le major Lhérisson avait le pouvoir de l'argent et tous les moyens logistiques que requérait pareille mission. Bien que toutes les prérogatives attachées à ce nouveau rôle, lui revinssent de droit, le major Lhérisson retournait, néanmoins, sur ses terres à St. Raphaël, afin de profiter de sa retraite, enfin retrouvée, et jouir de sa nouvelle notoriété. Mais, celui qui allait, de fait, exercer le pouvoir inhérent à cette fonction, c'était son fils, Adherbal Lhérisson, illustre inconnu jusqu'ici. Pour quelqu'un qui n'avait reçu aucune formation militaire, il devenait, du jour au lendemain, officier des Forces Armées d'Haïti avec le grade de premier lieutenant, exhibant ses deux << horizontaux à l'occasion des *"parades militaires"* et des *"Te Deum solennels"*. Définitivement, *"là où il y a l'haïtien, il y a de l'haïtiannerie"*. Bouffonnerie pour bouffonnerie, *"le bonhomme coachi"*, l'Empereur Soulouque – Faustin 1er, lui même, et toute sa cour impériale, s'en pâmeraient d'envie.

Si cette *"victoire"* de 1963, du régime duvaliériste sur *"les kamoken"* de Pierre Paret et de Blücher Philogène n'était qu'un prétexte parmi tant d'autres pour justifier son « *élection comme le huitième Président À Vie d'Haïti, le 14 juin 1964* », elle était par contre le seul fait justificateur (par ricochet) de la promotion d'un homme sans passé et par conséquent, sans avenir, au rang qu'il occupait désormais. Monsieur Adherbal Lhérisson devenait *chef*, après Dieu, et exerçait son pouvoir sur toute une population, celle de la ville du Cap-Haïtien, plus spécifiquement, où l'élite, ou celle que l'on croyait exister, abdiquait ou capitulait quand elle ne collaborait pas plus ou moins ouvertement. Les moindres velléités de résistance étaient d'ailleurs neutralisées ou matées avec la plus féroce sauvagerie. « J'aime la sauvagerie de mes "tonton makout" », se plaisait à pérorer le docteur François Duvalier.

C'est ainsi que des notables de la ville du Cap comme Maîtres Frédéric Robinson, Émile Saint-Clair ou Théodore Nicoleau, étaient assignés à résidence; d'autres comme Maîtres Joseph D. Charles ou Jacques François, ne pouvaient exercer leur liberté de circulation qu'entre *la Barrière Bouteille et la Rue 90*, c'est à dire, les limites physiques de la ville. Ils étaient, tous, avocats du barreau du Cap-Haïtien; et certains d'entr'eux étaient des anciens membres du corps diplomatique, des juges, des hauts fonctionnaires ou des anciens ministres. Les *"Employés des Services Publics"* et autres *"Fonctionnaires de l'État"*, quant à eux, non seulement ils étaient contraints à participer aux *"koudjay"* en chantant à haute et intelligible voix *"Bwa nan bou-nda kamoken, bwa !"* mais encore, ils devaient se rendre à Port-au-Prince, chaque année, le 22 mai, afin de grossir la masse anonyme, venue célébrer le jour de la Souveraineté et de la Reconnaissance Nationale.

«Vieillards, hommes, femmes, enfants, tous voulaient me voir» : dire fort modeste de Montesquieu, par rapport au non équivoque *«l'État c'est moi»* de Louis XIV, *" le Roi Soleil "*, qui, lui-même, pourrait être intimidé par le *"Roi des Tropiques"*, comme se plaisait à l'appeler Gérard Pierre-Charles dans son livre intitulé : *"Radiographie d'une dictature"*, le docteur François Duvalier était le *Chef Suprême et Effectif des Forces Armées d'Haïti, des Forces de Police et des Volontaires de la Sécurité Nationale* qui, n'étant pas en reste, disait en haranguant la foule, venue, de gré ou de force, l'acclamer chaque 22 mai : « *Je suis la Nouvelle Haïti ; vouloir me détruire, c'est vouloir détruire Haïti. C'est par moi qu'Haïti respire, et c'est pour elle que j'existe. Je suis le drapeau Haïtien, un et indivisible !* ». Sans commentaire !

De la Saint-Laurent (1er janvier**) à la Saint-Sylvestre** (31 décembre**), l'orchestre Septentrional allait, non seulement, traverser une zone de turbulence, mais vivre un véritable cauchemar de 1963 à 1967. C'est l'époque où les "corps constitués" ou/et les "bandes armées" pullulaient à travers la ville du Cap.**

Il y avait les *"Lumyèr Rouj"*, une équipe de *"tonton makout"* qui se distinguait, entr'autres, par le port invariable de *"l'uniforme"* aux couleurs du nouveau drapeau haïtien imposé par le régime duvaliériste: *polo rouge/ pantalon noir.* C'est la bande où se pavanaient des hommes et des femmes issus de familles connues de la ville : Michel *"Lwazo"* Jean-Joseph, Samson *"Sonson"* Dénoyers, Jacques *"Koko"* Vincent, Boyer Mompoint et autres acolytes; une équipe dirigée par Rénold *"Barak"* Dominique, le frère de l'officier Max Dominique, gendre du Président À Vie, François Duvalier, parce que marié à sa fille Marie-Denise.

Nous soulignons, à dessein que cette équipe était composée d'hommes et de femmes connus de la ville. Michel Jean-Joseph, par exemple, acquit son surnom *"L'oiseau du Nord"* ou plus simplement *"L'oiseau"* aux buts de l'**A**ssociation **S**portive **C**apoise (ASC). C'est lui, l'inventeur du concept des pépinières de foot-ball qui nous a valu rien moins que son fils Ernest *"TiNès"* Jean-Joseph qui, comme son père, débuta dans les rangs de l'A.S.C. comme gardien de but. En parallèle Michel Jean-Joseph, *"Lwazo",* professait le métier de photographe. C'était un homme jusqu'ici respecté et adulé qui allait basculer dans les *"Lumyèr Rouj".* Cette équipe décrétait la permanence à *"l'Affection Night-Club"*, une boîte de nuit, érigée non loin de la ville, dans la banlieue-sud, entre la *Barrière-Bouteille* (entrée principale du Cap) et *Vertières*, en face de l'actuelle *"Fondation Vincent - Don Bosco".* Drôle de parallèle ou de contraste dans une *Cité* à qui l'orchestre Septentrional offrait ou essayait, du moins, de montrer le *"Feu-Vert"* en même temps que s'imposait la *"Lumière Rouge"* par le biais d'une *Boîte de Nuit* où *"l'exclusivisme macoutique"* était la règle.

À l'*Affection Night-Club*", évoluaient sporadiquement des groupes musicaux venus de Port-au-Prince ou d'ailleurs, mais presqu'exclusivement, c'est un *"jeune compétiteur",* de Septentrional, l'orchestre Tropicana en l'occurrence, nouvellement érigé sur les cendres de la défunte formation musicale *"Caraïbes"*, qui y faisait ses premières armes.

Lors, Abel Jérôme, le capitaine *"chèlbè"*, commandait la prison civile; le capitaine Serge Madiou était le chef de la police; le lieutenant-colonel Charles Lemoine, le plus haut gradé des autorités militaires, marié à une capoise de famille connue et respectée, commandait le Département du Nord. Jean Valbrun d'abord, Louis L. Durand ensuite, étaient les préfets successifs à cette époque. Parallèlement, fut promu au grade civil de membre de la commission communale à la mairie de la ville du Cap-Haïtien, Pierre Giordani *"la pelota"*, après avoir été commandant en chef des *Volontaires de la Sécurité Nationale*, assisté de ses adjoints : Robert Cox, Jean-Baptiste Sam, Raymond Charles dit *TiRémon*, Baptiste Alexandre et madame, Paul Mercier *alias Buffalo*, ainsi que des redoutables, *"Rameau"*, *"Pwèlko"* et *"Chimène"*, et autres du même acabit. En plus de son rôle à la mairie, doublé de celui de chef de la milice des *"tonton makout"*, *"la pelota"* devint député de la première circonscription du Cap en remplacement de maître Karinsky Rozéfort, décédé de manière tragique le samedi 5 décembre 1964. Il y avait aussi, du côté de la mairie, madame Max Chauvel, *cheftaine des Marie-Jeanne* et adjointe au maire. Quant au maire, monsieur Ludovic Vincent, c'était un citoyen paisible, que tout le monde appelait *"majistra Dodo"* mais qui, néanmoins, faisait partie des corps constitués. Il y avait également Jacques Dardompré, du Bureau des Affaires Sociales qui *"mariaient"*, en un tournemain, les adolescents de la ville surpris *en flagrant délit de péché mignon,* ou *"plaçaient"* ceux, surpris *en flagrant délit de délinquance juvénile*; de toute façon, les jugements de Dardompré, à la fois juge et partie, étaient sans appel.

Presque tous ces corps, constitués ou non d'ailleurs, arrivaient séparément aux soirées dansantes de Septent à Rumba Night-Club, endéans l'heure; et l'orchestre devait souvent casser l'ambiance pour signaler leur présence par un «ochan»; une pratique que le maestro abhorrait, de surcroît, depuis ce 19 mars 1947. Pour accompagner cette pratique inénarrable, invariablement un «*duvalyé avi*» devait suivre dont la cadence était ponctuée par des rafales de mitraillette qui perçaient le toit du Night-Club. Le même scénario recommençait l'instant d'après, à l'arrivée de la *"prochaine bande"*; et il importait surtout, en pareille conjoncture, de ménager les susceptibilités. En Haïti, peut-être aussi ailleurs, le pouvoir a toujours rendu susceptible celui qui le détient. Les temps changent mais les mœurs persistent.

Justement, monsieur Adherbal Lhérisson qui n'avait jamais eu droit à cette marque d'attention, gérait mal sa frustration et toute la ville savait que Adherbal avait un *os à peler* avec Hulric; et comme Adherbal était particulièrement irascible sous l'effet de l'alcool, le danger était imminent. Chef après Dieu, au Cap-Haïtien et dans les limites du Département du Nord[25], monsieur Adherbal Lhérisson estimait que Septentrional ne manifestait pas assez d'attention et d'égard à son endroit. Dès lors, il proférait des menaces et multipliait des interventions outrancières chaque fois que l'orchestre jouait dans un lieu public. C'est ainsi qu'un soir de bal à Rumba, le maestro Hulric Pierre-Louis était avisé de l'arrestation, dans l'enceinte du Night-Club, du caissier du bar, monsieur Justin Léger, qui était prié de rester, en équilibre instable sur un pied, face au mur, en attendant qu'une décision soit prise sur son sort. Hulric essayait, à défaut de raisonner Adherbal, de s'informer sur les motifs d'un tel geste répressif à l'égard de l'un de ses employés. Le maestro n'a pas eu le temps de s'en approcher; un des adjoints d'Adherbal lui a intimé l'ordre de *"rester à deux pas de distance"*; et ce soir là, Adherbal a menacé le maestro de son revolver, s'est même adonné, à deux reprises, au jeu de la roulette russe avant de l'apostropher en ces termes : « *Mwen ba w yon chans - ou pap jwen-n yon dézyèm - fè-m pa wè w la !* » («Je te donne une chance, tu n'en auras pas une deuxième; maintenant, hors de ma vue»!). Michel François, présent ce soir-là à Rumba, informé de l'incident, intervenait en compagnie de Pierre Giordani (*pelota*), qui (selon ce qu'il a bien voulu nous confier au cours d'un entretien en 2001) était un partisan de Septent. Finalement monsieur Adherbal Lhérisson consentait à expliquer son geste: « ... *ton employé n'a pas montré, suffisamment, de promptitude pour* toucher l'argent *de ma commande; j'étais, bien décidé, à lui apprendre à*

25   Avant l'actuelle division administrative du pays en dix départements, le Nord, formé par les territoires actuels du Nord et du Nord-Est, s'étendait, de Puilboreau, *carrefour Marmelade*, à la rivière Massacre, *Ouanaminthe*.

respecter l'autorité ... ». Le maestro Hulric Pierre-Louis, encadré de Pierre Giordani et de Michel François, a fini par faire comprendre à Adherbal qu'un caissier de service ne pouvait, en toute logique, manifester que de l'empressement à toucher du *"cash"* et qu'il n'y avait pas lieu de s'énerver. Adherbal a consenti à lever la *"pénitence"* infligée à monsieur Léger qui a pu, finalement, retourner au bar, à son poste de service.

Mais, monsieur Michel François[26], à la fois, supporteur juré de l'orchestre Septentrional et ami personnel du maestro Hulric Pierre-Louis, ne voulait pas en rester là. Il voulait en finir avec ces agissements incontrôlables qui créaient une atmosphère d'insécurité pour la clientèle de Rumba qui commençait d'ailleurs à déserter les lieux. Dès le lendemain du jour de l'incident, il est allé, à Port-au-Prince, faire un rapport circonstancié, à qui de droit. C'est à l'occasion de cette intervention, que la nécessité de créer *"Duvalyé Avi"* fut imposée à Septentrional.

Bien ou mal, les autorités de Port-au-Prince, ont réagi face aux doléances de monsieur Michel François. Son intervention a valu, peu de temps après, un sévère blâme à monsieur Adherbal Lhérisson de la part de la plus haute autorité du pays, le président François Duvalier, lui-même. Pour ses interventions jugées trop turbulentes et sa conduite intempestive à l'endroit de **"la musique du Nord",** l'orchestre Septentrional, qui venait, tout juste, de composer le plus bel hymne à l'égard de la Présidence À Vie, défense formelle fut faite, en guise de sanction, à Adherbal, pour une période de six mois, de circuler dans les limites du département du Nord, (de Puilboreau à Ouanaminthe); il avait, de plus, intérêt à avoir une conduite exemplaire, même hors de ce périmètre, pendant ce même laps de temps.

Une interdiction de six mois sur un territoire, où quelqu'un, devait exercer

---

26   Personnage très respecté à cause, peut-être, de sa tempérance, mais aussi et surtout, ces accointances avec les plus hautes autorités du régime politique en place. Il est cousin à Luc Désir, un bras droit, s'il en est, de François Duvalier. Les interventions de monsieur Michel François, par conséquent, auprès de n'importe qui au Cap-Haïtien, y compris Adherbal Lhérisson, étaient prises très au sérieux.

le contrôle et la surveillance des frontières : quel paradoxe dans la logique tenue pour aboutir au choix de la sanction qui au demeurant, devrait paraître une éternité pour celui à qui elle était infligée. Adherbal Lhérisson encaissait très mal cet affront. Mais, comme on ne regimbe pas contre l'autorité, à plus forte raison François Duvalier, il a du faire contre mauvaise fortune, bon cœur.

Faute de grives, on mange des merles. Au cours de la période de sanction, amant de la fête, Adherbal Lhérisson s'est retrouvé à St.Marc au cours d'une soirée dansante animée par l'orchestre Septentrional. À l'intermède, rongeant son frein, il est venu prévenir le maestro Pierre-Louis, qu'il allait faire un tour à l'extérieur avec *Loulou* Étienne, et qu'il le ramènerait, à coup sûr, avant la reprise. Aucun collègue musicien ne s'en inquiétait puisque *Loulou et Adherbal* entretenaient de très bonnes relations personnelles. Au cours de leur conversation, Adherbal *a tenu* à Loulou, *à peu près ce langage* : « *tu vois, Ti Loulou, à cause de tes amis de Septent j'ai été humilié par le chef de l'État; Hulric aurait du se plaindre à moi, personnellement, plutôt que d'accepter l'intervention de son ami, Michel "La Colombe"*[27], *qui m'a valu cet outrage. Ti loulou, tu peux dire à Hulric de ma part, que maintenant, c'est trop tard, lui et moi avons, désormais, une tasse de café amer à boire à deux* ». Entre monsieur Adherbal Lhérisson et Septentrional, en général, mais Hulric Pierre-Louis, en particulier, le torchon brûlait désormais.

Les six mois de sanction écoulés, monsieur Adherbal Lhérisson rentrait dans le Nord où il passait le plus clair de son temps à St.Raphaël, avec seulement, des passages sporadiques au Cap-Haïtien.

Un *"dimanche gras"* de carnaval, le 7 février 1965, Adherbal entrait en ville. De Rumba au Carénage, l'orchestre Septentrional, s'ébranlait pour animer, ce

---

27   Michel François, ainsi surnommé parcequ'il était le propriétaire de «**La Colombe**», un autobus qui assurait le transport des passagers du Cap vers Port-au-Prince (vice versa). Septentrional avait, d'ailleurs, composé une chanson qui vantait les mérites et les performances de l'autobus; la dite chanson, adaptée sous forme de méringue~koudjay anima, en bonne partie, les festivités carnavalesques, de l'année 1964, au Cap-Haïtien.

jour là, dans l'après-midi, le cortège carnavalesque avec, notamment, *"Ti Fi ya levé"* à laquelle *"Frédo"* venait d'ajouter une publicité pour la "Brillantine Marabout". Cette musique déjà tellement prisée depuis sa création l'année précédente, devenait encore plus captivante et plus entraînante. Toutes les conditions pour une animation carnavalesque réussie étaient donc remplies. Le porte-drapeau de l'orchestre, monsieur Jacques Sterlin, *alias Opluma*, arrivait à la rue 10A *(Kafou Jean Luciani)*; à ce moment, monsieur Adherbal Lhérisson, *en tenue de chasseur*, se trouvait à la Rue 9 de la même avenue, à l'intérieur d'un bar tenu par Arsène Desmangles, le lieu de rendez-vous *"d'une certaine clientèle"* dont le panégyrique n'était pas à faire. L'arrivée imminente du char sur lequel était monté Septentrional trouva un Adherbal Lhérisson distant refusant même le verre de Rhum que lui proposaient ses acolytes, parmi eux des membres de *"l'Équipe Lumyèr Rouj"*. Septent passe. Le même groupe de fêtards, la plupart des *"tonton makout lou"* grisés par le pouvoir, par l'argent aisément disponible, et surtout par l'alcool, déplaçait le campement et s'installait cette fois à la Rue 3L *(Rue Espagnole)*, dans les parages de la nouvelle Église du Sacré Coeur. Adherbal Lhérisson, toujours au sein du groupe persistait à refuser le verre de Rhum qui lui était, pourtant, généreusement offert; mais, à la troisième station, au coin de la Rue 14L, il accepta, cette fois, la bouteille de Rhum qui lui était présentée, en a bu, à même le goulot, une solide rasade, ensuite une deuxième, plus importante que la première, puis une troisième qui vidait la bouteille, qui était à un peu plus du tiers remplie, de son contenu (25 centilitres environ) [28].

Ce qui devait arriver arriva. Le personnage, plutôt réservé l'instant d'avant, commençait à se remuer et se muer à vue d'œil, en personnage agressif. Attitude qui allait crescendo jusqu'à la fin du parcours du cortège.

---

28   Des témoignages concordants appuient la thèse suivante: Le père d'Adherbal avait dans l'avant midi du jour du drame, une vision, "Adherbal et des gouttes de sang". Il conseillait à son fils de ne pas consommer d'alcool ce dimanche, et ce, sous aucun prétexte, car il avait un mauvais présage. Quand le père d'Adherbal, présent au Cap-Haïtien ce dimanche, est informé que son fils avait bu du rhum, il envoya un émissaire lui imposer de ne plus rester en ville et de rentrer à la maison avant six heures du soir. Malheureusement, les démarches de l'émissaire furent vaines.

Vers 21h, c'est la soirée traditionnelle, qui suit le défilé carnavalesque. Adherbal Lhérisson, sous l'emprise de l'alcool, arrivait à Rumba vers 22h et stationnait sa Jeep de manière à gâcher la moitié de l'accès du portail d'entrée gardé par *Bòs Pyèr,* qu'il menaçait de son revolver[29]. En pénétrant dans l'enceinte du Night-Club, l'excité ponctuait son entrée par des coups de feu tirés à ras le sol faisant une fumée de poussière. Le personnage était belliqueux, cherchait noise à tout le monde et provoquait systématiquement.

Ce soir-là, il n'y avait pas grand monde à Rumba Night-Club; cent cinquante à deux cents personnes. Certains participants, flairant un danger, et estimant, pour une fois, que Septent était plus agréable à écouter à l'extérieur que dans l'enceinte même de Rumba, obéissaient à leur instinct de conservation et prenaient la poudre d'escampette. Les plus téméraires restaient; cent-trente à cent-cinquante participants tout au plus.

Adherbal, flanqué de l'un de ses adjoints, a fait un tour des lieux afin de saluer quelques amis ou connaissances, puis se dirigeait dans le carré de l'orchestre pour demander au maestro d'arrêter de jouer et de lui céder le micro. Il entamait un discours pour souligner, entr'autres, à qui voulait l'entendre, qu'il détenait son pouvoir directement du Président À Vie de la République, le docteur François Duvalier, seul à qui, il avait des comptes à rendre. Il précisait, en outre, que le président lui octroyait, un budget mensuel de six mille dollars ($6.000°°) et tous les moyens logistiques nécessaires à l'accomplissement de sa mission. C'est ce jour là également qu'Adherbal Lhérisson dévoilait, longtemps avant le jour de l'élection législative partielle, le nom de monsieur Pierre Giordani *(Pelota)* comme le futur député de la première circonscription du Cap-Haïtien, en remplacement de maître Karinsky Rozéfort. L'orchestre a saisi intelligemment l'opportunité pour entamer un *"Duvalyé Avi de circonstance"*; ce qui a mis fin à ce *"speech"*

---

29   Selon un témoignage du maestro Hulric Pierre-Louis, **Bòs Pyèr,** s'était mis à réciter des psaumes de La Bible, à ce moment critique, afin de neutraliser l'agresseur. Il faut croire que le résultat fut instantané, puisque le provocateur, a laissé le périmètre de la barrière d'entrée sans que le gardien soit, physiquement, agressé.

qui commençait à devenir interminable. À ce moment, le barjot laissa le carré de l'orchestre et le public a pu se remettre à danser.

L'ambiance reprenait à peine que l'énergumène s'amena, cette fois, à côté du carré de l'orchestre demandant au maestro Hulric Pierre-Louis de venir le rejoindre; ce que fit ce dernier sans rechigner. Mais de plus le psychotique exigea de suspendre la musique parcequ'il tenait à discuter dans le calme; de mauvais gré le maestro fit signe à l'orchestre d'arrêter de jouer. Aussi incongrue que la démarche puisse paraître, le détraqué voulait savoir combien cela pouvait coûter pour que Septent aille jouer, **pour lui,** ... non pas à St.-Raphaël ou à Terrier-Rouge ... mais ... **Aux Cayes.** Le maestro Pierre-Louis a du chercher les bons mots pour faire comprendre au dément que le moment n'était pas propice pour en parler et qu'ils pouvaient en discuter à la pause. Sur ces entrefaites, *Loulou* entamait un morceau et au moment où l'orchestre lui emboîtait le pas, Adherbal, furieux, interprétant le geste comme un affront, rentre dans le carré de l'orchestre, revolver au poing, et place le canon de l'arme sur la tempe de *Loulou* Étienne en l'apostrophant ainsi : «Ti loulou, épa m ap palé épi ou ozé jwé ... époutan mwen té déja palé w dépi Senmak ... tanpi pou rou ... nou byen sé vré men ...» (Ti Loulou, tu oses jouer pendant que je parle ... et pourtant, à St. Marc déjà, je t'avais prévenu ... c'est vrai que nous sommes bons amis ... mais dommage ... tu l'aurais voulu). À ce moment précis, monsieur Rénold Guillaume Sam intervint pour demander à Adherbal Lhérisson de ne pas accorder autant d'importance à cette fadaise ... mais l'halluciné qui ne l'entendait pas de cette oreille repoussait monsieur Rénold G. Sam. À ce moment, le maestro Pierre-Louis qui habitait dans les suites de Rumba, flairant le danger et sachant pertinemment que le maniaque avait un os à peler avec lui, a profité du moment de ces altercations pour se retirer dans ses appartements d'où il pouvait suivre la scène à distance. Brusquement, Adherbal croisa le regard du bassiste, Raymond Jean-Louis, qui le dévisagea. Membre-fondateur de l'orchestre Septentrional, Raymond Jean-Louis, détenait, dit-on, le don de magnétiseur. Quand son regard a croisé celui d'Adherbal, ce dernier a laissé tomber ses altercations avec *Loulou* et monsieur Rénold G. Sam pour rejoindre Raymond Jean-Louis et finalement glisser, sans autre explication, son revolver sous sa cuisse. C'est à ce moment que le belliqueux autorisait l'orchestre à recommencer à jouer ... exclusivement ... des *musiques~vodou*. L'orchestre coopérait au mieux de ses possibilités. Adherbal chantait d'abord *"Papa Loko"* avec Jacques François *(TiJak twonpèt)* et surtout un *"Minis Azaka"* inédit, en duo, avec Roger Colas. L'hystérique semblait apaisé, et le public, passablement, rassuré. C'était après tout un dimanche de carnaval et le Cap était, désormais, habitué à ces turbulences qui, malheureusement, faisaient partie du décor et qui devenaient, hélas, presque banales. Comme la tension avait baissé d'un cran, le maestro Hulric Pierre-Louis revenait dans le carré de l'orchestre et soufflait au saxophone *"le cri de ralliement"* de l'ensemble des musiciens; et pour la première fois, au cours de cette nuit mémorable du dimanche 7 au lundi 8 février 1965, Septentrional exécutait, **Louise-Marie**, le premier boléro à succès composé par Alfred *Frédo* Moïse et chanté par Roger Colas : ... (4 minutes et 23 secondes de délices) ... Le public, sous le charme, applaudissait à tout rompre, insistait pour faire bisser la nouvelle création; les couples restaient sur la piste ... et finalement le maestro, cédant aux applaudissements nourris ... a donné le tempo aux musiciens pour la reprise de *Louise-Marie, belle déesse.* ... Et patatras ... cela recommençait à nouveau ... Adherbal demandait à Septent d'arrêter de jouer ... et parceque la musique lui plaisait ... il réclamait la présence de sa concubine, qui depuis le moment de son arrivée à Rumba, l'attendait, dehors, dans la Jeep *(quelle élégance!)*. Ironie du sort, c'est à Durier Cadet, *alias Gwo Vanna,* son ami qui, quelques minutes plus tard, allait être sa victime, qu'il confiait la mission d'aller chercher Marie, restée à l'extérieur, dans sa *Wagoneer-Jeep.* En même temps il demandait à son secrétaire et adjoint, Orel (ainsi connu) d'aller prendre la *"commission"* dans la Jeep et de la lui amener[30]. C'est à ce moment précis que *"sa dulcinée"*, (vêtue d'une robe

---

30   Remarquez que toutes ces provocations, et ces agissements de bandits se passaient   dans un lieu public en présence des autorités constituées de la ville du Cap-Haïtien: le commandant du Département Militaire du Nord, le Chef

229

blanche garnie de gros boutons noirs à l'avant et un ceinturon noir de *"4 doigts"* à la taille), ainsi que l'arme fatale ont fait leur entrée dans l'enceinte de Rumba. Il était, à peu près, minuit vingt. Le maniaque autorisait à ce moment la reprise du boléro qu'il savourait à sa manière ... en compagnie de Marie à qui il donnait des baffettes, puis carrément des gifles; puis, il se mettait à vociférer et à insulter Marie; proférait la menace de lui loger une balle dans son cœur de ... pute. Mieux, il voulait passer de la parole à l'acte ... quand il se rendait compte qu'il n'était plus armé; son revolver (heureusement pour la femme qu'il aimait, pourtant) se trouvait toujours sous la cuisse de Raymond Jean-Louis.

Guy Menuau, présent dans l'assistance, intervenait, à ce moment, pour faire comprendre au déséquilibré que sa conduite commençait à exaspérer tout le monde, qu'il exagérait franchement, en ce dimanche de carnaval où le public était là pour s'amuser et danser Septent et non pour ses fadaises. Adherbal, interloqué, dévisageait Guy Menuau, et lui disait: **«vous êtes à deux doigts de la mort »**. Jacques Charles, présent dans l'assistance, lui aussi un *makout*, ou qui, selon la provenance des témoignages, entretenait de bonnes relations avec la *gent makout*, prenait la menace d'Adherbal très au sérieux et suggérait à Guy Menuau de déguerpir. Guy, téméraire, voulait rester. Jacques Charles, a du employer des moyens fort convaincants pour lui faire comprendre qu'un danger imminent le guettait et qu'il avait intérêt à quitter les lieux le plus rapidement possible. Ce qui fut fait juste au moment où Adherbal demandait à son adjoint sa mitraillette. Il la basculait; puis il jetait un coup d'œil circulaire et se rendait compte que Guy Menuau n'était plus à sa portée. **Trop tard !** criait-il en lançant l'arme sur la piste. Puis il se ravisait, ramassait sa mitraillette et prenait la direction du bar. Sur son chemin il a croisé Gérard Thalabert, à qui il annonçait qu'un grand malheur allait arriver. À deux mètres de la porte latérale qui donne accès au bar, le forcené a tiré une première rafale ... Tony Piquion qui se trouvait

de la Police, des membres, en nombre, du gang *"Lumière Rouge"* et du *"Corps des V.S.N."* ... etc au mauvais endroit, juste à ce mauvais moment, est atteint à bout portant; titubant, il a soupiré: « *fwen n lan, sé mwen ou tiré wi* » *(mon ami, c'est sur moi que tu as fait feu)*. Ce sont les dernières paroles prononcées par Tony Piquion. Vraiment trop tard ... maintenant plus rien ne pouvait arrêter cette folie meurtrière. Une deuxième rafale, plus appuyée que la première, non seulement, acheva Tony Piquion, mais aussi, atteignit Durier Cadet (*Gwo Vanna*), son ami accouru pour essayer de le raisonner, à la colonne vertébrale, et du même coup, Eddy Hillaire, un jeune foot-baller de la ville, à une cuisse et à une autre "partie noble" de son corps. Le chargeur est vidé, et l'aliéné s'apprêta à engager un deuxième dans sa mitraillette quand, Michel Jean-Joseph *(Lwazo)* lui a appliqué *yon klé kou* (une prise de Judo), parvenant ainsi, à le neutraliser.

La pagaille fut indescriptible ... c'était l'époque des *ròb antrav* et des *talon kikit,* accoutrement très peu commode pour enjamber le mur d'enceinte de 2m.20 de Rumba Night-Club. Toutes les autorités de la ville étaient présentes ce jour-là, y compris le gardien principal de la paix, le chef de la police, Serge Madiou, un capois pourtant. **Adherbal n'a même pas été arrêté.** Il a lui-même transporté, avec l'aide de son adjoint, Durier Cadet qu'il venait d'assassiner, dans sa Jeep, à l'*Hôpital Justinien* du Cap-Haïtien. Les curieux accourus à l'hôpital, se sont faits admonester par le même Adherbal, plein d'assurance après la perpétration de son acte odieux. Il ne manquait pas de toupet, ce sadique. Jacques Jean (*TiJak alto),* musicien de Septentrional et témoin du drame, présent dans la cour de l'hôpital après les événements, témoignera qu'Adherbal, *sans peur et sans reproche, peut-être,* était, personnellement, venu dire aux *"curieux"*: « *allez vous mettre autour du "palmiste" là-haut; et maintenant circulez, il n'y a rien à voir, et gardez bien vos distances pour éviter le pire* ». Après quoi, en toute quiétude il s'est rendu, dans sa Jeep, au *Bureau des Télégraphes et Téléphones* et a dicté à l'employé de service, un télégramme à expédier à Port-au-Prince, afin d'expliquer sa forfaiture. Et c'est seulement à ce moment que le chef de la police de la ville a reçu l'autorisation de conduire monsieur Adherbal

Lhérisson hors des enceintes de la ville du Cap-Haïtien et de l'acheminer vers Port-au-Prince.

Après pareille turpitude, la ville du Cap, un jour, renaîtra-t-elle de ces cendres? ou bien, comme Adherbal disait à Loulou à St.Marc: n'est-il pas, vraiment, trop tard désormais ? trop tard, en tout et pour tout ?

Plus de vingt ans après ce bal tragique, au cours de l'été 1986, à l'occasion de la *"session criminelle"* du Tribunal Civil du Cap-Haïtien, la Justice prononçait, finalement, une sentence de culpabilité contre Adherbal Lhérisson qui a été condamné à la détention à perpétuité puis élargi dans des circonstances douteuses et/ou controversées. Enfin, près de quinze ans après que monsieur Adherbal Lhérisson soit décédé, de mort naturelle, en 1997 à Miami, et plus de quarante-cinq ans après ce bal tragique à Rumba, une énigme, fort pesante pour la conscience et l'intelligence collectives capoises, demeure sur cette tragédie. **D'une part**, Durier Cadet était l'ami personnel d'Adherbal et n'avait, par conséquent, aucune raison apparente d'être éliminé par ce dernier; **d'autre part**, Adherbal n'avait jamais eu maille à partir, avant le drame, avec Tony Piquion *(en témoignent les dernières paroles prononcées par la victime)*; et mieux ou pis encore, monsieur Vir Hugo Lhérisson, le père d'Adherbal, à en croire un de ses proches, *serait* le parrain de baptême d'un des sept enfants de Tony Piquion; et pour clôturer le chapitre des énigmes, la fille d'Adherbal Lhérisson *serait*, de surcroît, l'épouse de l'un des fils de Thony Piquion. Comprendra qui peut et Dieu reconnaîtra les siens.

<> <> <> <> <> <> <> <> <> <> <> <> <>

Éfè Bwéson (1964)

Composition : Hulric Pierre-Louis
Vocal : Roger Colas - Rythme : Patchan-ga

Gen de lè, nou genyen sèrten ti pwoblèm
Sirtou lè nou pa gen kòb, pou nou fè

Yon bèl tijès avèk tèt nou ou ak boubout nou

Sa bay tèt chajé

Lèr sa, n ap chaché kalman pou wét lapen-n

Menm lè nou tonbé bwè
Pou nou, sa s on remèd

Ki kab chasé la pen-n

Poutan li vini pi rèd

Madanm pa gen kado,
Ala nou vini sou

Si n té kap f on ti jès

Sa ta kap bay tèt chajé

Refren

Éfè ki nan bwéson, gwògman-n ki konnen-l

Enspirasyon

Anpil mou n di mwen yo bwè,
Pou yo kab chasé lapen-n

Éfasé lapen n nan sé yon n,

Men s'éfé bwéson an k pi rèd

Si n vlé kon n sekrè zanmi nou,
Mété yo anba bwéson

Éfasé lapen n nan sé yon n,

Men sé malmakak la ki rèd

<><><><><><><><><><><><>

Antoine Piquion décédé le 08 février 1965

Acte de décès

233

RÉPUBLIQUE D'HAÏTI

*Du registre des actes de décès de la commune du Cap-Haïtien, de l'Officier de l'État Civil du Cap-Haïtien, section Nord, pour l'année mil neuf cent soixante-cinq (1965) déposé au Greffe du Tribunal Civil du Cap-Haïtien, est extrait l'Acte (*année 1965, numéro 10, page 4*) dont suit la teneur :*

L'an mil neuf cent soixante-cinq, an cent soixante-deuxième de l'Indépendance et le lundi huit février à dix heures du matin.

Par devant Nous, Phanuel Désir, Officier de l'État Civil du Cap-Haïtien, section Nord, soussigné;

A comparu monsieur Edwood Robeants, propriétaire, demeurant et domicilié à Cap-Haïtien, lequel nous a déclaré,
en présence de René Routier, professeur et de Ernst Sam, chauffeur d'auto, tous deux majeurs, demeurant et domiciliés à Cap-Haïtien, témoins choisis et amenés par le comparant,

que **Antoine Piquion,** né au Cap-Haïtien, son domicile de son vivant, propriétaire, demeurant et domicilié au Cap-Haïtien,

fils de Raoul Piquion, propriétaire, demeurant et domicilié au Cap-Haïtien et de madame née Jeanne Durand, son épouse, propriétaire demeurant et domiciliée au Cap-Haïtien,

est décédé le huit février mil neuf cent soixante-cinq à une heure du matin, à l'Hôpital Justinien, à l'âge de quarante-trois (43) ans et que le décédé était l'époux de madame née Cécile Leconte.

En foi de quoi, vu un certificat du Service d'Hygiène au N° 95, avons dressé le présent acte de décès.

Après lecture faite, par Nous, dudit acte, l'avons signé.

Récépissé de l'Administration générale des Contributions au N° 65323, série K.

Ainsi signé: Phanuel Désir, Officier de l'État Civil.

Pour Extrait conforme et littéral
Collationné
S/ Joseph L. Prévost, greffier

Vu pour la légalisation de la signature ci-dessus apposée.
S/ Harrold Chéry, av., Juge

Fait au Palais de Justice du Cap-Haïtien ce jourd'hui vingt-six juin deux mille un, an cent quatre-vingt dix-huitième de l'Indépendance.

Papier Timbré N° F - 2 10035

Bal Tragique à Rumba
Charles DUPUY

<><><><><><><><><><><><><><>

In extenso, nous reproduisons, ci-après, un article publié dans les colonnes de l'hebdomadaire "Haïti Observateur" du 3 au 10 novembre 1999, Volume XXX, N°44, intitulé: « **Bal Tragique à Rumba** ». Le paragraphe, en caractères gras, est ainsi, par nous, reproduit. Le contenu de l'article n'engage, bien entendu, que son auteur, monsieur Charles Dupuy.

Le 7 février 1965, un des tueurs préférés de François Duvalier, Adherbal Lhérisson, celui à qui Duvalier donnait carte blanche pour la surveillance de la frontière nord du pays, un des plus dévoués tontons macoute du régime, entrait, rouge de colère, à Rumba Night-Club, au Cap-Haïtien. Rumba était, à l'époque, une des boîtes de nuit les mieux fréquentées de la ville, mais comme la clientèle se disait intimidée par les excès des tontons macoute en état d'ébriété qui tiraient en l'air pour se faire remarquer, le maestro de l'orchestre Septentrional, et principal exploitant de l'établissement, Hulric Pierre-Louis, était allé faire ses représentations auprès des autorités de

235

Port-au-Prince. Le résultat de sa démarche fut que Duvalier interdit à Adherbal de mettre le pied à Rumba.

Un an après, Adherbal Lhérisson qui avait apparemment obtenu l'autorisation de retourner à Rumba, y faisait une entrée remarquée. Adherbal, qui avait la rancune tenace, était visiblement saoul. Armé jusqu'aux dents, il cherchait ostensiblement noise. Il commença par exiger du maestro de jouer sans arrêt son morceau préféré «Papa Loko», musique dont il ponctuait de temps en temps la cadence par des décharges de mitraillette. Adherbal représentait le parfait tonton macoute, le délinquant assuré de l'impunité, pouvant tuer n'importe quand sans que les autorités judiciaires puissent jamais l'atteindre, confiant qu'il était de la protection de son maître, le président Duvalier.

Jamais, en effet, Duvalier ne permettait que l'on touchât à ses gardes du corps. Quand on assassine un citoyen à coups de pistolet, l'assassin n'a qu'à rentrer au Palais pour se mettre à l'abri des poursuites policières. Lorsque Ti-Bobo se fait abattre par un soldat, Duvalier lui accorde des funérailles nationales, accroche, en personne les plus hautes décorations de la République sur son cadavre et fait chanter ses louanges par Adrien Raymond, le secrétaire d'État aux Affaires étrangères, lui même. Une vraie farce.

Flairant un malheur, le maestro Pierre-Louis profita d'un bref moment d'inattention d'Adherbal pour se faufiler dans ses appartements et s'échapper des lieux. André Gaspard, un grand escogriffe aux oreilles décollées, qui se donnait des airs de matamore et se prétendait le persifleur de la place, s'était lui aussi évaporé dans la nature. Les uns après les autres, les plus prudents des clients quittaient en silence, sans demander leurs restes.

Parmi les derniers traînards se trouvait Tony Piquion, réputé pour sa vitalité explosive, son exubérance et sa joie de vivre. Tony était le fils de Raoul Piquion, un ancien haut fonctionnaire et le frère du docteur René Piquion, le chantre de la négritude. Tony Piquion, candidat à la députation du Borgne, entra triomphalement à la Chambre, après avoir battu son rival,

Ernest Bennett. Tout cela se passait sous la présidence de Paul Eugène Magloire, lequel, d'ailleurs, était le beau-frère de Tony, puisque les deux hommes avaient épousé deux soeurs Leconte, Yolette, l'ex première dame, et Cilotte, la femme de Tony, morte en 1951.

Tony était d'humeur assez morose, ce soir-là, il voulait surtout faire ses adieux à ses amis auxquels il annonçait son prochain déménagement à Port-qu-Prince. C'est la seule raison qui expliquait sa présence à Rumba où il s'était rendu malgré les pressantes admonestations de sa fille Yannick, qui ne lui avait pas caché ses sentiments prémonitoires. Quand quelqu'un signala à Tony qu'il avait du sang sur le dos, il sortit en vitesse du bar pour aller examiner sa blessure. C'est à ce moment-là qu'Adherbal Lhérisson se plaça en face de Tony qu'il tua d'une rafale de mitraillette à bout portant. Tony tomba face contre terre et mourut sur le coup. Il était environ une heure du matin. Immédiatement après, Adherbal alla tirer une autre rafale qui blessa deux autres clients, dont le jeune Durier Cadet qui, devenu paralysé, mourra dans d'atroces souffrances près de deux ans plus tard.

Le chef de la police du Cap, le capitaine Serge Madiou, qui se trouvait sur les lieux du drame, pensa que la meilleure solution serait de conduire Adherbal au Palais National. Duvalier reçoit Adherbal qu'il laissa partir, peu après, sans qu'il ne fût, le moindrement, inquiété.

En apprenant l'horrible nouvelle, la ville du Cap se figea dans l'incrédulité et la stupéfaction. Qu'un chef de famille, père de sept enfants, la plupart des mineurs, puisse se faire tuer sans que son assassin soit poursuivi en justice, sans qu'il soit même arrêté, dépassait l'entendement. La population du Nord qui, dix ans auparavant, portait aux nues le petit médecin de campagne et lui assurait la victoire électorale, mesurait maintenant la méchanceté criminelle du président à vie, sa malveillance, son cynisme et sa perversité.

Toute la ville se mit en grand deuil. Pendant trois jours, les postes de radio locaux diffusèrent spontanément de la musique de circonstance.

Les funérailles de Tony Piquion dont le cercueil fut porté par ses enfants, par ses amis, par ses anciens camarades de l'équipe championne d'Haïti de 1939, l'Association Sportive Capoise (ASC), par les humbles gens du peuple, ne furent rien d'autre qu'une immense manifestation de masse contre l'oppression, contre l'injustice, contre les turpitudes du régime duvaliériste et son caractère sanguinaire. Toute la ville se solidarisa autour du cercueil de Tony Piquion, se regroupa dans la douleur et l'indignation. Beaucoup de duvaliéristes, d'ailleurs, s'affichèrent à l'enterrement pour bien montrer qu'ils ne voulaient pas se faire les complices tacites de ces crimes parfaitement odieux et gratuits.

Vingt et un ans, jour pour jour, après ces événements, le 7 février 1986, Jean-Claude Duvalier s'envolait pour l'exil. Adherbal Lhérisson vivait alors au Cap, dans une coquette maison qu'il avait construite sur le front de mer. Tout semblait oublié, mais les enfants de Tony Piquion entendaient que l'assassin de leur père soit jugé. Ils assuraient qu'ils ne cherchaient pas la vengeance, mais qu'ils voulaient la justice, tout simplement. L'aîné et le benjamin des frères Piquion, Gary et Gérald, allèrent donc appréhender le citoyen Adherbal Lhérisson pour qu'il réponde de ses forfaits devant le tribunal. Lorsque le commissaire du gouvernement, Luc B. Mathurin, commença à interroger le prévenu, quelques excités qui pensaient que l'affaire devait se terminer rapidement par le lynchage pur et simple d'Adherbal, allèrent saccager la maison du commissaire qu'ils accusaient maintenant de mollesse et de duvaliérisme.

Le système de défense d'Adherbal Lhérisson était simple dans son principe et arrogant dans son procédé. Adherbal prétendait n'avoir jamais eu de raison particulière pour tuer Tony Piquion ou pour blesser, mortellement, Durier Cadet. Loin de battre sa coulpe et de faire contrition, Adherbal réclamait les preuves de ses accusateurs; il prétendait que ses victimes, avaient été abattues par leurs propres amis; il voulait que l'on interroge, en particulier, les proches de Tony Piquion. Plus vous étiez un proche de Tony, plus on pouvait vous suspecter de son assassinat.

Adherbal s'enfermait dans cette logique stupide et insolente, refusant de reconnaître humblement avoir agi dans les vapeurs de l'alcool, et se gardait de regretter son geste. La colère et l'exaspération des Capois atteignaient maintenant son paroxysme, au point qu'on pouvait douter que les débats du procès criminel puissent se dérouler dans le calme et la sérénité nécessaires à une décision équitable du jury. Ce que l'on pouvait craindre le plus, c'était que le procès fut invalidé pour quelque vice de procédure. Les témoins se faisaient rares; quand ils n'étaient pas morts, ils ne se souvenaient plus de rien ou refusaient carrément, dans cette atmosphère enflammée, de venir déclarer quoi que ce soit par crainte d'un mauvais parti. Roger Colas, le célèbre chanteur dont on attendait impatiemment la déposition, mourait, hélas, quelques jours auparavant, dans un tragique accident de voiture.

Enfin, c'est au bout d'un long procès où se distinguèrent Me Leconte et Me Salès, que les membres du Jury, convaincus par des témoignages aussi accablants que concordants, condamnèrent Adherbal Lhérisson à la prison à perpétuité pour meurtre. Quelques temps après, cependant, profitant de la situation d'anarchie occasionnée par les turbulences politiques, Adherbal Lhérisson quittait la prison du Cap, le plus simplement du monde, pour aboutir, après mille aventures, en Floride, aux États-Unis. Adherbal Lhérisson est mort dans son lit, à Miami, en 1997, sans avoir jamais voulu prononcer, publiquement, un seul mot de repentir pour les crimes qui l'avaient fait condamner.

L'Oiseau blessé d'une flèche

Mortellement atteint d'une flèche empennée,
Un oiseau déplorait sa triste destinée,
Et disait, en souffrant un surcroît de douleur;
«Faut-il contribuer à son propre malheur !

Cruels humains ! Vous tirez de nos ailes

De quoi faire voler ces machines mortelles.

Mais ne vous moquez point, engeance sans pitié :

Souvent il vous arrive un sort comme le nôtre.

Des enfants de Japet toujours une moitié

Fournira des armes à l'autre. »

<u>Jean de la Fontaine</u>

<u>Mis en Contexte de *"Prézidan Avi"*</u>

Les circonstances dans lesquelles la musique, ***"Président À Vie",*** fut créée méritent, pour la vérité et pour l'histoire, qu'on s'y attarde un peu; non pas pour ressasser une histoire que tout le monde connaît déjà peut-être, mais afin de faire une mise en contexte qui permettra de mettre en lumière le savoir-faire et le savoir-dire d'un musicien de génie et d'un créateur de très grand talent : Alfred *Frédo* Moïse en l'occurrence.

En 1961, *le docteur François Duvalier*, préalablement porté à la magistrature suprême, le 22 Septembre 1957, par un suffrage universel, pour une durée de six ans, <u>*est contraint,*</u> dit-il, <u>*par la clameur publique, à un nouveau*</u> <u>*mandat de six ans*</u>. Les zélateurs exultaient de joie et ne cachaient pas leur satisfaction pour les compositions musicales qui célébraient cet événement. C'était l'époque où le port du chapeau de paille *"duvalyé doublé"* était de mise dans les *Koudjay*. Septent, afin de se mettre au diapason des exigences sociopolitiques de l'époque, a du composer une chanson de circonstance.

"Duvalier Doublé"

Composition : Hulric Pierre-Louis
Vocal : Roger Colas - Rythme : Boule-de-Feu

<><><><><><><><><><><><><><><><><><><><><><><><>

Nou mèt di Ayiti sové,
Ak doktèur Fwanswa Duvalyé
Ki vini pou li kapab fè tou sak bon;
Sé Bondyé k(i) té voyé-l pou sové Ayiti.

Sé pousa nou aklamé li,
Nou mandé-l yon nouvo manda
Sé pou li ka gen tan ranpli tout misyon
Ké bondyé té voyé-l fè pou Ayiti

Keur
Duvalyé, sé yon bon doktèur, l apé géri Ayiti

Enspirasyon
Nou mandé-l poul kenbé sa nèt
Pou l ka sové tout Ayiti

Keur
Viv Duvalyé, mètè gason sou rou

<><><><><><><><><><><><><><><><><><><><><><><>

Au mois d'avril 1964, un an après l'expiration du premier mandat présidentiel de François Duvalier qui aurait du, constitutionnellement, prendre fin le 15 mai 1963, *le système parlementaire monocaméral d'Haïti,* dont les membres étaient choisis en fonction de leur allégeance non équivoque au régime, vote la tenue d'*"élections libres et démocratiques"* (*contrainte plébiscitaire,* conviendrait mieux, en la circonstance) demandant à la population, *"en âge de voter",* de dire OUI ou NON au maintien du docteur François Duvalier à la Présidence À Vie ? Le résultat, en pareille conjoncture, fut sans surprise: un plébiscite en faveur du OUI. Les groupes musicaux ne pouvaient se permettre

241

d'attendre pour composer *"spontanément"* des chansons de célébrations à la gloire de la Présidence À Vie. Chaque groupe musical, *du plus banal trio au big band le plus sophistiqué,* devait inscrire à son répertoire un hymne en l'honneur de *Papa Doc.* Question d'acheter la paix en composant avec le régime.

Seule note discordante à ce concert d'éloges : Septentrional qui pensait pouvoir être l'exception qui confirmerait la règle. L'orchestre avait sans doute de bonnes raisons, comme l'ont mis en lumière certains faits vécus, pour ne pas être content des agissements perpétrés par la plupart des détenteurs du pouvoir de l'époque. Le maestro et son orchestre pensaient, peut-être, comme Beaumarchais que « sans la liberté de blâmer, il n'est point d'éloge flatteur ». Le pouvoir ne comprenait nullement cette logique cartésienne; il apparaissait à ses yeux cependant que, malgré la présence remarquable et la popularité grandissante de Septent à Port-au-Prince, depuis le samedi 14 Mars 1964, date de la conquête du prestigieux Djoumbala Night-Club, l'orchestre n'avait rien, encore, composé pour marquer l'accession du docteur François Duvalier à la Présidence À Vie d'Haïti, (la huitième après celles de Dessalines, de Christophe, de Pétion, de Boyer, de Soulouque, de Geffrard et de Salnave). Cette lacune grave aurait pu faire tourner du bon vin au vinaigre.

Ce qui devait arriver, arriva. Septent, en pleine ascension, du point de vue musical, commençait à se faire mal voir des thuriféraires du régime. Dès lors, les *"tonton makout"* signalaient leur présence aux soirées dansantes, à Rumba particulièrement, de manière provocante et tonitruante; des rafales de mitraillette ponctuaient leur présence en même temps qu'elles transformaient en crible le toit du Night-Club qui était progressivement déserté par la clientèle, peu familière à cette atmosphère soudaine d'insécurité grandissante. De plus, monsieur Adherbal **Lhérisson**[31] allait faire son entrée en scène et proférait des menaces à peine voilées à l'adresse

---

31   Adherbal Lhérisson détenait un pouvoir énorme, depuis que son père, militaire de carrière à la retraite, a apporté, dit-on, au Palais National, la tête de l'ennemi public N°1 du régime, Blücher Philogène, *chef des "kamoken"*

de Septentrional en général, et d'autres, plus directes à l'endroit de son maestro, Hulric Pierre-Louis, en particulier. L'agressivité de *la gent des chefs* créait dans la ville du Cap-Haïtien une atmosphère de *psychose* qui devenait invivable pour la population civile.

C'est alors que monsieur Michel François *alias Michèl Lakolonb*, fanatique juré de l'orchestre Septentrional et ami intime du maestro Hulric Pierre-Louis, alla intervenir en faveur de Septentrional; L'orchestre venait tout juste (en 1964) de composer une musique publicitaire pour "**La Colombe**", un autobus affecté au transport de passagers vers la capitale (Cap-®-Port-au-Prince-¬-Cap), dont il était propriétaire. Monsieur Michel François avait aussi un lien de proche parenté avec l'un des chefs *"des services secrets"* du gouvernement duvaliériste, monsieur Luc Désir dont il était, par ailleurs, le représentant direct au Cap-Haïtien. Michel François se rendit à Port-au-Prince et raconta à son cousin la situation intenable à laquelle contraignaient à vivre Septentrional, son orchestre, les *"miliciens-v.s.n."*, les *"makout de l'armée"* ainsi que les *"tonton makout lumièr rouj"* et tant d'autres *"makout-lou"* du même acabit. Le message auprès de Me Luc Désir, *"tout puissant chef SD"* avait, bien entendu, précédé le messager.

Monsieur Luc Désir, pour la circonstance, préconisait une solution simple. Par son cousin, Michel François, interposé, il conseilla aux musiciens de l'orchestre Septentrional de composer, sans délai, une musique en l'honneur de la Présidence À Vie, de lui en apporter un enregistrement dédicacé à l'adresse du Président et qu'il se chargerait du reste. Mais, voilà, il y avait un nœud gordien à trancher ! Et tout comme à l'issue du « *Conseil tenu par les rats* » dans la fable de Jean de la Fontaine : *Qui allait attacher le grelot ?*

Pour mémoire, systématiquement, *"le Septent"* des années cinquante à soixante-dix, tenait deux séances hebdomadaires de travaux préparatoires; *une séance d'études* chaque mercredi, au cours de laquelle les musiciens s'adonnaient à la pratique du solfège, à l'audition de musiques venues d'ailleurs ainsi qu'à l'auto-critique à partir des enregistrements de leurs propres exécutions. Le jeudi par contre, était consacré à *une séance de répétions*. Le vendredi soir était réservé à un "petitbalduvendredi" qui tenait lieu de répétition générale avant la grande prestation du samedi soir à Djoumbala Night-Club ou ailleurs. Et l'orchestre rentrait au Cap le lendemain dans l'après-midi afin d'animer la **"Bamboche Créole"** sacrée du dimanche soir à *Rumba Night-Club*, pour le prix modique d'une gourde, le billet d'entrée. Mais ça, c'est une autre histoire, d'une toute autre époque.

Le dialogue entre *"les deux cousins"*, Luc Désir et Michel François, s'est déroulé un lundi; le lendemain, mardi, Michel François rentra au Cap-Haïtien et informa son ami, Hulric, de la stratégie préconisée par son cousin.

La *séance* habituelle *d'études* du mercredi des musiciens de Septent fut transformée, ce soir-là, en *séance spéciale d'informations*. Le maestro Hulric Pierre-Louis, pourtant compositeur prolifique, avouait que, sans inspiration, il ne pouvait, malheureusement, rien créer. À l'issue de cette réunion du mercredi, Alfred *Frédo* Moïse comprit, que pour *protéger la vie même des musiciens de l'orchestre Septentrional*, il devait essayer de rencontrer rapidement la solution préconisée et composer même *"sans inspiration"*.

Tous les musiciens qui ont assisté à cette *séance d'études spéciale* de ce mercredi, étaient venus à la séance de répétition traditionnelle du lendemain. En régime totalitaire, de Néron à Duvalier François, la peur de la baïonnette peut constituer une source efficace d'inspiration. Ce jeudi, *Frédo* distribua les partitions qu'il a écrites, d'un jet, entre le moment de son départ de la séance d'informations du mercredi et celle de son arrivée à la séance de répétition du jeudi.

C'est dans cette atmosphère délétère, au cours de l'année 1964, qu'Alfred *Frédo* Moïse composa *Président À Vie* pour Septentrional afin de rencontrer *l'exigence sociopolitique de l'époque*.

"Prézidan Avi" *(1964)*
Composition : Alfred " Frédo " Moïse
Vocal : Roger Colas - Rythme : Boule-de-Feu

<>‹›<>‹›<>‹›<>‹›<>‹›<>‹›<>‹›<>

Prézidan Avi
Duvalyé, tout pèp la nomen w
Prézidan Avi
Nou gen lajwa nan kèur nou, rèv nou réyalizé.

Fwanswa papa, chita chita w'ou sou chèz ou,
Pèp la dévwé, nanpwen pwoblèm nan sa papa ;
Sé Bondye ki voyé-w banou.

«Chœur»

Dyé vlé, pèp vlé, nanpwen pwoblèm
Duvalyé prézidan pou tout lavi
Nanpwen sizan, Ni l pa chemiz
Lidwé pou l (Sé pou l) réyalizé tout sa l vlé fè

Voici, l'histoire et le contexte de la création de *"Président À Vie"*, vite devenu *le bel ochan pour papa doc,* la chanson préférée du régime. Texte laconique à souhait, soutenu par une *mélodie "quasi improvisée", par un groupe musical cohérent*, au sommet de son art. C'est à croire que, quel que soit le sujet traité ou le thème envisagé, le génie ne peut produire que du génial.

Comme cela arrivait parfois, au sein de l'orchestre Septentrional, ses deux compositeurs principaux créaient chacun, en parallèle, une musique sur un même thème, notamment pour la période des carnavals ou encore pour éditer le compte-rendu de la première tournée nord-américaine : «*Fanatik Mondyal*» de *Frédo* et «*Feu Universel*» de *Maestro*. C'est ce qui explique qu'en dépit de l'énorme succès remporté par le «*Prézidan Avi*» de *Frédo*, le maestro Hulric

Pierre-Louis s'essaya, lui aussi, peu de temps après, sur le même thème autour de la présidence à vie.

"Viv Duvalyé, Prézidan Avi"

Composition : Hulric Pierre-Louis(1964)
Vocal : Roger Colas - Rythme : Boule-de-Feu

<><><><><><><><><><><><><><><><><><><><><><><><>

Duvalyé, tout pèp la kontan'w
Pou réglé tout ti zafè-r-a péyi a

Sé rézon sa
Ki fèl mandé'w pou kenbé
Ou va la pou toutan

Sa Désali'n, Èstimé pat gentan fè
Nou konnen ké wap réyalizé yo

Keur
S-on sèl pawòl ki palé
Toupatou, koté'w pasé
Viv Duvalyé, Prézidan AVI

<><><><><><><><><><><><><><><><><><><><><><><>

La musique est une puissante force unificatrice de notre monde; elle rapproche les gens au-delà des frontières géographiques et culturelles.

William "Bill" CLINTON
Président des États-Unis d'Amérique

Une Question de Base

Si, au cours de cette période de trois années (de 1963 à 1966), Septentrional attirait les foules, presque tout le reste, dans son environnement immédiat comme nous venons de le décrire, n'était que malheur et désolation; deux faits positifs, à isoler de cette série macabre.

premier fait positif:

La conquête de la République « entre guillemets » de Port-au-Prince

Au mois de février 1964, le maestro du *Super Jazz des Jeunes*, monsieur René St- Aude est venu discuter avec le maestro Hulric Pierre-Louis de l'orchestre Septentrional, de la possibilité de permuter le programme d'animation des deux groupes musicaux au cours d'une fin de semaine; le *Jazz des Jeunes* irait jouer au Cap-Haïtien, à Rumba Night-Club pendant que *l'orchestre Septentrional* jouerait à sa place à Port-au-Prince, au Djoumbala Night-Club.

Jouer au prestigieux Djoumbala Night-Club de Port-au-Prince, est une proposition qui ne se refuse pas. Hulric Pierre-Louis accepta donc, et suggéra même, le deuxième samedi de mars au maestro St.-Aude qui n'y voyait aucun obstacle si … monsieur Jean-Claude Abraham, le propriétaire de Djoumbala était d'accord. Cette démarche, simple en apparence, n'était en fait, que la face visible de l'iceberg. La réalité était plus nuancée.

Le Jazz des Jeunes, en 1964, en dépit de sa valeur intrinsèque, n'arrivait pas à satisfaire l'attente d'une nouvelle clientèle qui voulait du neuf, quelque chose de différent, une autre musique. Le Jazz des Jeunes était, en 1964, moins rentable pour Djoumbala, les samedis, que ne l'était, dans le même périmètre, à Pétion-Ville, l'Ensemble de Nemours Jean-Baptiste à Cabane Choucoune, avec *Almonòr mété kran, Barbancourt/Konpa dirèk, Ginou, Kan-n kalé, Flagrant délit etc.* Ce n'est pas tout; le public qui suivait le

Jazz des Jeunes ne lui était pas attaché de manière viscérale, ni même inconditionnelle. Une proportion, d'importance considérable, était plus attachée à Gérard Dupervil, accompagné du Jazz des Jeunes, qu'au Jazz des Jeunes proprement dit, dont le jeu commençait, à tort ou à raison, à paraître vieillot, et même, peut-être déjà, obsolète. Et c'est justement, au début de 1964, que rien n'allait plus entre la direction du Jazz des Jeunes, le maestro René St-Aude en tête, et la vedette du groupe, Gérard Dupervil, qui devenait de plus en plus indiscipliné, insupportable même

Le témoignage de monsieur Guerdy Préval, auteur d'un livre édité au Canada chez Ilan-Ilan, paru en 1995, intitulé : *"Gérard Dupervil, ou la voix d'une génération"* illustre, à souhait ce moment de la vie du Jazz des Jeunes ; l'auteur, en parlant de G. Dupervil, de la page 93 à la page 95, écrit ceci :

« ... *Il (Gérard) buvait beaucoup plus et passait la majeure partie de son temps dans les salles de jeux. Les musiciens lui manifestaient un vrai mépris qui le poussait à les fuir. Il s'absentait souvent des répétitions musicales. Il laissait parfois tomber le Jazz des Jeunes au moment d'honorer un contrat. Et c'était grâce à la bonne volonté de quelques chanteurs comme Boileau Juste, Jean C. Laguerre, Yves Prudent, etc ... que le jazz arrivait à se tirer d'affaire. En cette période de grande compétition, où les Ensembles de Nemours Jean-Baptiste et de Webert Sicot jouaient à guichet fermé et les mini-jazz commençaient à faire leur apparition, l'orchestre, commençait à dépérir; le Jazz des Jeunes se trouvait avec un homme, vraisemblablement déçu, qui ne croyait plus en son étoile, en son avenir. Gérard avait l'air d'un homme qui avait reçu un coup au plus profond de lui-même, mais il ne pouvait se confier à personne. Après un bal, il a une vive altercation avec Daniel Mayala, qui faillit lui arracher une oreille ... Poussé par le désespoir, Gérard n'appréciait guère le privilège pécuniaire qui lui était accordé dans le simple but d'éliminer ses soucis économiques, pour qu'il puisse revenir à la normale.*

La tolérance avait atteint ses limites; on ne voulait faire aucune considération

ni de sa voix, ni de son talent. Le Jeudi 21 mai 1964, au Rex Théâtre, à la suite d'une mésentente qui a eu lieu la veille entre deux ou trois musiciens, dont le maestro René St.-Aude d'une part et Gérard Dupervil d'autre part, ce dernier a été empêché de prendre part au programme que le Jazz devait donner avant la projection du film. Cette décision a causé l'éclipse de Gérard Dupervil du sein du Jazz des Jeunes.

Pendant que le Jazz des Jeunes connaissait des déboires, avec un Gérard Dupervil décontenancé, l'orchestre Septentrional était à son zénith avec des créations comme *Karidad, Viv sansousi, TiFi Ya, Chofèur otomobil, Nounou n, Batèm rat, Yaya, Bò n atoufèr, Abitan ou Maryana.* Logiquement, la direction de Djoumbala ne devrait trouver aucune objection. Pourtant, le propriétaire des lieux, monsieur Jean-Claude Abraham, restait sceptique à l'idée que le public port-au-princien ferait le déplacement *pou yon ti jazz pwovens.* Septentrional, c'est indéniable avait gagné du terrain à Port-au-Prince; il était encore réticent cependant et hésitait à laisser entrer Septent dans son local prestigieux. Monsieur Abraham finit par accepter, à condition, que Septent défrayât cinquante dollars (Gdes 250,°°) en coûts d'intendance. Le maestro Pierre-Louis, en vieux routier sachant qu'il ne saurait y avoir de gloire sans rançon, accepta avec fair play les conditions de ce précepte de conduite : «*un îlot de perte dans un océan de profits*». Le samedi 14 mars 1964 était la date retenue. Ce jeu "*à qui perd gagne*" présentait un enjeu important pour les trois protagonistes.

Pour le *Jazz des Jeunes* qui avait la garantie d'un succès au Cap-Haïtien, où le public forcément mélomane, puisqu'éduqué par la musique du *Jazz Capois* puis de l'orchestre Septentrional, était par conséquent consommateur potentiel de la musique du *Jazz des Jeunes.*

Pour la direction de *Djoumbala* qui, au pis aller, garantissait une mise minimale en frais d'intendance; mais, qui au mieux, trouverait, éventuellement, en Septentrional, le nouveau groupe d'animation capable de concurrencer

Nemours Jean-Baptiste à Pétion-Ville.

Pour *l'orchestre Septentrional* qui était condamné à convaincre et à conquérir, par ce biais, *la République de Port-au-Prince*. L'histoire ne repasse pas les plats.

Le dimanche 15 mars 1964, tout Port-au-Prince parlait du succès phénoménal que « *l'orchestre Septentrional, la Boule-de-Feu du Cap* », venait de remporter à Djoumbala et de cette ambiance nouvelle, pleine de fraîcheur que le public venait de découvrir et allait adopter pendant 12 années consécutives, jusqu'en 1976. La *"République de Port-au-Prince"* était conquise.

Et comme un succès ne vient jamais seul, le propriétaire du prestigieux Ciné Capitol, sollicita spontanément, lui aussi, l'orchestre Septentrional, qui accepta, tout aussi spontanément, l'animation, en première partie, de la séance du dimanche 15 mars, *en matinée*.

Djoumbala, le haut lieu de rendez-vous d'une certaine élite port-au-princienne des années soixante; ce n'est pas peu dire. La démarche centripète entreprise par Septent aboutissait enfin. Pour la première fois dans l'histoire de la musique populaire de danse en Haïti, un groupe venu d'ailleurs, de très loin, s'imposait à Port-au-Prince. La province avait, enfin, droit de cité à la capitale.

À partir de ce samedi 14 mars 1964, l'orchestre Septentrional était devenu une référence. De plus, la musique, *"prézidan avi"*, que *Frédo* a composée, peu de temps après, à la gloire de *"papa dòk"* a permis à Septent de circuler sur certaines avenues. L'orchestre alla même être, au mois d'août de la même année, l'invité du Palais National en vue d'animer une soirée en l'honneur du couple présidentiel.

Il importe de souligner l'importance capitale que la percée de l'orchestre Septentrional à Port-au-Prince représenta. C'était la deuxième conquête majeure de la province au cours du vingtième siècle, après que l'Association Sportive Capoise, *"A.S.C."*, ait remporté, à Port-au-Prince même, sur le Racing Athletic Club, la Coupe Vincent, en 1939. Avant ces deux *"hauts faits"*, des sportifs ou des musiciens, originaires de différentes localités d'Haïti, avaient l'habitude d'évoluer dans les meilleures équipes de foot-ball ou les meilleures formations musicales de Port-au-Prince, mais jamais, à Port-au-Prince, en tant qu'équipe de foot-ball ou groupe musical d'une localité de province.

Avèk Sèptantriyonal, tout pwovens yo va rèspèkté

Un groupe musical du Cap-Haïtien, dans toute son ipséité, venait de conquérir Port-au-Prince, en imposant sa musique. Le défi était de taille; y faire face relevait peut-être de l'illusoire face à des compétiteurs qui s'appelaient: *Nemours Jean-Baptiste, Webert Sicot, Raoul Guillaume* et bien entendu, *le Jazz des Jeunes.* Tous ces orchestres allaient, progressivement, disparaître de la scène d'Haïti, au profit de la montée progressive et de l'imposition de la musique des *Minis-Jazz* qui gagnait, ostensiblement, les faveurs du public. *Nemours et Sicot* disparaissaient de la scène port-au-princienne entre la fin de l'année 1969 et le début de l'année 1972 et le *Super Jazz des Jeunes*, déliquescent, en 1972.

Pendant 12 ans, à compter de ce samedi 14 mars 1964 à Djoumbala, Septentrional a tenu, sans partage, le rôle de N°1 sur les 27750 km2 du territoire de la République, jusqu'en 1976, date à laquelle le passage en Haïti des deux « *"groupes-synthés"*, **Exile One et Gramacks** », a provoqué une remise en question fondamentale, préconisant la musique fonctionnelle en lieu et place d'une musique plus élaborée, plus structurée. Et depuis, tous les groupes musicaux, sauf quelques rares exceptions, ont privilégié le rendement, au détriment de cette qualité qui faisait de la mouvance musicale haïtienne un lieu de rencontre de musiciens de valeur, capables d'accompagner n'importe quel artiste du monde entier, à l'instar de l'orchestre de Issa El

Saieh ou de celui de Ernest *Nono* Lamy, du groupe Ibo Combo des années 70 et surtout, de l'orchestre Septentrional, entre 1967 et 1977.

deuxième fait positif:

Le Feu-Vert qui ouvre la voie à ...

Sur le *"Boulevard"* du Cap-Haïtien, dans l'intention d'édifier un Night-Club, l'orchestre a affermé une portion d'un espace affecté à l'usage d'un ancien parc de loisirs, devenu terrain vacant. Le jeudi 31 décembre 1964, le maestro Hulric Pierre-Louis en informe le public à l'occasion du gala de la St.-Sylvestre à Rumba. Le samedi 31 décembre 1966, au retour de son premier voyage d'Amérique du Nord, Septent a étrenné le Feu-Vert à l'occasion du gala traditionnel de la Saint-Sylvestre, soit, deux ans, jour pour jour, après l'annonce faite à Rumba. Ceux qui possèdent encore l'enregistrement de ce bal mémorable pourront réécouter, le jeune Michel Tassy, exulter: « *Ané sa, n ap bwè yon gwòg nan "Feu-Vert", papa !* ».

Désormais, c'était une réalité: l'orchestre Septentrional occupait le Feu-Vert Night-Club, à titre de propriétaire. Comme le Feu-Vert ouvre la voie à la circulation, l'édification du Feu-Vert Night-Club venait démontrer, une fois pour toutes, que le musicien pouvait, par son métier, forger son propre destin faisant mentir, du coup, le préjugé social cantonnant le musicien haïtien dans le rôle dégradant de : *«muzisyen pa métyé»* où la société l'avait confiné jusqu'ici. Le défi de Bahon du 19 mars 1947 était relevé. L'*Idéal~Septent* était, désormais, vingt ans plus tard, concrétisé dans la glaise du réel. ***Oh Bahon, quel idéal !***

Entre la signature d'un contrat de bail avec possibilité d'achat d'une propriété de l'État, pour la somme annuelle de deux cent cinquante-cinq gourdes par an, et la construction d'un Night-Club, en l'occurrence, le Feu-Vert, il y avait du chemin à parcourir, des sacrifices à consentir.

Écoutons plutôt les dires mêmes du maestro Hulric Pierre-Louis : «...

d'abord la possession du terrain a été le premier stimulant. Nous avions donc entrepris des démarches afin d'obtenir, en affermage, un terrain appartenant à l'État. Une fois les démarches abouties, nous avions étudié la formule à employer pour trouver les fonds nécessaires à la construction de l'Édifice. À la réunion du mardi 19 janvier 1965, nous, les 13 sociétaires, nous étions entendus pour verser le quart de nos revenus dans une caisse pour la construction de l'immeuble ».

La première activité génératrice de revenus qui s'ensuivit fut la "*Bamboche Créole*" traditionnelle du dimanche à Rumba et la vente des billets, ce soir-là, rapportait deux cent trente quatre gourdes (Gdes.:234°°), montant correspondant à la vente de 234 billets d'entrée (achetés et payés) à une gourde. Pour un dimanche de Janvier, ce n'était pas si mal. Septent ne prélevait pas, systématiquement, de frais de fonctionnement sur les montants d'argent générés par les *"bamboches créoles"*. La recette de ce dimanche 24 Janvier 1965 fut donc, intégralement, disponible pour payer les émoluments. Les deux cent trente-quatre gourdes furent ainsi réparties :

4 manutentionnaires et/ou serveurs à G.: 2,50   = Gdes : 10,°°

2 Chanteurs, 1 guitariste suppléant et 1 Choriste à G.: 6,°°   = Gdes : 24,°°

1 Guichetière à G.: 5,°°   = Gdes : 05,°°

soit un total de trente neuf gourdes (Gdes:39°°) réparties entre les musiciens non associés et autres membres du personnel administratif, technique et ouvrier. Les cent quatre vingt quinze gourdes (Gdes.:195.°°) restantes étaient partagées, sans discrimination entre les nouveaux sociétaires à raison de quinze gourdes (Gdes.:15.°°) par associé ; montant duquel, il fallait déduire 25%, soit Gdes.:3,75 afin de respecter l'accord du 19 Janvier. Ainsi le jour de *"la paie"*, entre les Rues 20 et 21M, chez Raymond Jean-Louis (Secrétaire-Trésorier-Payeur, bassiste et membre fondateur de

Septentrional), chacun des 13 sociétaires touchait onze gourdes et vingt cinq centimes (Gdes.:11,25) et la première pierre du futur Night-Club à édifier (l'actuel Feu-Vert) en valut moins de $10.°°; neuf dollars et soixante quinze cents ($9,75), soit *quarante huit gourdes et soixante-quinze centimes* (Gdes.:48,75) à une époque où il fallait, invariablement, cinq gourdes pour un dollar américain.

Rome ne s'est, vraiment, pas faite en un jour.

Hulric Pierre-Louis, Jean Menuau, Raymond Jean-Louis, Pierre Volonté Jacques (*Bòs Pyèr*), Alfred *"Frédo"* Moïse, Arthur François, Philomé Abstenius Dolcé dit Artémis Dolcé *alias "Ten'gé"*, Roger Colas, Louis *"Loulou"* Étienne, Jacques Jean *(TiJak alto)*, Roger *"Chòchò"* Jean-François, Jacques François *(TiJak twonpèt)* et Lucien Pierre-Louis, sont les treize (13) associés, de 1964, dont parle le maestro.

Jean-Claude Pierre, Ernst *Papou* Léandre, Jean-Claude Édouard et Michel Tassy, qui n'étaient pas membres associés de Septentrional, complètent la liste des musiciens, 17 au total, de l'orchestre au 1er janvier 1965.

L'énumération, le contexte et l'analyse de ces faits transcendants qui jalonnent l'existence de l'orchestre, nous imposent la mise en exergue, afin que nul n'en ignore, de deux données fondamentales qui régissent l'Institution~Septentrional :

1°) L'orchestre Septentrional est, par essence, une formation **" Big Band "** et doit garder son identité, *"Boule-de-Feu"*, sans jamais céder à la tentation de faire la moindre concession sur ce principe fondamental.

2°) Septentrional est, avant tout, une institution viscéralement attachée à la **ville du Cap-Haïtien** et doit le rester *"ad vitam æternam"*. Son existence doit rester en constante symbiose avec sa ville natale, son siège perpétuel. Les *Capois* le veulent. Les *Gens du Nord* le souhaitent. Les *Haïtiens* le cautionnent.

<>><><><><><><><><><><><><><><>

"Fanatik Mondyal" (1966)

Composition : Alfred "Frédo" Moïse
Vocal : Michel Tassy - Rythme : Boul de Fe
<>><><><><><><><><><><><><>

Lead Vocal

Nou rivé Nouyòk mézanmi, sé bel bagay ;
Fanatik de tout lè nasyon, fè adorasyon ;
Pòtòriken n di, Jamayiken n di, Amériken n di Sèptan:
we love you

Sé nan Monréyal~Kanada, sa té yon mèrvèy
Kanadyen avèk Kanadyè n yo, émèrvéyé
Yo dansé rit bouldefe, yo dansé rit patchan-ga
Alafen, tout rélé :
Viv Ayiti

Refren
Welcome to you Septent
Everybody loves you Septent
Tell us when you come back

Enspirasyon
"Bienvenue" Sèptantriyonal, tout moun renmen ou
Yo renmen w, yo renmen w, yo renmen ou
*

Kanadyen avèk Kanadyen n yo emèrvéyé
Yo kontan, yo kontan, yo kontan

<>><><><><><><><><><><><><><><><>

« On n'abdique pas l'honneur d'être une cible ;
qu'importent la bave des envieux et le fiel des lâches. »

Edmond Rostand de l'Académie française

L'ARCHÉTYPE

Avec l'édification de son propre Night-Club sur le *"boulevard"* du Cap -Haïtien, Septent venait de proposer un archétype : **« comme le Feu-Vert ouvre la voie à la circulation, la voie était ouverte aux musiciens haïtiens; la possibilité leur était offerte de changer de vie, de statut social »**. Pour Hulric Pierre-Louis, d'ailleurs, celui par qui tout, pour le meilleur ou pour le pire, est arrivé, le destin de l'orchestre Septentrional, avant même sa fondation le mardi 27 juillet 1948, était scellé à Bahon, souvenez-vous en, quand l'officier des lieux se déroba, avant même la fin de l'exécution du *"ochan"* qui lui était destiné, pour ne pas offrir au *Groupe Youyou,* dont il était le guitariste, un pourboire symbolique.

Dans ce domaine, comme dans bien d'autres, il y aura beaucoup d'appelés mais très peu d'élus. Comme par hasard, c'est l'orchestre Tropicana du Cap-Haïtien qui a marché sur les brisées de Septent. Vingt ans après l'édification du Feu-Vert en 67, le *"Tropicana Night-Club"* sera inauguré en 1987, hors des enceintes de la ville du Cap-Haïtien à Vertières, non loin, d'ailleurs, de l'ex *Affection Night-Club* qui avait bercé la prime-jeunesse de l'orchestre Tropicana. On ne renie pas, aussi facilement, ses origines.

Et pourtant, les initiatives respectives d'auto-produire ses disques, *le CoSept,* de construire son propre Night-Club, *le Feu-Vert* ou une Salle de Spectacles, *le Septent-Théâtre* ou le *Restaurant du Feu-Vert,* valurent des remarques les plus désobligeantes que l'on puisse imaginer à l'endroit de leurs initiateurs ; la plus croustillante, mais peut être aussi la plus bête ou la plus méchante étant celle-là: « *le Feu-Vert peut aussi ouvrir la voie à la corruption ou à la destruction* ». Cette réflexion émanait d'un capois pourtant instruit qui a vécu en Europe de surcroît. Le bonhomme n'aimait vraiment pas Septent, et c'est son droit le plus entier; mais qu'il est juste cet adage: *"bon fransé pa lèspri"*[32].

Nourrissant dans le cœur et dans l'esprit la certitude de supporter un orchestre d'élite il m'était pénible, vers la fin des années soixante-dix ou au début des années quatre-vingts, d'admettre que Septentrional n'était plus *"la plus grande frappe musicale d'Haïti"*. Il m'était d'autant plus pénible de l'admettre de la part de deux amis, pourtant partisans de Septent comme moi, Macajoux Médard du Cap-Haïtien ou Osni Eugène de Saint-Louis du Nord. À force de se ressourcer dans la *diaspora nord-américaine* ou en Haïti même, ces deux *nordistes* avaient, forcément, une vision différente de la mienne. Ils étaient, à ce moment précis, les témoins d'une réalité bien différente de ma vision, parceque le goût du public avait bien changé entre temps. Septentrional, avait désormais, en face de lui un compétiteur qui ne faisait pas de cadeau; loin s'en fallait. Cette adversité, car c'est de cela qu'il s'agissait, existait bel et bien, à mon insu, et l'adversaire était de taille, au propre et au figuré, à Bruxelles, notamment, où Jusnerd Nelson, communément appelé, *"Gesner"*, dont la taille frisait les deux mètres, était pendant dix ans, de 1976 à 1986, un partisan résolu de l'orchestre Tropicana, moulé dans la *"doctrine tropicaniste: le prosélytisme intégriste"*. Pour mener sa croisade et conquérir des adeptes, *"Gesner"* avait une arme de combat très efficace: *"La Sono Tropicale"* qui prêchait, en termes à peine voilés, *"l'Évangile~Tropic"*. C'est dans pareil contexte qu'on appréhende différemment une réalité et qu'on finit par apprendre, à ses dépens, à se forger une âme de combattant; qu'on se rallie des amis sous le *"label de qualité Tony et Dondon'n"*, pour donner, dans un premier temps, la répartie

---

32   *"On peut dire des sottises en français"*. On peut être instruit sans être intelligent. Dire que chez nous, en Haïti, le seul fait de parler le français était, ou est, peut-être encore, synonyme du *"savoir"* par le biais de l'instruction.

et ensuite damer le pion à la *"Sono Tropicale"*.

Pris entre ces deux courants, *la communauté estudiantine bruxelloise de l'époque* (haïtiens, antillais, africains, européens), un moment indifférente à la musique *"manch long"* de Septent ou de Tropicana *était imprégnée de la musique du Nord et consommait "capois"*. Et c'était bien ainsi. Mais ça c'est une autre histoire; une histoire *"du temps où Bruxelles bruxellait"*.

Heureusement que, comme nous, *"Gesner"* était *christophien, nordiste et capois* jusqu'au bout des ongles. Comme nous, il était également un farouche partisan de *l'ASC*, la *doyenne des équipes capoises de foot-ball.* Il ne lui manqua qu'un seul pilier à édifier pour que la parfaite trilogie capoise nous soit commune : une place sous *"la bannière jaune et vert"* qu'il a d'ailleurs le droit de revendiquer à tout moment.

FAIS CE QUE DOIS, SEPTENT, ADVIENNE QUE POURRA.

« J'ai l'âme de la brousse, le sang du Ibo
Et c'est toute l'Afrique en mon être qui vibre »

Kozé sou Tanbou

À partir de 1964, nous avons vu un orchestre Septentrional, sûr de ses arrières dans le Nord, partir à la conquête de Port-au-Prince pour revenir victorieux vers son point de départ, sa base, le Cap-Haïtien. Comme Jules César, annonçant au Sénat de Rome, la rapidité de la victoire qu'il venait de remporter près de Zéla, sur Pharnace, roi de Bosphore, en l'an 47 a.c., Septent pouvait exclamer sur la Place d'Armes du Cap : ***Veni, Vidi, Vici.***

Des classiques comme *Batèm Rat, Almiendra, Karidad* ou des partitions aussi rigoureuses que *Cité du Cap-Haïtien, Viv san sousi, Épizòd Manbo, Mèt dam, Dous Ayiti, Nuit de Port-au-Prince, Déklarasyon péyiza-n, Kawòl, Bèl Fèt, Pran kouraj, Mambo Bossu ou Kamita* du maestro Hulric Pierre-Louis garantissaient le « *label de qualité~Septentrional* ». À cet égard, le maestro Pierre-Louis avait fait preuve de virtuosité et de compétence. Mais, il fallait séduire et c'est là que *"Frédo"* est entré en ligne de compte avec des tubes, des «hits» comme *Yaya, TiFi ya, Chofèur otomobil, Nounou-n, Pawòl médam yo, Dézakòr, Louise-Marie, Sa w'ou fè m konsa (bou n), Boubout komèrsyal, Bonjou Mari, Machan-n akasan, Machan-n Sowo*; des titres que tout un chacun, partisans ou non de Septent, voudraient réécouter, en version originale s.v.p., à tout moment. Non seulement Septent avait fait son chemin, mais encore les barrières et les préjugés (*"bonbon nan plen-n", par exemple*) tombaient les uns après les autres. Septent comme ses compétiteurs, Nemours, Sicot ou le Jazz des Jeunes, était à son tour invité par la diaspora haïtienne grandissante vivant au Canada et aux États-Unis. Au mois d'août 1966, l'orchestre entreprit son premier voyage en Amérique du Nord où il séjourna quatre longs mois. Et pour le jour de son retour, la ville du Cap était fière, d'aller accueillir un matin de décembre 1966, peu avant Noël, ses héros, son orchestre, à la *Barrière-Bouteille*, apportant dans ses bagages, des instruments modernes, des uniformes de grande tenue et surtout son premier disque Stéréo enregistré sous le label «Cosept-CS001» à partir d'une table de mixage de 18 pistes (technique de pointe pour l'époque) dans un studio moderne de la ville de New-York et surtout pressé, chez *RCA*, dans les mêmes conditions de techniques de pointe. Le lundi 2 Janvier 1967, Septent exécutait, pour la première fois, en public, sur le podium de la Salle Paroissiale attenante à la Basilique Notre Dame du Cap, la pièce musicale qui résumait son séjour en

Amérique du Nord: *Fanatik Mondyal* d'Alfred *Frédo* Moïse. Ce fut le délire. Désormais une affiche-septent devenait un «*must*», le rendez-vous mondain par excellence. *"La Boule-de-Feu"* devenait la référence musicale qui suscitait l'envie ou imposait le respect.

Nous comprenons que, par respect pour le parcours exemplaire qu'il a mené jusqu'à cette date, du point de vue, notamment, de l'adaptation de notre folklore à la musique mondaine de danse, le *Jazz des Jeunes* ait été retenu pour représenter Haïti à l'*Exposition Universelle de 1967 à Montréal*, mais nous restons convaincus que l'orchestre Septentrional de 1967, comparé au *Jazz des Jeunes* de la même époque, aurait pu tout autant, sinon mieux, représenter Haïti à ce rendez-vous prestigieux.

Voici les Noms des 17 membres de l'orchestre Septentrional qui ont fait le premier voyage d'Amérique en Août 1966

Vocal (4)

Roger Colas, Michel Tassy, Jean-Claude Édouard et Jean-Claude Pierre du Cap-Haïtien

Saxophone (3)

Hulric Pierre-Louis de l'Acul-du-Nord,
Jacques Jean *(TiJak alto)* et Roger Jean-François *(Chòchò)* du Cap-Haïtien

Trompette (3)

Lucien Pierre-Louis de Quartier -Morin,
Alfred *Frédo* Moïse et Jacques François *(TiJak twonpèt)* de Plaisance

Cordes (4)

Jean Menuau (guitare), Louis " *Loulou* " Étienne (piano), Raymond Jean-Louis (basse), du Cap-Haïtien et Ernst *"Papou"* Léandre (guitare) des Perches

Batterie (1)

Philomé Abstenius Dolcé dit Artémis Dolcé *alias "Ten'gé"* du Cap-Haïtien

Tambours coniques (1)

Arthur François *"mèt duje"* de Cadouche

Porte d'Entrée de Rumba (1)

Pierre Volonté Jacques *(Bòs Pyèr)* de l'Acul-du-Nord

Cette liste de musiciens dénote, à souhait, l'origine de ce groupe typique dont les membres étaient recrutés exclusivement dans la partie septentrionale du pays; du versant-Nord du *Morne Puilboreau (Kafou Mamlad)* jusqu'à la limite-Est du pays *(Rivière-Massacre)* à Ouanaminthe, qui sépare, au nord-est, la République d'Haïti de la République Dominicaine.

Cette énumération pourrait, à s'y méprendre, laisser planer dans les esprits la suspicion d'une certaine attitude régionaliste de la part de l'Équipe~Septent; mais bien moins qu'une attitude c'est une coïncidence du moment. La doctrine~Septent, ne prône nullement, et n'a jamais d'ailleurs prôné l'ostracisme. Thomas David, par exemple, était originaire d'Aquin, une ville du Sud; d'autre part, Danilo Andrévil, intégré dans le rang des musicien de Septent depuis 1976, est un port-au-princien, et avec ses plus de trente-cinq (35) années de bons et loyaux services, il aura vécu avec Septent, plus de temps au Cap-Haïtien qu'il n'en a vécu ailleurs, y compris à Port-au-Prince, sa ville.

Précisons que peu de temps après le retour de l'orchestre Septentrional de ce voyage d'Amérique du Nord, en décembre 1966, Jean Claude Pierre *(Papelito)* puis Jean-Claude Édouard *(Dalido)*, tirèrent leur révérence. Parallèlement, Jean Menuau devint administrateur du Feu-Vert cédant sa place de guitariste titulaire à Ernest Léandre *(Papou)* qui le secondait depuis plus de deux ans déjà; Lysius Saintil *(Douz)* de l'Acul-du-Nord et Gérard Jean-Baptiste *(Ti Jéra)* du Cap-Haïtien, au même moment, sont venus

261

compléter les lignes d'anche et de cuivre.

C'est au cours de l'année 1968, que Mathieu Médard *alias Jocelito* ainsi que Thomas David qui évoluaient au préalable, en parallèle, à l'ombre de Septentrional, réintégraient l'orchestre par le biais du groupe *Haïti Chérie* qui animait sous la direction de Marcel Odilon Gilles *alias "Tonton Jil"* les *"Toi et Moi" des mercredis au Feu-Vert* à raison d'une gourde le billet d'entrée.

Gérard Jean-Baptiste en particulier, qui n'a pas fait carrière dans l'orchestre (moins de trois ans) a marqué son passage au sein du groupe en le dotant de 4 superbes créations: *Sésa lavi en 1968 (Boul defe), Kozé, kozé (kongo defe) et Gladys*, un boléro, en collaboration avec Élie Pierre qui a écrit les paroles et François-Marie Michel qui les a éditées; avec ces trois compositions, une quatrième, *Réklamasyon,* était peut-être la plus belle que Gérard Jean-Baptiste *(TiJérar)* avait écrite pour Septent; dommage qu'une pratique, aujourd'hui obsolète, au sein de l'orchestre préconisait automatiquement la suspension de l'exécution d'un titre, une fois que son compositeur n'était plus membre de Septentrional; l'exécution de Réklamasyon de *Ti Jérar* a donc été suspendue au moment de son départ du groupe en 1969. C'est ainsi que pour des raisons similaires, la postérité n'a pas pu apprécier, à sa juste valeur, le génie créateur de Raymond *"Colo"* Pinchinat, par exemple.

Cette pratique qui consistait à interrompre l'exécution d'une composition au départ du compositeur a été fort préjudiciable tant à l'orchestre que pour le public. Mais il y a toujours un prix à payer quand on veut vivre sans transiger avec des principes vertueux sur lesquels une institution repose : l'honneur, la dignité, la fierté capoise.

Sous l'habile direction musicale et administrative de monsieur Hulric Pierre-Louis, Président-Directeur et maestro de l'orchestre, {[4 saxophones : Hulric Pierre-Louis, Jacques Jean "TiJak alto", Roger Jean-François "Chòchò" et Lysius Saintil "Douz" + 4 trompettes: Alfred "Frédo" Moïse, Jacques François "TiJak twonpèt", Lucien Pierre-Louis et Gérard Jean-

Baptiste + 3 cordes : Louis "Loulou" Étienne au piano + Ernst Léandre "Papou" à la guitare + Raymond Jean-Louis à la basse + 3 chanteurs-percussionnistes: Roger Colas, Michel Tassy et Thomas David + Arthur François aux tambours coniques + Artémis «Ten'gé» Dolcé et Mathieu Médard "Jocelito" comme batteurs]}, cette équipe de dix-sept musiciens, constitue à notre avis, et nous assumons entièrement nos propos, l'une des meilleures formations, si elle n'est pas, tout simplement la meilleure, que l'orchestre Septentrional n'ait jamais eue auparavant, au cours de sa longue et prestigieuse carrière, et n'aura peut-être jamais plus.

Cette équipe s'était, malheureusement, constituée par hasard.

Aussi osée que cette affirmation puisse paraître, elle n'en demeure pas moins une menace permanente qui a toujours pesé et qui pèse encore sur tous les groupes musicaux haïtiens de qualité. Presque tous, en effet, ont toujours compté sur la providence pour pourvoir au remplacement d'un musicien titulaire de talent ou de qualité. Hier, le Super Jazz des Jeunes et Gérard Dupervil; et plus récemment Gesner Henry *alias Koupé Klouré* et son Ensemble Sélect.

Bien que Septentrional, d'abord et dans la foulée de Septent, l'orchestre Tropicana ensuite, constituent les deux groupes musicaux haïtiens qui réussissent, jusqu'ici, le plus intelligemment, à gérer le vide causé par l'absence d'un musicien de valeur, il n'en demeure pas moins, et les faits pour corroborer nos dires sont têtus, qu'aujourd'hui encore, *Loulou* Étienne comme claviste, Roger Colas comme chanteur et *Frédo* Moïse comme compositeur ont, à leur mort, laissé la place à d'autres titulaires sans qu'ils ne soient remplacés pour autant.

Est-ce donc irréversible, que l'on conduise à la tombe une fraction plus ou moins importante d'un orchestre haïtien à l'occasion du décès d'un musicien de qualité ? Le glas sonnera-t-il de manière inéluctable, sur l'existence même de l'orchestre Septentrional, le jour où son Fondateur-Président et Directeur Général, Hulric Pierre-Louis, se retirera des affaires ? Pesante interrogation à la quelle nous sommes tentés de répondre : Les hommes passeront, mais l'institution-Septent restera et demeurera sempiternelle ... QU'IL EN SOIT AINSI et **QUI VIVRA VERRA !**

<><><><><><><><><><><><><><><><><><><><><><><><><><><><>
<><><><>

"Tanbou Fwapé" (1969)
Composition : Hulric Pierre-Louis
Vocal : Michel Tassy // Rythme : Pétro

<><><><><><><><><><><><><><><><>

Lead Vocal
Tanbou frapé, Ayisyen kontan,
Sé yon bagay yo pran nan nésans
Sé pou sa lèur tanbou a frapé,
Sa fè yo sonjé anpil bagay :
Yo gen souvnir dafrik, tèr manman yo
Dépi tanbou frapé tout nanm yo soti
Yo papé janm bliyé langaj sila,
Sé pousa yo ta vlé li frapé toutan

«Chœur»
Tanbou frapé, y ap kaladja
Rit la sonnen, y apé tchatcha

Enspirasyon
Yo papé janm bliyé langaj sila,
Sé pousa yo ta vlé li frapé toutan
*

Tanbou frapé, Ayisyen kontan,
Sé yon bagay yo pran nan nésans

*

ARTHUR !!! FWAPÉ TANBOU A POU MWEN

« *On rencontre souvent sa destinée*
Par des chemins qu'on prend pour l'éviter »

<u>Matuel Albert Sinsmyr</u>, tambours coniques

<u>*depuis avril 1975*</u>

Trente-sept années, depuis avril 2012, d'appartenance, de militance et de fidélité à un groupe social quelconque, c'est une référence en soi et qui en dit long sur Matuel A. Sinsmyr, mieux connu sous le prénom de Mativel *alias "TiMé"*. Matuel Albert Sinsmyr est né à Limonade le mercredi 18 février 1948 et fait partie, aujourd'hui, du trio de tête de l'orchestre Septentrional, avec le trompettiste Danilo Andrévil et l'inusable chanteur, Michel Tassy.

Matuel Albert Sinsmyr est un personnage réservé qui n'avait jamais mis les pieds dans un Night-Club ou une salle qui en tient lieu avant le samedi 19 avril 1975, date à laquelle il remplaça, au pied levé, Arlet Pierre, tambourinaire de Septentrional depuis quatre ans environ, mais tombé en rupture de ban avec l'orchestre.

À l'âge de vingt ans, en 1968, *"TiMé"* boucla le cycle des Études Classiques qu'il compléta, au Cap-Haïtien, respectivement au "Collège Frère Césaire" jusqu'au Certificat (C.E.P.) et au "Lycée Philippe Guerrier" jusqu'en classe de Philosophie. À ce titre, *TiMé* est notre premier *philosophe*. Il suivit ensuite, par correspondance, un cours de génie mécanique, pendant sept ans environ, auprès de la *"Down Town - Technical School de New-York"* et compléta pendant quatre années consécutives la pratique de cet apprentissage théorique à "l'École Professionnelle du Cap-Haïtien". En 1974, *"TiMé"* est diplômé comme "Machiniste" en "Génie Mécanique-Ajustage" de cette école états-unisienne.

Au cours des années soixante-dix, Sœur Ignace et le Vicaire André Philippe de la paroisse du Sacré-Cœur, instiguaient, au Cap-Haïtien, le mouvement de jeunesse « *Solidarité Interscolaire* » dans lequel se reconnaissaient beaucoup de *"jeunes gens"* de la ville et Septentrional, en parfaite symbiose avec la ville du Cap, participait au mouvement avec l'intervention de Jocelito *(son batteur)*, de Bob Menuau *(son bassiste)* et de Eddy Leroy (*la coqueluche de la trompette*), ou encore l'orchestre, au grand complet, animait pour la paroisse, soit une messe solennelle ou encore un cortège à travers les rues de la ville, le vendredi 2 juin 1971, à l'occasion de la fête du Sacré-Cœur; c'était une première.

Et *"TiMé"* dans le mouvement ?

Monsieur Sinsmyr professa, en semaine, le métier d'Enseignant en dispensant des cours soit au "Collège St.-Joseph", une école d'enseignements primaire et secondaire du Cap-Haïtien (Rue 12 F) où il enseigna les mathématiques en classes de 6e, de 5e et de 4e secondaires et le français en classe de Moyen II au primaire; parallèlement, il enseigna les mathématiques en classes de 6e, de 5e et de 4e aux "Cours Raymond Gracia" (Rue 10 N), un collège d'enseignement secondaire. Le dimanche (c'est son hobby), *"TiMé"* joue du tambour pour *"Solidarité Interscolaire"* qui anime, chaque dimanche, la Grand'Messe de 9h dans l'église du Sacré-Cœur.

Le samedi 27 juillet 1974, jour du 26e anniversaire de fondation de Septentrional, une messe d'action de grâces animée par *Solidarité Interscolaire* fut chantée au Sacré-Cœur pour et en présence des musiciens de l'orchestre Septentrional. Après la cérémonie religieuse, le maestro Hulric Pierre-Louis, offrit des billets d'entrée au Feu-Vert Night-Club à tous les membres de la chorale invités à participer, dans la soirée, au bal traditionnel d'anniversaire. *"TiMé"*, séduit par la délicatesse du geste, est sous le charme mais, question de tempérament, ne participe pas à la soirée dansante. Il habitait à l'époque, au Cap, à la Rue 12 F/G et reçut quelques mois après, un soir, une *"visite de courtoisie"* de Eddy François qui personnifiait, à l'époque, à lui tout seul, l'orchestre Septentrional. Peu de temps après cette visite, *"TiMé"* rencontra le maestro Hulric Pierre-Louis qui, justement avait un "colis-cadeau" en souffrance pour lui: "trois disques de Septent en l'occurrence" ... et ... bien impudent serait celui qui trouverait, dans la démarche, une quelconque approche stratégique quand il n'y avait, en fait, que pure coïncidence.

Tous *"ces petits faits du hasard"* se passaient entre mars et avril 1975 et ... le samedi 19 avril alors qu'une *"petite fête"* battait son plein à "l'École Normale d'Institutrices et d'Arts Ménagers du Cap-Haïtien" et que *"TiMé"* faisait office de maître de cérémonie, il reçut, impromptu, la visite ... intéressée cette fois ... je vous le donne en mille ... de ... Eddy François ... qui a réussi à le convaincre de la nécessité absolue de sa présence à *"une autre petite fête"* à laquelle le maestro Hulric Pierre-Louis l'invitait, sans façon, à participer. Cette *"petite fête"* où le maestro l'attendait, n'était ni plus ni moins, qu'une soirée dansante au Feu-Vert Night Club. Ce soir-là, Jean René Guerrier qui secondait *"Jocelito"* à la batterie depuis 1972, remplaça le titulaire démissionnaire, mais le vide causé par l'absence de Arlet Pierre aux tambours coniques, n'était pas comblé. Voilà *"TiMé"*, au Feu-Vert Night-Club, pour jouer du tambour à la place du talentueux Arlet;

position très inconfortable pour monsieur Matuel Albert Sinsmyr, jeune instituteur qui, à vingt-sept ans, n'avait jamais auparavant mis les pieds dans l'enceinte d'une boîte de nuit. Transcendant ses états d'âme, ou peut-être, inconsciemment, face à son destin, *"TiMé"* assuma et improvisa dans son nouveau rôle à la satisfaction du public ainsi que de ses "nouveaux futurs collègues musiciens"; et ... confidence pour confidence ... le lendemain, *"TiMé"* a voyagé avec Septent pour aller animer une soirée dansante à Port-au-Prince, au "Lambi Night-Club à Mariani", le dimanche 20 avril 1975. Il n'a su regagner son poste d'instituteur que le mardi matin. À son insu, le *"virus-Septent"* lui était inoculé.

On rencontre souvent sa destinée
par des chemins qu'on prend pour l'éviter.

Désormais, *"TiMé"* doit faire face à un vrai *"drame cornélien"* : choisir entre la profession de "musicien de Jazz", considérée dans la grande majorité des cas comme *"métyé vakabon"* et la fonction valorisante de *"professeur"* qui lui permettait jusqu'ici de mener une vie aisée de jeune célibataire avec ses deux salaires d'instituteur. Il est vrai par ailleurs qu'en 1975, Septentrional était perçu par l'opinion publique comme l'orchestre le plus prestigieux du pays et ses musiciens avaient, par conséquent, une position sociale relativement bien cotée au Cap-Haïtien, enviable même au niveau de la République d'Haïti. Plutôt que d'abandonner spontanément une carrière prometteuse d'instituteur ou de suivre candidement l'orchestre Septentrional dans ses déplacements, *"TiMé"* jonglait plutôt entre les cours de mathématique et de français dispensés à ses élèves en semaine et le *"swing"* des tambours coniques dans une biguine comme *"Lapéyiza-n de Frédo"* le samedi soir. Nonobstant, la pression sociale ne rendait pas cette conciliation évidente; que du contraire. C'est là que la finesse d'approche du maestro Pierre-Louis entra en ligne de compte et que des affinités allaient, crescendo, se créer entre le vieux routier Hulric et le néophyte *"TiMé"*.

Aussi invraisemblable que cela puisse paraître, pendant les premiers moments de sa double carrière *"TiMé"* n'avait jamais réclamé *"une seule gourde"* pour ses prestations en tant que musicien de Septentrional, jusqu'au jour où le maestro s'enquérit de savoir s'il était satisfait du revenu de son nouveau travail. *"TiMé"* n'avait pas d'opinion dans la mesure où il n'avait pas jusqu'ici réclamé de numéraires *"au trésor"* depuis son entrée dans l'équipe. Surpris, le maestro l'accompagna chez le *"caissier-payeur"* qui habitait à l'époque au Cap-Haïtien à la Rue 9 E/F. C'est là, qu'en présence du maestro, René Pluviose remit à *"TiMé"* cinq enveloppes adressées à son nom et sur lesquelles étaient, respectivement, inscrits les chiffres suivants: 250°°, 150°°, 45°°, 100°° et 125°°. Il prit les enveloppes qu'il déposa, chez lui, dans une armoire sans même les ouvrir. Longtemps après l'épisode anecdotique de ce récit, *"TiMé"* nous dira qu'il ne comprenait pas, tout simplement, que l'orchestre Septentrional pouvait avoir, à ce moment, une quelconque obligation pécuniaire à son endroit.

Le début de l'été soixante-quinze marqua la fin de l'année scolaire et, en même temps, l'ouverture de la *"saison champêtre"* et TiMé, pouvait maintenant s'adonner à temps plein aux activités de l'orchestre. Il prit, du même coup, conscience du bouleversement que cette nouvelle situation créait dans sa vie, jusque-là, bien rangée. Il comprit qu'il devait, pour sa survie, organiser sa vie autrement et décida de se marier. C'est alors qu'il ouvrit sa première enveloppe de paie et eut l'agréable surprise de constater que les chiffres indiqués correspondaient à des DOLLARS alors que, lui, il pensait GOURDES. Il put, dans ces conditions, anticiper son mariage qu'il finança, non sans fierté nous a-t-il confié, sans l'aide de ses parents.

De ce mariage avec madame Marie-Jocelyne Belhomme-Sinsmyr naquirent trois garçons: Ricardo, Landy et Kersty. *"TiMé"* est aujourd'hui un homme d'âge mûr, d'une fiabilité à toute épreuve et qui se dit en admiration constante devant le Fondateur PDG, Hulric Pierre-Louis. Septentrional, dit-il, est aujourd'hui sa raison de vivre. La photo de groupe qui édifie le CD "Pa Jujé" de l'orchestre Septentrional témoigne de sa présence au Conseil d'Administration dont il était depuis fort longtemps le Trésorier et un Conseiller aujourd'hui encore. Comme tambourinaire, avec ses trente-sept années de bons et loyaux services, *"TiMé"* bat, depuis longtemps, le record de longévité de Arthur François, le créateur du "Rythme Boule de Feu" qui avait pourtant marqué sa présence au sein de l'institution pendant plus de vingt-trois ans, de 1949 à 1972.

Merci et Bravo "TiMé"

Sèptan renmen w'ou, m enmjan w'ou renmen Sèptan.

Tout est beau dans ce que l'on aime;

Tout ce que l'on aime a de l'esprit.

Charles Perrault

La Rançon de la Gloire

Jusqu'en 1969 Septent était la référence, l'archétype, le modèle; l'orchestre qui garantissait la promotion du musicien à un rang social respectable. Être musicien au sein de l'orchestre Septentrional était un privilège, un symbole de réussite. On était fier d'être reconnu comme un membre de ce groupe prestigieux. Après la réalisation de son premier disque-stéréo *CS0001* offert au public à son retour du premier voyage d'Amérique du Nord, en décembre 1966, le *CS002* est distribué, en guise de cadeau de fin d'année, en décembre 1967. Le contenu de cet album [*Préludes à Noël, Pa fyé zanmi, C'est bon l'amour, Rozali, Asé pou fan-m (Mazora), Noël au Cap-Haïtien, Mari Jozé, Feu universel, Fanatik mondyal,* et la reprise de *Noël des copains*] confirmait toutes les attentes, en même temps qu'il consacrait, de manière incontestable et incontestée, Septentrional comme la plus grande frappe musicale haïtienne de l'heure, toutes catégories confondues.

La suprématie de ces *"Gens du Nord"* [33] se confirmait, chaque jour davantage,

33   Une grande partie du public, un peu moins avisé peut-être, croyait que la Chanson de Enrico Macias, *"Les Gens du Nord"*, parue en 1964, était une création de

grâce à la cohérence d'une *Équipe~Septent* liée par le jeu d'ensemble et une production musicale innovatrice qui en découlait forcément. La musique de l'orchestre Septentrional occupait, littéralement désormais, tous les espaces.

Le **CS003,** le disque du 20e Anniversaire, mis en vente en décembre 1968, faisait tomber les moindres hameaux de résistance avec, entr'autres, des titres comme: *Mona, Septent tu vois la mer, M'sye Bonga, Ou fè chita w ou, Gisèle ou Joujou.*

Parler du **CS004,** mis en marché en mai 1969 moins de six mois après le CS003, impliquerait l'évocation des titres comme: *Pélérinaj, Gladys, Let's dance, Surpriz, Kozé kozé, Twa krab, Animasyon, Wa vini, Indignation ou Tanbou frapé;* mais le contenu du présent chapitre ne correspond pas à cette exigence à laquelle d'ailleurs nous nous serions pliés, bien volontiers. Nous publions, néanmoins, pour la beauté du style, les textes de deux chansons, la première, d'un compositeur occasionnel, feu Marcel Odilon Gilles, mieux connu sous le sobriquet de "*Tonton Jil*", pianiste et professeur de piano. Il fut l'un des meilleurs musiciens de la ville du Cap-Haïtien, ami intime, au demeurant, du maestro Hulric Pierre-Louis mais dont le talent et la compétence n'ont jamais pu connaître de véritable épanouissement au sein de Septentrional; un manque d'opportunisme, quoique bien compréhensible, qui demeura néanmoins bien regrettable autant pour l'orcheste que pour le public mélomane.

<><><><><><><><><><><><>

"Indignation" *(1969)*

Composition : Marcel O. Gilles
Approbation : Hulric Pierre-Louis
Vocal : Roger Colas - Rythme : Boléro

l'orchestre Septentrional qui a commencé à l'interpréter, sous le protocole vocal de Michel Tassy, déjà en 1965.

Pensée, sombre et cruelle !
Lubie sans borne, inhumaine!
Intraitable, plus que rage !
Tu fis trembler le granit !

Tes lèvres, douces comme une fleur,
Cachaient un philtre démoniaque,
Foudroyant, sans pardon,
Pire que le venin de l'aspic.

Ôte-toi de mon coeur, ôte-toi de ma vie,
Rêve détruit, espoir déchu !
Indignation !

Comme une araignée agile,
Tu as donc tissé ta toile,
Garnie de ruses et d'appâts,
Hamac berçant mes rêves d'illusions.

Comme l'insecte naïf, éperdument, j'y mis le coeur épris ;
Déçu, d'un vif élan, brisant les liens qui le retiennent,
J'ai pu le délivrer, traînant un peu dans cette grêle toile
Que j'essaie de noyer dans les grandes eaux du fleuve de l'oubli.

Ôte-toi de mon coeur, ôte-toi de ma vie,
Rêve détruit, espoir déchu !
Indignation!

<><><><><><><><><><><><><><><><>

Autosuffisant, *"le Septent"* des années soixante ou soixante-dix n'exploitait pas assez, ou même, pouvait se passer volontiers du talent et de la compétence d'un Marcel O. Gilles, par exemple; par contre, à partir des années quatre-vingts, le même maestro de Septent, **[**(mais dont le prénom s'orthographiait désormais avec la lettre **H** au début: <u>Hulric</u>**(H)]**, moins rigoureux ou plus complaisant, mais certainement bien différent de l'<u>Ulrick</u>**(U)] engagea des**

272

musiciens comme compositeurs à qui il laissa, de surcroît, toute la latitude (Roselin "Trétré" Antoine, puis Yvon Mompoint pour n'en citer que deux). Autres temps, autres mœurs; et les mœurs forgent souvent les conceptions.

Nous portons le second choix sur un texte, en créole, de François-Marie Michel et dont la mélodie qui l'accompagne, était composée sur un *rythme congo inédit* qui a surpris le grand public autant que les musiciens mêmes de Septentrional au moment de sa création. *Kozé, kozé* est le nom de la composition que nous évoquons ici et le compositeur, au style avant-gardiste, révolutionnaire même, s'appelait Gérard Jean-Baptiste. Il a joué de la trompette dans le rang des musiciens de l'orchestre pendant moins de trois années, mille jours environ, de la fin du mois de décembre 1966 jusqu'à la fin de l'automne de l'année 1969.

<>< ><>< ><>< ><>< ><>< ><>

"Kozé, kozé" (1969)

Paroles : François-Marie Michel
Musique : Gérard Jean-Baptiste
Vocal : Chœur & Roger Colas // Rythme : Congo

Chœur

Tonnèr boulé-m !
Fòk s-a ba-yon nonm dépi,
Syèk sila fi-n pouri.
Paran about !
San konnen, sé yo-k lakòz
Kozé, kozé, kozé !

Lead Vocal

Gwo lundi swar, Élèv !
Mézanmi, élèv ! nan sinéma;
Vi'n gen yon "sauve qui peut"

273

Mesye o : "Salle-Ciné" ribanbèl

Jartyèr tonbé, chen-n tonbé, tout tonbé,
Anmwé, tenten, bwigandaj, tout kozé

Chœur

Tonnèr boulé-m !
Fòk s-a ba-yon nonm dépi,
Syèk sila fi-n pouri.
Paran about !
San konnen, sé yo-k lakòz
Kozé, kozé, kozé !

<><><><><><><><><><><><><><><><><><><>

Nous soulignons que, c'est justement, ou paradoxalement, après la sortie de ce quatrième disque-stéréo de Septentrional en avril 1969 que l'orchestre va assister au départ volontaire ou forcé, au cours de l'été de la même année, de trois musiciens de grande valeur : Roger Jean-François (*Chòchò*) d'abord, Jacques François (*TiJak twonpèt*) ensuite et Gérard Jean-Baptiste enfin; le début d'une véritable hémorragie.

Si les départs volontaires de Jean-Claude Pierre, un choriste, ou de Jean-Claude Édouard, un chanteur de charme, en 1967 ainsi que celui, en 1968, du trompettiste Lucien Pierre-Louis, n'affectaient, en rien, la marche ascendante de Septentrional, le problème se posait tout autrement, entre la fin du printemps et le début de l'automne 1969, quand Roger Jean-François (saxophone ténor), Jacques François et Gérard Jean-Baptiste (trompettes), abandonnèrent successivement, de gré ou de force selon le cas, le rang des musiciens de l'orchestre.

Comme à cette époque, les Ensembles de Nemours Jean-Baptiste ou de Webert Sicot n'étaient plus que des géants aux pieds d'argile, leur débaucher un *"Chenet Noël"* par exemple, *premier trompette* de l'Ensemble de Webert Sicot, en remplacement de Jacques François, n'a pas été un sérieux casse-tête pour le maestro Hulric Pierre-Louis. En même temps, Eddy Leroy, peut-être le meilleur trompettiste que Septentrional n'ait jamais aligné dans son équipe jusqu'ici, avait pu remplacer, au pied levé, Gérard Jean-Baptiste. De même, la présence de Lysius Saintil (*Douz*), depuis deux ans et demi au printemps de l'année 1969, comme saxophone ténor aux cotés de Roger Jean-François (*Chòchò*), a permis à l'orchestre de combler le vide causé par le départ de ce dernier, sans gros soubresauts.

Si l'on envisage le problème que sous cet angle (l'aspect technique) on pourrait dire que ces départs ne revêtaient aucune importance particulière. Et pourtant cette fissure dans la *"carapace~septent"* allait produire des effets, à moyen et à long terme, extrêmement préjudiciables pour la marche ascencionnelle de cette institution, l'orchestre Septentrional. Des conséquences néfastes, à facettes multiples :

1°) Ces démissions et ces départs (six en deux ans) dénotaient un malaise, et surtout, une certaine fragilité au sein d'un groupe social dont on pouvait croire que les membres qui le composent, étaient liés de manière indissoluble; mais, brusquement, dans le public, l'image perçue était celle d'associés contraints d'abandonner une société qu'ils avaient eux-mêmes créée.

2°) Au départ de ces musiciens, le jeu d'ensemble de l'orchestre, à un certain niveau, s'en était ressenti. Quelle que soit la maîtrise ou le savoir-faire dont le comité-dirigeant, en général, de Septentrional ou de son Maestro et Directeur Général, Hulric Pierre-Louis, en particulier, pourraient avoir, un artiste aussi talentueux que *TiJak twonpèt*, ou des musiciens aussi doués, que *Chòchò ou Ti Jéra,* ne quittent pas, au cours de la même année, un groupe musical sans laisser leur vide. Un autre musicien pourra, toujours, et c'était le cas, être titularisé à leur place, mais jamais remplacer l'un ou l'autre d'entr'eux. Peu de temps après c'était au tour de Jean Menuau de laisser l'administration du Feu-Vert et de *Bòs Pyèr,* la barrière du Night-Club. *Bòs Pyèr Jacques* fut remplacé par Arthur François qui a du céder sa place de tambourinaire au jeune Arlet Pierre; il ne resta pas fort longtemps comme gardien de la barrière et partit à son tour en laissant la place à un autre associé, Artémis *"Ten'gé"* Dolcé. Ce dernier avant sa démission ou son désintéressement des affaires de Septent a administré le Feu-Vert Night-Club. Son poste de batteur fut confié, pendant qu'il vaquait à ses nouvelles fonctions administratives, à Mathieu Médard, le talentueux *Jocelito* qui le secondait depuis 1968.

3°) Ces départs, ainsi que les palliatifs prescrits ou les ajustements opérés ont dénoté, a l'occasion, la maîtrise d'un homme, en l'occurrence, Hulric Pierre-Louis, dans la gestion des relations humaines. On dirait que le maestro a toujours été l'homme prédestiné pour diriger les affaires de Septentrional. *On est revenu, par exemple, à la formule des " 3cuivres" et des " 3anches" d'avant 1967; mais on est passé à deux batteurs, un "batterie-man" traditionnel et un joueur de timbales, en permanence, avant l'introduction progressive du "gong" à partir de 1969, par Alfred "Frédo" Moïse.*

Au cours d'un des nombreux échanges que nous avons eus avec le maestro Hulric Pierre-Louis, il nous a fait la réflexion suivante: « *... actuellement je suis, en tant que doyen, le grand frère ou le père de chaque musicien haïtien, et j'ai un faible particulier pour les bons musiciens surtout ceux de Septentrional; je les aime tous, et je les ai toujours aimés; cependant je ne me suis jamais attaché, ou j'ai toujours essayé de ne pas laisser transparaître de l'attachement spécial, pour aucun musicien en particulier, au point de le considérer comme indispensable, et je ne le ferai jamais. L'épreuve la plus douloureuse à laquelle j'ai eu à faire face était le détachement progressif qui précédait le départ de Roger Colas de Septentrional. Et pourtant, je l'ai laissé partir. Et je n'aurais rien fait, de manière directe, pour l'en empêcher. Le moment venu, quand Colas voulait revenir, et comme, bien entendu, c'était de Roger Colas dont il était question, je l'ai laissé revenir sans aucune condition particulière. C'est là une considération que je ne suis pas prêt à faire automatiquement pour d'autres anciens musiciens. À ce propos, quand survint l'accident tragique qui nous valut la perte définitive de Roger Colas, le docteur Nérée me suggéra d'aller chercher Rodney Gracia, l'ex-chanteur dont la voix se rapprochait beaucoup de celle du défunt, pour réintégrer le rang des musiciens. Cette éventualité,* *je l'aurais envisagée si Rodney initiait lui-même la démarche mais toute autre approche donnerait lieu à des exigences que l'orchestre n'arriverait pas nécessairement à combler et qui auraient occasionné des sources de conflits inutiles. Ceci pour vous dire, que, ... des états d'âme, bien entendu ... j'en ai eu plein ... mais j'ai toujours essayé de les gérer au mieux de mes possibilités ».*

Pourquoi ces départs ? Tout simplement à la recherche d'un mieux être; réel ou supposé. Pour chacun de ces musiciens devenus entre-temps, chef ou père de famille (nombreuse parfois), Septentrional ne générait pas de revenus suffisants pouvant leur garantir un salaire minimum décent. De plus, chaque voyage offrait à ceux pour qui, évoluer au sein de l'orchestre n'était pas nécessairement un sacerdoce, l'occasion de rencontrer des parents ou des amis (établis aux États-Unis ou au Canada) qui les encourageaient à venir s'assurer un *"avenir meilleur"* en Amérique du Nord.

En amont, les musiciens qui laissaient l'orchestre partaient systématiquement pour les États-Unis ou le Canada où ils s'y étaient préalablement rendus avec Septent. En aval pourtant, nous constatons de manière obstinée, que du point de vue strictement musical, seul *TiJak twonpèt* avec son *Tropical Combo*, qui animait, en fin de semaine, les soirées du Restaurant *Chez Julie* à Queens, a réussi à prospérer, pendant un certain temps, dans le domaine musical.

Pour tous les autres musiciens qui sont partis de l'orchestre pour aller vivre, dans la très grande majorité aux États-Unis, au Canada ou ailleurs pour les autres, la preuve n'a jamais été faite qu'ils pouvaient mieux réussir leur expérience musicale professionnelle en dehors de l'orchestre Septentrional. Qu'il s'agisse de Jean Menuau, de Roger Jean-François *(Chòchò)*, du brillant batteur *Jocelito* ou de l'unique Roger Colas; de Gérard Jean-Baptiste et de Jean-Baptiste Édouard qui ont joué ensemble au sein de *l'Accolade de New-York* d'abord et du *Système Band* ensuite, ou même du *"quatuor de fait"* qui jouait en 1978 dans un groupe musical de qualité établi à New-York, formé

277

par Jean-Claude Édouard, Eddy Leroy, Arlet Pierre et Bob Menuau, le *Phase-One*, sous la direction du talentueux musicien et pianiste capois Nikol Lévy. Et plus récemment, les cas du compositeur et instrumentiste multidisciplinaire, Roselin *"Trétré"* Antoine et du claviste, Étienne Jeune, revenu depuis juin 2002 dans le giron de l'orchestre, viennent encore étayer notre point de vue.

D'ailleurs si on laisse le cadre spécifique de musiciens en provenance de l'orchestre Septentrional, on pourrait constater que, Garry French mis à part, aucun musicien-vedette d'un groupe musical haïtien, Gérard Dupervil en tête de liste, n'a connu *"en solo"* autant d'auréoles qu'il n'en connaissait au sein de son groupe originel. Ce qui semble justifier l'adage de portée universelle :

" L'UNION (seule) FAIT LA FORCE,
LA DISCORDE ENGENDRE (et engendrera toujours) LA GUERRE
CIVILE "

Dire que Septentrional ne gagnait pas beaucoup d'argent est un euphémisme. À la vérité, non seulement Septent ne gagnait pas beaucoup d'argent, mais encore, les frais auxquels il devait faire face étaient exagérément disproportionnés aux revenus générés par l'orchestre. Le contrat de fait, quasi récurrent avec Djoumbala par exemple, n'avait jamais permis à l'orchestre d'animer une soirée dansante dans l'enceinte de ce Night-Club pour un montant dépassant la modique somme de Gdes.2000,°° ($400,°°) bruts; tous les frais relatifs à l'exécution de ce contrat étaient à charge de Septentrional, y compris le transport du Cap vers Port-au-Prince et vice versa; avec l'autobus *"La Colombe"* de Michel François au début, et très souvent, par la suite avec l'autobus *"Trois Bébés"* de Antonio Sonthonax. En outre, il y avait les frais de voyagement et d'hébergement que l'orchestre devait assumer une fois sur place à Port-au-Prince. Heureusement que les organisateurs de bals, dans les villes de province, Marchand-Dessalines où Septentrional anime les soirées dansantes de la Sainte-Claire, 11 et 12 août, depuis 1956 ou 1958 (selon la source ... mais peu importe) ou à Saint-Louis du

Nord, aux "Coquillages", notamment avec le promoteur François Innocent Béliard (mieux connu sous le nom de "Loulou Bélya"), manifestaient plus de marques d'attention à l'égard des musiciens. Mais la mission que l'orchestre Septentrional s'était fixée d'imposer le respect de la province à la capitale avait valeur de sacerdoce. Seule, elle lui avait permis de transcender. Quand on se fixe des objectifs nobles, il faut les assumer pour pouvoir les atteindre dignement.

Le *"Feu-Vert"* a ouvert, certes, la voie à la circulation, mais Septentrional, l'instigateur, ne connait, toujours pas encore, le chemin qui mène à la richesse. Aujourd'hui, cependant, des groupes musicaux, à peine formés, signent des contrats mirobolants pour des sommes d'argent faramineuses. **Tant mieux pour eux et tant pis pour Septent.**

Mèrsi Maèstwo Ulrik ! gwas a wou, tout mou n konnen gwo lajan jodi ya; tanmye pou yo, tanpi pou wou. Men ané sila, apré pwèské swasantsenkan, gwas a Bondyé nan syèl, Sèptan ap kenbé toujou.

En dépit des revenus négativement disproportionnés au rendement musical qu'il fournissait, l'orchestre Septentrional qui était entré dans la vie professionnelle par le mode d'auto-production et d'auto-financement devait maintenant assumer toutes les charges qui incombaient à un propriétaire d'immeuble commercial. Le Feu-Vert ne s'était pas édifié par un coup de baguette magique; il fallait coûte que coûte honorer les échéances pour les prêts à intérêts précédemment effectués à taux usuraires pour le construire. Il y avait un bar à achalander, et les consommateurs indélicats, sans scrupules parfois, sous le couvert de l'impunité, quand ils étaient *"tonton makout"* ou, tout simplement malhonnêtes, n'hésitaient pas à signer *"des bons de commande"* pour des sommes rondelettes qu'ils n'ont jamais honorées ? La conjoncture était donc peu favorable à l'épanouissement serein du musicien qui voyait ses responsabilités d'homme accroître avec le temps qui passait. La recherche d'un mieux-être incitait les moins téméraires à essayer de tenter leur chance ailleurs. C'est ainsi que des fondateurs, comme Jean

Menuau et *Bòs Pyèr* Jacques ou des associés comme Roger Jean-François, Arthur François, et Jacques François, sont partis vers des cieux supposés plus cléments.

D'autres musiciens qui composaient la belle équipe de Septent, tels que Jean-Claude Édouard, Jean-Claude Pierre, Eddy Leroy ou Gérard Jean-Baptiste, ou plus tard René Pluviose avaient aussi compris que Septent ne représentait pas l'avenir qu'ils espéraient. Ils sont partis eux-aussi. Bien que, beaucoup d'entre eux, la majorité même, aient assez rapidement, regretté leur décision, ces départs constituaient des prémices qui n'auguraient en rien des lendemains sereins. Mais ... le mot Septent était si prestigieux, que toute critique était assimilée à de la jalousie, à de l'envie. Septentrional avait déjà fait, tout seul, son parcours de combattant. La sérénité du *"partisan-mélomane"* de Septentrional n'était en rien comparable avec la pugnacité du *"fanatique-apôtre"* d'autres groupes musicaux concurrents d'Haïti.

À la même époque envisagée ici, de 1964 à 1969, et dans notre contexte, quand on parlait parallèlement des Ensembles de Nemours Jean-Baptiste, de Webert Sicot ou de celui de Raoul Guillaume, il était évident qu'il s'agissait du groupe musical dont Nemours Jean-Baptiste, Raoul Guillaume ou Webert Sicot était le maestro-propriétaire. Mais parler du Jazz des Jeunes requérait déjà une autre approche aux yeux du public qui ne pouvait pas le percevoir comme étant le Jazz de René St.Aude ou de Antalcidas Oréus Murat. Et pour Septentrional c'est l'esprit associatif qui prévalait. Mis à part certaines velléités de résistance de la part de certaines «*fortes têtes*» l'orchestre édictait des règles que tout le monde suivait. Après tout il était préférable d'être dedans que dehors.

Le maestro Hulric Pierre-Louis, avec beaucoup d'à-propos, et une pointe d'ironie parfois, faisait souvent remarquer aux musiciens de l'orchestre, entre 1965 et 1972, ...*" qu'ils voyageaient beaucoup plus souvent à l'étranger que les plus hauts fonctionnaires de la ville du Cap et qu'ils touchaient un salaire supérieur à celui du colonel, commandant du département militaire du Nord."* Et c'était vrai. Le musicien de Septentrional jouissait d'un statut social respectable et vivait, malgré tout, dans une relative aisance matérielle.

En 1968, l'année du 20e anniversaire de Septentrional, la *"Esso Standard Oil"* ne commanditait plus les émissions du dimanche-midi du Jazz des Jeunes qui célébrait, cette année-là pourtant, ses noces d'argent (25e anniversaire) avec la musique haïtienne. Cependant, l'ex-présentateur de ladite émission avait du temps, en après-midi, à combler au programme dominical de Radio Haïti. Pendant plus d'un an, de décembre 1968 à février 1970, monsieur Rockfeller Jean-Baptiste dédicaçait, invariablement chaque dimanche à quinze heures quarante, à la république toute entière, "MONA" au programme de variété et de dédicaces qu'il animait. De qui est *"Mona"* ? Du Grand Orchestre Septentrional, de ce temps-là, évidemment; une composition du feu-maestro de l'orchestre, Jacques Jean, *TiJak alto*.

Après méditation sur le cheminement qui nous a conduit à cette tranche de vie de l'orchestre Septentrional, de sa fondation en 1948 jusqu'à la parution, 18 ans plus tard, de son 6e album, le premier en stéréo en 1966, on peut regretter que Septent soit rentré sur le marché du disque plus de 15 ans après sa fondation, seulement en décembre 1963. Contrairement à Nemours Jean-Baptiste, Webert Sicot, Raoul Guillaume, l'Ensemble du Casino International, l'orchestre de Issa El Saieh, le Jazz des Jeunes, l'orchestre de l'Hôtel El Rancho, l'Ensemble Aux Casernes, l'orchestre Citadelle, l'Ensemble du Riviera Hôtel, l'Ensemble de La Cabane Choucoune, l'Ensemble de Radio Commerce puis le Ibo Lélé de Rodolphe Legros, l'orchestre Septentrional n'a pas eu la possibilité de présenter au public haïtien, avant sa 15e année d'existence, des phases successives qui pouvaient témoigner de son évolution. Jamais une composition de Raymond *Colo* Pinchinat n'a pu être enregistrée, du temps où il jouait du saxophone dans l'orchestre. C'était pourtant le spécialiste du Calypso et des textes typiques; il était aussi typique dans les textes de ses chansons que Justin Lhérisson a été original dans ses écrits.

Raymond « Colo » Pinchinat, capois de souche, est un enfant du carénage qui grandit dans une famille de musiciens. Sa mère donnait des cours particuliers de solfège et de piano, et c'est elle qui, naturellement, initia le jeune *Colo* à l'apprentissage de la musique théorique et à la pratique du piano. C'est en 1952, l'année où Septentrional fut engagé pour animer les soirées dansantes à Rumba, que *Colo* Pinchinat fit son entrée dans l'orchestre où, il remplaça avantageusement *Bòs Pyèr* comme saxophone-ténor.

Au moment de son intégration dans le rang des musiciens de l'orchestre Septentrional, il habitait chez ses parents à la rue 16 D, à la diagonale de la pharmacie du Cap-Haïtien et du côté opposé à la maison des Malbranche.

Dès son arrivée au sein de l'équipe, il ne tarda pas à se révéler comme le plus brillant et le plus féru de connaissances théoriques et pratiques du solfège et de l'art de la composition. Musicien multi-instrumentiste et compositeur de talent, *Colo* rivalisait avec le maestro Hulric Pierre-Louis comme compositeur de la méringue traditionnelle; en 1954, il écrivit pour Irma Michel, une jeune femme de Gros-Morne qu'il épousa en premières noces, une succulente méringue : « *La Gros-Mornaise* » qui est aussi la seule pièce de Colo Pinchinat enregistrée sur disque par le *Groupe Haïti Chérie* qui vécut à l'ombre de Septentrional. Mais, de manière incontestable et incontestée, il était le spécialiste du Calypso, le tout nouveau rythme jamaïcain qui faisait rage en Haïti. C'est dans ce rythme qu'il composa d'ailleurs pour l'orchestre des pièces d'une très grande qualité : « *Senk goud pa gen monnen* », « *Amalya* » ou « *Calypso Créole* » entr'autres.

Avant de laisser l'orchestre à la fin de l'année 1959, il composa pour Septent deux gros succès : « *Machan'n Poul* » qu'il offrit tout de suite après son départ de Septent, à l'orchestre rival « *l'Ensemble Caraïbes de Claudin Toussaint* » qu'il intégra très brièvement et « *Médam alèr kilé* » que l'Ensemble de Nemours Jean-Baptiste va très rapidement enregistrer sur disque sous le titre insolite de « *Complément Direct* ». Au début des années 60, avec Rigaud Fidèle, un cofondateur de Septentrional, *Colo*

Pinchinat s'aligne comme saxophoniste ténor dans le rang des musiciens de l'Ensemble de Webert Sicot pour qui il composa, harmonisa et surtout agença la ligne des hanches, la plus belle après celles de Issa El Saieh et de l'orchestre Septentrional. « *Machan'n Poul* » est l'un des plus gros succès que Colo Pinchinat offrit à l'Ensemble de Webert Sicot qui venait d'être créé sur les restes de l'Ensemble Latino. À l'occasion d'ailleurs d'une des très rares entrevues que Webert Sicot accorda à la presse, il disait sans coup férir que Rigaud Fidèle et Pinchinat sont les deux musiciens haïtiens qui l'ont le plus impressionné; et ce n'est pas peu dire!

Tout comme *Madan Bonga* en 1969 et *Temwanyaj* trente ans plus tard, tous les groupes musicaux haïtiens jouaient, en 1960, *Médam alèr kilé* de Septent; mais c'est surtout Pierre Blain, avec son nouvel Ensemble, qui va décrocher la timbale non seulement en récupérant le musicien comme saxophoniste pour son groupe mais aussi, en faisant de cette composition de Colo Pinchinat un méga succès qu'il ne tarda pas, lui aussi, à enregistrer sur disque sous le tire de « *Madanm Dodo Bokyèr* ».

Raymond *Colo* Pinchinat créa pendant un court laps de temps son propre groupe musical «l'*Orchestre Impérial*» qui n'a vécu que l'espace d'un matin, pourrait-on dire. Mais, à Port-au-Prince, Colo devenait l'objet de toutes les convoitises. Tous les grands ténors de la musique haïtienne le voulaient comme membre de leur équipe, et se sont appropriés ses compositions à succès notamment « *Véla* » que le grand Nono Lamy adapta pour l'orchestre de l'Hôtel El Rancho de Edner Guignard ou « *Amalya* », un autre calypso de Septent composé par Colo Pinchinat que l'Ensemble de Raoul Guillaume[34] a également enregistré sur disque.

Le début des années soixante-dix a vu la disparition quasi complète de tous les grands groupes musicaux à Port-au-Prince. *Colo* a du, progressivement d'abord puis définitivement en 1972, retourner dans son alma mater où il

---

34   C'est *Colo Pinchinat* lui-même qui a concédé les droits d'auteur de *Calypso Créole* à Raoul Guillaume qui l'a rebaptisé *Véla*, au moment de l'enregistrer sur disque.

vécut jusqu'à ce samedi 25 juin 2011. Dommage qu'un musicien de la classe de Raymond *Colo* Pinchinat ne vécut qu'une si brève carrière de sept ans avec l'orchestre Septentrional.

Nous prenons plaisir à retranscrire le plus croustillant, selon nous, de tous les textes, que Raymond *"Colo"* Pinchinat ait écrit pour Septent : *"Amalya"*, qui a été enregistré sur disque par le maestro Raoul Guillaume et son groupe au début des années soixante.

"Amalya" (1956)

Composition : Raymond "Colo" Pinchinat
pour Septentrional - Rythme : Calypso

<><><><><><><><><><><><><><><><><><>

Amalya té gen yon kay an tach
Li bouzyè-l ak ma korosòl ;

Yon jou, yon bon tivan t ap pasé,
Vlap ! Kay la kwazé ;

Dépi jou sa
Amalya ap van-n griyo anba maché

Comme *"Fè pa m"* de Roger Colas qui relate l'aventure malencontreuse de deux adolescents surpris en flagrant délit de *"péché mignon de jeunesse",* au demeurant, *"Amalya"* est le récit d'une histoire impudique; celle, en l'occurrence, d'une péripatéticienne. Le sujet, moulé dans un texte extrêmement concis, est traité avec beaucoup d'esprit par Raymond Pinchinat, et adressé à un public capois du milieu des années cinquante à une époque où le moindre écart à l'orthodoxie sociale était stigmatisé. Pour saluer cet exercice de style de l'artiste *"Colo"* nous empruntons à l'écrivain *"Boileau"* ces mots pleins d'à-propos:

« Tout ce que l'on conçoit bien s'énonce clairement,
et les mots, pour le dire, arrivent aisément ».

<><><><><><><><><><><><><><><><><><>

"Fè pa m (kaporal)" de *"Colas"* ou *"Amalya"* de *"Colo"* : voilà ce que le public devait exiger de tout musicien qui revendique la qualité d'artiste. *"Fè pam"* est un texte chargé d'images fortes qui raconte l'histoire de deux adolescents surpris en flagrant délit de *"péché de jeunesse"* par un *kaporal* un peu trop zélé et voyeur au demeurant. Roger Colas, le parolier, a mis en évidence tout son talent d'artiste-poète pour donner la meilleure coloration possible à ce *"péché mignon",* tout en évitant de choquer les oreilles chastes et les âmes sensibles; exercice de style fort difficile au demeurant. Issa El Saïeh, avec *"Piwouli",* avait réussi bien longtemps auparavant, un chef d'œuvre du genre. S'inspirant, par contre, de *Fè pam (kaporal)*, neuf ans plus tard, l'orchestre Tropicana, traitant un sujet identique, *"TiZo ak Jaksina",* dont il a fait la chanson-vedette de son quatrième album, sorti en 1973, n'a pas donné dans la dentelle, a même, nous pouvons le dire sans ambage, flirter avec l'obscène. Il y a eu pourtant un "public-preneur" à s'en délecter. Autres temps, autres mœurs ! Autre source d'inspiration, autre œuvre !

> *Le premier pas, mon fils, que l'on fait dans le monde*
> *Est celui dont dépend le reste de nos jours. (Voltaire)*

ou encore, ces vers du poète français, Alphonse de Lamartine :

> *Le cœur de l'homme vierge est un vase profond*
> *Lorsque la première eau qu'on y verse est impure*
> *La mer y passerait sans laver la souillure*
> *Car, l'abîme est immense et la tâche est au fond*

Heureusement que le *"Fè pam"* de Roger Colas et de Septent, spirituel à souhait, revu et augmenté, à partir de 1965, est resté, pendant plus de vingt cinq ans, le chant qui revenait, annuellement, pour fêter la Noël au Cap-Haïtien. Merci Roger, la postérité te le revaudra.

"Fè Pam" (1964)
Composition : Roger Colas / Hulric Pierre-Louis
Vocal : Roger Colas - Rythme : Pétro

<><><><><><><><><><><><><><><><>

premyé kouplè

Non kaporal ! fò w kab fè pam, sé pa mwen-k té vlé fè sa

Sé tigason an, ki té di m pou n al pran dlo nan "Ti Fontè n"

Lèu nou rivé, nou pa jwen n dlo

Li di-m : lap louvri va n nan !

Li pa gen klé, mwen pa t gen klé nan men mwen

M-w t apé gadé ki sak t ap fèt, avan bokit mwen plen

dézyèm kouplè

Li détaché yon " kanberlan n"

Li di m : ban m plen bokit ou

Leu n kòmansé, sé leur sa w vi n parèt

M syé kouri, mwen-m pat gen tan

Kapo, sé pou fè pa m

«Chœur»

Kaporal, ou mèt fè pam

Ou gen pitit fiy tou

Fò'wou pa twò dur

Enspirasyon

Lèu l té di w la p ouvri va n nan , sé pou té di l non

Kan l té di w : ban m plen bokit ou, ou té dwé refuzé

Si m té wè l t ap plen bokit ou, ah ! mwen pa kòn n sak ta rivé ou

Ougen leur té biyen kontan ! lèu l t ap plen bokit ou

leu l té ralé kanberlan n lan ! sé pou té di l non !

<><><><><><><><><><><><><><><><>

Toute cette verve, toute cette spontanéité, tout cet élan de coeur, à jamais perdus pour Septentrional et donc pour la postérité qui n'a pas eu la chance de connaître *"Colo"* Pinchinat qui avait aussi écrit, pour Septent, entre autres: *"Véla"*, *"Zouzou'n"*, *Senk goud pa gen monnen"* ou *"Médam alèrkilé (madanm dodo bòkyèr)"*, le tube qui a propulsé le chanteur *Pierre Blain et son Groupe* vers la fin de l'année 1959 ou au début de l'année 1960. Dans ce même ordre d'idées n'avons-nous pas perdu des chefs-d'œuvre écrits par les deux principaux compositeurs de l'orchestre, les Maestros Hulric Pierre-Louis (*Te posséder ou mourir, Istwa Atis sé foli, Ti Nani, Fèt chanpèt, Enfant gâté, Désir Sèptantriyonal, Rankont, Supplication, Bébé Modèr'n, Banbòch kréyòl, Dra atifisyèl, La Colombe, Yon ban-n nèg di yo sé tchoul, Maryaj daso, Pantalon chapo, Élèv lékòl (karanbòl), Kanaval XXe siècle, Welsh kanpé...*) et Alfred *"Frédo"* Moïse, (*Bayo tchoul o!, Ranpono, Jalouzi, Manbo Sèptantriyonal, Ti Soul, Ti Rolya, Silvéri-n, Tenue Frigidaire, Gad'on patchan nga, Kanaval Feu-Vert et ou Prézidan Avi*) ainsi que d'autres compositions moins connues, de musiciens ou non de Septent tels que Jacques François (*TiJak twonpèt*) qui a écrit *"Boule-de-Feu"*, véritable profession de foi de Septentrional, ou encore *"Il parait qu'il va pleuvoir"* de Jacques André.

«À quoi ça sert une chanson désarmée? » Des chansons désarmées ne sont certainement pas l'apanage du maestro Hulric Pierre-Louis qui a réussi des tours d'esprit faramineux en deux œuvres-maîtresses : *"Viv San Souci"* créée au début des "années soixante" puis adaptée en *Reggae* par Roger Colas en 1981 sous le titre: *"Apran-n luté "* et *"Lavi ya sésa"* au milieu des "années quatre-vingts".

<><><><><><><><><><><><><><><><><><>

"Viv San Sousi" (1962)

Composition : Hulric Pierre-Louis
Vocal : Roger Colas / Rythme : Ibo

<><><><><><><><><><><><><><><><><><>

Bondye fè bèl flèur, li fè gwo pikan
Sé sa ki pwouvé sur latèr pa gen vrè bonèur
Tout bagay ki dous, g on koté l anmèr

287

Si sé pat konsa lavi a pa t ava gen charm

Tout moun ki pòv apé kriyé pou yo gen lajan
Sa ki gen lajan men m genyen dé plu gwo pwoblèm
Si nou té trouvé sa n bezwen san difikulté
Nou pata mandé pou nou viv lontan

Lavi s on mistèr, nou pap janm konpran n
Si nou vlé biyen viv sur latèr
Fò n pa gen sousi.
Ala bagay, ala bagay, ala bagay

<><><><><><><><><><><><><><><><><><>

"Apwan'n Luté" (1981)

Composition : Roger Colas + Hulric Pierre-Louis
Adaptasyon : Roger Colas + Oswald Durand Jr
Vocal : Roger Colas / Rythme : Reggae
<><><><><><><><><><><><><><><><><><>

Nou vi n trouvé flèur
Nou vi n trouvé pikan
Tousa pou pwouvé
Nan lavi, tout bagay sé lut

Sa nou wè ki dous
G on koté ki anmèr
Wi si-n vlé konpran-n tout sa yo
Paré n pou n chanjé

Tout mou n ki pòv
Ap mandé pou zafè yo bon
Zòt ki gen lajan ta vlé genyen plus toujou
Si pou n ta trouvé sa-n renmen san nou pa luté
Nou pa t ap konnen pou n préparé nou

Lavi trè fasil
Si n vlé byen gadé

288

Pou n pa gen pwoblèm ak tèt nou
Fòk n apran n luté

Pou n pa gen pwoblèm ak moun sa yo
Fòk n apran n luté

Pou-n pa gen pwoblèm ak pèson n
Fòk n apran n luté

Un autre compositeur, Roselin *Trétré* Antoine a marqué son passage *"tumultueux"* dans l'orchestre par des écrits d'une profondeur inouïe. Des textes, comme *Ansanm, ansanm* ou *Senkyèm Kòmandman*, qu'on aurait pu chanter aussi bien dans une église chrétienne (catholique ou protestante) qu'au sein de n'importe quelle assemblée profane, ou bien encore, *"Levé maché"*, sont des chefs-d'œuvre. ".

"Levé Maché" (1987)

Composition : Roselin " Trétré " Antoine
Vocal : Richardson Joseph (Mister Relaxx)
Rythme : Pachanga

<><><><><><><><><><><><><><><><>

Lead Vocal

Vyé fré, di poukisa ou chita tris konsa
Jé w ap bat, men pito yo té fèrmen ;
Vyè sò di poukisa w ap maché tèt atè
Sanblé si sa k nan tèt ou,
Té nan pyé w'ou, ou pa t ap ka maché.

Sé pa manti ou chajé ak pwoblèm
Tousé ponyèt, séré dan, maré sentur
Gason kanson pa fè kalalou
Men nan bouch, dlo nan jé, p-ap réglé zafè w'ou
Dégajé w'ou kon Mèt Janjak ak la vi ya
Dépi gen lavi, pa pèrdu kouraj

SÉ LEVÉ POU MACHÉ

«Chœur»

Poukisa w'ou pansé ké w'ou s on kondané ;
Poukisa w'ou pa kwè sa kapab chanjé ;
Poukisa w'ou pansé tout bagay fini ;
Poukisa w'ou pa kwè sa kap vi n pi bèl ;

Lead Vocal

Si chak jou wap maché: tèt atè bwa, kwazé
Yon lèr dékourajman kapab fè w'ou pèrdu tèt ou ;
Si chak jou w ap chita: men nan bouch, dlo nan jé
Yon lèr dézèspwa kapab fè w'ou tuyé tèt ou

«Chœur»

Poukisa w'ou pansé ké ou s on kondané ;
Poukisa w'ou pa kwè ké sa kapab chanjé ;
Poukisa w'ou pansé tout bagay fini ;
Poukisa w'ou pa kwè sa kab vi n pi bèl ;

«Chœur»

LEVÉ, LEVÉ POU MACHÉ
GADÉ, GADÉ POU AVANCÉ

«Chœur»

Si w'ou pas enfirm, ou pa kokobé
Ou pa dwé mandé charité
Ou chita ap plenyen, kriyé, di : sa té mal patajé
Maré sentu w'ou kon fanm vanyan
Tousé kanson w'ou kon Mèt Janjak
Fè kwa sou pasé w'ou pou kap pwéparé demen w'ou

Lead Vocal
Pa pèrdu kouraj, pa pèrdu lèspwar

«Chœur»
Sé lavi

Lead Vocal
Dépi w'ou gen la fwa, ou gen idéyal

«Chœur»
Wa sové

Bien entendu, dans le domaine des *"chansons armées"*, comment ne pas faire une place d'honneur à Alfred *"Frédo"* Moïse qui, à l'instar du fabuliste Jean de La Fontaine, réussissait, en une seule phrase, à amener un sujet et passer directement au dialogue. Dans la phrase suivante. **"Van-Tanpèt, larivyèr désan-n mézanmi"** ou encore **"Lapli tonbé, tèr mwen wouzé, mwen pwal twavay".**

L'Homme et la Couleuvre
Auteur : Jean de La Fontaine

en une seule phrase de cinq mots, Jean de La Fontaine réussit, ici, à poser le sujet:

Un homme vit une couleuvre :

et passe directement au dialogue dans la phrase suivante:

« Ah ! Méchante, dit-il,
je m'en vais faire une œuvre agréable à tout l'univers »

Van - Tanpèt
Auteur : Alfred "Frédo" Moïse

en une seule phrase de cinq mots, Alfred "Frédo" Moïse réussit, ici, à poser le sujet:

Van-Tanpèt mézanmi ! Larivyèr désan n mézanmi !

et passe directement au dialogue dans la phrase suivante:

« Konpè Manno, vi'n édé m pwan bèf la tandé !
O la la ! sa fè mwen lapen-n O !
Tout zannimo alé ! »

L'Orchesttre Septentrional à travers les ans

À chacun de ces grands hommes, ciseleurs de bons mots, bien pensés et bien dits, un gros et chaleureux : **BRAVO L'ARTISTE ! L'ARCHÉTYPE EST CRÉÉ, SUIVRONT L'EXEMPLE QUI PEUVENT.**

"Ranpono" (1958) - Rythme : Congo

Composition : Alfred «Frédo « Moïse
Vocal : Jacob Germain d'abord, Roger Colas ensuite

premyé kouplè

Lapli tonbé, tèr mwen rouzé, mwen pral travay.

(en une seule phrase de huit mots, le sujet est posé ...
... et l'auteur passe directement au dialogue dans la phrase suivante)

Kouzen, wa sonnen lanbi pou mwen
W a rélé mésyé yo pou vi n édé n twavay
Lèu n a rékòlté, n a sépar'avè yo,
Lèu na rékòlté kouzen, na sépar-avè yo.

dezyèm kouplè

Rélé, rélé, souflé, souflé, mwen pa wè yo.
A ha ! Mwen pwalé paré pou yo
Planté mwen pa wè yo, séklé mwen pa wè yo
Lèu n a rékòlté, nafè yo malonnèt.
Lèu n a rékòlté kouzen, nafè yo malonnèt.

«Chœur»

Lèu n a rékòlté papa na fè yo malonnèt.

Enspirasyon

N ap paré pou yo, N a genyen rézon ...

Nous doutons fort que *Frédo*, au moment d'écrire le texte de *Ranpono* établissait formellement une différence entre un ***"Konbit "*** et un *" Ranpono"*.

Le **Konbit,** selon nous, est l'association volontaire et bénévole de paysans, généralement cultivateurs de petits lopins de terre qu'ils exploitent en tant que métayers ou propriétaires, pendant une journée, en vue d'effectuer, collectivement, un travail précis (clôture, sarclage, labourage, semailles, récoltes ou autres travaux des champs). Dans le cas du "konbit" le journalier, volontairement et bénévolement, prête son concours à un "frère paysan "qui le lui revaudra en temps opportun. L'obligation pour le paysan-hôte consiste à assurer à chacun de ses invités à boire et un repas chaud (généralement du tchaka ou du maïs moulu avec des haricots rouges en purée comme repas et du clairin et de l'eau comme breuvage); **le "konbit" représente la forme primitive la plus achevée de solidarité inscrite comme devise sur le drapeau bicolore haïtien: «l'union fait la force».**

Un **"Ranpono"**, par contre, est la survivance du contrat féodal-type. Par ce contrat, un propriétaire foncier, en fonction de son rang (chef de section ou notable détenant une autorité, généralement, admise et reconnue de tous les habitants du canton) requiert la force de travail de journaliers "professionnels", contre rémunération et parfois protection. Le propriétaire foncier, dans le cas du **Ranpono,** n'est pas nécessairement un paysan qui travaille la terre; il peut être, ou est généralement, un citadin propriétaire foncier. De même le travailleur journalier n'est, généralement, pas un petit propriétaire foncier; il ne fait que vendre sa force de travail (dans le cas d'un **grajé manyòk,** par exemple) et fait partie, assez souvent, d'une équipe sous la conduite d'un contremaître appelé "major".

Mais, dans l'un ou l'autre cas, Konbit ou Ranpono, le rythme du travail est cadencé par des vaccines et ponctué par des chants appropriés. Enfin le Konbit revêt un caractère local et se tient généralement au sein d'un périmètre circonscrit; tandis que le Ranpono peut, à l'occasion, réunir des travailleurs journaliers venus de différentes localités, parfois relativement éloignées les unes des autres.

À remémorer, mais surtout à repenser, ces *"tubes"*, inconnus du grand public, aujourd'hui, on se découvre bien humblement devant le talent des musiciens de **la grande équipe~septent des années cinquante-cinq à soixante-quinze.** Ils étaient tous des techniciens à qui il ne fallait, ni une « *amplification digitalement mixée*», ni même, des «*moniteurs-retour*» pour une bonne performance; ils travaillaient en synergie, mettaient du cœur à l'ouvrage et comprenaient que pour être acceptés «*comme bons*», ils devaient être, tout simplement «*les meilleurs*».

C'est, partant de cette conception, et dans ce genre d'école que germent des graines d'artistes ou que naissent des génies-créateurs. Consciemment ou inconsciemment, Septent en a engendré tout le long de son existence plus que soixantenaire et de sa prestigieuse carrière plus de six fois décennales. Si l'on remonte à la racine étymologique du mot religion, "*religare*" qui signifie: *lier ensemble, réunir, joindre,* ne serait-on pas en droit de parler de la **Religion~Septent?** Septentrional ne réunit-il pas la grande famille des mélomanes autour de sa musique depuis soixante ans et plus ? ".

"Konbit" *(1965)*

Composition : Hulric Pierre-Louis
Vocal : Michel Tassy - Rythme : Ibo / Pétro
<><><><><><><><><><><><><><><><><>

Frè Nò ap sanblé gason
Pou ay monté vyé kay la
Wi nou abitan, nou tout se frèr
Fòk nou bay kout men
Sa pa p pèrdu, sé men nan men
N apway fè konbit pou nou fè kèr-ay kontan
N apway waklé, n apway bouzyé
Présé~présé pou frè Nò ka pran lojman

Refren

N apé kata, n ap dansé : Ibo ~ Pétro
n ap bwè tafya, n ap manjé, kay la kanpé

Enspirasyon

Nou tout abitan se frèr
N apé viv men nan la men
Frè Nò ou pran lojman, nou tout nou kontan
Nou kon n sa pap pèrdi, I fo kay la kanpé

"Konbit", nous fait remarquer François-Marie Michel, est l'une des rares compositions, si ce n'est la seule de Septentrional, où le compositeur capois conserve le parler particulier du Nord. Relisez et prêtez l'oreille, vous aussi aujourd'hui, et en le découvrant ou en réécoutant *"Konbit"* vous identifierez certainement le "kinan m", le "wou li" ou le "aké m" qui est en vous. ".

<><><><><><><><><><><><><><>

"Lavi ya sé sa" (1985)

Composition : Hulric Pierre-Louis
Rythme : Kongo   Vocal : Michel Tassy

Lè wap maché, bat pou pyé-ou pa frapé
Si ou tonbé, rou sèul ki kondané
Au "soleil levant", sak kwè, wè-l levé "au couchant"
Si-n kwè sa konsa, na wè
Lavi ya sésa

Lead Vocal

Pa tonbé fè tenten lèur n ap fleri
Solèy levé maten, aswè-l kouché
Sonjé désèpsyon, ki san z-éksèpsyon
Konsa konsa, n-awè : Lavi sé sa

Refren

Lèu ou wè w-ap briyé, sonjé jou w-ap fané
Fò gen ka pou mété w nan traka
Anpir grèk ni romen, pata genyen mwayen,

Nan yon maten, pou yo t ava nan kwen.

Lead Vocal

Nan jou malèur ya, wava sézi wè sa
Tousa kap pasé, wa mandé sa sayé

Refren

Lèu ou wè w-ap briyé, sonjé jou w-ap fané
Fò gen ka pou mété-ou nan traka
Anpir grèk ni romen, pata genyen mwayen,
Nan yon maten, pou yo t ava nan kwen

Lead Vocal

Sa ou té kwè ki zanmi-ou,
yo k-ap di : Chalbari
Fòk ou pa étoné, Lavi ya sésa

Refren

Lèu ou wè w-ap briyé, sonjé jou w-ap fané
Fò gen ka pou mété-ou nan traka
Anpir grèk ni romen, pata genyen mwayen,
Nan yon maten, pou yo t ava nan kwen

«Chœur» (2 fwa)

Pa pété tèt ou, malèur pagen klaksò-n
Nou pap janm konnen ki lèur l-ap vi-n sou nou
Sou latèr béni, sa bon pou yon tan
Chans, ou pa-p jwen-n sa an defwa
Sonjé, pou nou pa twò grizé,
Genyen maladi, gen lanmò
Ki ka-p kontwaryé tout gwo pwojè
Sa dwé pou fè nou réfléchi.

<><><><><><><><><><><><><>

Danilo Andrévil , trompette
depuis septembre 1976

Au cours d'une entrevue qu'il nous a accordée, à Cergy-Pontoise, lors du premier séjour de l'orchestre Septentrional en France en 1995, Danilo s'est exprimé sans ambages : « ... *Septentrional est un groupe musical où l'on ne valorise que ... le maestro Hulric Pierre-Louis, les anciens et les morts ...* ». Formule qui, aussi lapidaire qu'elle puisse paraître, traduit un état d'âme, sans qu'elle ne soit outrancière pour autant. Certes, Danilo Andrévil n'est pas le maestro Hulric Pierre-Louis, il n'est pas mort non plus; mais, après plus de trente-cinq années de participation, sans interruption dans le groupe, il figure très certainement parmi les « *anciens* ». Danilo est, par conséquent, si nous nous référons à sa propre déclaration, valorisé.

Danilo Andrévil est né, nous a-t-il dit, à Port-au-Prince le samedi 13 novembre 1954, où il a grandi et complété ses études primaires et une bonne part des secondaires au Lycée Jean-Jacques Dessalines. C'est, d'ailleurs, au sein de cette institution qu'il aura l'opportunité de professer son instrument de prédilection, la trompette. Mais c'est à l'âge de seize ans, au moment où il a séjourné à *"La Centrale"* de Carrefour, qu'il va acquérir des bases solides dans le domaine musical (connaissance approfondie du solfège et pratique intensive de la trompette). Enrôlé ensuite dans l'Armée d'Haïti, il est très vite recruté comme musicien de la fanfare qui y est attachée et à vingt et un ans, en 1975, est transféré au Cap-Haïtien comme soldat des Forces Armées d'Haïti, et trompettiste dans la fanfare militaire de cette ville. Quelque temps avant son transfert au Cap-Haïtien, Danilo était lié d'amitié avec le guitariste d'alors de Septentrional, Ernst Léandre (*Papou*), pour qui il vouait une grande admiration. Et c'est à cause de ses liens d'amitié avec *Papou*, que Danilo va tout faire pour obtenir son transfert au Cap-Haïtien, afin de vivre, ainsi, plus proche du maître guitariste. Quand on veut réellement quelque chose, on finit par l'obtenir; même cette mutation.

Jeune célibataire, vivant désormais au Cap-Haïtien, chaque fois qu'il est *"en permission"*, Danilo est présent à toutes les manifestations où Septentrional évolue et ne cache pas son admiration pour cet orchestre, au sommet de sa forme à l'époque, avec des morceaux comme *Chofèur, Angéla, Marize, l'Été, For ever, la Paysanne ou Suspan-n palé*. Et, presqu'inéluctablement, ce qui devait arriver arriva en pareil cas. Au mois de septembre de l'année 1976, Danilo Andrévil, fort encouragé par son ami *"Papou"* à franchir le pas, troqua le képi de soldat pour l'uniforme, jaune et vert, de l'orchestre Septentrional dans les rangs duquel il est venu s'aligner comme le premier joueur de trombone attitré et trompettiste aux côtés de Jeannot Souffrant, d'Alfred *"Frédo"* Moïse et de Lucien Pierre-Louis. L'orchestre re-pratiquait lors, la formule des *"quatre cuivres"* et *"quatre anches"* avec, dans la ligne des anches: Hulric Pierre-Louis, Jacques Jean *(TiJak alto),* Félix Bazile et Henri Jean-Pierre.

Danilo n'a pas raté l'occasion de souligner, avec fierté, qu'il a joué pendant dix années à côté du grand *Frédo*, sans que ce dernier n'ait eu, une seule fois, l'occasion de lui reprocher *"une fausse note"*; il souligne en outre, que pendant toute la durée de temps de sa participation comme musicien de l'orchestre Septentrional, le maestro Hulric Pierre-Louis n'a eu, une seule fois, l'occasion de l'aider à déchiffrer une partition de musique, et encore moins à l'initier à cet art; bien au contraire, il a toujours mis ses connaissances du solfège au service des *"nouveaux"* dit-il.

Malgré tout, il se considérait assez souvent dans l'orchestre, plus comme un *"jobbiste"* que comme un *"ayant droit"* de Septentrional. Il constatait, également, un manque de responsabilité de la part de la plupart des musiciens de l'orchestre Septentrional et en souffrait beaucoup plus que l'on pourrait le penser. Cette opinion traduit une certaine frustration chez Danilo qui pense que le musicien devrait revendiquer plus de valorisation sociale. Cette approche réaliste ne remet nullement en question sa volonté de continuer à fêter avec Septentrional d'autres anniversaires, après la célébration du 30e en 1978, des deux fois vingt ans en 1988, de l'apothéose des noces d'or de Septentrional avec la musique haïtienne en 1998, des noces des diamant en 2008, et même au-delà du 65e en 2013 ... mais, au sein d'un orchestre, plus compétitif et par conséquent, plus rentable.

Si Danilo Andrévil est port-au-princien de naissance, *"Monsèyèur Danyélo"* est devenu, de cœur et d'esprit, capois d'adoption. Il est resté pendant très longtemps, membre du Conseil d'Administration de Septentrional, comme préfet de discipline du groupe d'abord et il a même été, par la suite, promu au rang d'administrateur de l'orchestre. Et cela, sans nul doute, c'est de la promotion sociale. Parfait exemple d'intégration, Danilo Andrévil aura vécu, avec Septent, beaucoup plus de temps au Cap-Haïtien qu'il n'en a vécu ailleurs, y compris à Port-au-Prince, sa ville natale. Après plus de trente-cinq ans de vie capoise, Danilo Andrévil est, tout naturellement, devenu capois et il tient à le rester.

Emmanuel BLAISE

Timbales et Batterie : de 1976 à 1988

Emmanuel BLAISE est né au Cap-Haïtien le 24 décembre 1955. *Ti Blèz,* le diminutif par lequel il était mieux connu, est le fils de madame Édith Petit et de monsieur Raphaël Blaise. Son père était un musicien qui exerçait son talent au sein de la Fanfare des Forces Armées d'Haïti. Le jeu très spécial du caporal Blaise à la caisse claire animait les concerts hebdomadaires qui berçaient notre enfance, au cours des années soixante, chaque dimanche soir sur la Place d'Armes du Cap-Haïtien. Son jeune frère de *Ti Blèz,* Michel Blaise, est aussi un excellent batteur qui a fait les beaux jours du System Band au cours des années 80/90. Avec sa famille, monsieur Emmanuel Blaise vit actuellement en Floride où il travaille dans un domaine tout à fait différent de celui de musicien professionnel.

Emmanuel Blaise a grandi dans et avec la musique. Il entama le cycle de ses études primaires au *Collège Notre Dame* et les compléta à l'Institution Anténor Firmin dirigée par Me Marius Lévy. Il fit ensuite ses Études Secondaires au *Lycée Philippe Guerrier* d'abord et au *Collège Moderne de Me Emmanuel Salnave,* jusqu'en classe de Rhétorique ensuite. Son père voulut qu'il soit médecin, mais c'est de la musique qu'il avait un don inné; d'autre en plus qu'il était, de manière consciente ou inconsciente, influencé par ce même père qui, dans la pratique quotidienne de sa vie professionnelle, ne parlait que de répétitions ou de concerts.

En 1969, Blaise a 14 ans ; enfant du carénage, il voyait évoluer des jeunes de 5 à 7 ans ses ainés dans un petit groupe musical du quartier «*Les Blouses Noires*» ; ces jeunes s'appelaient : Agusto Léternèl, Jacques Sassin, les frères Bob et Willy Démangles, Fred Denis ... entr'autres; il voyait également évoluer d'autres jeunes au sein du groupe musical *Les Universels du Feu-Vert* (Fernand, JanBa, Arlet, Bob, Ti Coco, JanRené) ; mais pour l'essentiel, il restait ébahi devant la technique de jeu de deux batteurs : Fanfan Nelson-Almonacy des *Diables Bleus* et Mathieu *Jocelito* Médard de l'orchestre Septentrional.

Mais c'est en classe de 5e, au Lycée Philippe Guerrier, qu'il va faire sa première expérience en tant que batteur d'un groupe musical estudiantin :

Los IDALGOS des frères AZÉMAR. Le groupe, pour se parfaire, a demandé et obtenu du maestro Ulrich Pierre-Louis l'autorisation d'utiliser les instruments de l'orchestre Septentrional pour répéter au Feu-Vert Night Club. Dans ledit groupe musical évoluait entr'autres un certain Chenet Mondésir, qui fut pendant vingt ans environ bassiste de l'orchestre Tropicana d'Haïti.

En général, quand un groupe musical est autorisé à faire des séances de répétition au Feu-Vert, ipso facto, le droit d'entrée pour ses membres aux activités de l'orchestre Septentrional était acquis, même de manière informelle, et a fortiori au Feu-Vert Night-Club. Maintenant que Blaise avait le champ libre, sa présence tant aux séances de répétition de Septent qu'aux bals ou aux festivals, devenait quasi systématique dans l'entourage immédiat de l'orchestre. Blaise était, sans s'en rendre compte, inoculé à forte dose, par le virus-Septent et en 1976, à moins de 21 ans, il s'est retrouvé second batteur de l'orchestre aux côtés de Johnny Laroche avec qui il enregistra, au mois de décembre de la même année, son premier disque en studio pour l'orchestre Septentrional, le CS 013 (*Anjéla / Suspan'n Palé*). Il avait une fougue de jeunesse et un don inné qu'il hérita peut-être de son père pour qui les deux baguettes n'avaient pas de secret au sein de la fanfare des Forces Armées d'Haïti. *TiBlèz* ne tarda pas à être promu au rang de 1er batteur de l'orchestre Septentrional tellement son jeu captiva et qu'il innova.

Emmanuel Blaise enchaina les succès avec l'orchestre et enregistra tour à tour 14 disques-vinyle entre 1976 et 1988 :

Le CS 013 (Anjéla / Suspan'n Palé en 1976)
Le CS 014 (Tout Mou'n Damou en 1977)
Le CS 015 (30 Étaj, le disque du 30e anniversaire en décembre 1978)
Le CS 016 (Sugar Bum, Jalouzi en décembre 1979)

Le CS 017 (Lavi Muzisyen en 1980)

Le CS 018 (Jacky Meringue et Popouri de Boléros avec R. Colas en 1981)

Le SoloUPL & Co (Rozana, Papa Loko en 1982)

Le disque-vinyle : (Senkyèm Kòmandman, Kanaval Dékalòg en 1984)

Le Big Single : (Kanaval Bouki et Polèt en avril 1985)

Le disque-vinyle : (Bèl Ayiti, Toto et Marie-Lourdes en décembre 1985)

Le disque-vinyle : (7 février et Popouri de Boléros avec R.Colas en 1986)

Le disque-vinyle : (Bwa Kayiman et Levé Maché en 1987)

Le double album sur disques-vinyle du 40e Anniversaire en 1988

Ces quatorze albums enregistrés en moins de treize années de participation au sein d'un groupe musical mettaient en évidence, si besoin était, à la fois la capacité de création de cet orchestre ainsi que la performance du musicien. Néanmoins, Blaise admet sans ambages avoir été le promoteur du Compas au sein de Septent sans en dénaturer l'essence *Boule-de-Feu*. C'est son point de vue et il l'assume entièrement aujourd'hui encore.

TiBlèz ne buvait pas, ne fumait pas et n'a jamais été un *Pléziman*. Il se reposait toujours avant et après son travail qu'il aimait par-dessus tout. Du temps de sa présence dans *l'Équipe-Septent*, il était le plus jeune, ce qui faisait de lui *le chouchou* de ses pairs en général, mais de TiMé et des deux maestros, *Hulric* et *Frédo*, en particulier. Son statut de *jeunot* lui causa cependant quelques déconvenues avec Fritz Gélus (*Atchou Cow-Boy*) notamment, qui ne voulait pas au début lui laisser l'accès libre au portail du Feu-Vert ; *Atchou Cow-Boy* manifestait de la réticence à l'égard de son appartenance véritable dans l'Équipe des musiciens de l'orchestre.

Sans gêne ni fausse pudeur, *TiBlèz* admet qu'il rentrait systématiquement dormir chez sa mère après chaque bal jusqu'à ce qu'il ait convolé en justes noces en 1986. Son éducation et son esprit d'équipe, le soin méticuleux qu'il mettait à veiller à ce que chaque composante de sa batterie soit rangée de manière sécuritaire après chaque prestation de l'orchestre ont fait de lui un modèle au sein de l'Équipe. Il reconnaît avoir été un privilégié quand il jouait au sein de l'orchestre Septentrional. Mises à part ses deux baguettes, *TiBlèz* avait deux passions : sa moto et sa dulcinée Murielle Charlot qui est devenue son épouse depuis 1986 et avec qui il continue de partager une vie de famille au sein de laquelle grandissent deux jumeaux, un garçon et une fille.

Emmanuel Blaise est resté l'homme d'un seul groupe musical : l'orchestre Septentrional. Il a connu, après Septent, une expérience, en Floride, avec *Excel Compas* de *Delrey Beach* dont il devint même pour une courte durée le maestro. Mais comme Joséphine Baker, qui avait dans les années 30, deux amours : son pays et Paris, Emmanuel Blaise, pendant toute sa vie a connu lui aussi deux amours : sa femme Murielle et l'orchestre Septentrional. C'est donc tout à fait naturellement que monsieur Hervé Bastien l'ait désigné pour être, le samedi 28 juillet 2012, le récipiendaire d'un prix d'excellence offert par *Babas Production*, en hommage à sa contribution à l'épanouissement de la musique haïtienne en général et à son temps de passage au sein du grand orchestre Septentrional, en particulier. **Bravo TiBlèz.**

<><><><><><><><><><><><><><><>

« Vincere scis Hannibal, non sed victoriam uti. »
(Tu sais vaincre, Hannibal, mais tu ne sais pas profiter de la victoire)

« <u>La Force Tranquille</u> »[35]

Comme toute institution, l'orchestre Septentrional a connu des jours de faste et de grandeur. Mais, aujourd'hui, peut-on prétendre que l'orchestre ait retrouvé toute sa splendeur d'antan ? ou que Septentrional soit à son

---

35   Dans la tradition lyrique~Septentrional "Face au mur" bat, peut-être, le record absolu en matière de texte-fleuve ?

zénith ? Loin s'en faut. Et pourtant, l'orchestre est entrain de remonter progressivement le courant; *même "Port-au-Prince" est reconquis*. Les jeunes consomment Septent. Presque toutes les stations de radio inscrivent, au moins, une musique de Septent dans leur plage-horaire journalière.

En effet, depuis 1997-1998, à l'exception de l'orchestre Tropicana, peut-être pour des raisons de politique de clochers, tous les groupes musicaux haïtiens ont joué **Témwanyaj**. Les journaux et revues, tant haïtiens qu'étrangers, parlent aujourd'hui de Septentrional; les comités de soutien d'Haïti et les CoSeptent de l'étranger encadrent l'orchestre au mieux de leur possibilité. L'espoir renait. Comment expliquer ce creux de la vague qui a précédé ce mouvement de reviviscence ? La réponse est dictée par les faits eux-mêmes.

ou bien ... « *c'est le public qui n'avait rien compris* » comme dans "*Je m'voyais déjà*" de *Charles Aznavour;* **ou bien ...** c'est l'administration de Septentrional qui n'avait pas su capitaliser cet investissement que l'institution représente. Si nous employons ce langage c'est parce que Septent nous tient à cœur et que la responsabilité nous incombe, par conséquent, de concourir à la sauvegarde et à la pérennité de cette institution.

Septentrional est appelé à exister longtemps encore. Cependant la viabilité de l'orchestre sera, tout simplement, compromise s'il ne s'engage, résolument, sur la voie de la modernité. Jusqu'ici, et ce, pendant cinquante-cinq ans environ, tout ou presque tout ce que Septent a réussi a été possible grâce à certaines relations personnelles, certaines amitiés, certains copinages, entretenus par le Fondateur P.D.G., le maestro Hulric Pierre-Louis ... et tout cela se passait de façon ponctuelle, jamais de manière formelle. Seulement les choses ne sont plus ce qu'elles étaient. Aujourd'hui, des faits nouveaux ont bouleversé les normes et les donnes. Plus rien n'est immuable. Les rapports, entre : parents et enfants, professeurs et élèves, dirigeants politiques et citoyens, patrons et employés, subissent des changements tellement profonds que les relations sociales se renversent. Une vraie révolution dans les mœurs, les cultures sociales et dans les rapports entre humains. Dans cet esprit, toute institution est appelée à s'adapter ou à disparaître. Septentrional n'est plus seulement un simple regroupement de musiciens; c'est une institution qui, à terme, pourra être menacée d'extinction pure et simple si des changements ne sont pas apportés, à la fois dans son fonctionnement professionnel et dans son approche à l'égard de tous ceux qui se dévouent à sa cause (par dévotion ou par calcul, qu'importe!). À cet égard, il faudrait que chaque intéressé (à quelque titre que ce soit) soit fixé et convaincu, de manière irréversible, sur la forme juridique de Septentrional, c'est à dire :

a) **La Structure** : c'est la ressource humaine de l'Organisation~Septentrional, la base sur laquelle elle repose: l'orchestre Septentrional proprement dit, ses Musiciens ainsi que son Personnel Administratif, Technique et Ouvrier (le P.A.T.O.) formé du Comité de Direction de l'orchestre Septentrional, du Conseil d'Administration de l'Organisation~Septentrional et des membres du personnel technique et ouvrier. À ce propos, il ya lieu, désormais, d'envisager des modalités de fonctionnement qui définiraient l'existence respective de l'orchestre Septentrional, du Feu Vert Night-Club et de ses annexes, du Restaurant-Feu Vert et de Septent-Théâtre comme étant les éléments d'un ensemble baptisé SoLo-Sept ou SOCIÉTÉ de LOISIRS-SEPTENTRIONAL.

b) **"Le Produit-Septent"** : la Création Musicale et Littéraire; les Archives; la Littérature et la Discographie, au sens large, de l'orchestre Septentrional; les Enregistrements auditifs et audio-visuels.

c) **L'Infrastructure** : le *"Feu-Vert Night-Club"*, le *"Restaurant du Feu-Vert"*, le *"Septent-Théâtre"* ainsi que des annexes éventuelles ou des biens immeubles connexes.

d) **La Superstructure** ou la Culture organisationnelle~Septentrional, c'est-à-dire : le ciment idéologique de "l'Idéal-Septent".

e) **Les Ressources Matérielles** : les Instruments de Musique; le Système d'Amplification et de Sonorisation; le Système de Production amovible d'énergie électrique; le Matériel audio-visuel; les Moyens de Transport, etc ...

f) __La Logistique__ : la Promotion grâce au travail fourni par les "CoSeptent" et les "Clubs de Fans~Septentrional" ainsi que les publications dans les journaux, les magazines et les émissions de radio et de télévision; la visibilité caractérisée par le drapeau de l'orchestre, ses logos et emblèmes, ses uniformes, ses références patronymiques, sa fidélité à une clientèle~référence, etc ...

> *Comment alors, définir actuellement l'Institution~Septentrional ?*
> __*s'agit-il de la propriété privée d'un individu ou de quelques*__
> __*associés ?*__

La décence nous obligerait, dans ce cas, à ne nous borner qu'à constater l'existence du groupe, sous l'égide de statuts qui n'ont peut-être pas changé depuis plus de soixante ans. Et c'est parce que, jusqu'ici, tous les partenaires, associés ou non, anciens et nouveaux membres de l'orchestre Septentrional, ont toujours voulu qu'il en soit ainsi. Dès lors, toute tierce opposition en vue d'une nouvelle structure relèverait de la pure condescendance du patron ou des sociétaires. Sous la réserve, toutefois, que dans toute société civilisée, il existe le droit et même le devoir de classer certaines propriétés privées dans le domaine du patrimoine, naturel ou culturel, et de prendre des dispositions d'intérêt général en vue de sauvegarder ce patrimoine. Actuellement, *le titre de Doyen* revient à l'orchestre qui l'assume. Ce titre place Septentrional au rang d'une institution qui doit, en tout temps, justifier une réputation, assumer une responsabilité.

> __*ou bien, s'agit-il d'une Association (coopérative, s.a., ou autre)*__ ?

Il importerait d'organiser, dans ce cas, un mode de fonctionnement autour de principes et de règles et que chaque sociétaire connaisse son rôle ainsi que les droits et obligations qui y sont attachés.

En outre, la promotion étant le moteur du rendement, il est indispensable qu'un organigramme respecte ces principes. Un employé qui accède à un poste de responsabilité doit pouvoir participer à des prises de décision et sa promotion doit nécessairement lui apporter une amélioration matérielle tarifée. Ce nouveau responsable sera d'autant plus productif qu'il se sente impliqué.

Dans cet esprit, les documents issus des différents comités de soutien à l'orchestre septentrional *(CoSOS, CEnOS, CoSepNY, CoSeptMont)* ainsi que les résolutions du *Séminaire de Réflexion* organisé à Montréal, les 12 et 13 octobre 1996 autour du devenir de l'orchestre Septentrional, constituent une base de travail valable, non contraignante mais qui pourrait générer une nouvelle forme d'organisation mieux adaptée. C'est peut-être ainsi, et ainsi seulement, que l'orchestre devrait s'y prendre pour aborder le troisième millénaire et y aller sereinement bien au-delà.

Nous sommes conscients que ce flou administratif n'est pas l'apanage de *l'Organisation~Septentrional.* Il relève plutôt d'un problème récurrent d'organisation *"purement démocratique"* dû à l'absence de tradition organisationnelle de la grande majorité des Haïtiens. Néanmoins ce flou, artistique peut-être, n'est pas le chemin qui mène au progrès et à l'épanouissement d'un groupe social de quelque nature qu'il puisse être. *L'Organisation~Septentrional,* pour grandir, doit renaître de nouveau afin de rentrer dans un moule administratif rationnel, digne du vingt-et-unième siècle.

L'une des résolutions du Séminaire de Réflexions tenu à Montréal autour du devenir de l'orchestre Septentrional, les 12 et 13 octobre 1996, oriente une nouvelle donne qui pourrait être, dans une volonté commune de mieux faire: plus de démocratisation, plus de décentralisation, plus de partenariat administratif, pour le plus grand bien de l'orchestre et de son environnement.

Certes, l'orchestre Septentrional est appelé, inéluctablement, à se moderniser et à se mouler dans le cadre d'une gestion nouvelle. Mais, comme **le Palais**

aux trois cent soixante-cinq portes à la Petite-Rivière de l'Artibonite, celui de **Sans-Souci** à Milot ou **la Citadelle Henry Christophe** qui font partie du **patrimoine historique, l'orchestre Septentrional fait partie du patrimoine socioculturel haïtien.**

Il ne faut jamais oublier que si Septentrional avait baissé la garde vers la fin des années soixante devant la prépondérance accrue des *Mini-Jazz*, comme les *Ensembles de Nemours Jean-Baptiste ou de Webert Sicot*, on n'aurait plus entendu parler d'*orchestre* ou de *style big band*, sur la terre d'Haïti. Certains groupes d'individus, au demeurant bornés, avaient cru pouvoir, par ironie, par stupidité ou par médiocrité tout simplement, opposer le style «*manch long, òrkès*» à un style «*manch kout, mini-jazz*», comme si une partie du public avait le monopole de la culture et du bon goût. La co-existence est possible entre: orchestres de qualité, musiques dites *"racines"* de qualité, minis-jazz de qualité, musiques dites *"nouvelle génération"* de qualité et d'autres formations intermédiaires de qualité. Ce n'est là qu'une question d'approche ou de concept. La qualité musicale est, seule, prépondérante et le ***genre~Septent*** moderne ou ancien, même *"ancienne génération"* ou *"manch long"*, est à sauvegarder quoiqu'il advienne.

Ainsi, les hommes meurent et les institutions demeurent. Les étoiles musicales, trop brillantes, se révéleront toujours des météores. Septentrional restera, toujours, à la place qui est la sienne, celle d'une institution.

VIS TA VIE, SEPTENT, ET RESTE TOI-MÊME !

Après la conquête de Port-au-Prince par Septentrional en 1964, comme nous l'avons explicité, l'orchestre restait le maître des lieux jusqu'au printemps de 1976, à peu près. À partir de cette date on dirait, pour parodier monsieur Gabriel Raymond, qu'un *"voile noir, s'étendant du Nord au Sud (de Bon Repos à Mariani) occulte l'existence de l'orchestre Septentrional à Port-au-Prince"*.

Au début de 1995, après le premier passage de l'orchestre à Paris et de la tournée nord-américaine tout de suite après, un vent de renouveau soufflait sur Septent; et ce, jusqu'à l'automne 1997. L'année 1998, celle du cinquantième anniversaire pourtant, fut décevante à presque tous les points de vue.

Cependant, le retour *"aux affaires"* de monsieur Rochenel Ménélas, *"enfant légitime de Septentrional et aussi l'un des fils spirituels du maestro Hulric Pierre-Louis"* dont l'attachement à l'orchestre n'est plus à démontrer, a remis toute la famille~septent en confiance et a permis d'augurer tous les espoirs. De plus, l'implication, à partir de l'année du cinquantième déjà, aux côtés de Rochenel Ménélas, de monsieur Pierre Joachim dans *"les affaires de Septentrional"* a grandement contribué à l'amorce d'une courbe, franchement, ascendante dans le processus de vie de l'orchestre Septentrional. L'expérience probante du *tandem Rochnèl / Pyéro* donne des résultats notoires au point que, par ricochet, *le voile sur Port-au-Prince était passé du noir au gris.*

Au cours de l'année 2002 par exemple, non seulement Port-au-Prince consommait Septentrional, mais encore toute une jeunesse se reconnaissait dans cette Équipe~Septentrional dont la moyenne d'âge des membres qui la composaient, à ce moment, était de loin inférieure à celle de beaucoup de groupes concurrents, *Big-Bands et Nouvelle Génération confondus.* À l'entrée du troisième millénaire, Septentrional a pris un vrai *"bain de jouvence"* apportant une nouvelle énergie à l'orchestre et de *"la force tranquille"* au doyen.

Soixante-quatre (64) ans, en 2012, de persévérance et de ténacité pour un *«groupe musical»* haïtien ! Qui l'eut dit ? Qui l'eut crû ? Hors de tout doute, *l'orchestre Septentrional,* ce phénomène institutionnel, bat tous les records de longévité dans le domaine musical, en Haïti. Mieux : dans la Caraïbe, et même dans la plus forte partie de l'Amérique Latine. Il faut se rendre à Cuba pour voir pareille prouesse égaler ou dépasser, avec La Sonora Matancera, fondé en 1924 (65 ans en 1999) ou La Orquesta Aragon, fondé quinze ans plus tard, en 1939 (70 ans en 2009), notamment.

Doyen d'âge, certes, du point de vue du temps de fonctionnement, Septent peut et même, doit revendiquer le droit d'aînesse. Même si ses musiciens ne sont pas des aînés pour autant. La moyenne d'âge des membres qui forment *l'Équipe~Septent* actuelle est, dans bien des cas, comparable à celle des autres groupes concurrents, toutes catégories confondues; quand elle n'est pas, souvent, et de très loin, inférieure. Et si l'on excepte le vieux routier Tassy et les vétérans : Madsen, TiMé et Danilo, cette moyenne passerait de **quarante-deux à moins de trente-cinq ans.**

Néanmoins, la moyenne arithmétique, c'est comme un bikini qui montre tout mais cache l'essentiel. Ventilons cette moyenne pour essayer de faire ressortir certaines caractéristiques essentielles de cette nouvelle Équipe-Septent : onze musiciens ont entre trente et quarante-cinq ans; deux parmi eux, Danilo et Étienne, sont dans la cinquantaine et trois d'entr'eux (Tassy, TiMé et Madsen) peuvent être classés parmi les vétérans, ayant déjà atteint l'âge vénérable de soixante ans; mais dans l'autre sens, Septent compte dans son équipe de musiciens cinq qui sont encore dans la vingtaine (Rolain, Junior, Kénel, Papito et Fanex). Et aussi curieux ou paradoxal que cela puisse paraître, c'est dans le rang des musiciens de Septent, le doyen des formations musicales haitiennes en exercice, que l'on retrouve, Papito, le plus jeune chanteur de compas actuel. Pour un orchestre de soixante-quatre ans d'existence et de fonctionnement sans discontinuité : **CHAPO BA !**

    « gen yon gaspiyaj jèn n-gason nan sèptan kon'nyè a » .

Réflexion que ce bain de jouvence avait suscitée chez Roger Colas *junior*, et il avait bien raison. *Septentrional* est maintenant un *orchestre jeune* qui dispense une *ambiance jeune* et c'est cela qui explique que beaucoup de jeunes de moins de 30 ans viennent prendre *« un feeling~new age »* à côté des moins jeunes issus des générations des années quarante et cinquante.

Ce n'est pas étonnant, dès lors, que Septentrional ait connu à ce moment une remontée spectaculaire comme en témoignaient les succès de foule remportés par la musique de sa nouvelle équipe à l'occasion, déjà, du Carnaval *Face au Mur 2001"*, des tournées nord-américaines successives de Pâques et de l'automne, ainsi que des fêtes champêtres de la même année 2001.-

<><><><><><><><><><><><><>

"Face Au Mur"  *(Kanaval 2001)*

Composition : Nathan Oliver's
Arrangements et Orchestration: Septentrional
Sax Solo : Israël Joseph
Lead Vocal : Michel Tassy + Gary Régis

∞∞∞∞∞∞∞∞∞∞∞∞∞∞∞∞∞∞∞∞∞∞∞∞∞∞∞∞∞∞∞∞

Kèr
Ané sa, s-ap rèd o, s-ap rèd o, s-ap rèd o
Gen djaz kap pédi plas yo,
Gen djaz kap pédi ran
Ak Sèptan, s-ap rèd o

Lead
S-ap rèd o, S-ap rèd o

Kèr
Ané sa, s-ap rèd o, s-ap rèd o, s-ap rèd o
Gen djaz kap pédi plas yo,
Gen djaz kap pédi ran
Ak Sèptan, s-ap rèd o

Sé koul pou koul (Kèr)
Nan Kanaval (lead)
Sé koul pou koul (Kèr)
Djòl alèlè yo (lead)
Sé koul pou koul (Kèr)
Ban-n pal-anpil yo (lead)
Sé koul pou koul (Kèr)

Ban-n médizan yo(lead)

Sé koul pou koul (Kèr)

(Lead) *Sé koul pou koul, sé koul pou koul, sé koul pou koul*

R e l a x x R e l a x x R e l a x x R e l a x x R e l a x x R e l a x x R e l a
x x ...

Lead

Dépi ané 48, Sèptan ap fè mou-n dansé

Sèptan ap fè mou-n pyafé, séli tout mou-n aklamé

Malgré tout difikilté, malgré tou sa kap pasé

Fanatik yo rét byen soudé

Yo sèrmanté, yo pap sédé

Lead

Yo kouwi bwi noukrazé, Yo di-n paka vwayajé

Men gwasadyé, sépavwé

Yodi noula pou dizan, yodi noupap janm gen viza

Létèrnèl di pou Sèptan sépavwé.

Lead

Yo kouwi bwi noukrazé, Yo di-n paka vwayajé

Men gwasadyé, sépavwé

Yodi noula pou dizan, yodi noupap janm gen viza

Létèrnèl di sépavwé,

Apwé tout sa-k répété, nou dwé pou nouka-p pwouvé

SÈPTAN SÉ YON VÉRITÉ (kèr)

Kèr

Nou vwayajé, men nou retounen

Pal-anpil yo kè yo soté.

Yo fè djòlè nou vin-n mét lapè

Djaz bèkatè dwé rét bèbè

Kèr

Nou vwayajé, men nou retounen

Pal-anpil yo kè yo soté.

Yo fè djòlè nou vin-n mét lapè

Djaz bèkatè ...

Kèr

Manman-w té palé-w :

Rakonté sa-w wè, palé sa-w konnen, papalé zafè mou-n.

Gwanmou-n lontan yodi :

Lè-w wè zétwal filé, fò-w pakouri palé

Sa fè mou-n landjèz

Kèr

Manman-w té palé-w :

Rakonté sa-w wè, palé sa-w konnen, papalé zafè mou-n.

Gwanmou-n lontan yodi :

Lè-w wè zétwal filé, fò-w pakouri palé

Sa fè mou-n landjèz

Kèr

OU PALÉ TWÒP --OU PALÉ TWÒP --OU PALÉ TWÒP --OU PALÉ TWÒP

(Kèr) FACE AU MUR

* (lead) Gwanmou-n timou-n	**(Kèr) FACE AU MUR**
* (lead) Mwen pwal kalé-w	**(Kèr) FACE AU MUR**
* (lead) Gwanmou-n dézòd	**(Kèr) FACE AU MUR**
* (lead) Ou palé twòp	**(Kèr) FACE AU MUR**
* (lead) Djòl alèlè	**(Kèr) FACE AU MUR**
* (lead) Fò-w kontwolé-w	**(Kèr) FACE AU MUR**

Mé Kou --- Mé Kou --- Mé Kou --- Mé Kou

Ba-l nan tèt (lead)	Kin-ng, ko-w (kèr)
Ba-l nan jé (lead)	Tchoup, tchoup (kèr)

Ba-l nan pyé (lead)   *Kin-ng, ko-w (kèr)*

Ba-l nan dada (lead)   *Tchoup, tchoup (kèr)*

Ba-l anba kèr (lead)   *Kin-ng, ko-w (kèr)*

Ba-l nan tèt (lead)   *Kin-ng, ko-w (kèr)*

Kèr

Ané sila m-ap fwété-w, m-ap fwété-w, m-ap kalé-w pou landjèz

Mwen pansé fwa sila ou pwal kowijé

Fò-w suspan-n fè landjèz tigason

Kèr

Ané sila, m-ap bimen-w

M-ap météé-w "face au mur" pou-m kalé-w

M-éspéré koul-yè a ou kapab chanjé

Pwochè-n fwa, sé lang-aw-ou m-ap koupé

Kèr

Ané sila m-ap fwété-w, m-ap fwété-w, m-ap kalé-w pou landjèz

Mwen pansé fwa sila ou pwal kowijé

Fò-w suspan-n fè landjèz tigason

Kèr

Ané sila, m-ap bimen-w

M-ap météé-w "face au mur" pou-m kalé-w

M-éspéré koul-yè a ou kapab chanjé

Pwochè-n fwa, sé lang-aw-ou m-ap koupé

Kèr

Nan Sèptan, séla plézi ya yé

Gen kè kontan, séla ki gen lanmou (2 fwa)

Ou wé mou-n k-ap dansé (lead)   **OH ! YES (kèr)**

Ou wé mou-n k-ap damou (lead)   **OH ! YES (kèr)**

(Kèr) FACE AU MUR

314

* *(lead) Gwanmou-n timou-n*	(Kèr) **FACE AU MUR**
* *(lead) Mwen pwal kalé-w*	(Kèr) **FACE AU MUR**
* *(lead) Gwanmou-n dézòd*	(Kèr) **FACE AU MUR**
* *(lead) Ou palé twòp*	(Kèr) **FACE AU MUR**
* *(lead) Djòl alèlè*	(Kèr) **FACE AU MUR**
* *(lead) Fò-w kontwolé-w*	(Kèr) **FACE AU MUR**

Et depuis la *machine~septent* fonctionnait à plein régime. Un an après *"Face au Mur"* c'est Septentrional qui a été choisi par le Ministère de la Culture comme groupe d'animation officiel de la tribune pendant les trois jours gras à Port-au-Prince. Sa méringue carnavalesque, *"Tout mou n koupab"*, a été la grande révélation des festivités carnavalesques haïtiennes de l'année 2002; ce qui confirmait, s'il en était besoin, l'excellente santé de l'orchestre et son retour progressif à la place qu'elle occupait sans partage, pendant et au delà de la décennie allant de 1965 à 1975, c'est à dire, la première dans l'estime de tous les publics. C'est ce qui expliquait que les promoteurs des tournées de l'orchestre à l'Étranger, notamment Rochenel Ménélas et *Pyéwo* Joachim pour l'Amérique du Nord n'étaient guère étonnés de l'amplification du volume de la demande. Les organisateurs s'alignaient, cherchant à louer les services d'animation musicale de Septentrional, en dépit du fait que les deux tournées annuelles, pour essayer de satisfaire cette demande trop abondante, duraient dorénavant six longues semaines chacune. Ce n'était donc pas un hasard si, une semaine après Montréal le samedi 7 décembre au COMPLEXE CRISTINA, l'orchestre a occupé tout l'espace du SYMPOSIUM de STAINS dans la banlieu-Nord de Paris le samedi 14 décembre 2002. **C'était très bon pour le moral.**

À la fois, superbe et généreux, *l'orchestre Septentrional*, du haut de son âge vénérable, était redevenu, à cinquante-cinq (55) ans en 2003 **LA PLUS GRANDE FRAPPE MUSICALE D'HAÏTI**, assumant, sans coup férir, sa responsabilité de **Doyen;** responsabilité que les membres qui composent cet orchestre ont toujours assumé, qu'ils assument aujourd'hui encore, et qu'ils assumeront toujours.

Ils assumaient déjà ...

En 1964, au moment de la construction du Feu-Vert quand, comme nous l'avions vu, treize des dix-sept musiciens qui formaient l'orchestre étaient devenus des associés, sans la moindre discrimination. Comme le contrat d'affermage prévoyait la possibilité d'achat, après cinq ans, du terrain affermé s'il était valorisé par la construction d'un immeuble, Septentrional remplissait déjà à partir de 1969, et à plus forte raison, au 31 décembre 1971, les conditions requises par la loi pour accéder à la pleine propriété. L'orchestre entreprit donc les démarches nécessaires auprès du Ministère de l'Économie dont le titulaire au poste de ministre était lors, le docteur Édouard Francisque. Les démarches aboutirent et l'orchestre put faire l'acquisition, en pleine propriété, du terrain sur lequel avait été construit, sept ans auparavant, le Feu-Vert Night-Club. La transaction coûta la rondelette somme de Gdes.1,135.°° ($227.°°) en 1972.

Au 1er Janvier 1973, date de l'ouverture du vingt-cinquième rideau sur l'orchestre, l'Association~Septentrional, avec les 13 sociétaires de 1964, avait vécu. Il existait désormais la SoLoUPL&Co *(Société de Loisirs Hulric Pierre-Louis & Co)*. Cette société était enregistrée, six ans plus tard en 1979, avec un actif constitué par le Feu-Vert Night-Club, le Septent-Théâtre et le Restaurant du Feu-Vert. En 1979, cinq sociétaires formaient la *SoLoUPL&Co,* avec des parts inégales redistribuées comme suit:

Hulric Pierre-Louis	33%
Alfred Moïse	22%
Jacques Jean	20%
Philomé Abstenius Dolcé dit Artémis Dolcé *alias "Ten'gé"*	19%
Lucien Pierre-Louis	06%

En 1999, un document confidentiel, **avec une note liminaire précisant**

qu'Alfred Moïse avait été dédommagé, nous informait des nouvelles donnes qui faisaient de la SoLoUPL&Co une entreprise commerciale de loisirs de quatre (4) associés avec des parts inégales :

Hulric Pierre-Louis	42,06%
Jacques Jean	29,30%
Philomé Abstenius Dolcé dit Artémis Dolcé *alias "Ten'gé"*	19,12%
Les héritiers de Lucien Pierre-Louis	09,52%

Ces informations étaient celles dont nous disposions au moment d'écrire ces lignes. La situation aura-t-elle évolué depuis la mort de Jacques Jean et de Lucien Pierre-Louis, deux des quatre sociétaires ? Comment en est-on arrivé là ? La réponse est simple : Tel est le vœu des associés ou des ayants droit.

"Lavi" *(1984)*
Composition : Alfred "Frédo" Moïse
Vocal : Michel Tassy - Rythme : Bouldefe
<><><><><><><><><><><><><><>

Lavi, sé pou nou konpran-n lavi
Lavi, sé pa chita banboché
La vi, pyé pa gen rasi-n sou tè-a mésyé
Fòk nou pa bliyé sa
Yon jou nou tout gen pou-n alé
Chèrché konfòmé nou

Lavi, sé pou nou konpran-n lavi
Lavi, sé pa chita banboché
Lavi, "avant l'heure n'est pas l'heure"
Soulatèr béni, apré lèur sé pirèd
I fò-n mét kran, pou-n sa wè devan
Chèrché konfòmé nou

Lead & «Chœur»

Konsèy ! Dépi li bon sé pou-n kap tandé-l

Dépi li bon sé pou-n kap tandé-l

Pagen pwoblèm nan lavérité (bis)

Jean Paul II vi-n poté bon mésaj an Ayiti

Dépi li bon sé pou-n ka-p tandé

Refren

Konsèy ! si li bon sé pou-n k-ap tandé-l
Sé fè chemen nou mésyédam, sé fè chemen-nou
Demen lè n-ap chèrché, noupak-ap twouvé
Anpil moun va dinou : sébon, sébon pounou.

<><><><><><><><><><><><><>

"Di m Sa k Pasé" (1964)
Composition : Hulric Pierre-Louis
Vocal : Michel Tassy // Ritm: Boul de Fe

Nan syèk sila sé vré, yo pa gadé sa
Mwen menm avè w, nou renmen lontan
Apèn n nou té gen dizan

Avan m,
Pat gen Pyèr ni Jak, kouto ni ponya
Men m'trouvé'ou maké
Sé Pou ou dim sa ki pasé

Lèur mwen ralé~soti
Tout mou n ap di m méchan

Tripotaj a p fè lapli

Konplo men m sé pa palé

Mwen té toujou gadé'ou

Tankou yon ti bijou

Époutan ou s on koukou

Machè ou pa séryez

«Chœur»

Di mwen sa ki pasé

Machè ou malonèt

Enspirasyon

Mwen té toujou gadé w'ou tankou yon ti bijou

Lè mwen raIé soti, tout mou n a di m 'méchan.

<><><><><><><><><><><><>

"Nou Renmen Sa" (1966)

Composition : Hulric Pierre-Louis

Vocal : Michel Tassy // Rit: Congo~de Fe

Lead Vocal

Nanchon gason, wi ! nou renmen sa

Lèur Médam yo chèlbè, yo byen anfòrm

Lè yo mété bèl ti wòb antrav

S on fason pou Ti kò yo fè "zip zap"

Sa chatouyé nou

Lèur sila : N anvi damou, Yo bezwen maryé

San Nou pa konpwan n

Sé lak ki tan n pou gason ki gen tèt chòv

Lèur nou wè bébé yo anfòrm, Fò'n sonjé pita

319

Pwovèrb la di :

"Karaktèr ki van n, sé pa li'k touché lajan"

Refren

Nou renmen sa, sé vwé !Lèur bébé yo anfòrm

Men si pou n gen pwoblèm, pito'n rét konsa

Enspirasyon

Lèur n wè démonstrasyon sa yo

Se pou nou konpwan n sa pi sérye

Tout tan yo pa genyen bag

Mannigèt genyen pou fè nou fou.

COMMUNIQUÉ DE PRESSE

POUR DIFFUSION IMMÉDIATE

LA DERNIÈRE PARTITION DU MAESTRO HULRIC PIERRE-LOUIS

Maurice Élima Solon Hulric Pierre-Louis, de son vrai nom, est né à l'Acul-du-Nord le samedi 22 septembre 1928 et a rendu le dernier soupir le mercredi 2 septembre 2009 vers 23h30, à l'Hôpital Saint-François de Sales de Port-au-Prince, à l'âge de quatre-vingts ans, onze mois et onze jours.

Depuis ce mardi 19 mars à Bahon, tout imprégné de l'idéologie christophienne et dont les contours de sa vision s'en sont définis, deux ans avant la naissance de l'orchestre qu'il alla cofonder en juillet 1948 et diriger de mains de maître pendant au moins cinquante-cinq années consécutives, le **MAESTRO** (c'est le nom dont il détient l'apanage exclusif), aura juré de hisser la musique haïtienne à la hauteur des professions d'élite, au même titre que la médecine, le génie ou le droit, pour ne citer que ces trois. Le maestro Hulric Pierre-Louis alla ensuite gager le pari de sortir la province du ghetto et de l'exclusion.

« Avèk Sèptantriyonal, tout pwovens yo va rèspèkté »

Pari gagé, promesse tenue, rêve réalisé. **BRAVO HULRIC, CHAPO BA MAESTRO**.

« Il suffit d'un grand homme pour mener une nation ou une époque ».

À la vérité, tout ce qu'à réussi Septent jusqu'à cette date, n'a été possible, qu'on le veuille ou non, que grâce à certaines amitiés et relations personnelles du maestro mises au profit de l'orchestre. En réalité, Hulric Pierre-Louis a toujours été, et est resté jusqu'ici le seul vrai chef au sein de l'Institution-Septentrional.

Les hommes, aussi grands soient-ils hélas, passent mais une institution, si l'entité qu'elle incarne est socialement représentative, transcende l'existence des hommes qui la composent. Heureusement que la Famille-Septent est restée unifiée autour de l'idéal forgé, à partir du 19 mars 1946 à Bahon. **La continuité, par conséquent, est de rigueur.** La Famille Septentrional ainsi que La Grande Famille Universelle des Mélomanes s'apprêtent à entamer la phase post-Hulric de cette institution. Ce qui n'est en rien une sinécure. Considéré comme l'un des plus grands musiciens et le doyen en fonction des chefs d'orchestre de la musique de danse populaire en Haïti, le saxophoniste Hulric Pierre-Louis, a succombé, le mercredi 2 septembre 2009 à une crise cardiaque à l'hôpital St-François de Salles, à Port-au-Prince. À compter de la minute qui suivi le trépas du patriarche, la Grande Famille-Septent s'est rangée autour de l'éminence grise Septentrional, de la veuve éplorée du maestro (Olive Clément Pierre-Louis), de ses deux enfants (Rico et Nandy Pierre-Louis), de l'actuel doyen des musiciens de l'orchestre, le chanteur Michel Tassy, et de ses trois principaux dirigeants : le maestro Kesmy Doréus, le directeur musical Nicol Lévy et l'administrateur Jocelyn Alcé.

> *« Septent a vu vingt ans et il en verra bien d'autres*
> *Sa fête, dans soixante ans encore sera comme l'euphorie*
> *Couleur de l'arc-en-ciel, féérique comme l'été d'Haïti.»*

En dépit de cette pénible circonstance de la nouvelle de la disparition de cette légende vivante, les meilleures dispositions sont prises pour que le parcours de vie exemplaire de ce géant passe pleinement à la postérité qui a tellement besoin d'images positives et de modèles. En reconnaissance de sa contribution à l'épanouissement de la culture nationale en général et de la musique haïtienne en particulier, des obsèques officielles seront chantées au Cap-Haïtien le samedi 19 septembre 2009 en l'honneur du maestro Hulric Pierre-Louis, fondateur de l'orchestre Septentrional. Le secrétaire général de la Présidence, l'ambassadeur Fritz Longchamp a été désigné, en la circonstance, pour représenter le Chef de l'État, René Préval, à ces cérémonies et témoigner des sympathies du gouvernement aux familles éplorées, aux membres et fans de l'orchestre Septentrional.

BON VOYAGE MAESTRO,
SEPTENT VIVRA POUR TOI COMME TU AS TOUJOURS VÉCU
POUR SEPTENT

Port-au-Prince, le 3 septembre 2009

- 30 -

Sources :   Louis A. Mercier – COSOS (Haïti)
louisamercier@hotmail.com
Pierre-Paul Joachim – CoSepten (U.S.A.)
pierrepjoa@bellsouth.net (1-407) 758 2388
Responsables des communications
ORCHESTRE SEPTENTRIONAL

«Un soupir, une respiration, et c'est la vie.
Un soupir, une respiration, et c'est la mort.
Entre deux soupirs, entre deux respirations,
le temps d'aimer, de servir et de vivre».

Révérend Père Yvon Joseph, 31 mai 1971

La dernière partition du Maestro Hulric Pierre-Louis

L'intérêt du public, toutes générations confondues, pour la musique de Septent, a certainement contribué à la tenace et défiante longévité de cette institution pendant plus de soixante ans. Fervents admirateurs, supporteurs des années passées et de demain, l'orchestre Septentrional vous dit MERCI et anticipativement, vous témoigne de la reconnaissance pour les autres belles années que votre soutien lui permettra d'écouler sereinement.

Fondé le mardi 27 juillet 1948, sous la direction de Jean Menuau comme Président-Directeur, de Jacob Germain comme Vice-Président, de Rigaud Fidèle comme Maestro et de Léandre Fidèle comme Secrétaire/Trésorier, le Jazz Septentrional, c'est ainsi qu'on le nomma à la naissance, commença à évoluer dans les cercles mondains du Cap-Haïtien : le Cercle Aurore, le Cercle Primevère et principalement le Cercle Printania. Il n'y avait pas, à cette époque, de Night-Clubs au Cap, et les bals étaient organisés dans un salon ou un cercle privé. L'année suivante, l'administration confia la direction du Jazz à monsieur Ulrick Pierre-Louis qui prit la charge de ses fonctions cumulées de Président/Directeur, de Maestro et progressivement de Directeur Musical à partir du premier janvier mil neuf cent cinquante. Il assuma, sans coup férir, cette responsabilité de Chef d'Entreprise, de manière active et dynamique, pendant plus de cinquante-cinq ans. C'est vous qui nous direz aujourd'hui, si les décideurs de 1949 avaient eu tort ou raison de le choisir.

Il suffit d'un grand homme pour mener une nation ou une époque.
Dans la galerie des Grands Hommes de la deuxième moitié du vingtième siècle et de la première décennie du vingt-et-unième siècle, Hulric Pierre-Louis se trouve très certainement dans le peloton de tête. En cette année 2009, après plus de soixante-et-un ans d'existence et de fonctionnement sans discontinuité de Septentrional, dans le même pays (Haïti seulement et pas ailleurs), les témoignages deviennent aussi têtus que les faits eux-mêmes et s'accordent pour déclarer SEPTENT D'UTILITÉ PUBLIQUE, et HULRIC PIERRE-LOUIS, la cheville ouvrière de cette institution.

Aujourd'hui, dans cette enceinte, plutôt que d'exprimer de l'indignation face à l'incident malencontreux de 1947 dans la localité de Bahon, nous saisissons l'occasion pour dire à haute et intelligible voix : MERCI BAHON ! ... car, ... L'optimisme fier et fougueux du jeune musicien de 18 ans, Hulric Pierre-Louis, n'était pas fait pour digérer ce genre d'accueil qu'un des notables de la localité de BAHON, a offert, le 19 mars 1947, au groupe musical auquel il appartenait, le Jazz Youyou qui portait le nom du sobriquet de son dirigeant, Cyrius Henry. Le mental du jeune Hulric interpréta la dérobade de l'officier-commandant militaire des lieux, qui ne voulut pas gratifier du pourboire conventionnel le OCHAN reçu, comme une indignation ou encore, une séquelle de conception stagnant dans une mare de préjugés asphyxiant la vérité autour de sa carrière personnelle. Il le vivra également comme un défi engageant son courage tout christophien. Les contours de sa vision s'en définiront.

MERCI BAHON ! Car depuis lors, il aura juré de hisser la musique haïtienne à la hauteur des professions d'élite, au même titre que la médecine, le génie, l'agronomie ou le droit.

Vu, rêve ou décision fondée, l'enjeu fut certainement de taille et la stratégie risquante autant qu'herculéenne. Progressivement, la vision de BAHON se métamorphosa en une véritable marche révolutionnaire dont l'aboutissement devint inéluctable et surtout, irréversible. MERCI BAHON !

Le communiqué de presse qui annonça la nouvelle du trépas du MAESTRO est titré métaphoriquement : **LA DERNIÈRE PARTITION DU MAESTRO HULRIC PIERRE-LOUIS** qui, au demeurant, nous a laissé 327 compositions (de **MamBossu** en 1952 à **Desten,** 46 ans plus tard en 1998) sans compter les adaptations comme ce fut le cas pour **Elba** en 1952 avec la voix du co-fondateur Léandre Fidèle, **Lucie** en 1970 ou **Les Gens du Nord** écrit par Enrico Macias en 1964 et popularisé par Septent dès 1965 sous le protocole vocal de l'inusable Michel Tassy.-

Cette dernière partition de septembre 2009, le mois de son 81e anniversaire, ne saurait être la 328e, loin s'en faut. Et qui oserait segmenter la vie d'un géant ? Laissons de la place aux inédits et à l'œuvre posthume. Du Nadir au Zénith, du Septentrion au Midi, d'Est en Ouest, l'infini est son espace.

Maurice Élima Solon Hulric PIERRE-LOUIS

Né, le samedi 22 septembre 1928, à Duty, 4e section rurale de l'Acul-du-Nord, ancienne commune de l'Arrondissement du Cap-Haïtien, mais promu depuis un certain temps déjà au rang de chef-lieu d'arrondissement; C'est, par ailleurs, à l'occasion de ladite promotion, que les habitants de la localité ne s'appellent plus Aculois mais plutôt, allez-savoir pourquoi, Nordiculais. La mère du jeune Aculois d'alors s'appelait Andréa PIERRE, sa marraine Anna MARCELLUS, son parrain Mathias MAGLOIRE et celui à qui il doit son nom de famille, son père, s'appelait Constant PIERRE-LOUIS.

ÉTUDES PRIMAIRES : d'octobre 1935 à juin 1942 au Cap-Haïtien, les deux premières années à l'Institution Anténor Firmin, la nouvelle école primaire de la ville, fondée le 4 avril 1932, et dirigée par maître Marius M. Lévy; la voie du destin me direz-vous, puisque Mèt Ma n'était nul autre que le père de l'actuel directeur musical du grand orchestre Septentrional, monsieur NicoLévy que nous saluons en la circonstance. Le complément de ses études primaires, chez les Frères de l'Instruction Chrétienne, jusqu'au Certificat d'Études Primaires.

ÉTUDES SECONDAIRES : de 1942 à 1946 au Lycée National Philippe Guerrier du Cap-Haïtien jusqu'en classe de seconde, au moment où il devint orphelin suite au décès, en plein milieu d'année scolaire, de son père Constant Pierre-Louis. Privé de l'affection maternelle, comme il a eu l'occasion, de si bien le témoigner en trois reprises, la dernière fois dans **Mille Fois Mercis** en 1977, mais d'abord en 1966 dans sa composition **Manman Mwen** devenue le classique de la Fête des Mères Haïtiennes, ensuite en 1970 dans **Tendresse** où il précise l'année de cette perte qui l'avait tellement marqué, "Manman'm mouri lontan, apè'n mwen té genyen sizan". **Tendresse** est aussi, avec **Remords, Vini Konsolé'm** et **Nous Deux,** un clin d'œil plein d'admiration adressé à la femme-synthèse de toutes ses amours : Olive Clément, plus que jamais notre ManLilie à tous.

FORMATION MUSICALE : Cours de solfège dispensé chez les Frères de l'Instruction Chrétienne par maître Davoust Gilles, qui dirigeait également la chorale de cette institution à laquelle le jeune Hulric faisait partie. Puis, complément du cours de solfège et apprentissage de la guitare classique avec le Pasteur St-Armant Gabriel ; études poursuivies dans la même discipline avec Édouard Cæcifi, un monsieur presqu'infirme nous a dit, de son vivant, le maestro Hulric Pierre-Louis.

Est-ce que je vais pouvoir me résoudre à dire : Maestro Hulric Pierre-Louis, de regrettée mémoire ? C'est l'avenir qui dira le reste.

Simultanément, le jeune Hulric poursuivit, de front, ses formations académique et musicale. Initiation à la flûte traversière avec le caporal David Desamours qui pratiquait cet instrument au sein de la Fanfare attachée aux Forces Armées du Cap-Haïtien. Monsieur Desamours qui dirigeait parallèlement la Fanfare de la Fondation Vincent du Cap permit au jeune Hulric, en guise d'exercices pratiques, de participer aux répétitions et même de jouer de la flûte aux concerts donnés par les musiciens de cette fanfare.

1946 – 1947 : Musicien de l'orchestre Symphonia du Lycée Philippe Guerrier du Cap. Ensuite, co-fondateur et musicien du Trio Symphonia de cette même institution estudiantine, puis du Trio Astoria avec ses deux amis, Jacques Mompremier et Jacob Germain, l'adolescent Hulric Pierre-Louis fit sa première expérience en tant que guitariste au sein d'un groupe musical professionnel, le Jazz Youyou dirigé par le Maestro Cirius Henry avec qui il alla avoir maille à partir. Il existe à ce propos une anecdote qui mérite d'être racontée :

Dans le calendrier des Saints de l'Église Catholique, le 6 septembre était originairement dédié à Philomène, la sainte patronne de "Bord-de-Mer de Limonade", un village de pêcheurs situé approximativement à 15 kilomètres de la Ville du Cap-Haïtien. Tout naturellement, le Jazz Youyou où évoluait le jeune Hulric, rappelons-le, comme guitariste, était présent pour animer deux soirées dansantes, prévues en la circonstance, les vendredi 5 et samedi 6 septembre 1947. La soirée du vendredi s'est déroulée sans incident; mais au cours de la soirée du 6 septembre, parce que le guitariste profitait, sans arrière-pensée nous a-t-il dit, de l'absence momentanée du saxophoniste Joseph Pierre, pour m'amuser à "gazouiller[36]" sur l'instrument, le maestro Youyou qui ne l'entendait pas ainsi l'apostropha en ces termes: « pourquoi t'obstines-tu tant à jouer au saxophone ? C'est ma place de maestro que tu vises jeune homme ? ». Il était, en effet, d'usage que le chef d'orchestre joue du saxophone à cette époque mais dans la tête du jeune homme qu'il était, et qui s'apprêtait à fêter sous peu son 19e anniversaire de naissance, pareille idée ne pouvait même pas effleurer sa pensée; s'il s'essayait au saxophone, c'est parce qu'il était flûtiste et que le saxophone et la flûte traversière appartiennent à la même famille d'instruments. La candeur et la fougue de sa jeunesse ne lui ont pas permis d'accepter cette remarque acrimonieuse et il a mis fin, illico et unilatéralement, à don contrat au sein du Jazz Youyou, entraînant avec lui, solidairement, ses amis Jacob Germain et Jacques Mompremier. Ce départ collectif était quasi inévitable puisque dès l'année 1942, au Lycée Philippe Guerrier du Cap-Haïtien, où il approfondissait l'étude du solfège et pratiquait la flûte traversière au sein de l'ensemble Symphonia, groupe musical de cette institution, Jacques, Jacob et Ulrick y faisaient déjà partie; aussi, peu de temps après

36 *«gazouiller»*, est le terme choisi, lors du séminaire de Montréal, par le maestro Hulric Pierre-Louis pour bien préciser qu'il manipulait le saxophone de Joseph Pierre en toute innocence

la mort de son père en 1946, quand vint, pour lui, le moment de s'orienter vers une carrière musicale, la similitude de cheminement avec ses deux compagnons de fortune était pratiquement inéluctable.

à partir de 1947 : Apprentissage en autodidacte du saxophone, puis création du Trio Astoria, toujours avec la complicité de ses deux copains de toujours : Jacob et Jacques; ensuite, association progressive suivie de la fusion du "Trio Astoria" (Jacques / Jacob / Hulric) avec le "Quatuor Septentrional (Jean Menuau, Raymond Jean-Louis, Léandre Fidèle et Théodule Pierre)

Mardi 27 juillet 1948 à 4h20 du matin : Hulric Pierre-Louis devint co-fondateur de facto et de jure, de fait comme de droit, du Jazz Septentrional : Ils étaient 9 : les 4 du quatuor Septentrional, les 3 du Trio Astoria, un musicien indépendant Pierre Volonté Jacques alias BosPyèr et Rigaud Fidèle maestro transfuge du Jazz Capois. Ils auraient du être 10, mais Émile Obas, trompettiste qui faisait partie de l'aventure n'avait pas pu rester à Limonade pour la soirée du lundi 26 juillet 1948, ses engagements comme Enrôlé des Forces Armées l'obligèrent à rentrer au Cap en vue de remplir les obligations attenantes aux devoirs de sa charge.

1950 : Cooptation du jeune Hulric comme Président-Directeur et Maestro du Groupe Musical dont il n'alla pas tarder à changer le nom de Jazz en celui d'orchestre Septentrional et métamorphoser, du même coup, la vision musicale de Bossa, d'Ensemble, de Groupe ou de Conjunto en formation Big Band comme celle de Issa El Saieh d'Haïti, du Machito Band de Cuba ou de celles de Count Basie ou de Duke Ellington des États-Unis.

1952 : Leçons d'harmonie avec monsieur Édouard Menuau, puis apprentissage systématique du cours d'harmonie, par correspondance, avec l'École Universelle de Paris. **1952** est aussi l'année où le jeune Maestro s'impose comme arrangeur et orchestrateur principal de l'orchestre, puis comme compositeur, en offrant à Septentrional une première inspirée par un curieux danseur bossu : Fritz Prophète. Mambo Bossu est la première composition du maestro Hulric Pierre-Louis et aussi, peut-être, la première véritable de l'orchestre Septentrional.

... et ! Quand la muse s'y mêle. **Mambo Bossu**, *sa première composition tout naturellement.* Quel est ce musicien qui ne se targuerait pas d'avoir orchestré les pot-pourris **Tu t'en vas** ou **Ne Pleure-pas** ou de composer **MamBossu** ou **Épisode Mambo**, **Let's dance** ou **An nou koupé bwa, Nap Réziyé'n, nou péri** ou **Ti Kawòl** même après quarante ans de carrière professionnelle ?

De février à juin 1955 : Hulric a passé cinq mois comme premier saxophone alto au sein du groupe musical du Riviera Hôtel à Port-au-Prince, aux côtés de Charles Dessalines, de Edner Guignard, de Michel Desgrottes sous la direction de Guy Durosier, ... et j'en passe et des meilleurs ... *frotter et limer sa cervelle contre celle d'autrui* ... C'est justement au moment de son retour de Port-au-Prince le 23 juin 1955 qu'il alla amorcer ce que je prends ma responsabilité de "septentologue" d'appeler : la révolution de 1955.-

VIE D'ADULTE : **Premier mariage**, en 1957, avec Édeline "Ninotte" Charles-Pierre, décédée le mercredi 10 février 1965

Deuxième mariage, en 1967, avec Olive "Olie" Clément, son épouse actuelle.

Père de deux enfants parvenus aujourd'hui à l'âge d'homme mûr : Jude Nandy Pierre-Louis et Ulrick "Rico" Pierre-Louis.

Co-Fondateur de l'orchestre Septentrional et Président de son Conseil d'Administration, monsieur Hulric Pierre-Louis était également le Président Directeur Général de la Société de Loisirs : Ulric Pierre-Louis&Co (SoLoUPL&Co). Il remplissait, de plein droit, le rôle de maestro, chaque fois qu'il se trouvait sur un podium où l'orchestre Septentrional évoluait ; mais il n'était plus le titulaire de ce poste depuis le 18 novembre 1995.

Indubitablement, Maurice Élima Solon Hulric PIERRE-LOUIS est entrain de nous livrer aujourd'hui, sa **Dernière Partition**, la plus sublime sans nul doute, la plus pathétique aussi. Le Protocole avait choisi le 12 septembre pour la date des funérailles, Gran Mou'n nan chwazi le 19 ... épi, pit kon mawon, zannanna kon pengwen, dyaspora kon mou'n lakay ... Ajusté ou jan ou kapab. **Mayès nap fèl jan ou vlé'l la.** *Cécé té di AlexiNòr GwanMou'n nan tout Kol' – Jodi ya sé tout yon pèp ki rekonèt ké : Hulric*

329

Pierre-Louis GranMou'n nan tout kò li – **Yodi Mayèstwo Douby, Mayèstwo Madsen, Mayètwo Larivyèr, Mayèstwo RawoulGiyom, Mayèstwo Arthur, Mayèstwo Ti Blan ... Men ... sé yon sèul grèn'n mou'n sou later béni ... dépi ou di MAYÈSTWO, sé dé li wap pale : Sé yon sèl la, sé HULRIC PIERRE-LOUIS.-**

Comme ce fut le cas pour Oswald Durand, Anténor Firmin ou Rosalvo Bobo dans les domaines de l'écriture et du sociopolitique, pour Luc Grimard, Louis Mercier ou Marius Lévy dans les domaines de l'enseignement et de l'éducation, la ville du Cap-Haïtien déplore aujourd'hui la perte de l'un des plus illustres fils de son histoire dans les domaines relatifs à la vision de grandeur et de dépassement de soi, la gestion de la ressource humaine, la passion de la pratique d'un art (la musique populaire de danse urbaine en l'occurrence) : le Maestro Ulrick Pierre-Louis, co-Fondateur et Président Directeur Général du GRAND ORCHESTRE SEPTENTRIONAL.-

Maurice Élima Solon Hulric Pierre-Louis, de son vrai nom, est né à l'Acul-du-Nord le samedi 22 septembre 1928 et a rendu le dernier soupir le mercredi 2 septembre 2009 vers 23h30, à l'Hôpital Saint-François de Sales de Port-au-Prince, à l'âge de quatre-vingts ans, onze mois et onze jours ; soit un total de 29.566 jours = **(1)** passés sur cette terre.

Les hommes, aussi grands soient-ils hélas, passent mais une institution, si l'entité qu'elle incarne est socialement représentative, transcende l'existence des hommes qui la composent. Heureusement que la Famille-Septent, nous-y viola, un concept bien hulriquiste, cette grande famille que le maestro a su créer de manière intelligente, LA FAMILLE-SEPTENT, celle que le docteur Achille Nérée décrivit comme des gens bien ordinaires mais qui font les choses de façon extraordinaire. Cette Famille-Septent est restée unifiée autour de l'idéal forgé, à partir du 19 mars 1947 à Bahon. La Famille-Septentrional entame d'ores et déjà la phase post-Hulric de cette grande Institution, que l'orchestre Septentrional représente, sous le signe de la continuité. **Par conséquent, et plus que jamais pour l'orchestre Septentrional, La continuité est de rigueur.** Ce qui n'est en rien une sinécure, mais un pari, sans équivoque, gagé sur l'avenir.

« Septent a vu vingt ans et il en verra bien d'autres
Sa fête, dans soixante ans encore sera comme l'euphorie
Couleur de l'arc-en-ciel, féérique comme l'été d'Haïti.»

En dépit de cette pénible circonstance de la nouvelle de la disparition de cette légende vivante, les meilleures dispositions ont été prises pour que le parcours de vie exemplaire de ce géant passe pleinement à la postérité qui a tellement besoin d'images positives et de modèles. Et comme l'a précisé le communiqué du mardi 15 septembre, émanant du Palais National, des obsèques officielles seront chantées au Cap-Haïtien le samedi 19 septembre 2009 en l'honneur du maestro Hulric Pierre-Louis, fondateur de l'orchestre Septentrional, en reconnaissance de sa contribution à l'épanouissement de la culture nationale en général et de la musique haïtienne en particulier, Le secrétaire général de la Présidence, l'ambassadeur Fritz Longchamp a été désigné, en la circonstance, pour représenter le Chef de l'État, René Préval, à ces cérémonies et témoigner des sympathies du gouvernement aux familles éplorées, aux membres et aux fans de l'orchestre Septentrional.

BON VOYAGE MAESTRO,
SEPTENT VIVRA POUR TOI
COMME TU AS TOUJOURS VÉCU POUR SEPTENT
Djumbala, Port-au-Prince, le mercredi 16 septembre 2009
Wilfrid Tony Hyppolite, **le Septentologue**

<><><><><><><><><><><><><>

<><><><><><><><><><><><><>

331

Mon Onk (1997)

Paroles: docteur Achille Nérée // Musique: Raphaël Telsaint
Orchestration: Hulric Pierre-Louis // Vocal: Michel Tassy
Rythme: Boule de Feu

{}
{}{}{}{}{}{}{}

Lead Vocal

Lè ou chita nan "Club" ak lòt gwo zotobwé yo
Anpil pawòl palé

Pawòl mou-n ak soulyé, pawòl pou lumanité
Men-m pawòl solidarité !

Lè sa, ou sonjé ti neve, ti nyès ki nan mizèr
Kòm mwenmen-m aké-w sé tankou nen ak bouch
jé wont jé, ou oblijé fè yon ti jès aké-m

Kèr

Lajan, pwuisans, pouvwa, tout mou-n rekonèt li
Sé nan men-ou sa chita MonOnk !
Nan fanmiy lan yo men-m di sé wou ki barak-la
Lajan, pwuisans, pouvwa, tout mou-n rekonèt li
Sé nan men-ou sa chita MonOnk.

Lead Vocal

Souvan, nan pwan pòz wap bay kout men
Ou pwofité réglé pwòp zafè wou
Siwou rivé mété yon tikòb déyò
Sé wou ki pou palé ki jan pou-l dépansé
Ou toujou ranjè-wou pou pifò tounen lakay ou
Mwen wè jan ou renmen-m MonOnk !

Kèr

MonOnk, men-m si ou sé pwuisans
Rèspèkté libèté-m
MonOnk, men-m si wap édé-m,
Pa mété-m ajenou
MonOnk, si wap banm kout men
Rèspèkté dwa gwanmou-n mwen

Lead Vocal

Sakipirèd, ou fouré djòl ou nan tout vi pwivé-m
Ou pasé lakay mwen lè ou vlé,
Pafwa men-m, san ou pa avèrti-m
Sé wou ki désidé kijan pousa yé nanlakou ...
Ou pasé nan salon an gwanpanpan ...
W-alé, ou pwan chemen lakuizi-n
Ou men-m vlé rantré nan chanm akouché-m

Chorus - 1

Vyèrj pété jé-m MonOnk
Mwen pito péri nan mizèr

Lead Vocal

Tan pou-m pédi libèrté-m

Vyèrj pété jé-m MonOnk
Mwen pito péri nan mizèr

Lead Vocal

Tan pou-m mété-m ajenou

Vyèrj pété jé-m MonOnk
Mwen pito péri nan mizèr

Lead Vocal

Tan pou-m pédi dwa gwan mou-n mwen

Chorus - 2 (3 X)

"Mister" MonOnk fòk ou tandé, tandé

Mwen sé granmou-n

Mwen pap janm, mwen pap janm kité-w ransé ak libèrté-m

Dola pa dola, men fò ou rèspèkté mwen konsa

Konsa, konsa, konsa Oh !

Konsa, konsa, konsa, mwen pap kité ou

Vi-n pwan libèrté-m

SEPTENT avec 7 Lettres

L'une des résolutions du symposium tenu par le Conseil Supérieur de Septentrional au Cap-Haïtien les 6, 7 et 8 janvier 2011, a officialisé l'orthographe de SEPTENT avec sept lettres comme l'avait toujours voulu le maestro Hulric Pierre-Louis qui nous a légué le SEPTENT-THÉÂTRE avec deux fois 7 lettres et le FEU-VERT avec 7 lettres comme les 7 cordes de la lyre qui représente le logo de l'orchestre Septentrional. Bien humblement, le septentologue vous conjure d'écrire dorénavant SEPTENT avec sept

(7) lettres, pour éviter de commettre l'un des 7 péchés capitaux (orgueil, gourmandise, luxure, avarice, colère, envie, <u>acédie</u> (ou paresse spirituelle). SEPT (7) est le chiffre de la perfection qui englobe les 4 éléments (Terre, Air, Eau, Feu) et les 3 astres (Terre, Soleil, Lune). SEPTENT avec 7 lettres, c'est la signature corporative de l'«Association Orchestre Septentrional».

SEPTENT avec 7 lettres s.v.p. :

comme les 7 jours de la semaine (lundi, mardi, mercredi, jeudi, vendredi, samedi, dimanche)

comme l'âge de raison (7 ans)

comme les 7 merveilles du monde (antiques ou modernes)

comme les 7 notes de la gamme diatonique (do, ré, mi, fa, sol, la, si)

comme les couleurs de l'arc-en-ciel (jaune, vert, rouge, orange, bleu, indigo, violet)

comme les 7 sacrements de l'Église (baptême, réconciliation ou pénitence, eucharistie, confirmation, mariage, ordre, onction des malades)

comme les 7 branches d'un Menorah

comme les 7 dons du Saint-Esprit (intelligence, conseil, sagesse, connaissance, piété, force, crainte).- Comme enfin, les 7 dernières paroles du Christ sur la Croix :

1.- Math.27 v46 ou Mc 15 v34 : **Élôï, Éli, lema sabachtani** (Mon Dieu, Mon Dieu, pourquoi m'as-tu abandonné). 2.- Lc 23v34 : **Père, pardonne-leur, ils ne savent pas ce qu'ils font** .- puis, il se partagèrent ses vêtements qu'ils tirèrent au sort. 3.- Lc 23v43 : **En vérité, je te le dis, aujourd'hui tu seras avec moi dans le paradis** … à Dismas, le laron de gauche. 4.- Jn 19 v 26 et 27 : **Femme, voici ton fils, Jean, voici ta mère. 5.-** Jn 19v28 : **J'ai soif** pour que l'Écriture soit parfaitement accompli en référence au Psaume 69 v 22 : ils m'ont donné du poison à manger et du vinaigre lorsque j'avais soif. 6.- Lc 23v46 : Baddok efkid ruel – **Père, je remets mon esprit entre tes mains. 7.-** Jn 19v30 : **Consumatus est – Tout est achevé.-**

Septent un jour, Septent toujours.-

ANNEXE 1

Nous reproduisons ici, in extenso, le texte (annoté, en 1988, par l'auteur) de la conférence prononcée par monsieur Édouard Berrouet, en juillet 1973, ainsi que l'introduction du conférencier faite par monsieur Raoul Auguste dans le cadre des célébrations du 25ème Anniversaire de l'orchestre Septentrional. L'un et l'autre ont toujours été pour "Septent", admirateur, supporteur ou collaborateur de première importance.

ßßßßß ßßßßß ßßßßß ßßßßß ßßßßß ßßßß

Présentation du Conférencier par Monsieur Raoul Auguste.

Sa majesté la Reine[37]**,**
Mesdemoiselles, Mesdames, Messieurs,

Dans la vie des peuples aussi bien que dans celle des personnes physiques ou morales, il est des anniversaires qu'il convient de draper du faste et de la solennité des grands jours. Ce quart de siècle d'existence que compte l'orchestre Septentrional constitue, à n'en pas douter, un événement d'une portée sociale considérable dans les annales de cette bonne ville du Cap, que dis-je, dans les annales de ce département déjà si chargé d'histoire. Mais en plus de cette portée sociale, ces vingt-cinq années de vie demeurent surtout, pour nous, une leçon de victoire de la solidarité et de la bonne entente digne de tout respect, de tout notre éloge et de toute notre admiration. Puisse, à la lumière de notre devise "L'Union fait la Force", l'exemple de l'orchestre Septentrional servir de modèle à tous ceux qui voudraient s'engager sur la voie de l'entr'aide mutuelle et de la bonne entente.

C'est donc avec un réel plaisir mélangé d'une très grande joie que, dans une circonstance pareille, j'accours à la mission qui m'a été confiée de vous présenter le conférencier de l'heure monsieur Édouard BERROUET. Et ce

37   Mlle. Rose-Thérèse BLOT, fille de nos amis, les époux Louis Blot, élue Reine du 25ᵉ
anniversaire, à la suite d'un concours de quartier.

plaisir est pour moi d'autant plus grand que monsieur Berrouet caractérise bien un bel échantillon de tous ceux qui appartiennent à la génération de "l'âge mûr" des intellectuels du Cap-Haïtien.

Sitôt ses études secondaires achevées au Lycée National Philippe GUERRIER du Cap-Haïtien□, monsieur Berrouet ressentit le pressant besoin d'orner et de fortifier son esprit en se mettant à l'école du monde de la Basoche. C'est ainsi qu'il s'inscrivit à l'École Libre de Droit du Cap-Haïtien pour obtenir son diplôme de Licencié en Droit en Juillet 1952. Depuis lors, même s'il n'acquiert pas l'habitude de revêtir la toge pour franchir les Avenues du Tribunal et faire tonner la défense des faibles et des opprimés il ne demeure pas moins un fidèle disciple du Barreau. Après donc une solide formation universitaire basée sur le droit, l'équité et la justice nous rencontrons monsieur Berrouet faisant carrière à la succursale de la Banque Nationale de la République d'Haïti de cette ville. Vite, il se familiarise avec les opérations bancaires et rapidement il parcourt les différents services de cette prestigieuse institution.

Mais en plus d'être un banquier et un avocat, ironie des choses de ce monde, monsieur Berrouet porte également en lui l'âme d'un grand sentimental. Aussi son lyrisme, il l'extériorise en faisant chanter sa muse dans ses poèmes comme: "Clair de Lune à la Citadelle", "Clair de Lune aux Ruines de Sans-Souci" qui ont, de plus, la vertu d'exalter et de faire vibrer l'âme nationale. Aussi pouvons-nous, et sans hésitation aucune, porter le nom de Édouard Berrouet au palmarès de nos grands poètes nationaux. Cependant l'inspiration de sa muse ne s'arrête pas seulement à la poésie, elle se prolonge et touche également les cordes sensibles de la musique. En effet, sa "Sonate Classique" pour violon et piano nous permet de bien apprécier son talent de compositeur et de musicien. Dans un passé pas trop lointain, monsieur Berrouet a voulu que toute la ville du Cap puisse jouir du charme de la musique classique, puisqu'il a déployé, avec beaucoup d'autres, des efforts vraiment dignes d'éloges pour doter la ville du Cap d'un Nouvel orchestre Philharmonique (il y en avait un en 1939) qui en deux ou trois fois eût le bonheur de se produire avec succès.

Et maintenant sans m'étendre davantage, je vous cède la parole Mon Cher Berrouet, sachant que vous êtes venus avec forces provisions pour ensorceler et charmer les oreilles de ce beau public.

S/ Raoul C. Auguste
Cap-Haïtien, le 11 juillet 1973

« ... Les artistes doivent la dîme de leur talent à la Société. Cette contribution, du reste, leur est rendue au centuple. Être de quelque secours à nos compatriotes que l'instinct musical rapproche de nous, c'est le beau fleuron de notre couronne artistique. Le prêtre moralise par sa parole sainte, par ses bons exemples, le soldat, par des actions héroïques, et surtout par la générosité. Le musicien, lui, concourt au même but, en préparant l'harmonie des cœurs par l'harmonie des voix, en créant ou en exécutant des pages sublimes ou touchantes, des chants qui flattent l'oreille et délectent l'âme. Mais la partie la plus noble, la plus respectable de notre art, c'est l'enseignement. » J. Martin d'Angers, Citation tirée du livre: "Histoire de la Musique en Haïti" par Constantin Dumervé, Imprimerie des Antilles, Port-au-Prince, 1968, p.117.

**Conférence prononcée par M. Édouard BERROUET,
au Feu-Vert Night-Club, le mercredi 11 juillet 1973**

Sa majesté la Reine,
Mesdemoiselles, Mesdames, Messieurs,

L'entretien de ce soir ne sera pas un discours savant. En aucune façon. Et même dans l'hypothèse où j'aurais la compétence voulue pour ce faire, je m'en garderais bien. Nous ne sommes pas ici au Conservatoire de musique ou à l'Académie des Beaux-Arts, mais plutôt dans un Night-Club, c'est-à-dire en un lieu de détente où l'on vient, en principe, pour rire et pour danser. Aussi bien, notre mot sera simple et sans prétention didactique. Nous causerons à bâtons rompus, sans même adopter un plan rigide et compassé. Nous passerons, sans transition, "du grave au doux, du plaisant au sévère". Nous essaierons *"d'imiter de Marot l'élégant badinage"* et nous serons heureux si nous parvenons à *"laisser le burlesque aux plaisants du Pont-Neuf"*. Au demeurant, nous demanderons à l'orchestre d'intervenir parfois, pour exprimer ce que le langage parlé ne saura jamais dire. Car la musique, idiome universel, tant s'en faut, possède des nuances particulières qui lui permettent de traduire des impressions, des sentiments et des sensations que nulle autre langue ne peut rendre.

Un musicologue hollandais, C. HOWELER, dans son ouvrage intitulé: "X,Y,Z de la musique"[38] nous « tient à peu près ce langage » : *"La population noire d'Amérique, une fois affranchie, a doté le monde de deux genres musicaux: les negro-spirituals et le jazz. Les premiers constituent, malgré leur simplicité, ou précisément à cause d'elle, une des expressions les plus émouvantes de l'âme humaine. Par contre, le jazz n'est qu'une musique de délassement, mais qui accuse des traits de caractère surprenants : une grande spontanéité, une allure très personnelle et un pouvoir remarquable de fascination, voire d'envoûtement. Il enthousiasme les jeunes avant tout, rebute communément l'homme mûr, et en règle générale, l'amateur de musique classique, qui ne veut voir en lui que le porteur d'un érotisme exaspérant et exaspéré, et lui refuse jusqu'au moindre contenu spirituel"*[39].

---

38   Le titre original du livre est « X,Y,Z, DER MUZIEK » . La version française qui nous sert ici de référence porte le titre " sommets de la musique ", traduction de R. Harteel, sixième édition, 1958, Flammarion, Paris (France), Daphné, Gand (Belgique).

39   op. cit. : " sommets de la Musique" page 238

Telle est l'opinion, plutôt sévère, formulée par l'auteur sus-nommé au sujet d'un genre musical en vogue qui a élu domicile partout, notamment en Amérique latine et en Haïti.

Il est certain que le jazz compte autant d'admirateurs farouches que de contempteurs intransigeants. L'animosité qui divise les uns des autres épouse parfois l'allure que prennent d'ordinaire les démêlés de l'histoire politique ou religieuse... Et je serais tenté de vous faire l'histoire du jazz ...

De vous dire, par exemple, que contrairement à une opinion passablement autorisée, le jazz n'est pas originaire d'Afrique, mais d'Amérique ... De vous parler de sa préhistoire - nous sommes vers 1875 - quand des groupes ambulants de musiciens noirs du sud des États-Unis exécutaient leur musique macabre au cours des sabbats nocturnes ou à l'occasion des funérailles pour rythmer la marche des cortèges funèbres ... De faire luire pour vous l'âge d'or, après la première guerre mondiale, quand Joseph "King"Olivier, originaire de New-Orleans, fit accomplir à cette discipline musicale des prouesses qui lui valurent le surnom de "premier roi du jazz"... De faire apparaître des étoiles de première grandeur, comme le trompettiste Louis Armstrong et le pianiste Duke Ellington qui ont porté le jazz au pinacle. Tant est que les détracteurs du genre ont osé prétendre que la musique de ces deux compositeurs noirs est d'un style si élevé qu'elle n'a rien de commun avec le jazz... De souligner pour vous qu'à leur tour, les musiciens blancs finirent par s'intéresser à cette forme créée et développée par nos congénères américains... Qu'en l'année 1892, un homme comme Jack "Papa" Laine fut un as de la musique de jazz blanche. Il est le père du style Dixieland qui fut popularisé à Chicago vers 1915... De vous montrer comment le jazz a sauté les frontières américaines pour partir à la conquête de l'Europe. Paris, le Paris sélect et aristocratique, accueillit le nouveau venu avec un enthousiasme désinvolte. Jacques-Charles, l'introducteur du Jazz en France, dans un article qu'il écrivit pour la revue "Historia"[40], nous

---

40   "Historia" N° 253, édition de décembre 1967, page 146.

raconte la chose: «*C'est sous le nom de "rag-time*[41] *band" que le premier orchestre vint en France pendant la guerre - exactement en décembre 1917 -, à l'ouverture du Casino de Paris ... À l'entracte, la foule se pressait autour des Américains qui mettaient un charivari formidable, car le jazz avait gardé de son origine l'accompagnement des batteries de cuisine, des noix de coco, des calebasses, agrémenté de trompes d'autos, de klaxons et autres gazouillis. Cette musique furibonde convenait à l'état d'âme de l'époque. Elle secouait les nerfs. Son rythme démoniaque vous soulevait irrésistiblement et les poilus en permission "raguaient", secouant leurs épaules et du même coup, le lourd fardeau de l'interminable guerre"*...

Je voudrais vous rappeler, enfin, que malgré la renommée mondiale qui, dès 1918, avait consacré le jazz, c'est seulement vers les années 30 que les théoriciens et les musicologues se sont penchés sur l'étude de cette expression de l'art nègre; sans approfondir la question, cependant. Des points importants demeurent toujours obscurs. Un certain mystère même semble voiler les origines de cette musique. Et il n'en est pas jusqu'à l'étymologie du mot "jazz" qui ne soit l'objet de controverses. Le "Webster's New World Dictionnary" avance qu'il viendrait - nous traduisons - du patois créole: *jazz, terme érotique désignant les danses Congo (Nouvelle - Orléans)* ; l'acception présente serait celle qui fut en usage à Chicago vers 1914, mais dérivée d'une acception similaire antérieure du vice district de la Nouvelle-Orléans. Jacques-Charles, dans la même étude écrite pour "Historia", parait adopter la solution proposée par le dictionnaire américain cité en référence. Il conclut d'ailleurs, en guise de commentaires : *"ce n'est que plus tard que le "Jazz" en s'assagissant jusqu'à devenir une danse de théâtre et même de salon.* [42] *"*

---

41   La musique de jazz s'appelait au début "rag-time". Le mot anglais "rag", dans cette
       acception, se traduit par : tapage, chahut. (C'est nous qui annotons).-

42   Webster's New World Dictionary of the American Langage, Edition 1960 de : The World Publishing Company (Cleveland and New York). Voici le texte anglais à l'article "jazz" ; « créole patois jazz, sexual term applied to the Congo dances (New Orleans), present use from Chicago, circa 1914, but (?) from earlier similar use in the vice-district of New Orleans."

Pour ma part, je me demande si ce terme bizarre n'est pas une onomatopée qui essaie d'imiter la drôlerie originelle de ce genre de musique. Ou un vocable mystique dont le sens échappe à l'entendement des non initiés. Qui sait? Et dans ce tissu de conjectures au sujet d'une terminologie et autour de l'origine d'une forme d'art, je me surprends, moi-même, à édifier une théorie toute personnelle. Je me reporte avec vous aux États-Unis d'Amérique, à l'époque qui suivit la guerre de Sécession, c'est-à-dire vers les années 1867-1870. La défaite des États du Sud a consacré la liberté des esclaves noirs. Dès lors, les nouveaux citoyens ne se font pas faute d'exercer leurs droits civiques à l'égal de ceux qui, hier encore, étaient les maîtres. Pour les blancs, c'est une déchéance. Il fallait remédier à cette situation ignominieuse d'une façon ou d'une autre. Ainsi fut formée une société secrète dénommée Ku-Klux-Klan dont le but précis était de refouler l'intégration noire. Les adeptes de la secte, affublés d'un accoutrement évoquant une vision spectrale, déambulaient la nuit en processions fantasmagoriques à la lueur de flambeaux en forme de croix. C'était pour intimider les noirs qui (prétendait-on) avaient l'esprit superstitieux. Or c'est précisément dans ces États du Sud et vers la même date que résonnèrent ces musiques aux notes discordantes, au rythme disloqué et quasi-boiteux, où la percussion avait plus de prépondérance que la mélodie, où l'accompagnement, assuré par des instruments bizarres, inconnus ou inédits achevait de donner à cet ensemble une allure de frénésie voisine de la folie collective. Or, ces festivals d'un nouveau genre avaient aussi pour décor la nuit obscure, la nuit sournoise, la nuit complice ... Quelle était donc la fonction - je dirais même la fonction sociale - du jazz, car c'est bien de lui qu'il s'agit en l'occurrence ? N'était-ce pas une réaction contre la mascarade nocturne organisée par la clique blanche? N'était-ce pas une façon de faire peur aux loups-garous? Soyons plutôt sérieux: ce pouvait être un ferment, un catalyseur, une création d'ambiance en vue de se grouper pour se défendre. Se rappelle-t-on qu'ici, à St. Domingue, notre tambour-vaudou et notre lambi enlevaient le sommeil aux colons français? Se rappelle-t-on surtout que le grondement de l'assotor se mêlait aux accents lugubres de la conque marine dans le silence lourd de la nuit tropicale pour sonner le ralliement qui devait préluder aux actions d'envergure? Ainsi donc l'apparition du jazz serait à l'origine de la défense d'une noble cause: la sauvegarde de la liberté citoyenne d'une race qu'une autre race soi-disant supérieure, soi-disant civilisée, aurait voulu brimer par des procédés dont la stupidité n'a d'égal que leur barbarie médiévale ... Pour un temps, cependant, le Ku-Klux-Klan avait vécu[43]. S'il fut exhumé vers 1915 (notez la date), pour servir les mêmes préjugés, et s'il créa tant de désordres chez ceux qui, à la même époque, prétendaient venir "mettre de l'ordre" ici, il ne devait pas survivre longtemps à sa désinvolture. Par contre, jusqu'à présent, *"le monde américain*[44]*, tout pénétré d'une présence (nègre) à la fois indésirable et inévitable, ne pourra se défendre d'emprunter le jazz au folklore africain ou d'exhiber les boxeurs de la race méprisée"*...

Mais ne vous laissez pas emballer par mon enthousiasme, chers auditeurs. J'essayais seulement de formuler une théorie, à peu près comme Gaston Paris et Joseph Bédier l'ont fait - avec plus de bonheur - pour les chansons de geste du Moyen Âge littéraire français. N'était-il pas tentant de vouloir établir certaines relations inattendues entre telle initiative et et telle conjoncture? Cependant je vous prie de prendre ma thèse pour ce qu'elle est, et serais heureux de la voir discutée et même démontée par les intellectuels et les chercheurs pour le plus grand renom de la vérité historique.

Toute spéculation théorique mise à part, nous avons vu la naissance du jazz dans la communauté noire des bords du Colorado Texan. Nous avons assisté à son évolution, de l'époque archaïque aux jours de gloire. Nous avons lié connaissance avec les grands noms qui l'ont illustré. Nous l'avons même vu

---

43   On peut voir ce que fut la faillite de cette renaissance du Ku-Klux-Klan, vers 1915,

       dans une belle étude publiée par J. Héron Lepper, Revue Historia N° 106, Septembre 1955.

44   Histoire Générale des Civilisations, tome VI, le XIXe siècle par Robert Schnerb,

       Presse Universitaire de France (P.U.F.), 1961/2, page 304.

arborer le drapeau de la "jeune amérique" sur la terre de "l'antique europe". Mais pendant ce temps, avait-il pu aborder nos rives hospitalières? Quand et comment est-il venu s'adapter à notre mondanité? Cela nous amène à parler un peu de danse et de musique de danse dans la tradition locale.

Je voudrais ouvrir pour vous un salon du Cap-Haïtien d'avant 1900, cette ville qui donnait alors le ton avec ses mœurs raffinées, son style et sa tenue; avec sa renommée intellectuelle, culturelle et artistique; avec ses attractions et ses fêtes splendides où l'élégance et le bon goût se donnaient rendez-vous; avec ses carnavals à la Venise où rivalisaient la richesse, le luxe et la magnificence; avec sa personnalité transcendante axée sur la fierté christophienne ... Le salon où j'ai honneur de vous introduire est le séjour du piano obligatoire qui doit assurer la formation musicale des enfants et animer les soirées dansantes avec les violons, les mandolines et les flûtes. Car à cette époque, c'est une fraction de l'orchestre "classique" qui fait pirouetter danseurs et danseuses au gré de la cadence exquise inhérente aux danses européennes en vogue: polka, marzouka, contre-danse, quadrille, gavotte .... et l'étourdissante valse. D'ailleurs on ne s'improvise pas danseur de ces musiques aux pas compliqués et savants. Il faut apprendre et exercer ces figures chorégraphiques avec le maître où la maîtresse à danser. On va ensuite se faire ... les pieds dans un salon de connaissance avant de prendre son essor dans les soirées de gala. Il y eut des professeurs de danse célèbres en ce temps-là. Monsieur Philomé OBIN qui a bien voulu nous renseigner à ce sujet, nous a cité maître Desrosins Vincent, homonyme du commandant d'arrondissement de cette ville, sous Tirésias Simon Sam. Il donnait ses leçons chez le client apprenti. Le grand monde fréquentait madame March ou madame Deslandes. Cette dernière dirigeait aussi un pensionnat de jeunes filles bien tenu, dont nos mères, nos grand'mères ou mêmes arrières grand'mères, pour certains d'entre nous, nous ont toujours parlé avec une certaine fierté. Bref, à côté de cet orchestre de salon que nous venons de vous présenter, il y avait des ensembles - ou pour parler langage d'époque - des *"musiques"* composées d'artistes professionnels qui venaient renforcer le piano du salon quand la soirée dansante avait une certaine envergure. Ces groupes animaient aussi les bals organisés à l'occasion des fêtes patronales dans les localités intérieures. Monsieur Édouard BASTIEN qui s'est aimablement laissé interviewer, nous a décrit la *"musique"* du maestro Alfred Cadet vers 1900. Elle comprenait une flûte, deux guitares, un triangle, un tambourin et une autre unité au nom bizarre de *"tchira"* que nous appelons aujourd'hui volontiers "frottoirs" en français ou tout simplement *"graj"* en créole, cet instrument acoustique au timbre agressif qui vous chatouille les nerfs. Cette "musique" est-elle en honneur à Chicago et à New-York ? Pas le moins du monde. Elle n'en a pas le nom, elle n'en a pas la forme Elle exécute la *méringue haïtienne*, *le carabinier*, *le douze-et-demi* et la plupart des numéros du répertoire classique. Tels furent les airs que l'on dansait; tels furent les orchestres qui les jouaient jusqu'aux jours sombres de 1915... (je vous avais demandé de retenir la date) où l'occupation américaine foule le sol sacré de la patrie.

Le Jazz, nous l'avons vu, est originaire des États-Unis d'Amérique. Il était donc tout naturel que l'occupant américain l'introduise chez nous. Mais l'occupation se fit-elle sans difficulté? Il semble que la chose n'alla pas rondement. Ces fox-trots, charlestons, one-steps, two-steps et autres faridondaines de la même épice ne dirent rien qui vaille, pas plus à la haute société haïtienne qu'au peuple. Ces sautés-sautillés à l'allure dégingandée paraissaient tout au plus convenables aux exhibitions des clowns sur les tréteaux des foires. Et puis, le vent nationaliste qui soufflait alors aurait voulu balayer non seulement l'Américain, mais tout ce qui avait la couleur yankee. Cependant avec le temps, l'habitude, la vie commune, cette animosité perdit un peu de sa flamme dans ce domaine particulier. En somme, la musique légère et la danse peuvent-elles inoculer, pour de bon, un venin d'aigreur ou de haine? Certes, il faut sauvegarder l'honneur national et porter haut le panache d'Haïti-Thomas; mais c'est à l'occasion de confrontations autrement solennelles.

La vie mondaine exige du fair-play, de la souplesse et même un peu d'hypocrisie. Le code du savoir-vivre est élastique. Il arrivait parfois que l'officier américain était l'invité de telle famille ou de tel club. Comment, au cours du bal qui pouvait se donner en l'occurrence, ne pas jouer des morceaux du style New-Orleans ou Dixieland, surtout si l'invité le sollicite courtoisement? Par ailleurs le musicien professionnel à qui l'occupant demandait son service pour des fêtes de circonstance, ne devait-il pas flatter le goût de celui qui payait parfois largement? Ainsi donc, par la force des choses, la musique de jazz s'infiltrait dans nos mœurs, encore que la terminologie ne désignât pas nos orchestres au prime abord.

À ce propos, suivant un renseignement reçu de monsieur Raphaël Gomez et confirmé par maître Jacques François, le mot "Jazz" acquit droit de cité ici vers 1926. Nos aimables informateurs nous ont même appris qu'en cette année, le directeur d'une "musique" à succès, Rameau Vincent, fit venir, le premier, une batterie de jazz qui fit sensation. Elle se composait d'une grosse caisse jumelée à une paire de cymbales - le tout manœuvré à pieds - plus une petite caisse. C'était désormais le "Jazz Rameau Vincent". Bien d'autres ont vu le jour depuis, notamment celui que notre génération a bien connu, le fameux "Jazz Youyou" qui fut la coqueluche du Cap et des environs vers les années 40-45. Pour le meilleur ou pour le pire le jazz est venu chez nous. Plutôt pour le meilleur, puisque cela me donne l'occasion, ce soir, de parler de l'orchestre Septentrional.

Sa majesté la Reine, Mesdemoiselles, Mesdames, Messieurs,

Il y a environ vingt-cinq ans, des grands événements avaient tissé la trame de la vie nationale. Une commotion politique venait de faire éclore la Révolution de 46. Un nouvel ordre de choses prenait corps. Des idées neuves et des conceptions inédites se frayaient une voie. Un certain nationalisme se réveillait. Une date s'inscrivait dans le cadre de ce renouveau: c'est le bicentenaire de la ville de Port-au-Prince. Le Président Estimé voulut pérenniser dans la pierre ce grand anniversaire. Son initiative, ou plutôt, l'élan généreux de son amour du grandiose, il souhaitait qu'elle fût aussi le couronnement de son action gouvernementale.

... En résumé, soubresauts dans le contexte politique, remue-ménage dans l'ordre social, branle-bas dans le monde des idées. Mais dans le tableau que nous venons de circonscrire pour situer une époque, quelle place occupait l'intellectualité, l'art et particulièrement la musique?

La poésie est imprégnée de colère et de rage. Ils s'appellent: Louis Neptune, Rodolphe Moïse, Joseph Lamarre, Carlos St.-Louis sous les directives du chef de file, René Dépestre; *"les révoltés"* - c'est de ce vocable que l'on baptise toute cette pléiade de poètes de la génération de "la Ruche"[45] . Ils préconisent, nous dit Ghislain Gouraige, " *un chambardement général où tout s'écroulera : la bourgeoisie, la morale conventionnelle, Dieu, les citadelles américaines du dollar*[46] ". Exagérations désordonnées à la mesure de leur fougue juvénile. Qui sait ? Mais peut-être aussi cris d'orgueils, échos naturels des souffrances ou des amertumes longtemps refoulées ... La peinture est en pleine renaissance. Le "Centre d'Art", qui vient d'ouvrir ses studios à Port-au-Prince avec De Witt Peters, stimule les talents et encourage la production nationale. La branche capoise du "Centre d'Art" fait surgir de l'ombre nombre d'artistes devenus célèbres. Monsieur Michelet Giordani crée une œuvre originale où la délicatesse du coloris et le naturel sont la note dominante. Monsieur René Vincent traite avec ferveur les sujets historiques. On se rappelle que le Président Estimé fit l'acquisition de toute la première série de tableaux que monsieur René Vincent a composés dans cette discipline. Quant à monsieur Philomé OBIN, il nous a affirmé que le style primitif, son thème depuis 1904, connut son plein succès à partir de cette époque. Vous connaissez la suite : il y a à peine un mois, au mois de mai de la présente année 1973, une grande dame de célébrité internationale,

---

45   "La Ruche" est le nom du journal d'opposition fondé par René Dépestre et son groupe pour combattre le gouvernement de Élie Lescot, en place, à la veille la Révolution 46. Le Journal fut suspendu peu avant la chute du régime, en Janvier 1946.

46   Ghislain Gouraige : "Histoire de la Littérature Haïtienne", 1960, page 422.

madame Jacqueline Kennedy Onassis est venue, en cette ville, féliciter monsieur Philomé OBIN pour ses tableaux qu'elle a admirés dans presque toutes les capitales du monde[47]. Mais, quid du sujet qui nous intéresse particulièrement ce soir ?

Je suis navré de vous dire, chers auditeurs, que la musique nationale est en pleine décadence. Un courant exotique a sursaturé l'atmosphère. C'est l'invasion de la musique latino-américaine canalisée par deux stations de radiodiffusion étrangères: la "Vox Dominicana" de Ciudad Trujillo et "Radio Progreso" de la Havane. Cette situation prend une telle ampleur que les connaisseurs et les musiciens s'en émeuvent. On entreprend alors une action d'envergure pour sauver notre musique. On mobilise tous les secteurs directement ou indirectement intéressés à la croisade. La presse donne le grand coup de clairon à la Déroulède. Des clubs artistiques comme la "Société des Artistes et Musiciens Haïtiens" organisent des concours de méringues. On lance une campagne appropriée dans les écoles. Des orchestres de jazz ... comme Saieh, Guignard, Cabral, Atomique ... essaient d'orienter le goût du public ... Paradoxe surprenant, c'est en voyant évoluer, lors des fêtes du Bicentenaire de Port-au-Prince, des ensembles comme la "Sonora Matancera" et des chanteurs comme Daniel Santos, Pedro Vargas, Beni More, que nos musiciens améliorèrent leur jeu. N'était-ce pas une façon d'aborder ce qu'on voulait brûler ? On se proposait d'endiguer le flot débordant de l'art exotique, c'est entendu; mais on adaptait la technique étrangère à la musique locale. C'était très intelligent.

Tel est, donc, le panorama historique, social, intellectuel et artistique de

---

47   Au moment où nous reprenons l'annotation de cette conférence (nous sommes en 1988), n'est-il pas indiqué de signaler qu'à propos de Philomé OBIN, de son frère Sénèque OBIN et de leurs élèves, on a pu parler de " l'École du Cap-Haïtien ". Voir " Haïti " de Robert Cornevin, collection "Que sais-je" N° 1955, 1ère édition, 1982, page 119. Se rappelle-t-on " l"École vénitienne" avec les frères Vacopo et Giovani BELLINI ou "l"École Florentine" avec Michel-Ange et Léonard de Vinci ? Honneur et gloire à la mémoire des artistes qui ont fait le renom de leur cité ou de leur patrie !

l'époque qui vit naître l'orchestre "Septentrional".

Un principe fondamental de sociologie pose que toute entité individuelle ou collective est le produit de son milieu. Physique, moral, politique, économique, quel qu'il soit, le milieu aura des incidences sur le comportement de l'entité en question. Il était donc indispensable d'étudier l'ambiance qui fut le berceau de "Septentrional". Nous verrons l'influence de ce facteur sur l'évolution de l'orchestre. Mais en attendant, l'histoire de la naissance de Septentrional mérite d'être contée.

Il était une fois...

Nous sommes en l'année 1948. Les cercles littéraires et mondains florissaient dans la cité capoise. "L'Aurore" fut l'un des ces clubs joyeux ou fusaient le rire et les bons mots. Ceux qui sont au moins de notre génération ont connu Maître Frédéric Magny, avocat brillant, beau causeur, homme du monde élégant et raffiné. On l'appelait d'ailleurs "le prestigieux". C'était le président du "Cercle Aurore". Un jour, Maître Magny invita le quatuor composé des musiciens Jean Menuau, Léandre Fidèle, Théodule Pierre et Raymond Jean-Louis, à se mettre à la disposition du cercle pour une soirée de circonstance. Ces jeunes gens n'en crurent pas leurs oreilles. Jusqu'alors, ils s'amusaient à offrir des bouquets de sérénades à la tombée de la nuit, soit *"pour célébrer l'anniversaire de naissance d'un ami"*, soit *"pour implorer le pardon ou la pitié de leurs dulcinées"*. Mais, animer une soirée dansante ... ils avaient l'impression que ce n'était pas encore de leur compétence. Naturellement ils donnèrent acte à Maître Magny de son aimable proposition, sous toutes réserves. Mais en fait de ressources, ces jeunes gens n'étaient pas pauvres. C'est ainsi qu'ils allèrent trouver le "Trio Symphonia" formé de Jacques Mompremier, Hulric Pierre-Louis et Jacob Germain. Deux autres confrères, le trompettiste Émile Obas et le saxophoniste Pierre Jacques renforcèrent la compagnie. C'est ce ... "comité des neufs" --genre de mini-jazz [48] avant la lettre -- qui se fit entendre au bal de l'«Aurore». Ce fut un

---

48   Le mini-jazz, formule très populaire de cette dernière décennie, réunit

triomphe. Quelques mois plus tard, madame Cazalès Duvivier leur demanda d'assurer deux soirées à l'occasion de la fête patronale de Limonade. Ils s'exécutèrent encore à merveille, à la grande satisfaction du public. Ces succès réitérés firent comprendre au "comité des neufs" qu'il y avait une action à entreprendre. À leur retour même de Limonade, ils décidèrent donc de fonder le *"Jazz Septentrional"*. Le chroniqueur anonyme, qui rédige ces notes, termine sa relation ainsi : "C'était le 27 Juillet 1948, il était 4h20 du matin". Quelle précision dans la "minute". C'était probablement un notaire.

Du "comité des neufs" se détache une figure originale, pourtant simple et sans fard : C'est Hulric Pierre-Louis. Qui est-il ?

On ne présente plus le maestro Hulric Pierre-Louis. Il est connu et reconnu. Par sa ville natale, jalouse de sa renommée et de sa gloire. Par Port-au-Prince, la capitale, qui l'a proclamé le premier maestro de la République. Par delà notre frontière, chez nos voisins dominicains qui ont apprécié sa valeur. Plus loin, hors de nos rives, dans ces îles ensoleillées où il a été transmettre le message de notre art. Plus loin encore, au pays du jazz même, où New York et Chicago l'ont acclamé. Plus loin toujours, au Canada, le pays des neiges, où il est allé apporter la chaleur de la musique tropicale. Je ne puis ou ne puis plus, dans ces conditions, vous présenter le maestro du vingt-cinquième anniversaire.

Cependant vous me permettrez de vous parler un peu de mon ami Hulric.

Il y a un peu plus de trente cinq ans -c'est déjà très loin - je vis un jour arriver dans mon quartier, un homme d'une allure assez distinguée : veste, cravate ajustée au cou, canotier sur le chef. Aujourd'hui, on dirait : "voici un ancien haïtien". Mais à cette époque, paraît-il, on n'était pas pressé : on disposait donc de temps pour soigner le décorum vestimentaire ... L'homme était

---

un ou deux saxophones, plus la voix soutenue par une ou deux guitares, le tout appuyé sur une batterie sommaire. C'est un "à défaut" qui ne remplace pas un élément essentiel: l'intérêt que crée la diversité des timbres (cuivres, anches, claviers etc.), source de la richesse du coloris orchestral.

accompagné d'un adolescent, d'environ neuf ans, qui portait une guitare. Les règles du savoir-vivre français, que nous pratiquons, "veulent - nous dit Émile Faguet - que l'on appelle *Monsieur un Tel*, non seulement tout homme vivant, mais tout homme du vivant duquel on a vécu, pourvu qu'on l'ait connu personnellement". Je dirai donc: "Monsieur Constant Pierre-Louis," pour vous présenter le gentleman que je viens de décrire. Quant au bambin qui portait la guitare, c'était son fils : le jeune, le très jeune Ulrick Pierre-Louis.

... À ce qui parait, monsieur Pierre-Louis était venu ... *faire un peu de musique chez voisine Antoinette,* une jeune femme, passablement belle, qui habitait le quartier. Je me rappelle même, en l'occurrence, le morceau qui ouvrit cette sérénade-impromptu. C'était une chanson en vogue intitulée *"Simò-n, Simò-n, ou malonnèt ".* Les enfants d'autrefois, semble-t-il, n'avaient pas l'esprit très vif. Personnellement, je suis resté tellement sot, que jusqu'à ce soir je n'ai pas deviné quels liens de parenté ou quelles relations existaient entre monsieur Pierre-Louis et la belle Antoinette[49]. Je ne puis pas vous dire non plus de quelle malhonnêteté s'était rendue coupable la *"Simone"* de la chanson populaire. Mais je me rappelle une chose. C'est une espèce de jugeote que je formulai ce jour-là sur le compte d'Hulric. Si ce jeune garçon, me suis-je dit, est déjà dans une telle ambiance musicale, il a toutes les chances de devenir un grand musicien. C'est à vous de me dire, ce soir, chers auditeurs, si je m'étais trompé.

Je devais rencontrer Hulric quelques années plus tard au Lycée Philippe Guerrier. Le directeur Louis Mercier, qui désirait former des citoyens <u>complets,</u> souhaitait-il que chaque lycéen pratique un art manuel et un art

49   Dans la province du Nord, en particulier, la notion de "voisinage" est une mystique. Entre des gens de même quartier, au demeurant non assimilables socialement, il existe un courant de sympathie qui s'étend au delà de la simple courtoisie réciproque. C'est un lien, une solidarité à mi-chemin de la parenté ou l'alliance. Cette conception justifie le proverbe créole bien connu: vwazinaj sé fanmiy. Donc " vwazi-n antwanèt ", n'est pas une dame quelconque isolée dans l'agglomération. C'est un membre de la "grande famille du quartier".

d'agrément. C'était à qui d'être tailleur, cordonnier ou coiffeur, tout en essayant de courtiser une muse... Polymnie, Uranie, ou Calliope, que sais-je ? Ah! les mauvais vers qui virent le jour. J'entends encore le poète Christian Werleigh, professeur de belles-lettres, puriste, intransigeant, rappeler aux poétereaux la mise en garde de Boileau :

" Soyez plutôt maçon, si c'est votre talent,
Ouvrier estimé dans un art nécessaire,
Qu'écrivain du commun et poète vulgaire ".

A quoi le Directeur Mercier, plus éducateur que censeur, rétorquait : Laissez les "se faire la main", c'est en forgeant qu'on devient forgeron.

Est-il besoin de vous dire que la musique avait ses hommes ? C'est ainsi que tout un groupe composé de Louis Bertrand, Maurice Daguindeau, Luc François, Fernand Laurin, Édouard Menuau ... j'en passe ... et votre serviteur, édifia la *colonne d'harmonie du temple du lycée*. C'était le nom sacré par lequel les lycéens de ce temps-là désignaient l'alma mater. Quant à Hulric Pierre-Louis qui, vous l'avez deviné, était une pierre de cette colonne d'harmonie, il a, par-delà le lycée, levé ici le plus beau monument à l'art d'Apollon: L'Orchestre Septentrional.

J'ai assez chiffonné la modestie de mon ami Hulric. Revenons, je vous en prie, au "comité des neufs", que nous avons laissé en ce matin du 27 Juillet 1948, à 4h20, en train de dresser l'acte de naissance du "Jazz Septentrional". Le vin est donc tiré; comment le boire? Quel programme élaborer? Quelle initiative prendre? Quelle attitude adopter à l'égard d'un public dont les félicitations vous engagent? Toutes ces questions devaient être cernées en fonction des impératifs de l'heure. Vous vous rappelez que l'on prônait le renouveau dans les idées, dans l'art, et particulièrement dans la musique qu'il fallait débarrasser de la défroque latino-américaine. Mais comment s'y prendre avec un public déjà formé à l'école étrangère? C'était très délicat, il fallait être prudent. La fonction sociale de l'art, souvent, pose un problème. Faut-il sacrifier au goût du public pour recueillir des suffrages pour arrondir les recettes par souci de mercantilisme? Faut-il, au contraire, former ou réformer l'opinion en créant des œuvres dignes de la la science, de la culture, au mépris de la notoriété facile ou d'un succès financier qui n'est pas de bon aloi? Il est parfois difficile de choisir entre les deux philosophies. On a reproché à Georges Bizet, le célèbre auteur de *Carmen*, les concessions qu'il s'est laisseé imposer par la société française de son temps. Que de fois le talent ou le génie se prostitue pour faire plaisir à la foule. Même au détriment de l'effort consciencieux. On prête à Rossini "cet aveu mélancolique" au cours d'une conversation avec Wagner: *«J'avais de la facilité, j'aurais pu faire quelque chose»*...

Mais reprenons le fil pour voir comment les promoteurs de Septentrional allaient réagir devant le dilemme. Leur plan consistait à réaliser cette gageure d'aiguiller le milieu tout en flattant ses goûts. Leurs démarches de la première époque tendent vers ce but. Une composition comme *"Dézir Sèptantriyonal"* est un indicatif de cette façon de procéder. Veuillez écouter les paroles.

<><><><><><><><><><><><><><><>

"Dézir Sèptantriyonal" (1961)

Composition : Hulric Pierre-Louis

Vocal : Roger Colas - Rythme : Konpa Dirèk (à l'origine)

<><><><><><><><><><><><><><><>

Dézir Sèptantriyonal,
Sé pou li k ap plè tout mou'n
Sé pou sa li jwé tout ritm
Pou l ba tout mou'n satisfaksyon

Sé pou sa'l jwé "boléro",
Sé pou sa'l jwé "kongo"
Mé l ap jwé "konpa dirèk"
Paske'l konpran-n tout gou pa menm

Gen mou'n ki gen gou difisil

353

Gen sa ki renmen tout bagay
Gen sa'k renmen "konpa dirèk"
L ap ba yo tout satisfaksyon

Gen mou'n ki renmen "pétro"
Gen mou'n ki renmen "afro"
Gen sa k renmen "konpa dirèk"
Li jwé yo tout pou plè tout mou'n

La musique de ce morceau est composée ou exécutée sur le *"Rythme-de-Feu"*, un amalgame de la *merengue* dominicaine et de la danse pétro. Vous voyez donc la technique: mariage d'un rythme exotique et d'un rythme afro-haïtien. En réécoutant, *"Dézir Sèptantriyonal"* que, certainement, vous connaissez déjà, vous apprécierez mieux cette composition en fonction du "secret professionnel" que nous venons de vous livrer. (Septentrional exécuta, pour la circonstance, le morceau, *Dézir Sèptantriyonal* .,, chanté par Roger Colas).

Mais le procédé le plus normal consistait à jouer purement et simplement la musique latino-américaine. Ou même à composer des œuvres qui l'imitaient, tel *Mambo Bossu et Batèm Rat*. Cependant que de temps en temps, imperceptiblement, on glissait un "pétro", comme *Maryaj daso*, ou *Vyé tonton*, un air "ibo" comme *"Yaya",* ou une "méringue haïtienne" comme *"Éva"*.

À la longue, le répertoire de la musique importée se noyait dans la masse des œuvres de structure haïtienne ou afro-haïtienne. Si bien qu'à l'heure du vingt-cinquième anniversaire, la musique latino-américaine, l'intruse, est reléguée à l'arrière-plan. Vous voyez donc comment le jeu des influences a déterminé le comportement de l'orchestre dès sa naissance: influence du secteur culturel pour préserver le patrimoine artistique national; mais aussi influence, à contre-courant, du public indifférent ou snob qu'il fallait orienter, sans le heurter de front. Tout cela pour vous rappeler, ce que nous avons dit plus haut à savoir, que l'orchestre Septentrional, comme toute entité sociologique, a été le produit de son milieu.

Sa majesté la Reine,

Mesdemoiselles, Mesdames, Messieurs,

L'orchestre Septentrional vous dira le mot de la fin. À partir d'ici, mon rôle se jouera au second plan. Je serai le simple analyste, le commentateur bénévole de deux compositions que nous avons choisies dans le vaste répertoire de l'orchestre. La première, *"Cité du Cap-Haïtien"*, du maestro Hulric Pierre-Louis, se situe à l'époque qui nous semble embrasser le premier cycle de l'orchestre (entre 1948 et 1963). Durant ces quinze années, les compositeurs de Septentrional traitent des sujets très variés: *la vie populaire, la vie rurale, l'agriculture*, ou encore, *la morale, la philosophie pratique, l'ironie, la satire* et naturellement *l'amour*.

Nous allons essayer d'analyser *"Cité du Cap-Haïtien"*. C'est une méringue haïtienne lente (*style Choukou-n*) bâtie sur deux thèmes. Le premier thème embrasse les cinq premiers vers du poème qui brossent les *"charmes"* de cette ville ancienne au *"style colonial"*. Sur ce même thème, les cinq vers suivants décrivent les monuments, la beauté des sites, la verdure où pendent ces grappes de fruits mûrs, toutes choses qui émerveillent le touriste. Subtilement, une modulation passagère amène le deuxième thème où quatre vers célèbrent la *Citadelle "huitième merveille du monde"*. La reprise du même thème sur les trois derniers vers clôture l'œuvre par l'apothéose du Roi. Cette musique est essentiellement classique autant par la carrure des phrases musicales que par la distribution symétrique des thèmes. *"Cité du Cap-Haïtien"* du maestro Hulric Pierre-Louis passera aux siècles futurs, comme *"Choucoune"* de Mauléart Monton et d'Oswald Durand, et *"Haïti Chérie"*, de Othello Bayard.

<><><><><><><><><><><><><><><>

"Cité du Cap-Haïtien" (1962)
Composition : Hulric Pierre-Louis

Vocal : Roger Colas - Rythme : Méringue

<><><><><><><><><><><><><><>

Cité du Cap-Haïtien, vraiment tu es remplie de charmes

Avec tes jolies maisons au *style colonial*

Et tes rues si bien tracées dont tout le monde parle ;

Tes monuments historiques, tes plages et tes beaux jardins,

Où pendent *la douce orange, la sapotille et le mangot,*

Féerie, vision magique, émerveillant *les touristes.*

Quelques pas, non loin de toi,

Se dresse *encore la "Citadelle",*

La huitième merveille du monde

Héritage sacré de Notre Roi Bien-Aimé,

Henry Christophe, ce génie, cette main de fer, ce constructeur,

À qui tu dois cette fierté

Et nous tes dignes fils, cet orgueil bien placé.

(Septentrional exécuta, pour la circonstance, ce morceau, chanté par Roger Colas).

<><><><><><><><><><><><><><>

"Frédeline" est la deuxième composition que vous aurez le plaisir d'entendre. Nous la considérons comme typique de la manière du *Septentrional* de ces dix dernières années, cette décennie que nous baptisons de *"cycle romanesque"*. L'amour et surtout l'érotisme forment, en effet, la trame de la majeure partie des œuvres de cette époque. *"Frédeline"* est l'œuvre du trompettiste Alfred Moïse. *Frédo,* comme on l'appelle familièrement, observe les hommes, les choses et les événements avec une profondeur de psychologue. Il a beaucoup chanté la femme qu'il semble avoir étudiée, non pas seulement en surface. Je cite au hasard : Jalouzi, Ti Soul, Dézakòr, Éva, Nounou-n ou Louise-Marie.

Mais qui est-elle, cette Frédeline qui "feint d'oublier" son amant, tout en ayant "des yeux pour d'autres "? Est-elle une infidèle ou une victime de l'amour? Et cet amant délaissé - ou apparemment délaissé - dont *"les désirs étaient des ordres"*, est-ce un "dur" du métier ou un sentimental ? Je vous avoue, chers auditeurs, que la situation complexe de ces deux êtres dépasse mon entendement. Si vous y voyez plus clair, n'hésitez pas, je vous en prie, à me communiquer vos impressions ... La musique de *"Frédeline"* est d'essence romantique. Il n'est pas question de structure symétrique rigide et carrée. C'est un petit poème symphonique avec la liberté d'allure inhérente à ce genre cultivé par Frantz Litz.

<><><><><><><><><><><><><><><>

"Frédeline" (1971)

Composition : Alfred "Frédo" Moïse
Vocal: Roger Colas - Rythme: Boléro

<><><><><><><><><><><><><><><>

Parfois quand tombe la nuit
Ma complainte s'en va vers toi,
Te caressant les joues
(*capricieuse, inquiète* ... dans le texte original)
Comme la brise dans le feuillage:
Elle veut te romancer le passé.

Frédeline, ma tendre et douce amie,
Les temps ne sont plus les mêmes.
Autrefois, tu me comprenais,
Autrefois, tu vivais pour moi;
Mes désirs étaient des ordres,
Tout dépendait de moi.
À présent tout a changé,
Tu fais ce que te dicte ton cœur,

Ce cœur qui ne "raisonne" plus
Et qui te conduit à la ruine.

Tu feins de m'oublier,
Tu n'as des yeux que pour d'autres
Qui jouissent de ta faiblesse,
De cette crise morale
Qui me trouble le cœur.

L'amour, quelquefois,
Se joue de moi, se joue de nous,
Pour nous laisser, après,
La haine et les pleurs.

(Septentrional exécuta, pour la circonstance, ce morceau, chanté par
Roger Colas).

Comment ne pas dire un mot sur le chanteur de ces trois sélections tirées du
répertoire de l'orchestre Septentrional, Roger Colas, que vous connaissez
bien, mais dont vous allez saisir toute la personnalité quand je vous aurai
cité une pensée de lui qu'une indiscrétion m'a fait découvrir :

S'il existe en ce monde deux choses qui me hantent
la musique en est une et la poésie l'autre.

C'est tout vous dire.

Est-il besoin de conclure quand vous avez entendu l'orchestre Septentrional.
C'est absolument superflu. D'ailleurs nous avions réservé le mot de clôture
à l'orchestre. Si nous sollicitons encore la parole c'est pour nous excuser
auprès de la grande majorité des musiciens de Septentrional que nous
n'avons pas pu honorer d'une attention particulière. Le cadre restreint de
cet entretien ne nous permettait pas de nous étendre autre mesure. Mais s'ils
n'ont pas été cités nommément, ils ne sont pas pour autant oubliés. Nous

savons trop la contribution matérielle, morale et professionnelle qu'ils ont apportée au succès de l'ŒUVRE. Nous les en félicitons publiquement.

Un dernier mot, oui, un dernier mot ... C'est à votre adresse, chers auditeurs, pour vous remercier de l'indulgence et de la patience que vous avez mises à écouter mon trop long bavardage.

Cap-Haïtien, mercredi 11 Juillet 1973 - Édouard BERROUET

<><><><><><><><><><><><><><>

"25ᵉ Été" (1973)

Composition : Hulric Pierre-Louis
Mise en Paroles par François-Marie Michel
Vocal : Roger Colas - Rythme : Boléro

Septent, tu as vu le jour au coeur de l'été,
Ce qui explique l'entrain de ta fiévreuse musique;
Inspirée de la chaleur ardente du soleil,
Elle vivifie tes fanatiques.

Tu es né en pleine fête, fête de la nature
Et de la légère brise dans le feuillage;
Verte, couleur d'été, l'inspiration en est jeune;
L'on t'aimera, encore longtemps.

Septent, tu fêtes tes vingt-cinq ans,
Tu sèmes autour de toi la joie,
Brillante comme l'aurore,
Blanche comme l'argent.

Ta fête, dans vingt-cinq-ans encore,

Sera comme l'euphorie,

Couleur de l'arc-en-ciel,

Féerique comme l'été d'Haïti.

ANNEXE 2

Discours prononcé, au Feu-Vert Night-Club,
par le docteur Achille Nérée, le mercredi 27 juillet 1988,
lors du Gala du 40e anniversaire de l'orchestre Septentrional,
au nom des comités de soutien des États-Unis et du Canada. -

Tant qu'il y aura de l'amour à chanter et des déboires à chasser. Tant qu'il y aura, au plus haut des entrailles un cœur qui veut s'épancher. Tant qu'il y aura des hommes et des femmes qui se cherchent. Tant qu'il y aura des cris et des pleurs. Tant qu'il y aura des oiseaux et des fleurs qui s'en vont et qui s'en viennent. Tant qu'il y aura de la vie, des souvenirs et des projets. IL FERA TOUJOURS BON ÉCOUTER SEPTENT. IL FERA TOUJOURS BON DANSER SEPTENT. IL FERA TOUJOURS BON VIVRE AVEC SEPTENT.

En effet, l'odyssée de l'orchestre Septentrional est émaillée de chansons de charme, de rythmes envoûtants et d'irrésistibles enchantements.

Jusqu'à tout récemment, quand on parle de la musique haïtienne, on part du stéréotype touristique du petit nègre chevauchant un tambour conique sous un palmier au bord de la mer. Ce cliché veut évidemment rappeler une certaine ambiance, « la joie de vivre », mais, fondamentalement, on y retrouve nos origines.

C'est par la mer que nos ancêtres africains ont connu les premières tortures ; et chaque cri englouti sous les flots, chaque soupir étouffé par le carcan; chaque espoir emprisonné entre les deux espaces, sont emportés par les vagues et se confondent avec les ondes du tambour. Rien d'étonnant que la musique haïtienne conserve ce fond de tristesse et de mélancolie; ce fond d'angoisse devant l'impuissance, et l'indifférence des dieux.

Après que 1804 eût forcé les mains du destin, les premiers groupes musicaux haïtiens chantaient l'indépendance, la liberté la beauté des femmes, dans un style colonisé; et la musique de dance rythmique ne sortira pas bientôt du cadre de la contredanse, du fox-strot et de la valse. L'éclosion du mouvement indigéniste devait restituer leur place à *l'assotor* et à *l'hasson* pour une culture proprement haïtienne; pour une musique qu'on voulait du terroir. Cette musique voulait exploiter toutes les richesses de la langue créole, toutes les variétés des "rythmiques" africaines, tout le mysticisme et tout le sentimentalisme de l'âme haïtienne. C'est que l'on y retrouvera de plus en plus, lors des périodes carnavalesques et des raras faisant du tambour et de la basse les critères de ralliement des fanatiques.

ET MAINTENANT, QUELLE EST LA PLACE DE L'ORCHESTRE SEPTENTRIONAL ?

Lorsque le 27 juillet 1948 Hulric Pierre-Louis et son groupe ont fondé l'orchestre Septentrional, la musique haïtienne était sous l'influence de la *"merengue"* dominicaine et du *" jazz "* américain adapté aux rythmes latins, tels que *Rumba, Conga, Mambo, Tcha tcha tcha*. Le Jazz des Jeunes, exploitait les thèmes folkloriques, sur des rythmes africains tels que *Ibo, Pétro, Yanvalou* etc. et l'Ensemble Nemours Jean-Baptiste cultivait la basse obstinée et la frappe pénétrante sur une cadence plus lente de la mérengue dominicaine, elle même dérivée du *rag-time*.

L'orchestre Septentrional eut tôt fait de chercher son style ... une cadence faible venant régulièrement à chaque 4 ou 8 mesures au lieu d'une cadence forte venant à chaque 2 mesures comme le *compas direct*. Ainsi on comprend le rôle que veut jouer l'accompagnement, la mélodie et l'harmonie pour soutenir la cadence au lieu d'une basse prédominante et omniprésente. C'est la caractéristique fondamentale des chansons de charme, des boléros et des pots-pourris de boléros de l'orchestre Septentrional. Et pour créer son rythme-de-Feu, le battement du tambour est contrôlé de façon à produire un contraste avec la mélodie et l'harmonie tout en conservant la sobriété et l'équilibre.

On reproche, à tort, à Septentrional, que sa musique n'intéresse que les vieux et pas les jeunes; qu'elle est trop lente; qu'on ne sent pas la basse. Mais en fait, la basse est toujours présente dans l'harmonie, toujours subtile dans la cadence. De plus, la musique n'est pas lente, elle suit une certaine progression tout en nous laissant y ajouter nos propres fantasmes au lieu de nous bombarder directement. C'est pourquoi des pièces comme *Karidad* ou *MariJozé* ne seront jamais dépassées ... au contraire ... elles s'enjolivent d'année en année sans perdre de leur texture originale.

PARLONS UN PEU DE LA NOUVELLE TENDANCE.

Il n'est pas donné à n'importe quel groupe musical de vivre avec son public une liaison si constante et si belle pendant si longtemps. De fait, c'est la fidélité de l'orchestre, et son attachement presque jaloux à son style musical sobre mais autrement entraînant qui a fait sa popularité. C'est parce qu'il n'a pas trahi sa vocation durant ses quarante années de charme, d'originalité et d'excellence. Dès que l'on parle de Septent, on pense à *Karidad*, bien sûr, mais encore à ses pots-pourris de boléros, ses extraordinaires accompagnements de voix tels Roger Colas, Thomas David, Michel Tassy, Richardson *"Mister Relaxx"* Joseph, chantant tour à tour, l'amour, la femme, les passions. Dès qu'on parle de Septent, on pense surtout à la ligne des instruments à vent; la bosse du maestro Hulric Pierre-Louis qui sait si bien les synchroniser et les harmoniser si poétiquement. Dès qu'on parle de Septent enfin, on pense à Roselin *"Trétré"* Antoine, parolier et compositeur engagé qui représente très brillamment la nouvelle tendance de l'orchestre avec ses compositions thématiques tels que *chanjman, senkyèm kòmandman, vanité, bèl ayiti, big boss*, reflétant ainsi les préoccupations sociales, politiques et religieuses de tout un chacun. Comme Septent a su garder sa force et son rayonnement face au phénomène *"konpa dirèk"*, de même l'orchestre continuera de garder son originalité face aux effets électroniques d'un certain type pour ne pas *"éclater la boule"*. Dans cette optique, les comités de l'orchestre des États-Unis et du Canada, travaillant au rayonnement de Septentrional veillent à ce que les générations suivantes reçoivent et conservent la flamme de ce merveilleux exemple de discipline de fraternité et de motivation dont nous célébrons le quarantième anniversaire. L'orchestre Septentrional s'est fait un point d'honneur de compter parmi ses musiciens des éléments exceptionnels, des musiciens qui sont tous animés de cette application ardente à l'excellence et qui communiquent leurs feux par la magie de l'interprétation. Malheureusement, ils ne sont pas tous présents, la nature surprenante et ingrate nous en ravi plus d'uns. Cependant, l'hommage que nous rendons s'adresse tant à ces illustres disparus qu'aux présentes étoiles plus brillantes les unes que les autres.

Que chacun des membres de l'orchestre trouve dans cette célébration des nouveaux aiguillons et que chacun de vous, ici présent, continue de faire connaître cette musique qui nous étonne au fur et à mesure qu'on l'approfondit parcequ'elle insinue plus qu'un simple élan des sens.

La Famille Septent, ce sont des gens bien ordinaires
mais qui font des choses de façon extraordinaire.-

MERCI

Grande femme *(1989/1990)*

Poésie : docteur Achille Nérée
Composition : Hulric Pierre-Louis
Rythme: Méringe / Vocal : Thomas David
Saxophone Soprano (Solo) : Jacques Jean

<><><><><><><><><><><><><><>

À Montréal, je l'ai rencontrée
Cette Grande femme ! belle, surtout distinguée.
Elle a pour nom Marie-Colette,
Moi je l'appelle « MaColette ».

Sa démarche altière et élégante
Fait d'elle une femme envoûtante
Jamais elle ne reste in aperçue
Tous, ils la regardent à son insu.

Attiré, moi aussi, je l'admire
Ensorcelé, je l'aime à mourir
Quel malheur ! « MaColette » vit très loin ;
Mais j'espère!
Elle me dit qu'elle m'aime bien.

Inspiration

Donne-moi ton coeur
*
Je veux te chérir
*
Penses toujours à moi, m'amie
*
Sois toujours fidèle
*
Sois compatissante

Refrain

Belle et Grande femme
*
« MaColette » aime-moi, pense à moi, appelle-moi .

ANNEXE 3

École Buissonnière
par le docteur Luc L. COLAS

Septent est dans l'air...

Mélodie suave, cadence, "tendretés"...
Sur quatre mosaïques l'on pivote langoureusement.
Je suis occupé à préparer un cours de Médecine Préventive, plus précisément
de Sanitation. L'Environnement, l'Hygiène du Milieu, et ... sans avertissement,
s'amène, Henri-Claude (appelez-le comme vous voulez), ce "fils-aimé". Il me
parle de "Septent", et de son quarantième anniversaire, car, en fait ...

Septent est dans l'air ... avec : *Mambo Bossu, Louise-Marie, Septent tu vois
la mer, Éva, Toto, Fanatik Mondyal, Lévé maché ...*
J'envoie promener mon cours, pour une fois, et me voilà, bon gré, mal gré,
mi-voulant, mi-contestant, emballé.

Quarante ans à déplisser des fronts, à semer dans le calme des nuits tropicales des double-croches, des soupirs, des pas hésitants, aptes à provoquer les plus récalcitrants, fussent-ils même plus que sexagénaires, car ...

Septent est dans l'air ... En pleine école buissonnière, je, vous, nous surprenons à serrer de près la compagne de danse, et à lui murmurer, en toute loyauté, de ces vocables magiques aptes à lui mettre le feu aux pieds et ailleurs. L'on palpite, l'on perd contact avec l'environnement; nous avons bien composé notre petit monde à deux. Nous avons les pieds sur terre, et nous ne sommes pas à rêver d'infini, ni d'immensité, ni d'impalpable : c'est elle, moi, vous, nous deux. Vrai ou faux ...

Septent est dans l'air ... À ce carrefour, à cette minute sur cette plage du temps, pris dans le réel, dans le concret, et même dans le sensible, l'on se laisse aller. Curieux, en vérité que les heures propices ne puissent arrêter leur cours, et que nous ne puissions immobiliser, éterniser le moment. Malgré nous, il coule et nous glissons sur la piste. Ne sentez-vous pas que ...

Septent est dans l'air ... Association d'idées, immortel souvenir, crépuscule du soir, déclin d'une vie, notes syncopées, vibrations intimes, frissonnement de tout l'être, et "près des flots chéris" qui viennent mourir sur la grève en vagues à la fois tumultueuses et tendres, murmurant toujours un message à peine perçu. Pourquoi donc, faut-il que, dans une vie d'homme, aux bras d'une dulcinée, il y ait à la fois tant de souffrances et tant de jouissances subtiles ? En fait ...

Septent est dans l'air ... La souffrance naquit avec le premier instant de plaisir. Pourquoi ne pouvons-nous jamais étreindre la minute, tout comme nous étreignons celle dans le regard de qui se reflète pour nous un coin du firmament ! À voir les choses de près, c'est une loi naturelle des choses : jouir et souffrir, aimer et torturer, semblent inséparables. Demandez-en le secret à cette chatte que le gros chat du voisinage a trop aimé la nuit dernière, et qui, la nuit suivante, ne manque guère au rendez-vous. C'est ainsi quand ...

Septent est dans l'air ... En pleine école buissonnière, j'avais cédé à l'invitation de Henri, de Claude, le "fils-aimé", à l'entendre parler du 40ième anniversaire de "Septent". Mon cours de Médecine Préventive, Hygiène du Milieu, Sanitation, Eau Potable, Inspection du lait, Vente du pain, Contrôle de la Viande, lutte contre les Vecteurs, Éradication des Maladies transmissibles, le Sort des Fatras, la "fin dernière" des déchets etc. ... oublié tout cela ... pas dans une rêverie vaine, mais pour virevolter dans le réel, dans le concret, dans le palpable. Ne sentez-vous pas que ...

Septent est dans l'air ... Compagne qui me ressemble comme une sœur, minute de rêve, mélodie enivrante, comme je tremble à la pensée que les derniers accents vont résonner dans la nuit tendre! Nous ne sommes qu'au début, et c'est déjà la fin. Fameuse goutte de sang, sempiternel repas de pélican, immortelle mélodie du lac de Bourget, souvenirs inoubliables de Maude, de Cascade-Villa, de Rival, du Carénage, de Septent! Nuits tropicales, paradis qui est enfer, enfer qui est paradis, créature d'un noir et qui est pour nous toute l'éternité, minute infinie! Sur quatre mosaïques nous avons pivoté car, et vous l'avez senti ...

Septent est dans l'air ... L'art est souverain. Interprétez-le comme vous le voulez: peinture, musique, poésie, chant, sont-ce là des réalités ? Oui et non répondrai-je. Idée, image, symbole, projection, anticipation, tout est là. *"On me dit une mère, et je suis une tombe"*, ou encore *"mais, ma nature est la même, et le même soleil se lève tous les jours"*. Tranchons les débats en affirmant que *l'art est une "forme de vie", pourvu que j'y croie.*
"L'art est le seul domaine où la toute puissance des idées se soit maintenue jusqu'à nos jours. Dans l'art seulement, il arrive qu'un homme, tourmenté par les désirs, fasse quelque chose qui ressemble à une satisfaction; et grâce à l'illusion artistique, ce jeu produit les mêmes effets affectifs que s'il s'agissait de quelque chose de réel. C'est avec raison qu'on parle de la magie

de l'art et qu'on compare l'artiste à un magicien. Mais cette comparaison est peut-être encore plus significative qu'elle paraît. L'art, qui n'a certainement débuté en tant que " l'art pour l'art ", se trouvait au début au service de tendances qui sont aujourd'hui éteintes pour la plupart. Il est permis de supposer que parmi ces tendances se trouvaient bon nombre d'intentions magiques" (fin de la citation: TOTEM ET TABOU, par Sigmund Freud).-

Septent est dans l'air ... Et voilà où j'en suis venu, en pleine "école buissonnière", à la veille de mon 70e anniversaire, sur cette plage du temps aux perspectives infinies. Et, ça aura été grâce à "Septent" et pour lui, ce disant, nous aurons, finalement, proféré, articulé, le mot du droit et de la justice:

"Vive Septent" - Ad Multos Annos !

Docteur Luc L. COLAS
Cap-Haïtien (Haïti)
dimanche 31 janvier 1988

NOTICES BIBLIOGRAPHIQUES

Journaux et Magazines haïtiens :

Le Nouvelliste, Haïti Observateur, Haïti en Marche, Haïti Progrès;
Haïti Nouvelles, Soleil des Îles, Les Haïtiens aujourd'hui;

Raoul Vilar : "Opuscule» - 15e anniversaire - Septentrional -- *1963* (15 pages) .

docteur Jean-Mary Georges : "Le Livre du quarantième anniversaire"
--*1988* (135 pages) .

Étienne Constantin Eugène Moïse DUMERVÉ : "Histoire de la Musique en Haïti ";
Imprimerie des Antilles, Port-au-Prince, 1968 (325 pages) .

Jean FOUCHARD : "La Méringue, Danse Nationale d'Haïti"; *les Éditions Léméac*
inc., Collection Caraïbes, 1973 (200 pages).

Claude DAUPHIN : "La Chanson haïtienne folklorique et classique"; *Société de*
recherche et de diffusion de la musique haïtienne (SRDMH), 1983 (25 pages).

Ralph BONCY : "La Chanson d'Haïti, Tome 1 – 1965 à 1985" ; *Les Éditions du*
CIDIHCA *(Centre International de Documentation et d'Information Haïtienne,*
Caraïbéenne et Afro-Antillaise), 1992 (126 pages).

Claude MOÏSE : "Le pouvoir législatif dans le système politique haïtien : un
aperçu historique" , *Les Éditions du CIDIHCA, 1999* (180 Pages) .

Guerdy Jacques PRÉVAL : "La Musique Populaire Haïtienne de l'ère coloniale à
nos jours "; *Éditions Histoires Nouvelles, 2003* (329 pages).

Guerdy PRÉVAL : " Gérard Dupervil ou la voix d'une génération ";
édition Ilan-Ilan, 1995 (189 pages).

Jean-Claude LALANNE : "Histoire Nouvelle de la Musique" ; *les Éditions FIDES*
et Jean-Claude Lalanne, 1995 (180 pages).

Georges CORVINGTON : "Port-au-Prince au cours des ans"
"la ville coloniale, 1743-1789"
"sous les assauts de la Révolution, 1789-1804"
"la métropole haïtienne du XIXe siècle, 1804-1888"
"la métropole haïtienne du XXe siècle, 1888-1915"
"la ville moderne, 1915-1950"

Les Éditions et l'Imprimerie Henri Deschamps, Port-au-Prince, 1975 à 1980

Francis FOUET et **Régine RENAUDEAU** : "Littérature Africaine : l'Engagement" ; *Nouvelles Éditions Africaines, 1976* (410 pages) .

Cheikh Anta DIOP : "Nations Nègres et Culture" ;
Présence Africaine, 1979, 4e édition (568 pages) .

J.E. BERENDT : "Le Jazz, des origines à nos jours" ;
Petite Bibliothèque Payot, 1963 (370 pages) .

docteur Yves SAINT-GÉRARD : "L'Espoir Assassiné"; *Collection: Les marrons du savoir; Édition et Diffusion: Yves Saint-Gérard et l'Harmattan, 1999* (180 pages).

docteur Bob NÉRÉE : "*DUVALIER.* Le pouvoir sur les autres**.** De père en fils" *;*
Les Éditions Henri Deschamps, 1988 (240 pages) .

docteur J.-C. DORSAINVIL : " *MANUEL D'HISTOIRE D'HAÏTI* avec la collaboration des Frères de l'Instruction Chrétienne , Cours Supérieur"; *Éditions Hachette / Deschamps N° 132, 1999* (375 pages) .

Gisèle LEBON : "Histoire d'une Famille Heureuse"
Éditions Deschamps,1998 (176 pages).

Joseph AUGUSTIN : " Le Vodou Libérateur; et si le vodou était une valeur ! " ;
Éditions Tanboula, 1999 (340 pages) .

Joseph AUGUSTIN : " La foi de Boukman et de son peuple "
Les Éditions de la Sorhica, Montréal(Qc) 2003

Fridolin SAINT-LOUIS : "Le Vodou Haïtien, Reflet d'une société bloquée" ; *L' Harmattan, 2000* (185 pages) .

Franck A. DURANT : " 1860-1960 : Cent ans de Concordat, bilan d'une faillite " ; *Port-au-Prince- Haïti, 1960* (76 pages) .

Ernst TROUILLOT et Ertha PASCAL - TROUILLOT :

" Code de Lois Usuelles "

premier livre : 1978 (825 pages) -- deuxième livre : 1989 (592 pages) .

les Éditions SEMIS inc., 3e et 4e trimestres - 1998

Ernst TROUILLOT et Ertha PASCAL - TROUILLOT :

" Encyclopédie biographique d'Haïti "

Tome 1 (a-b-c-d-e-f-g) : (497 pages)

les Éditions SEMIS inc., 2e trimestre - 2001

Charles DUPUY : " Le Coin de l'Histoire "

tome 1 : 2002 (276 pages) -- tome 2 : 2003 (281 pages)

Édition - L'Imprimeur II - Port-au-Prince, Haïti

Ed Rainer SAINVIL :

" Tambours Frappés, Haïtiens Campés " (574 pages)

Édition - Héritage – 2001

PERSONNES - RESSOURCES

Mes feus mère et grand-frère : Adina Ferdinand - Hyppolite & Hermin Hyppolite

Les feus maestros : Alfred *"Frédo"* Moïse & Jacques Jean (*TiJak alto*)

feu Maestro Hulric Pierre-Louis   François-Marie Michel

feu Léandre Fidèle   Rigaud Fidèle

Olive Clément Pierre-Louis   feu Michel " *La Colombe*" François

Fabert et Ginette Jean-Pierre   Rony et Marlène Lapommeray

Joseph *"Zo"* Jean-Gilles   Mauclair Fatal

L'Orchesttre Septentrional à travers les ans

Fuscien Napoléon

feu Rénold Dominique

feu Joseph *"Zo"* Prévost

docteur Yves Saint-Gérard

Smith Jean-Pierre

docteur Rodolphe Barella

feu docteur Achille Nérée

docteur Louis-Charles Levros

docteur Christian Lauriston

docteur Harry Prophète

docteur Berne Paul

feu, docteur Philippe D. Charles

Serge Alexandre

docteur Étienne Péan

docteur Jean-Mary Georges

Fritz Newbold

Edgard «*TiGa*» Louis

Jacques Jean-Baptiste

Livie Magloire

Elcie Pierre-Hyppolite

Tania Hyppolite

Yves Brécéus

Me Gabriel M. Bazin

(TiYòt) feu Raymond Lecorps *alias "Patchouko"*

Artémis Dolcé *alias "Ten'gé"*

Klive Lalanne

feue Irma Charles-Pierre («*Mama*»)

Gabriel Raymond

Michèle Desroches

Pierre Giordani (*Pelota*)

feu Hervé Anténor

Macajoux Médard

Eddy Mésidor

Jean-Mary et Jacqueline Garçon

Eddy François

Rochenel Ménélas

Jusnerd Nelson

feu Marc Duverger

Yvon Antoine (*"Papa Loko"*)

Romane Berthil

Jean-Robert Séide

feue, *"Nina"*, l'épouse de *"Bòs Pyèr"* Jacques

Chantal Dadaille

feue, *"Témélia"*, l'épouse de Raymond Jean-Louis

Yves Leroy

Sem et Suzanne César

Michel Tassy

Marie-Marthe Francisque-Hyppolite *(Nanòt)*

Jocelyne Nicoleau-Hyppolite *(Ninòt)*

Jocelyne et Louis A. Mercier *(TiLou)*

Rose-Claire Gauthier-Hyppolite

Me Claude Nelson

Didier Pierre

Jacqueline Lévêque

Onel Leroy

Raphaël Telsaint

Marie-Lunnie Pierre

Jean-Claude Gerbier

Jocelyn Pierre-Louis

Alain Lebon

René Pluviose

Justin Charles

Ulrick *"Rico"* Pierre-Louis

Yannick *"TiNini"* Almonor

Garry Monestime

André Gracien

Rony Joseph

Gabrielle Ledain - Simic

Pierre-Renaud Darguste

Ralph Boncy

Maestro Hulric Pierre-Louis

Wilfrid Tony Hyppolite,
Septentologue

373